The World Reformed Fellowship Statement of Faith

SERIES EDITORS

A. T. B. McGowan and John McClean

The Rutherford Centre for Reformed Theology (RCRT), based in Scotland, has established "The Ecclesiology Project" to enable some serious reconsideration of the Reformed doctrine of the church. The project is carried out in partnership with the Theological Commission of the World Reformed Fellowship (WRF).

On many of the doctrines of the Christian faith, there is broad agreement within the community of Reformed Christians. If we were considering the Trinity, the Person and Work of Christ, the doctrines which make up our understanding of salvation (effectual calling, regeneration, justification, adoption, repentance etc.) then the disagreements among us would be minor. When it comes to the doctrine of the church, however, there is no such agreement. We believe that there is a great need today for clarity in our understanding of the church, not least its nature and purpose.

In the seventeenth century, the ministers and theologians who wrote the *Westminster Confession of Faith* had a very "high" view of the church. They affirmed that the church is "the kingdom of the Lord Jesus Christ, the house and family of God, out of which there is no ordinary possibility of salvation." In the twenty-first century, many people have a very "low" view of the church, seeming to regard the church almost as an optional extra. Within the community of churches that trace their origins back to the sixteenth-century Reformation, both of these views are represented and also everything in between. How then should we formulate a doctrine of the church that is true to our roots and that is also fit for purpose in the twenty-first century?

In this series there will be several monographs on the subject, two of them being on aspects of the unity of the church, which we believe to be a vital topic in our divided church situation. Given our Reformed beliefs that the church should be confessional and that its worship should conform to the "Regulative Principle" (the idea that we may only do in worship what God commands), we are including in the series the WRF Statement of Faith (a new Reformed confessional statement) and a new edition of the *Reformed Book of Common Order*. Also included will be the papers from the Edinburgh Dogmatics Conferences of 2021, 2023 and 2025.

We hope that you will both enjoy and benefit from this series.

A.T.B. McGowan, editor
Director of the Rutherford Centre for Reformed Theology (www.rcrt.scot)

John McClean, deputy editor
Vice Principal of Christ College, Sydney (https://christcollege.edu.au)

The World Reformed Fellowship Statement of Faith

PICKWICK *Publications* • Eugene, Oregon

THE WORLD REFORMED FELLOWSHIP STATEMENT OF FAITH

Copyright © 2024 Wipf and Stock Publishers. All rights reserved. Except for brief quotations in critical publications or reviews, no part of this book may be reproduced in any manner without prior written permission from the publisher. Write: Permissions, Wipf and Stock Publishers, 199 W. 8th Ave., Suite 3, Eugene, OR 97401.

Pickwick Publications
An Imprint of Wipf and Stock Publishers
199 W. 8th Ave., Suite 3
Eugene, OR 97401
www.wipfandstock.com

PAPERBACK ISBN: 978-1-6667-2859-0
HARDCOVER ISBN: 978-1-6667-2067-9
EBOOK ISBN: 978-1-6667-2068-6

Cataloguing-in-Publication data:

Names: McGowan, A. T. B. (Andrew Thomas Blake), editor. | Logan, Samuel T., foreword.

Title: The World Reformed Fellowship statement of faith / edited by A. T. B. McGowan ; foreword by Samuel Logan.

Description: Eugene, OR: Pickwick Publications, 2024. | Rutherford Centre for Reformed Theology and Ecclesiology Series..

Identifiers: ISBN 978-1-6667-2859-0 (paperback). | ISBN 978-1-6667-2067-9 (hardcover). | ISBN 978-1-6667-2068-6 (ebook).

Subjects: LSCH: World Reformed Fellowship. | Church. | Statement of faith. | Reformed Church—Doctrine.

Classification: BT990 W75 2024 (print). | BT990 (ebook).

Contents

Foreword / Samuel Logan | ix

Introduction / A. T. B. McGowan | xi

On Creeds and Confessions / John McClean | 1

English Text | 5

Spanish Translation / Cecilio Lajara | 31

French Translation / Pierre and Danielle Berthoud | 59

Italian Translation / Paolo Castellina and Giovanni Brandi | 88

Portuguese Translation / Marcos Vasconcelos | 117

German Translation / George Linke | 144

Afrikaans Translation / Henrietta Klaasing | 174

Russian Translation / Georgia Jansson Williams | 202

Ukrainian Translation | 231

Indonesian Translation / David Tong | 259

Korean Translation / In Whan Kim | 289

Chinese Translation / Amy Lo | 332

Foreword

When a project such as this Statement of Faith finally reaches completion, the natural (and fully Christian) response is rejoicing. Thus, we do rejoice that the Lord has brought this to completion. And it surely is He who has done so.

Just as surely, He has used many of His servants in the process. Most of those servants are mentioned below. But the one not mentioned below is the author of the "Introduction."

Andrew McGowan spent countless hours on this project, all the way from his original suggestion in the year 2000 that such a Statement be prepared to this final document. He took the initiative to see that the necessary work was done at all stages of the project and, because he did, the project has now been completed.

But it was not just in his taking the initiative that Andrew's leadership was effective. He managed the process with patience and wisdom, often bringing to bear on the discussions his own extraordinary (Reformed and evangelical) theological expertise. Andrew did not always "prevail" in the many debates which characterized the work of the WRF Theology Commission. But he always made sure that the critically important issues were fully considered, and he demonstrated the kind of grace the document celebrates when bringing the sometimes-heated discussions to a careful, biblical, and thoroughly Reformed conclusion.

On behalf of the Board of Directors of the World Reformed Fellowship and on behalf of our entire membership, I say to Andrew McGowan, "Thank you. Thank you for a job extremely well done!"

Dr Samuel Logan
International Director
The World Reformed Fellowship
April 23, 2011

Introduction

At the inaugural General Assembly of the World Reformed Fellowship in Orlando, Florida, in 2000, I proposed that the newly formed WRF could serve the Church by writing a new Confession of Faith for the twenty-first Century. There were three reasons why I believed that this would be a useful project.

The first reason was that the members of the WRF were drawn from many nations and from many denominations and were using a whole range of confessional statements. This included the Scots Confession, the Belgic Confession, the Heidelberg Catechism, the Thirty Nine Articles, the Canons of the Synod of Dort, the Westminster Confession of Faith, the Savoy Declaration, and others. At the same time, there was general agreement that we were all 'Reformed' in theology. Since we were all Reformed, surely it should be possible to come up with a common confessional statement?

The second reason was the need for a confessional statement to address the issues the church is facing today. All of our Confessions were written in the sixteenth and seventeenth centuries and were largely designed to state the Reformed faith as over against medieval Roman Catholicism and, in the case of the later ones, Arminianism. None of the Confessions deal with the major issues which have faced the Church throughout the nineteenth and twentieth centuries, such as Liberalism, Pluralism, and Postmodernism.

The third reason was that all of our Confessions were written in Western Europe, whereas the leadership in the global church has now moved to the southern hemisphere. I thought it would be interesting to see what would happen when scholars from Africa, Asia, Australasia, and South America joined with theologians from Europe and North America to engage in such a task. European and American theologians have played a dominant role in the world church in recent centuries, it seemed right that we should now work together with theologians from the global south.

That first General Assembly gave permission for the project to go ahead. Unfortunately, the resources were not available to bring together scholars from all over the world in order to accomplish this. Finally, at the General Assembly in South Africa in 2006, the WRF appointed a Theological Commission and instructed the team of scholars thus appointed to set about the business of writing a new Statement of Faith. The members of the Theological Commission who have carried out this work are as follows (in alphabetical order): Dr Pierre Berthoud from France; Dr Gerald Bray from England; Dr Flip Buys from South Africa; Dr Leonardo de Chirico from Italy; Dr Wilson Chow from Hong Kong; Dr Victor Cole from Kenya; Dr Allan Harman from Australia; Dr Peter Jones from the USA; Dr In Whan Kim from South Korea; Dr Julius Kim from the USA; Dr Samuel Logan from the USA; Dr Augustus Nicodemus Lopes from Brazil; Dr Andrew McGowan from Scotland; Dr David McKay from Northern Ireland and Dr Steven Tong from Indonesia.

Two of these men deserve special comment. Allan Harman was the secretary of the Theological Commission throughout the project and has done a great deal of work. Gerald Bray served as editor, to ensure a common style.

At this point we must also express the gratitude of the World Reformed Fellowship to Dr Robert den Dulk. It was Bob who made this project possible through his generous support. He was also a strong encouragement to us in the early days of the work. It is a great disappointment that he is no longer with us to see the finished work.

Our method of working was first, to identify topics to be dealt with; second, to allocate these topics to two or three members of the Commission; third, to discuss the proposed sections written by the small groups and then to send them away to edit accordingly; fourth, to review the sections again at the next meeting of the Commission. Most sections went through at least three iterations before the final text was reached.

When the Statement of Faith was completed, it was presented to the WRF General Assembly in Scotland in April 2010. An invitation was then issued to all members of the WRF to suggest any changes or additions to the text, on condition that these be submitted by October 2010. A considerable number of proposals were received and these were collated and circulated to the Theological Commission in January 2011. In March 2011, the Theological Commission met in Fourth Presbyterian Church, Bethesda, Maryland. At that meeting, we went systematically through every proposal which had been received and the Statement was duly amended. Naturally, we did not accept every proposed change but each one was given careful consideration. This amended version was then presented to the WRF Board of Directors the following day. After some slight further modification, the Statement was approved by the Board. It is that Statement, as approved on 31st March

Introduction

2011, which is presented here. Having been written at the request of the WRF General Assembly and having been approved by the WRF Board of Directors, the Statement of Faith was presented in this final form to the Fourth General Assembly of the WRF in Sao Paulo, Brazil in March 2015 and was approved. It was also agreed that the Statement be added to the list of confessional statements, one of which intending members must affirm.

There are two important points to be made as we offer this Statement of Faith to the church. First, the Statement of Faith is not intended to replace the confessional statements of the denominations which are in membership of the WRF. This is an additional Statement, which may be of use to individuals and churches as they reflect on the nature of Reformed Theology and its application to the theological and moral issues which confront the church in the twenty-first century. Second, affirmation of the Statement is not intended as a requirement for membership in the WRF.

All of us who have served on the Theological Commission have benefitted from the experience and have learned a great deal. The debates on points of doctrine were stimulating and sharpened our thinking. The fellowship we shared was greatly appreciated, even when we disagreed and friendships have been forged which will last a lifetime. Above all, there was the sense of commitment to a common purpose. Personally speaking, I have realized more than ever before how much the Enlightenment has conditioned the theology of the churches in Europe and North America and I have been challenged and humbled by my colleagues from the global south, to whom I owe a great debt.

I believe that the work we have done will be of value and service to the Church, not least as a tool to promote the study of doctrinal issues and to educate people in the Reformed faith. Please use it and encourage others to do so.

The Reverend Professor A. T. B. McGowan
Chairman of the WRF Theological Commission

On Creeds and Confessions

John McClean

The WRF Statement of Faith stands in the tradition of Reformed Confessions, which in turn are part of the creedal and catechetical tradition of the Catholic church.

In the Bible itself we find summaries of the faith, starting with the *Shema* in Deuteronomy, "Hear, O Israel: The LORD our God, the LORD is one" (Deut 6:4; cf. Deut 4:35, 39; Neh 9:6; Ps 86:10; Isa 44:6; Zech 14:9). Jesus himself affirmed that he is "the Christ", which Paul called his "good confession" (1 Tim 6:13; John 1:20).

Jesus' confession is the model for all Christian confession. Our central affirmation is that "Jesus is the Christ" (Matt 16:16; Mk 8:29; Jn 11:27) or that "Jesus is Lord" (Luke 6:46; Acts 10:36; Rom 10:9; 1 Cor 12:3). This confession is the beginning of the Christian life (Rom 10:9; Col 2:6), marks its continuation (2 Cor 9:13, 1 Tim 6:12; 2 Tim 2:19; Heb 3:1; 13:15) and is the eschatological goal (Rom 14:11; Phil 2:11).

The church is called to know and to hold to the teaching of apostles (1 Cor 16:13; 1 Tim 1:19; 6:2–4, 20; 2 Tim 1:13–14; 2:2; 3:14; Titus 1:9; Jude 3; 1 John 4:2-6). It does this by confessing the faith and defending its confession. In the New Testament, the confession of faith is presented as 'proto-creeds', short statements of the key truths of the gospel (e.g., 1 Cor 15:1-3, 1 Tim 3:16).

To confess Christ and to set out the gospel it had received, the second-century church formulated the "rule of faith" as " a convenient summary of what 'orthodox' Christians . . . regarded as the earliest apostolic teaching."[1] This was not a single, settled formula; but came in different forms from

---

1. Michael J. Kruger, *Christianity at the Crossroads: How the Second Century Shaped the Future of the Church* (Downers Grove, IL: IVP Academic, 2018), 136.

different teachers. Across the various versions, the Rule of Faith had a remarkably consistent content. This was summarised in the, so-called, *Apostles' Creed*, which was probably first formulated in the third century. It was used in liturgies and in the teaching of the church and medieval and later catechisms often took it as a framework.

The Church continued to produce creeds in order to confess, preserve, and convey the truth entrusted to it by God (1 Tim 3:15). This is a corporate task, especially entrusted to the teachers and the elders (1 Tim 3:2; 2 Tim 2:24–25; Titus 1:9; 3:10–11). New creeds are required as the church faces new challenges to its faith, and (often as a result) gains new insights into the faith. This task of understanding and teaching God's revelation continues through the generations, and the confessions summarise this accumulated insight. Scripture is not designed so that we should parrot it but that as free children of God we should think his thoughts after him . . . so much study and reflection on the subject is bound up with it that no person can do it alone. That takes centuries.[2]

In the fourth and fifth centuries ecumenical councils were called to deal with disputes about the teaching of the church. Nicea (325 AD), Constantinople (381 AD) and Chalcedon (451 AD) stated the doctrine of the Trinity and the full humanity and divinity of Christ against heretical teachings. These produced the *Nicene-Constantinopolitan Creed* and the *Chalcedonian Definition*.

Over the following centuries, many regional councils adopted various creeds. One, composed around 500 AD in Arles in Gaul came to be known as the Athanasian Creed (though it was certainly not written by Athanasius). It affirmed Nicaean Trinitarian doctrine and Chalcedonian Christology and was recognised by various church councils and by widespread use in the worship of Western Churches.

The Reformation brought a new impetus for creeds, which were usually termed confessions. Firstly, Protestants wanted to show their consistency with the faith of the early church; secondly, they needed to state clearly points on which they differed from Roman Catholicism; thirdly, in time there were debates between different strains of Protestantism which had to be clarified.

The Reformed tradition generally accepted the Ancient Creeds. For example, the *French Confession* (1559) affirms that "we confess the three creeds, to wit: the Apostles', the Nicene, and the Athanasian, because they are in accordance with the Word of God". Caution about some details of the

---

2. Herman Bavinck, *Reformed Dogmatics* (Grand Rapids: Baker Academic, 2003), 1:83.

Creeds or resistance to their imposition was not a general rejection of their content.

The Reformed tradition produced a plethora of Confessions and Catechisms, including *The French Confession of Faith* (1559); *The Scots Confession* (1560) *The Belgic Confession* (1561); *The Heidelberg Catechism* (1563); *The Thirty-Nine Articles* (1563/1571); *The Canons of Dort* (1619) and *The Westminster Confession* (1646/47). Faced with a series of new theological questions about Scripture, grace, the Christian life, church, worship and the sacraments, the Reformed churches set out their convictions of the teaching of Scripture in a wide range of local and national confessions.[3]

The Reformed position has always been that the creeds and confessions of the Church, while reliable, are subservient to Scripture and open to revision in the light of Scripture. God keeps his Church in the truth, but the teaching of the Church is not directly identified with God's truth. We cannot *presume* that all teaching of the Church is reliable. The Westminster Confession says that "all synods or councils . . . may err, and many have erred", so "they are not to be made the rule of faith, or practice; but to be used as a help in both" (WCF 31.3).

The 16th and 17th centuries were the great age of Reformed Confessionalism. In the following centuries Reformed churches were more likely to amend, abridge or qualify their confessions.

In the twentieth century, two significant Reformed confessions addressed social and political concerns. The Barmen Declaration (1934) of the Confessing Synod of the German Evangelical Church affirmed that Christ is the head of the church who rules it by the Scriptures. This was against the Nazi attempt to dominate the faith and life of the German church. The *Belhar Confession* (1982) of the South African Reformed Churches opposes apartheid and calls the church to "stand by people in any form of suffering and need" and "witness against and strive against any form of injustice".

The World Reformed Fellowship Statement of Faith reflects something of the retrieval of confessional commitment among Reformed churches in the late 20th and early 21st century. As in the years of the Reformation, so at the start of the twentieth century Reformed believers saw the need to affirm "the faith that was once for all entrusted to God's holy people" (Jd 3). Like all Christian confessions, it is based on the assertion that "Jesus is Lord". It affirms the apostolic faith and the great truths of the Trinity and the full humanity and divinity of Christ. It sets out the insights into the

---

3. R. A. Muller, "Reformed Theology, 1600–1800," in *The Oxford Handbook of Early Modern Theology, 1600–1800*, edited by Ulrich L. Lehner et al. (Oxford: Oxford University Press, 2016), 168–70, offers a succinct summary of the confessional heritage of Reformed thought.

faith which have come from the Reformation, and from the centuries after that. It seeks to state the Reformed faith in depth and in terms that make sense for the twenty-first century. Like other contemporary confessions, it addresses ethical and social concerns. More centrally it sets out the riches of the gospel of Christ and the revelation of God in Scripture. It rejects certain distortions of the Christian faith but primarily asserts the great truths of the Christian faith.

The Statement of Faith was composed by a genuinely global group with the hope that it would serve the worldwide church. That it is available in many global languages reflects both the origin and the purpose of the Statement. We pray that it will strengthen the Reformed confessional tradition around the world.

SEE FURTHER:

Dennison, James T., Jr, ed. *Reformed Confessions of the 16th and 17th Centuries in English Translation: 1523–1693*. 3 vols. Grand Rapids: Reformation Heritage 2008-2014.

Fairbairn Donald, and Ryan M. Reeves, *The Story of Creeds and Confessions: Tracing the Development of the Christian Faith*. Grand Rapids: Baker Academic, 2019.

McClean, J. "A Theology of Confessional Theology." *Scottish Bulletin of Evangelical Theology* 40.1 (2022) 6–22

Pelikan, Jaroslav, and Valerie Hotchkiss. *Credo: Historical and Theological Guide to Creeds and Confessions of Faith in the Christian Tradition*. New Haven: Yale University Press, 2003.

Trueman, Carl R. *The Creedal Imperative*. Wheaton, IL: Crossway, 2012.

Van Dixhoorn, Chad B. "New Taxonomies of the Westminster Assembly (1643–52): The Creedal Controversy as Case Study." *Reformation and Renaissance Review* 6.1 (2004) 82–106.

The WRF Statement of Faith

I. THE DOCTRINE OF GOD

1. The identity of the Creator

We believe in one God, who is the creator, sustainer, and ruler of everything that exists. By his eternal decrees he has established the universe and governs it according to his sovereign will. No being greater than he exists, and no being has the power to affect, modify or diminish his sovereignty over his creation.

2. The Creator and his Creatures

God communicates his presence and his power to all his creatures, but in particular to the human race, which he has made in his own image, both male and female. There is a basic equality of being between men and women but with differences, so that the callings of men and women are not interchangeable but complementary. Although there is no distinction of gender in God, he reveals himself to us essentially in masculine terms and his Son became incarnate as a male.

3. The self-revelation of the Creator to all human beings

God is a personal being and reveals himself in personal terms. In ancient times, he spoke to many different people in many different ways. His words were accompanied, and his promises were fulfilled by actions that were signs of his power. In speaking to human beings, he revealed both himself and his purposes to them in the expectation that they would respond by obeying whatever he commanded them to do.

The natural order bears witness to the existence, power and majesty of its divine creator, so that no-one has any excuse not to believe in him. General revelation is the term used to describe those ways in which God reveals himself to all human beings without exception, in nature, in history and in conscience. General revelation is sufficient to make us aware of the existence and power of God and even of our responsibilities before him, but not sufficient to bring us to salvation. Special revelation is required because as fallen creatures we are spiritually blind and spiritually dead. True knowledge of God comes about when we are enabled by God to see and understand the truth of his self-revelation.

Because human beings are created in the image of the personal God, both God and human beings are personal. They think and communicate with one another in ways that can be expressed in human language. Because of this connection, human beings can come to a knowledge of both visible and invisible reality and can use concepts derived from the latter to develop and transform the former. As part of the visible creation, human beings live in interdependence with all other material creatures but because they are created in the image of God, they are conscious of their status and are able to look for meaning in, and exercise dominion over, the rest of the created order.

Human knowledge is personal and extends from an ability to acquire and catalogue factual details, to the capacity for analysing them in order to come to an understanding of their deeper meaning and purpose. By virtue of this, human beings have a responsibility towards the creation which has been entrusted to them and must answer to God for the way in which they relate to it. Human knowledge is objectively limited by creaturely finitude and subjectively by a rejection of God which has led to a state of radical sinfulness. The objective ability to acquire knowledge and understanding remains in human beings despite their fall into sin, but the effect of that is so great that it is impossible for any human being or society to fulfil the creation mandate in the way originally intended by God.

4. The self-revelation of the Creator to his covenant people

God makes himself known more fully and completely to his covenant people, with whom he has established a special relationship. God reveals himself to them by his Spirit through his Word, which is living (in Jesus Christ), written (in Holy Scripture) and spoken (in preaching).

God's revelation of himself in the Old and New Testaments is accurate and sufficient for human beings to know, love and serve him. However, such knowledge of God cannot be complete because there is much about God which cannot be known by us and there are some things that can be known by experience but cannot be fully expressed in human language. In himself, God is often so unlike any of his creatures that we can only speak of him by saying what he is not — he is not visible, not mortal, not comprehensible either physically or mentally. However, he has characteristics that human beings can recognize and express, and he has them to an absolute degree, in that he is all-knowing, all-wise and all-powerful. These characteristics are identifiable, but they cannot be fully defined within the boundaries of human reason and logic. They can only be truly known and understood through personal relationship with God established by faith in the Lord Jesus Christ.

God spoke in a special way to Abraham, to whom he gave the promise that he would become the father of a great nation. He would be given a land and he would bring blessing to the whole world. These promises were renewed to his son Isaac and grandson Jacob, to whom the name of Israel was given. Through Jacob's descendants, Israel, the nation, became a special people whose historical destiny was to receive and transmit God's Word to the world, and to prepare for the coming of a divine Saviour. This Word was given through chosen servants and eventually it was preserved in the written texts that we now call the Hebrew Bible, or Old Testament. What was promised and foreshadowed in the Old Testament Scriptures was eventually fulfilled in Christ. While many of the prescriptions in the Old Testament, including temple worship and animal sacrifices, are no longer necessary, their spiritual principles have not been abolished. These remain valid for Christians, who have been united to the people of Israel on the basis of the faith that we share with Abraham. Christian believers form a family, the kingdom of God, which extends to the utmost limits of the world, and the preaching of the Christian gospel brings blessings to all who hear it and believe. Those who are ethnically Jewish, but who have not accepted Christ, have not received the blessings promised to their ancestors, but nevertheless retain a special place in the plan and purposes of God that will be fully revealed at the end of time. The church, therefore, is under obligation to share the message of Jesus as Messiah, Saviour, and Lord with the Jewish people. Their incorporation into the Christian church is on the same basis as non-Jews.

5. The Father, the Son and the Holy Spirit form a Trinity of equal persons

In Jesus Christ, God reveals himself as a Trinity of persons, making Christianity unique among the monotheistic religions of the world. God is not a solitary monad, but a Trinity of Father, Son and Holy Spirit, who dwell in personal communion forever. It is because of this that human beings, who are created in the image and likeness of God, have a sense of their own personal identity and relationship with both God and other people. The individual distinctiveness inherent in personal identity, whether human or divine, is grounded in the distinctions of the three divine persons, who subsist eternally in the one God.

The Father, Son and Holy Spirit are all equally and fully God in their own right, and not by derivation, transfer or inheritance from the Father or anyone else. They share a common divine nature and because there is only one God, it is inadequate to claim to know one of the persons without knowing all three. The divine persons relate to each other in ways which are distinctive to each of them but which are all characterized by the common denominator of love. It is because the Father loves the Son that he has given him all authority in heaven and earth. It is because the Son loves the Father that he voluntarily sacrificed himself for us, so that we might live with him in heaven as the Father wants us to. It is because the Holy Spirit loves both the Father and the Son that he comes into the world, not to speak primarily about himself, but to bear witness to them and to bring their common life to us. Finally, it is because we too are persons, created in the image of God, that we can receive his love, relate to him in that love and manifest that love in all our personal relationships.

6. In the Old Testament God speaks in the person of the Father

In the Old Testament God speaks as one person, whom the New Testament equates with the Father of Jesus Christ, although the term 'Father' was not normally used to speak about God in Israel. However, it is clear that the God of the Old Testament is both sovereign and invisible in a way which is fully in agreement with the person of the Father as revealed to us by Jesus. The Father is the one whose will Jesus (as the Son) has come to obey and fulfil and he is the one person of the Godhead who remains both permanently invisible and transcendent at all times. The Son and the Holy Spirit are not very extensively described in the Old Testament but they are eternally present in God and participate fully in all his acts, especially the great work of creation, and there are many references to the person and work of the promised Messiah, as well to the work of God's Spirit among the people of God and in the broader world.

7. God has revealed himself fully and finally in Jesus Christ

God has spoken fully and finally in Jesus Christ, who has fulfilled the ancient covenant made with Israel and with all his elect. He is both prophet and Word, priest and sacrifice, king and kingdom. No further revelation of God is necessary because he is himself God in human flesh. In Jesus Christ God revealed himself as the Son who identified the first person as his Father and promised that after his departure he would send a third person, the 'other Comforter' whom the Scriptures call the Holy Spirit. It is therefore intrinsic to the teaching of Christ that there are three persons in the one God.

8. God reveals himself to us in language we can understand

Because God has condescended to use human language and because the person of the Son became a man, it is possible to speak about him in human terms. The first disciples could have described the physical appearance of Jesus, but did not do so. The New Testament does not give any specific encouragement to make pictures or statues of him, either as aids to worship or as reminders of his presence on earth. No picture or dramatic portrayal of Jesus has any authority in itself, and such things must never become objects of veneration or worship, but may be useful in other ways.

II. EVIL AND SIN

1. The origin of evil

God made the entire universe very good. God is not the author of evil, and his holiness is not compromised by its existence. Evil originated in the rebellion of Satan and some of the angels. It appears that pride was at the root of their fall. The fallen angels are called demons and are led by Satan. They oppose the work of God and seek to frustrate his purposes. Nevertheless God remains sovereign over the powers of evil and uses their actions to forward his plan of salvation. Demons are not to be worshipped or served in any way. Their activity lies behind false religions and Satan blinds human minds to the truth.

2. Evil and humanity

Evil intruded into human life through the sin of the first human beings in the Garden of Eden. Adam is the ancestor of the entire human race and so every human being must suffer the consequences of his sin, which included a disordered world and physical death. Adam and Eve set themselves in the place of God, and gave their allegiance to Satan. Succumbing to the temptation of being like God has far reaching consequences. Robbing God of the glory due to him leads to the elimination of the distinctions established by him and involves transgression into the domain of the divine, the abrogation of the male-female distinctions ordained by God and the confusion between human beings and animals. By using that which is good for the wrong reasons, chaos, tension and suffering have appeared in the midst of human society.

3. The effects of sin in human life

Human beings join forces with supernatural agents who have brought about such horrific evils as genocide, the abuse of power, world wars, various types of terrorism, psychopathic killing, human trafficking, drug abuse and violence of all kinds. Without underestimating and undermining the significance of human beings, such outrageous forms of evil are propagated and orchestrated by demonic forces with the result that human beings can be divided, destroyed and brought below the level of animals in their thoughts and behaviour. Evil is not only directed towards the destruction of creation and the image of God in the descendants of Adam and Eve, but also towards suppression of the church and the truth of God. Though demons do not multiply, nor can they be destroyed by humans, we are still called to resist the evil, injustice, oppression and violence that the demons use for their purposes, while awaiting and praying for the return of Jesus Christ, who will bring an end to all these things.

4. The universality of sin and its consequences

In Adam all die and death has spread to everyone because all have sinned. The whole human race is implicated in the fall and its consequences: sin, alienation, violence, war, illness, suffering and death. Spiritually speaking, all human beings are dead because they are in rebellion against God and cut off from his blessings. Although fallen human beings can discover many truths, they lack the framework needed to understand them as aspects of

God's truth. As sinners they refuse to accept the consequences of the truth that they do have, and instead suppress it by their wickedness. Bodily death is also at work in them until they return to the dust from which they were taken. Unless God graciously intervenes, spiritual death will become eternal death.

III. THE PERSON AND WORK OF CHRIST

1. The Glory of Christ

At the centre of Christianity lies the person of Jesus Christ. His glory and greatness are such that to worship and exalt him is both the duty and the desire of every believer.

2. The incarnate Son of God has one divine person and two natures

The divine person of the Son of God, the second person of the Trinity, took on a complete human nature in the womb of the Virgin Mary and was born as the man Jesus of Nazareth. He now has two natures, one divine and one human, which remain whole and distinct in themselves but are at the same time united in and by his divine person. Because his divine nature, which he shares with the Father and the Holy Spirit, cannot suffer or die, the Son acquired a human nature in order to be able to pay the price of human sin and reconcile us to God. On the cross, it was the person of the Son, in his two natures, who suffered and died.

3. The incarnate Son of God is a true human being

As the incarnate Jesus of Nazareth, the Son of God became a true human being. He possessed a human mind and a human will, and he had a normal psychological make-up, while retaining his divine nature. He was tempted in the same way as any other human being, but did not fall into sin.

4. The incarnate Son of God was perfectly able to reconcile us to his Father

The man Jesus Christ was able to take our place on the cross and pay the price of our sin, not because of any natural or objective superiority to us but because he was perfectly obedient to his Father and therefore entirely without sin. In becoming sin for us, he could cancel our debt towards God without incurring any guilt that would have separated him from his Father. The redemptive work of Christ secured the salvation of all who were chosen in him before the foundation of the world.

5. The nature of Christ's resurrection body

After two days in the tomb, Jesus of Nazareth rose again from the dead with a transformed but still recognizable human nature. His resurrection body was capable of transcending natural physical laws but still retained its own physical properties. In his ascension, that body was further transformed into the heavenly state which it still possesses and has been taken up into God. Human beings will be resurrected, not as Jesus was on the first Easter morning, but as he is now, in his ascended state.

IV. THE PERSON AND WORK OF THE HOLY SPIRIT

1. The Holy Spirit as a person of the Trinity

The Holy Spirit is involved in the work of creation and redemption along with the Father and the Son. In particular, the incarnate Son was conceived by the Holy Spirit, anointed with the Holy Spirit and empowered by the Holy Spirit to perform his public ministry on earth.

2. The work of the Holy Spirit in redemption

The Holy Spirit applies the Son's work of redemption to individual believers and unites them both to Christ their head and to one another. He is the agent of the adoption of believers into God's family and gives them the inner assurance that they have been chosen by the sovereign power of God. He helps, teaches, guides and leads believers in accordance with God's revealed will and character. He sanctifies believers by producing his fruit in them and he constantly intercedes for them in prayer to the Father.

3. The sending of the Holy Spirit at Pentecost

The coming of the Holy Spirit at Pentecost was the beginning of a new work of God in the life of believers, which led to the foundation of the Christian church. The extraordinary revelatory gifts given at that time were unique signs of the beginning of the messianic age and they may not be claimed automatically or required as decisive proof of God's power at work today. The continuing and diverse gifts of the Holy Spirit must be sought for in humility, according to his will and in order to glorify God in service for the common good of the church.

4. The Holy Spirit and spiritual revival

The power of the Holy Spirit continues to be manifested in special ways during times of spiritual revival which occur periodically in the life of the church. These times of awakening and spiritual refreshing further the expansion of God's kingdom by making people more conscious of their sinfulness and turning them to Christ in a new and deeper way. At such times, believers are reminded of the presence of the Holy Spirit as they become more aware of his working in their lives and of his gifts to them. Spiritual revival is especially effective in bringing God's people back to him by reforming the church, which is constantly in danger of going astray. Nevertheless, the work of the Holy Spirit which is evident at times of spiritual revival is always present in the church and believers must eagerly pray for his fruits and his gifts at all times.

5. The Holy Spirit and spiritual warfare

The Holy Spirit actively combats Satan and his demons and protects believers from them. The Holy Spirit delivers men and women from demon oppression and possession and equips them with the spiritual weapons they need to resist the power of the devil. The Bible forbids believers from dabbling with the forces of darkness and their works.

V. GOD'S WORK OF SALVATION

1. Common Grace

God exercises a common grace to all humanity as well as the special grace by which people enter into salvation. By this common grace, sin is restrained, sinful human beings receive blessings from God and they are enabled to do good things. This common grace provides a foundation for human society and enables work in the arts and sciences. It is the Holy Spirit who enables this work in the arts and sciences, thus cultural progress and human civilization are good gifts of God, made possible despite the fall of humanity into sin.

2. The call and election of God

God's call to human beings is to repent and believe. No one can respond to this call without the work of the Holy Spirit. Though many may aurally receive the message, or read it directly from the Bible, or indirectly in Christian literature, not all are chosen. Rather than abandon the human race in its fallen condition, God sovereignly and graciously elected some to eternal life. Only those whose hearts and minds are illumined by the Holy Spirit are empowered to accept the promised gifts of forgiveness of sins and acceptance with God.

3. The nature of regeneration

By the work of the Holy Spirit, a dead sinner receives life from God, and the implanting of that life results in a new orientation towards God and his righteousness. Only the Holy Spirit can bring about the change which produces holiness, without which none shall see God. While this regenerating work produces character changes, Christians are unique persons, for while they all possess the Holy Spirit, they are all different. What they share in common is the implanting of new life, which means that they are now in an indissoluble spiritual union with Christ. The New Testament expresses this by saying that Christians are 'in Christ,' that is, they become 'heirs of God and joint-heirs with Christ.' Because they are so united to Christ in whom are hidden all the treasures of wisdom and knowledge, they are complete in him. All Christian believers have the Spirit of Christ, and being in union with Christ also means that they are in a vital relationship with one another. They share a common salvation and have common goals and aspirations.

4. The effects of regeneration

God's work in regeneration needs no repetition. Having been justified by God, Christians display that change in status by a change in their spiritual condition. Conversion marks the conscious beginning of a new life so that believers seek to live in accordance with their new nature, with affections set on spiritual and eternal issues. At the heart of the new life are repentance and faith, which are bonded together as the expression of conversion.

5. Faith

The grace to believe is the gift of God. Faith, then, is an act of receiving the blessings of salvation by personal belief in, and commitment to, Christ the Saviour. This faith is the instrument by which divine revelation and all the promised blessings are grasped, received and enjoyed. It is a conviction that the Bible's message is true and that personal appropriation of Christ's merits and work is essential. True faith rests on its object, Christ Jesus, and he is embraced as Saviour, and by an act of committal the soul rests on him alone for salvation.

6. Justification

Justification is the act of God which follows effectual calling by the Holy Spirit and the sinner's consequent response of repentance and faith: 'whom he called, these he also justified.' In justification God declares sinners to be righteous in his sight, regarding their sins as forgiven and counting the righteousness of Christ as belonging to them. Justification is not a pretence on God's part that sinners are righteous when in fact they are guilty. For justification to be real and consistent with the holiness of God, it must have a meritorious ground. A real righteousness must exist for God to be righteous in his declaration of justification. Sinners are justified on the basis of a righteousness supplied by another, the righteousness of the Lord Jesus Christ which is counted as belonging to them. This imputation of the righteousness of Christ is fundamental to the Christian faith.

7. The righteousness of Christ is the basis of our justification

The righteousness of Christ comprises his life of perfect obedience to every commandment of the law of God and his death on the cross by which he bore the penalty of God's holy wrath due to the sins of all his people, a work sealed by his triumphant resurrection. Believers now share the same righteous status as Christ who has satisfied all the demands of God's law in their place and on their behalf. The ground of the sinner's justification is solely the perfect righteousness of Christ.

8. The harmony between Paul and James in their teaching about justification

There is no conflict between the teaching of Paul and that of James regarding justification. Paul writes of justification as pardon and acceptance before God; James insists that if this justification is real, it will show itself in a life of obedience.

9. The adoption of believers in Christ

The position of the Lord Jesus Christ as the eternal uncreated Son of God by nature is unique. Nevertheless, he is not ashamed to call those he has saved his brothers and sisters. These adopted children of God are heirs of the inheritance which Christ has secured for them, the full measure of the blessings of redemption, and so they are described as 'heirs of God and fellow heirs with Christ.'

As children of God, believers share in all the blessings provided by God for his family and by the internal witness of the Holy Spirit, they recognize and address God as Father. They are the objects of the love of God, of his compassion, and of his care for their needs. The children of God also have the privilege of sharing in the sufferings of Christ and his subsequent glorification. A further privilege of God's children, which confirms their adoption, is their experience of the fatherly chastening of God. They are assured that: 'God is treating you as sons. For what son is there whom his father does not discipline?' The unity of the children of God in one body is also a privilege to be enjoyed and a responsibility that requires mutual love and ministry.

The full blessings of adoption will not be enjoyed until the glorious return of the Lord Jesus Christ. Adoption has a present dimension but also an eschatological dimension, which is an element of Christian hope. Thus 'we ourselves, who have the firstfruits of the Spirit, groan inwardly as we wait eagerly for adoption as sons, the redemption of our bodies.' Adoption will not be complete until Christ gives his people new bodies at the resurrection, when believers will enjoy 'the freedom of the glory of the children of God' along with the renewed creation.

10. The Holy Spirit's work of sanctification

The Holy Spirit works in the lives of those who have been justified and adopted to make them holy and to transform them into the likeness of Christ.

God's work in believers includes both willing and doing what he requires. Active obedience to the commandments of the Lord is essential. Sanctification requires the putting to death of all that is sinful in human life and the development of new godly habits and patterns of thinking and living.

11. The attainment of Christian perfection

During this present life no believer is entirely free of sin, and sanctification progresses at varying rates. God's disciplining his beloved children also serves their sanctification. The work of sanctification will be completed by the power and grace of God. The spirit is fully sanctified at death, joining 'the spirits of the righteous made perfect.' At the resurrection the body of a believer will share in that perfection, being made like the glorious body of Christ. Ultimately every believer will fully 'bear the image of the man of heaven.'

VI. THE CHRISTIAN LIFE

1. Authentic spirituality

Christian spirituality is a life-long process of deep reverence and love for God, which translates into a right relationship with fellow human beings. Christian spirituality is practical godliness, leading to transformation into the likeness of Christ. It is not directed at the self, nor at seeking after an impersonal force, nor at attaining to a nebulous state of existence or altered states of consciousness. It is growing in covenantal union with the Triune God, and in ever-increasing fellowship with God's people in the world. It is the result of spiritual regeneration maintained and governed by the Holy Spirit.

2. The means of godliness

The Holy Spirit produces godliness in us by applying the Word of God to our hearts and minds, teaching us obedience, uniting us in the corporate fellowship of all believers, in the true worship of God, in our witness to the world, in trials and suffering, and in confrontation with evil.

3. The results of godliness

The results of godliness include transformed minds and hearts, words and actions, prayerfulness, and a life that continually grows into the image of Christ. Godliness produces a lifelong growth in self-denial, a daily 'taking up of our cross' and following Christ by practicing love, patience, forgiveness, gentleness, compassion and kindness to all, especially to those of the Christian family. It involves the continuous yielding of ourselves in total devotion to God, experiencing inexpressible joy, filial fear, selfless reverence, glowing love, compassion, and self-controlled boldness, balanced with humility, respect, awe, contentment, childlike trust, obedience, undying hope, and God's peace in the face of trials, grief, and pain.

4. Spiritual experiences

A God-centred spiritual life receives these spiritual experiences as a gift from the Holy Spirit. As we seek to draw near to the Triune God, we are reminded that we are always living in his presence wherever we are. We are therefore motivated to fulfil our calling to be instruments of his transforming grace wherever his providence has placed us. Experience of our covenantal union with God in this life is but a foretaste of the glory of communion with God in the age to come.

VII. HOLY SCRIPTURE

1. The Scriptures were brought into existence by God the Holy Spirit

The Scriptures are God-breathed, having been written when men spoke from God, as they were carried along by the Holy Spirit. The Scriptures are God's Word and are completely reliable. As originally given, they are without error in all that they affirm, a doctrine that has been termed 'biblical inerrancy' by many Reformed theologians. God superintended the work of writing them so that they are precisely what he intended them to be. Having chosen to use human beings, God did not override their humanity or dictate the Scriptures to them. They therefore display the personal history and literary style of each author and the characteristics of the period in which they were written, while remaining in every respect the Word of God himself.

2. The Scriptures are recognized through the work of God the Holy Spirit

The Scriptures display many fine qualities which commend them to us but ultimately our full persuasion and assurance of their infallible truth and divine authority is from the Holy Spirit as he bears witness to our hearts, by and through the Word. It is to the believer indwelt by the Holy Spirit, that the Scriptures display their authenticity as the Word of God. The Christian church received the Hebrew Bible and the Greek New Testament in this way and was enabled to recognize it as its authoritative canon. The Scriptures do not draw their authority from the church, or from any source other than God himself.

3. The Scriptures are understood through the work of God the Holy Spirit

The Scriptures have a fundamental clarity but only the Christian believer can receive and understand their spiritual meaning and significance, having access to the mind of Christ. Humanity's fall into sin affected the mind as well as the will and the emotions. The spiritual blindness thus incurred left human beings unable to understand the things of God without the work of the Holy Spirit. When human beings are effectually called and regenerated, the Holy Spirit begins to open up the Scriptures to their understanding. In his wisdom, the Holy Spirit reveals to us the true meaning of God's revelation.

4. The Scriptures are applied by God the Holy Spirit

God brings men and women to himself through the preaching of his Word. The Holy Spirit uses the preaching, teaching and study of the Scriptures to make us wise for salvation through faith in Christ Jesus and to give us his mind. Whether preached or read, the Scriptures are profitable for teaching, for reproof, for correction, and for training in righteousness, that we may be equipped for every good work and show forth a God-honouring lifestyle. They thus provide for the foundation, confirmation, and regulation of our faith.

5. The presuppositions governing the interpretation of Scripture

Holy Scripture is the Word of God and therefore it cannot contradict itself. Our reading, interpreting, understanding and applying of it is influenced in various degrees and levels by our previous convictions or presuppositions about God and about the Bible. In order to understand it correctly, it is necessary to be aware of our presuppositions and examine them in the light of the biblical text so that we may reform them and bring them more closely into agreement with the meaning of the text itself. Since the Scriptures claim divine origin and inspiration, only those interpretative methods that take such claims seriously can arrive at their true meaning.

6. The clarity of Scripture

The need for scholarly study of the Bible in its original languages does not undermine the clarity or the divine authority and trustworthiness of Scripture. The truths necessary for salvation are so clearly expressed in Scripture that both learned and unlearned readers may and should understand them. The message of Scripture must be expounded in the light of the philosophies and opinions which challenge and oppose its presuppositions. In defending the biblical worldview against such opponents, the clarity of Scripture's meaning is attained, not only by a careful comparing of one biblical text with another, but also by examining the meaning of its opposite.

7. The appropriate methods of interpretation

The Bible is God's Word and so must be read in humble submission and prayer for the illumination of the Holy Spirit. Since it was written in human languages within specific cultural, social and temporal contexts, its meaning must be sought through the use of general rules of interpretation and the help of related fields, such as archaeology, history, textual criticism, and the study of the original languages. All these methods must take into account its divine origin, infallibility and human character.

8. The meaning of a biblical text

A biblical text can have many different practical applications and significances, but its primary meaning is usually determined by the careful use of the historical, grammatical, and redemptive-historical principles already outlined in the previous paragraph. Allegorical, spiritual and figurative interpretations have no authority unless they are specifically approved by the text itself.

9. The universality of truth and its application

God's truth revealed in Scripture is universal, eternal and relevant for all cultures, ages, and peoples. Nevertheless, there can be several and distinct applications of that truth. In contextualizing God's Word, the church should distinguish between biblical principles which are the eternal and universal manifestations of God's truth, and the practical implications of those principles, which can vary in different contexts. It must always make sure that its applications are legitimate and proper extensions of the fundamental and unchanging principles.

10. The normative pattern of God's self-revelation in post-biblical times

Since the completion of the New Testament canon, the normative pattern has been for God to speak to us in and through the Holy Scriptures with the enlightenment of the Holy Spirit, who dwells in our hearts and reveals both the Father and the Son to us. Those who hear the Spirit's voice receive the inheritance promised to us in the Son, and with his help they do the will of the Father in their lives. It is to teach us what this means and to guide us as we seek to put God's will into practice that the Holy Spirit has given us written texts to inform, challenge and encourage us along the way. In addition to the Old Testament, these texts are the revelation given to the followers of Christ, by or with the approval of the twelve disciples who saw him after he rose from the dead and whom he appointed to lead and instruct the church. The texts were collected by the first Christians, who acknowledged them as bearing the full authority of God himself, and were grouped together as the New Testament. No Christian teacher or church has the right to insist on beliefs which are not contained in Scripture or to interpret any one of them in a way which contradicts what God has revealed of himself elsewhere in Scripture.

VIII. THE CHURCH

1. Its Nature

The church is both the invisible company of all Christians (known only to God) and the visible church on earth, in its many communities. The church is the spiritual and supernatural Body of Christ, who is the Head of the church. Every Christian is united to Christ and joined to every other Christian by God, thus constituting the church. In the life of the one, holy, catholic and apostolic church, the worship of God, fellowship, the Holy Scriptures, the sacraments, and mission, are central.

2. The Ministries of the Church

Scripture indicates a number of ministries which God has given to the church at different times: apostles, prophets, elders, deacons and evangelists. Today, in each local church there are to be elders and deacons. The elders are to be pastors, overseers and examples and some of them are to devote themselves to preaching and teaching. Deacons are to care for the poor and needy, and to see to the practical, financial and fabric needs of the church. Like the eldership, this is a spiritual office requiring spiritual qualities.

3. Worship of God

The primary responsibility of the church is the worship of God. The nature and content of this worship is determined by God himself, as revealed to us in Scripture. This should include the singing of praise to God, the reading and preaching of Scripture and prayer.

4. The Autonomy of the Local Congregation

Each congregation of believers has a degree of autonomy under the rule of the elders but there is also a wider unity with all other congregations. This connectionalism has been expressed in different ways at different times, in different parts of the church.

5. The Sacraments

A sacrament is an outward and visible sign of an inward and spiritual grace. It is instituted by Christ and is representative of the work of Christ. Protestant churches recognize only two: Baptism and the Lord's Supper (or Eucharist or Holy Communion). These are often identified with the two sacraments of the Old Testament church: circumcision and the Passover. Baptism is a rite of initiation into the Christian church. It is to be administered by using water. The Lord's Supper points to the death of Christ on the Cross, using bread and wine as symbols of the body and blood of Christ. It also provides for believers an opportunity for the strengthening of faith, fellowship in Christ and spiritual nourishment, while proclaiming the Lord's death until he comes.

IX. TRADITION

1. The existence and validity of apostolic traditions

Every Christian church lives according to the rule of faith inherited from the apostolic age. The Holy Scriptures are the uniquely authentic and normative form of this rule, by which all other beliefs and practice must be measured. The apostolic churches undoubtedly had customs which are not recorded in Scripture or enjoined by it, but such traditions are not binding on later generations of Christians. Similarly, although it is possible that lost apostolic writings may one day be rediscovered, they will not be regarded as Holy Scripture because they have not been handed down from apostolic times as part of the normative rule.

2. The authority of creeds and confessions

During the course of its history the church has adopted creeds and confessions of faith in order to clarify the teaching of Scripture. These documents and other similar decisions of various ecclesiastical bodies enjoy the authority possessed by those who adopted them and must be so regarded and respected by later generations. However, they are not infallible and where it can be shown that they are not in agreement with the teaching of Scripture or that their teaching can be more clearly expressed in a different way, the church is free to alter them accordingly.

3. The Reformers' response to inherited traditions

The sixteenth-century reformers undertook a thorough revision of the church's traditions and abandoned those beliefs and practices which were clearly contrary to scriptural teaching. Some went further and discarded traditions which were not supported by Scripture even though they were not necessarily contrary to it either. An example of this was the celebration of Christmas on 25th of December, which has no biblical warrant but clearly testifies to the New Testament doctrine of the incarnation of Christ. Traditions of this kind may be retained, modified or discarded at the discretion of the local church, provided that no biblical doctrine is thereby compromised.

4. Patterns of worship and church government

Every church has developed patterns of worship and government which over time have become traditions of their own. As long as these practices are not contrary to the teaching of Scripture and continue to fulfil the task for which they were first devised there is no reason why they should not be retained. Nevertheless, each local church is free to modify such traditions as it sees fit. In particular, churches which have emerged from foreign missionary activity may have inherited practices from those missionaries that are not easily indigenized. Churches of that kind have a special responsibility to examine the biblical warrant for such transplanted customs and should be encouraged to modify them if by doing so they can make the witness of the gospel more effective in their circumstances. Nevertheless, no church should abolish, modify or adopt any tradition or practice without considering the effect such a move might have on the witness of the Christian community as a whole.

5. The expedient retention of certain traditions

Some traditions have become so deeply rooted and universal in the Christian world that to alter them would achieve nothing and lead to unnecessary division within the church. An example of this is the custom of worshipping God on Sunday which, though clearly practiced in the early church, is not specifically enjoined in the New Testament. There are circumstances where particular Christian bodies, for example in certain Muslim countries, may find it more convenient to worship on another day of the week, but no church should take it upon itself to abandon Sunday worship merely because it is not specifically required by Scripture. In cases of this kind the visible unity of the Christian world should be maintained if no theological principle is compromised thereby.

X. MISSION AND EVANGELISM

1. Our calling to be God's witnesses through word and deed

Our mission in the world flows from our passion for the glory of God and our assurance of the coming of his kingdom. The church as the community of Christ, is God's instrument of evangelism, which is the preaching and sharing of the gospel of Jesus Christ, through both words and deeds, that Christ died for our sins and was raised from the dead according to the Scriptures and that he, as the reigning Lord, now offers forgiveness of sin, eternal life and gifts of the Spirit to all who repent and believe. In obedience to the commission of our God, we have to present two hands to all people: (1) the hand calling them to repentance, faith and eternal reconciliation with God through Christ, and (2) the hand manifesting deeds of mercy and compassion, extending the goodness of God's kingdom on earth in the name of Christ. This is the example given to us by Christ himself and proclaims that we are conformed to the image of Christ and have received the Holy Spirit as the first fruits and guarantee of God's new creation.

2. The extent of the call to mission

Our proclamation of the gospel has social consequences as we call people to love and repentance in all areas of life. Likewise, our social involvement has evangelistic consequences as we bear witness to the transforming grace of Jesus Christ. If we ignore the world, we betray the great commission by which God sends us out to serve the world. If we ignore this commission, we have nothing to bring to the world. Our obedience to God stirs up our zeal for missions by making us trust him totally. This makes our witness both bold and gentle, and attracts the attention of unbelievers.

3. The compassion of Christians for the world

We affirm the great need for Christians to be clothed with compassion in the name of Christ, in the midst of poverty, disease, injustice and all forms of human misery. We are concerned that there are millions of people in this world living in desperate poverty. In calling us to clothe ourselves with compassion we are called to walk with the poor and convey the transforming grace of God with a quality of spiritual life that allows us to enter a suffering community not as saviours, but as servants of Christ the Saviour.

4. The transformation of human community

We understand the transformation of community to be the comprehensive reversal of the effects of sin over all of life and all the earth that alienated men and women from God, from self, from others and from the environment and the restoration of God's order in creation. It is God's intention that all human beings should be full bearers of his image. This task begins in this life but will only be completed when Christ returns in glory at the end of time. It aims to transform the sinful culture and society in which we live and to construct a new culture and new society in conformity with the nature of the Kingdom of God which has been inaugurated by Christ.

XI. LAW AND ETHICS

1. The natural law

The law of God is the expression of his love and reveals his righteous requirements for the human race. It was written on the hearts of human beings at creation and, despite their fall into sin, they still have an awareness of its requirements through their consciences. In Eden, God also revealed his will for human beings in verbal form, in the command not to eat of the tree of the knowledge of good and evil.

2. The law of Moses

The Mosaic Law contained ceremonial elements which foreshadowed the person and work of Christ and the life of his church, and which have now been fulfilled. The law also contained judicial elements which shaped the civic life of Israel and which provide principles of justice that are to be reflected in the life and laws of all nations. The moral elements of the law continue to provide the pattern for godly living. God's law shows sinners their sin and points them to Christ as the only Saviour. The law in addition provides a measure of restraint on the expression of sin in society. It is also the guide for life for Christians as they are renewed in the image of Christ, revealing both the sin to be hated and the righteousness to be pursued.

3. Christ as the fulfilment of the law

Christ has fulfilled the requirements of the law, becoming a curse for his chosen people. Those who have been brought to faith in Christ express their love for the Lord by obeying his commandments through the enabling of the Holy Spirit.

4. Matrimony and sexual ethics

Marriage as heterosexual monogamy was instituted by God, with husband and wife leaving their own families and cleaving to one another in a lifelong relationship. Sexual desires are to be fulfilled within that union, and children born within it are to be cared for and nurtured in Christian knowledge and practice. Owing to human sinfulness, deviations from this pattern occur. The Bible disallows sexual relationships outside the bond of marriage, as it does same sex unions. Dissolution of a marriage by divorce is permissible if adultery has occurred, or if unbelievers irretrievably desert their Christian spouses. Man is described in Scripture as the 'head' of woman, as Christ is the 'head' of man and God is the 'head' of Christ. That headship in family and in church is demonstrated by loving as Christ loved the church.

5. Family planning

Family planning is acceptable, though contraception by such means as taking a pill after conception or by abortion of a foetus is really the destruction of a new life. For married couples experiencing difficulty in conceiving, in vitro fertilization (IVF) is one possible option, though use of donor sperm or surrogate mothers is not because these practices, though medically feasible, intrude into the marriage relationship. Experimentation with human embryos is destructive of human life, as is experimentation with adult humans that may result in illness, disability, or even death. Though cloning of humans ('somatic cell nuclear transfer') may be technologically possible, neither 'reproductive cloning' nor 'therapeutic cloning' fits the biblical model in which sex and procreation are part of the covenantal relationship of marriage. Human scientific discoveries, though intrinsically good in themselves, can be used in defiance of God's moral order for his world. Life, and the ability to bear children, have to be viewed as God's gifts, and they are sovereignly bestowed.

6. The prolongation of life

Human bodies are subject to various illnesses, and modern medicine is able to assist with appropriate treatments, operations, and medicinal drugs. Organ transplants are a legitimate extension of such medical intervention to cure illnesses or to prolong life.

7. The termination of life

Just as the creation of a new person is God's action, so it is he who determines the end of a person's life. Both origination and termination of life are in his sovereign control. While drugs may be used to relieve pain, they are not to be used to terminate human life, nor are they intended for use in giving an individual pleasure or to induce extrasensory states. Though modern technology may enable a person to be kept artificially alive, yet when no evidence exists of brain activity, then turning off such equipment is not wrong.

XII. ESCHATOLOGY

1. The eternal plan of God

At the very beginning of time there was a promise of fulfilment in the end of Adam's probation, God's Sabbath rest, and the promise of eternal life from the tree of life. All these anticipated God's intention to perfect what he had made very good. Paul saw the resurrection (or recreation) of the last Adam as the fulfilment of the creation of the first Adam before the Fall. The history of redemption is the outworking of God's saving purposes, culminating in the life and death of the Saviour, the taking of salvation to the nations, and the eschatological recreation of heaven and earth. In the present time, those who are united to Christ already experience the power of the world to come by the Spirit who lives in them. Even though they will experience death, they already have a taste of the future resurrection.

2. The state of the dead

Immediately after death, the souls of human beings return to God, while their bodies are destroyed. They do not fall into a state of sleep. The souls of the saved enter into a state of perfect holiness and joy, in the presence of God, and reign with Christ, while they await the resurrection. This happiness is not impeded by the memory of their lives in earth, since now they consider everything from the light of God's perfect will and plan. Their happiness and salvation is solely by God's grace. They have no power to intercede for the living or to become mediators between them and God. The souls of the lost are not destroyed after death, but enter into a state of suffering and darkness, cast away from God's presence, while they await the judgment day. There are no other states besides these two after death. Neither the souls of the saved nor those of the lost can return to the land of the living after death. All experiences attributed to the action of disembodied souls must be attributed either to human imagination or to the action of demons.

3. The second coming of Christ

The resurrection of Christ, followed by the sending of the Holy Spirit, inaugurated the new era, called the last days in Scripture. The Christian in this present time lives in the 'semi-eschatological' reality of the 'already' of Christ's finished work, and the 'not yet' of the future consummation. One day Christ will return to this world in a visible manner, with the glorious body of his resurrection, so that the whole world will see him. He will come in power, with the saints and his angels, to judge all human beings and bring God's kingdom to completion. The Scriptures strongly exhort us to be ready for Christ's coming; nevertheless, they do not give us a timetable or signs of when that might be. Christ's return remains the highest Christian hope. The church is encouraged to pray for it and to speed it up by preaching the gospel to the whole world.

4. The resurrection of the dead

The dead who belong to Christ will be resurrected by his power, with a body similar to his, and made fit for the eternal state of fellowship with God and everlasting joy. As for the lost, they will also be resurrected, but for judgment and eternal punishment. This fate should make us tremble and fear and drive us to preach the gospel of God's saving grace to all nations. The personal identity of both the saved and the lost will be the same as they were on earth, but their bodies will be transformed in their substance and properties.

5. The last judgment

Christ will return to this world as its judge, because he is the Son of Man and the king who reigns over it eternally. He will judge the living and the dead in righteousness and will show no favouritism or partiality. The elect will be declared justified on account of Christ's death and resurrection for them, and invited to enter his everlasting kingdom. The wicked and reprobate will be justly convicted of their sins and iniquities and cast out from his presence, along with Satan and the demons. In the meantime, Christians should support all lawful efforts to bring justice to this world, knowing that full and perfect judgment will be made at the end of time. As to the rewards Christ has promised to his people, Scripture says very little, but enough to give us an additional motivation for obedience and faithfulness.

6. The millennium

The interim between Christ's exaltation and his second coming, that is, the present time when the good news of the gospel and its blessings are made known to the nations, has been recognized by most of the church as the millennium referred to in the Scriptures. Some, however, hold to a literal period of a thousand years of Christ's rule over the earth after Christ has returned. The present time still suffers the effects of human sin and rebellion and the power of Satan. Manifestations of evil will occur in the world, alongside expressions of Christ's kingdom, until he returns in glory.

7. The new creation

After Christ returns, God will recreate the physical universe, and his resurrected people, vested with immortality and perfection, will live under Christ's rule in this new heaven and earth forever.

8. Different interpretations of eschatological matters

Christians agree about the main events that constitute the last things, but not always about their sequence and nature. The last things should be discussed with humility, remembering that it was often only after prophecies were fulfilled that God's people fully understood them.

Confraternidad Reformada Mundial
Declaración de Fe

Translated into Spanish by Cecilio Lajara

I. LA DOCTRINA DE DIOS

1. La identidad del Creador

Creemos en un Dios, que es el Creador, Sustentador y que Gobierna sobre todo lo que existe. Ha establecido el universo por sus decretos eternos y lo gobierna de acuerdo a su soberana voluntad. Ninguna criatura es mayor que El, ninguna criatura tiene el poder que pueda afectar, modificar o minimizar su soberanía sobre la creación.

2. El Creador y sus Criaturas

Dios comunica su presencia y su poder a todas las creaturas, pero en particular a la raza humana, la que El ha hecho a su imagen y semejanza, ambos hombre y mujer. Hay similitud basica entre los seres hombre y mujer pero con diferencias, en forma tal que ambos se complementen el uno al otro. Aunque no hay distinción de género en Dios, El se revela a nosotros en términos masculinos y su Hijo fue encarnado como varón.

3. La auto revelación del Creador para los seres humanos

Dios es un ser personal y se revela en términos personales. En la antigüedad, El hablaba a muchas gentes en diferentes formas. Sus palabras eran promesas, las cuales eran cumplidas

por sus acciones, y las cuales eran indicaciones de su poder. Hablando a los seres humanos, se revelaba así mismo, pero también revelaba a ellos su propósito en la expectación de que ellos respondieran a todos sus mandamientos en obediencia.

La naturaleza da testimonio de la Existencia, el poder y la majestad del Creador, en forma tal que nadie tiene excusas para no creer en El. "Revelación general" es el término usado para describir las formas en que Dios se manifiesta a los seres humanos sin excepción alguna, en lo natural, en la historia y en la consciencia de los seres humanos. La "revelación general" es suficiente para que nosotros podamos conocer que hay un Creador y hacernos conscientes de Su existencia y de nuestra responsabilidad ante El, pero no suficiente para darnos salvación. Para esto es necesaria la "revelación especial" porque como criaturas bajo pecado somos como ciegos espirituales y estamos muertos espiritualmente hablando. Nuestro verdadero conocimiento sobre Dios viene a nosotros cuando el mismo Dios nos habilita y nos capacita para entender la verdad en su auto-revelación para con nosotros.

Porque hemos sido creados a la imagen y semejanza de un Dios personal, ambos Dios y nosotros, podemos comunicarnos en forma personal. Pensamos y nos comunicamos en un lenguaje y en formas humanas que muy bien entendemos. Por ésto, los seres humanos, podemos llegar al conocimiento de la realidad visible e invisible de Dios y podemos usa conceptos derivados de Su invisibilidad para entender y transformar Su visibilidad. Como parte de la creación visible los seres humanos vivimos en interde-pendencia con todo lo creado, pero como hemos sido creados a la imagen de Dios, somos conscientes de nuestra existencia y podemos buscar significado sobre lo creado y ejercer dominio sobre todo los creado como Dios lo ha ordenado.

El conocimiento humano es personal y se extiende desde la habilidad de poder adquirir y catalogar detalles, hasta la capacidad de poder analizarlos en forma tal de llegar a entenderlos en su totalidad. Por esta virtud, los seres humanos tenemos la respon-sabilidad de cuidar todo lo creado. Tenemos que rendir cuentas a Dios por el cuidado que ejerzamos sobre toda la creación. Nuestro conocimiento humano está obje-tivamente limitado por un rechazo de parte de Dios por el pecado en nosotros. Nuestra habilidad objetiva de obtener conocimiento y entendimiento sobre las cosas continúa en nosotros a pesar del pecado que existe en nosotros, pero el efecto de la caída del hombre ha sido de tal magnitud que es imposible para cualquier ser humano o sociedad en particular cumplir con el mandato del "gobernar sobre todo lo creado"en la forma original como Dios los entrego al Hombre.

4. La autorevelación del Creador para con el pueblo del pacto

Dios se manifiesta abiertamente a su pueblo del pacto (pueblo escogido) y con quien El ha establecido una relación muy especial. Dios se manifiesta a ellos por medio de Su Espíritu por medio de Su Palabra, la cual es viva (en Jesucristo), escrita (la Santa Biblia) y palabra expresada por medio de la predicación.

La revelación de Dios en el Antiguo y el Nuevo Testamentos es cierta, completa y suficiente para el conocimiento de los seres humanos. También para amarle y servirle. Sin embargo, tal conocimiento de Dios no es completo porque, realmente existen otras características de Dios que no podemos conocer. Algunas de ellas pueden ser conocidas por experiencia propia, pero no pueden ser descritas en lenguaje humano. Dios es diferente a sus criaturas y podemos con facilidad describir lo que El no es, no es visible, no es mortal, no podemos describir su físico o su estado mental. Sin embargo, hay otras características que el ser humano puede reconocer y describir, todo lo sabe, todo lo entiende, es poderoso. Aunque estas características son identificables pero no pueden ser definidas completamente dentro de nuestras capacidades de la razón y la lógica. Sólo pueden ser persividas y entendidas por medio de la relación personal con El por medio de Nuestro Señor Jesucristo. Dios habló de una forma especial a Abraham, a quien le dio lo promesa que sería padre de una nación grande. Le daría tierra y sería gran bendición para todo el mundo. Estas promesas fueron renovadas a su hijo Isaac y al nieto Jacob, a quien se le otorgó el nombre de Israel. A través de los descendientes de Jacob (Israel) la nación vino a ser una nación grande cuyo destino histórico fue recibir y transmitir la Palabra de Dios al mundo y preparar al pueblo para la venida del Salvador. Dios escogió a siervos útiles para revelarnos Su Palabra, la cual se nos presenta en los textos escritos del Antiguo Testamento. También la conocemos como la Biblia Hebraica. Todas las profecías que se presentaron en las Escrituras del Antiguo Testamento fueron cumplidas en Cristo. Mucho de lo que nos revela el Antiguo Testamento, incluyendo la adoración específica en el templo y los sacrificios de animales, ya no son necesarios, aunque sus principios espirituales no han sido abolidos o terminados. Estos aun se mantienen y son válidos para los cristianos, quienes juntamente con el pueblo de Israel manifiestan la fe que se comparte con Abraham. Los Cristianos formamos una familia, el Reino de Dios, la cual se extiende hasta los límites más remotos del mundo. La predicación del evangelio trae bendiciones a todos los que lo reciben y creen. Aquellos que étnicamente son Judíos, pero que aún no han aceptado a Cristo, no han recibido la promesa prometida a sus antepasados, mas sin embargo, mantienen un lugar muy especial en los planes y los propósitos de Dios que serán revelados al final de los tiempos. Por lo tanto, la Iglesia tiene la obligación de compartir el mensaje de Jesús como el Mesías, Salvador y Señor para con el pueblo Judío. La participación corporativa de ellos en la Iglesia es comparada con los Gentiles.

5. El Padre, el Hijo y el Espíritu Santo forman la Trinidad en igualdad de personas

Dios se revela en Jesucristo como una de las personas de la Trinidad, haciendo del Cristianismo único entre las religiones monoteístas del mundo. Dios no es una sencilla monada sin significado alguno, pero es el Trino Dios, Padre, Hijo y Espíritu Santo quien existe en una comunión personal para siempre. Por esto es que los seres humanos, creados a Su imagen y semejanza, tienen su propio sentido de comunión estrecha entre ellos y con el mismo Dios. Las distinciones o características propias para una identidad personal, sean éstas humanas o divinas, están basadas en las diferencias que existen en las tres Personas de la Trinidad, las cuales subsisten eternamente en un solo Dios. El Padre, el Hijo, y el Espíritu Santo son un solo Dios identificado en estas tres facetas de la Trinidad. No hay una derivación, transferencia o heredad etimológica del uno para con el otro. Ellos comparten una naturaleza divina en común, y porque hay un solo Dios, sería inadecuado reconocer la existencia de uno sin reconocer los otros dos. Las personas de la Trinidad se relacionan del uno para con el otro en formas distintas para cada uno de ellos pero que están caracterizadas por el denominador común del Amor. Por este amor el Padre amó al Hijo y le ha dado toda la autoridad en los cielos y en la tierra. Por otro lado, es porque el Hijo ama al Padre que voluntariamente se sacrifica por nosotros para que podamos vivir con El en el cielo tal y como lo quiere el Padre. También podemos decir que es porque el Espíritu Santo ama al Padre y al Hijo que viene al mundo, no para hablar de sí mismo, pero para dar testimonio de ellos y hacernos uno juntamente con el Padre y el Hijo. Finalmente, es porque somos personas creadas a la imagen y semejanza de Dios que podemos recibir Su amor, relacionarnos con El y manifestar Su amor a todo aquel que esté en nuestro derredor.

6. En el Antiguo Testamento Dios habla en la persona del Padre

En el Antiguo Testamento Dios habla como una persona, la que el Nuevo Testamento presenta como el Padre de Jesucristo, aunque el término "Padre" no era usado normalmente para hablar de Dios en Israel. Sin embargo, esta muy claro que el Dios del Antiguo Testamento es tanto Soberano como invisible y esto va de acuerdo a la persona del Padre tal y como nos la revela Jesús. El Padre es la persona cuya voluntad Jesús (el Hijo) ha venido a cumplir y se mantiene permanentemente invisible y transcendente en todo tiempo. El Hijo y el Espíritu Santo no son descritos intensamente en el Antiguo Testamento, pero han estado eternamente presente en Dios y han participado en todos sus hechos, especialmente en la gran labor de la Creación. Vemos varias referencias a la persona y trabajo del Mesías prometido, tanto como la labor del Espíritu de Dios en el pueblo de Dios y en todo lo creado.

7. Dios se ha revelado en su totalidad en Jesucristo

Dios se ha revelado completamente en Cristo, en quien se han cumplido el antiguo pacto hecho con Israel y todos los escogidos. Cristo en tanto Profeta como la Palabra, Sacerdote y Sacrificio, Rey y Reinado. Ninguna otra revelación de Dios es necesaria porque El mismo es Dios revelado en persona. Dios se reveló en Cristo como el Hijo que ha identificado la primera persona como su Padre y ha prometido que después de su partida El enviaría la tercera persona, otro "Consolador" y a quien las Escrituras denominan El Espíritu Santo. Por lo tanto, las enseñanzas de Jesucristo incluyen intrínsecamente la existencia de un Dios manifestado en tres personas.

8. Dios se revela a nosotros en un lenguaje que podemos entender

Porque Dios se ha dignado a usar lenguaje humano y porque la Persona del Hijo se convirtió en hombre, nos es posible hablar de El en términos humanos. Los primeros discípulos pudieron haber descritos las apariciones físicas de Jesús, pero no lo hicieron. El Nuevo Testamento no hace énfasis en que hagamos estatuas o imágenes de El como ayuda en la adoración o como recuerdo de su presencia en la tierra. No existen fotografías o estampas de Jesús que posean autoridad en si mismas. Tales expresiones culturales no deben ser objeto de adoración o idolatría, pero pueden ser de ayuda en otras formas.

II LO MALO Y EL PECADO

1. El origen de lo malo

Dios hizo todo el universo perfecto y bueno. El no es el autor de lo malo. Su santidad no está comprometida por la existencia de lo malo. Lo malo se origina en la rebelión de Satanás juntamente con otros ángeles. Tal parece que el "orgullo" fue la causa, la raíz de la caída. Los ángeles caídos son llamados demonios y son dirigidos por Satanás. Ellos estaban opuestos a la labor de Dios e intentaron frustrar su propósito. Dios es Soberano y tiene poder sobre todo poder del mal y usó sus acciones para continuar el desarrollo de sus planes para la salvación de Su pueblo. Los Demonios no deben ser adorados en ningún momento, y en ninguna forma de adoración. Sus actividades existen en las religiones falsas, las cuales Satanás usa para confundir y negar la verdad de Dios.

2. Lo malo y la humanidad

Lo malo se introdujo en la vida humana por medio del pecado de Adán en el Huerto del Edén. El es el ancestro de toda la raza humana y por lo tanto todos los seres humanos hemos heredado lo que conocemos como el "pecado original" que incluye un mundo en desorden y la muerte física eterna. Adán y Eva intentaron ocupar el lugar de Dios formando alianza con Satanás. El someterse a la tentación de querer ser como Dios conllevó graves consecuencias. Intentar robar la gloria que corresponde a Dios llevó al hombre y a la mujer a un estado en el cual sufrieron la separación con lo que ya Dios había establecido como parte de sus planes divinos para la humanidad. La distinción de hombre-mujer como Dios la había establecido fue abolida. Como resultado vino la confusión entre ser humano y los animales de la creación. El usar lo que era bueno ante Dios con el propósito de obtener resultados malos o negativos trajo caos y fuertes tensiones a la humanidad.

3. El efecto del pecado en la vida humana

Los seres humanos unieron fuerzas con agentes supernaturales quienes habían traído cosas muy desagradables, tales como el genocidio, el abuso de poder, guerras mundiales, distintos tipos de terrorismos, crímenes psicosopáticos, tráfico con seres humanos, el abuso de las drogas y violencia de toda clase. Sin entender y minimizar el significado del ser humano, tales formas horribles del mal son propagadas y llevadas a cabo por fuerzas demoníacas con resultados sumamente negativos para el ser humano, tal que nos llevan a una división, destrucción y nos ubica en posición mucho mas bajo que los animales. Lo malo, no únicamente está dirigido hacia la destrucción de la creación y la imagen de Dios en los descendientes de Adán y Eva, pero también a evitar el avance de la Iglesia y el crecimiento del Reino de Dios. Aunque los demonios no pueden multiplicarse, pero tampoco pueden ser destruidos por los seres humanos. Mientras esperamos por la Segunda Venida del Señor somos llamados a resistir lo malo, la injusticia, la opresión y la violencia que usan los demonios para llevar a cabo sus propósitos. Jesús será quien ha destruir todo lo malo.

4. La universalidad del pecado y sus consecuencias

En Adán todos han muerto y la muerte fue desparramada para todos porque todos han pecado. Toda la raza humana está implicada en la caída y sus consecuencias; pecado, separación, violencia, guerras, enfermedades, sufrimientos y muerte. Espiri-tualmente hablando, todos los seres humanos estamos muertos porque estamos en rebeldía en contra de Dios y hemos sido cortados de recibir sus bendiciones. Aunque podemos descubrir muchas verdades, pero carecemos del andamiaje necesario para entender esas verdades, el cual es provisto sólo por Dios y nos ayudaría las verdades que salen de Dios. Como pecadores hemos rechazado el aceptar las consecuencias de la verdad que conllevan los preceptos de Dios, las hemos cambiado por las debilidades de nuestra propia constitución carnal. La muerte carnal también se ha actividad en nosotros, la cual va en progreso hasta que lleguemos al polvo de donde salimos. A menos que Dios intervenga por su Gracia, la muerte espiritual se ha de convertir en muerte eterna.

III LA PERSONA Y EL TRABAJO DE CRISTO

1.La Gloria de Cristo

Cristo es el centro del Cristianismo. Su Gloria y su grandeza son de forma tal que el adorarle y exaltarle se funden en el deber y el deseo de todos los creyentes.

2. El Hijo Encarnado de Dios existe en una persona divina con dos naturalezas

La persona divina del Hijo de Dios, la segunda persona de la Trinidad, recibió la naturaleza humana estando en el vientre de la Virgen María y nació como Jesús de Nazaret. Ahora tiene dos naturaleza, una humana y la otra divina, las cuales se manifiestan e identifican y existen por sí mismas, pero a la vez unidas por su propia condición divina. Por su naturaleza divina que comparte con su Padre y el Espíritu Santo, no sufre tampoco puede morir, el Hijo tomo forma humana en forma tal que pudiera pagar por el pecado de la humanidad y traer reconciliación con Dios. En la cruz, fue la persona del Hijo, en sus dos naturalezas, que sufrió y murió por la humanidad.

3. El Hijo de Dios encarnado es un hombre, una personas humana

Como Jesús de Nazaret, el Hijo de Dios vino a ser una verdadera persona humana. Poseyó una mente y voluntad humana, con un andamiaje psicológico completamente humano aun reteniendo la naturaleza divina. Fue tentado en la misma forma que cualquier otro ser humano, pero no sucumbió a la tentación. En El no hubo pecado.

4. El Hijo encarnado de Dios tuvo la perfecta audacia de llevarnos en reconciliación con el Padre

Jesucristo, como Hombre y sin tener pecado, tomó nuestro lugar en la cruz y pagó el precio de nuestros pecados, no por ser superior a nosotros, pero en cumplimiento de la perfecta obediencia y voluntad del Padre. Volviéndose pecador por nosotros, pudo cancelar nuestra deuda por los pecados cometidos en la humanidad, sin incurrir en culpabilidad alguna que le separaría del Padre. Su obra redentora asegura la salvación de todos los escogidos desde antes de la fundación del mundo.

5. La naturaleza del Cuerpo Resucitado de Cristo

Después de haber estado dos días en la tumba, Jesús de Nazaret resucitó de entre los muertos en cuerpo transfigurado, pero aun en naturaleza humana reconocible por los demás. Su cuerpo resucitado fue capaz de trascender las leyes físicas, pero aún reteniendo sus propias características. En Su ascención, su cuerpo fue aún transformado en un estado celestial para ser llevado ante Dios. Los seres humanos seremos resucitados, no como Jesús en el primer día de la Pascua, pero tal y como El es ahora, en cuerpo celestial.

IV. LA PERSONA Y OBRA DEL ESPÍRITU SANTO

1 El Espíritu Santo como una persona de la Trinidad

El Espíritu Santo participó en la obra creadora y redentora juntamente con el Padre y el Hijo. Particularmente, el Hijo fue creado por el Espíritu Santo, ungido por el Espíritu Santo y Su poder para ejercer todo el ministerio en la tierra vino por medio del Espíritu Santo.

2. La obra del Espíritu Santo en la redención

El Espíritu Santo es el vehículo por medio del cual se presenta la obra redentora del Hijo a todos los escogidos uniéndonos con Cristo y los unos con los otros. Es el agente por medio del cual somos adoptados en la familia de Dios, proveyéndonos la absoluta seguridad que hemos sido escogidos bajo el poder de Dios. El nos ayuda enseñándonos y dirigiéndonos de acuerdo a la voluntad y el carácter de Dios. El nos santifica produciendo Su fruto en nosotros y constantemente intercede por nosotros ante el Padre con oraciones indecibles.

3. La venida del Espíritu Santo en Pentecostés

La venida del Espíritu Santo en Pentecostés fue el comienzo de la nueva obra de Dios en la vida de los creyentes, la cual nos llevó al comienzo de la Iglesia Cristiana. Los dones extraordinarios y revelados fueron señales muy especiales del comienzo de la era mesiánica y no deben ser reclamados en forma automática o usados como requisitos y pruebas del Poder de Dios para Su Iglesia en nuestros días. Es importante poder reclamar y hacernos de estos dones como materia de humildad para nosotros, hacerlo de acuerdo a Su voluntad y para glorificar a Dios en nuestra participación en la Iglesia.

4. El Espíritu Santo y el avivamiento espiritual

El poder del Espíritu Santo continúa manifestándose en forma especial durante momentos de avivamientos espirituales, los cuales ocurren de vez en cuando en la Iglesia. En tales momentos se amplía la expansión del Reino de Dios haciendo a los creyentes más conscientes de la vida pecaminosa y acercándose más al Señor. Los creyentes toman más conciencia de la presencia del Espíritu Santo y del posible uso de sus dones en sus vidas. Avivamientos espirituales son efectivos especialmente en traer a los creyentes a un encuentro verdadero con Jesús, lo cual permite que surjan nuevas reformas y cambios en las iglesias que constantemente están enfrentando los retos del mundo que les rodea. Sin embargo, es importante enfatizar que la labor y la presencia del Espíritu Santo, que es muy evidente en estos momentos de avivamientos espirituales, siempre está al alcance de los creyentes y ellos deben de buscarle constantemente y practicar sus dones espirituales en todo tiempo.

5. El Espíritu Santo y las batallas espirituales

El Espíritu Santo está constantemente protegiendo a los creyentes del enemigo Satanás y sus demonios. El Espíritu Santo libra a hombres y mujeres de las opresiones y posesiones satánicas y los equipa con armas espirituales necesarias para enfrentar el poder del enemigo. La Biblia prohíbe que los creyentes jueguen con las fuerzas del mal y sus obras.

V. LA OBRA DE LA SALVACIÓN DE DIOS

1. Gracia Común

Dios ha presentado una "gracia común" a toda la humanidad, como también la "gracia especial" por medio de la cual las personas pueden recibir la salvación. Por medio de la "gracia común" el pecado es restringido, seres humanos pecadores reciben bendición de Dios, lo que les motiva y les lleva a hacer cosas buenas y agradables. Esta gracia común provee los fundamentos para la sociedad y permite las labores en las artes y las ciencias. Es el Espíritu Santo que permite estos trabajos en las artes y las ciencias, por lo tanto el progreso cultural y de la civilización son buenas dádivas de Dios, son posibles a pesar de la caída de la humanidad en el pecado.

2. El llamado y la elección de Dios

El llamado de Dios para los seres humanos es un llamado al arrepentimiento. Nadie puede responder a este llamado sin la ayuda del Espíritu Santo, aunque algunos lo hayan recibo audiblemente, o lo hayan leído directamente en la Biblia, o tal vez en forma indirecta por medio de la literatura cristiana, no todos son escogidos. Pero en vez de abandonar la raza humana en su pecado, Dios en forma soberana y por Su Gracia ha decidido elegir a algunos para la vida eterna. Sólo aquellos cuyos corazones y mentes son iluminadas por el Espíritu Santo pueden recibir el poder para recibir el perdón de sus pecados y la aceptación ante Dios.

3. La naturaleza de la regeneración

Por medio del Espíritu Santo, el muerto en pecado pude recibir vida en Dios, el implante de esta nueva vida lo lleva a una nueva orientación recta de vida para con Dios. Solamente el Espíritu Santo es quien puede permitir que esto suceda en la vida del creyente, la producción de santidad en el creyente, si la cual no se puede ver a Dios. Mientras esta nueva gestación o regeneración produce cambios en carácter, los Cristianos son una persona única, por el momento todos poseen la presencia del Espíritu Santo, todos son diferentes. Todos comparten el haber tenido la experiencia del "implante" de la nueva vida, lo que quiere decir que ahora están en una union espiritual indisoluble con Cristo. El Nuevo Testamento lo expresa diciendo que los Cristianos "están en Cristo", queriendo decir que vienen a ser herederos de Dios y coherederos con Cristo. Porque están tan bien unidos a Cristo en quien están escondidos todos los tesoros de sabiduría y conocimientos, todos están completados en El. Todos los creyentes Cristianos tienen el espíritu de Cristo, y estando en unión con Cristo también quiere decir que están en una relación vital entre el uno con el otro. Comparten una salvación común y tienen metas y aspiraciones comunes.

4. Los efectos de la regeneración

La obra de Dios en la regeneración no necesita ser repetida. Habiendo sido justificados por Dios, los cristianos manifiestan el cambio de su estatus dejando ver el cambio espiritual en sus propias vidas. La conversión marca el comienzo consciente de una nueva vida en forma tal que los cristianos buscan vivir de acuerdo a su nueva naturaleza cristiana con sus mentes erguidas en busca de aquellos asuntos referentes a la vida eterna. En el centro de la nueva vida se encuentran el arrepentimiento y la fe, unidos como expresión de la conversión en Cristo.

5. Fe

Por gracia Dios nos provee el don de la fe. Fe, viene a ser el acto de recibir la bendición de la salvación a través de la creencia y el compromiso personal en Cristo, el Salvador. Es por medio de esta fe que podemos hacernos de la revelación divina, juntamente con todas las promesas del Señor, las cuales son recibidas y nos permiten gozarlas para siempre. Es la convicción de que el mensaje Bíblico es verdadero y que nuestra apropiación de los méritos de Cristo y su obra son esenciales para nuestra existencia como parte del cuerpo de Cristo. La fe verdadera descansa en su propio objetivo que es Cristo Jesús, el Salvador y por un acto de confianza nuestra alma descansa en El para nuestra salvación.

6. Justificación

La justificación es el acto de Dios en el creyente, que incluye el llamado de Dios por medio del Espíritu Santo y la respuesta consecuente al arrepentimiento y fe del creyente. "A quien Dios llama, también justifica". En la justificación Dios declara a los pecadores virtuosos, justos ante sus ojos, no importando el pecado que hayan cometido y teniendo bien claro que la virtud y rectitud de Cristo les pertenece. La justificación no es un acto pretencioso de Dios en decir que los pecadores son justificados cuando en realidad son culpables. Porque para que la justificación sea verdadera y consistente con la santidad de Dios, debe tener base meritorias. La verdadera justificación tiene que existir en el mismo Dios en forma tal que pueda declarar la justificación. Los pecadores son justificados bajo el entendimiento de que la justificación es provista por otra fuente, la rectitud y perfección que hubo en Cristo y ésta les pertenece. Esta imputación de perfección de la perfección de Cristo es fundamental en la fe Cristiana.

7. La perfección de Cristo es la base de nuestra justificación

La perfección de Cristo involucra su vida perfecta, obediencia a todos los requisitos de las leyes divinas y su muerte en la cruz por medio de la cual llevó la cólera de Dios infligida por la desobediencia de la humanidad, obra sellada por Su triunfo en la resurrección. Ahora los creyentes comparten este estado de perfección como Cristo, quien cumplió todas las demandas de las leyes divinas en nuestro lugar. La base para la justificación del pecador descansa solo en la perfección de Cristo y su sacrificio perfecto en la cruz.

8. La armonía entre Pablo y Santiago en sus enseñanzas sobre la justificación

No hay conflictos en las enseñanzas de Pablo y Santiago sobre la justificación. Pablo describe la justificación como el perdón y su aceptación ante Dios; Santiago insiste que si esta justificación es real, verdadera, debe ser manifestada en el cumplimiento de la obediencia en nuestras vidas.

9. La adopción de los creyentes en Cristo

La posición que ocupa el Señor Jesucristo como Hijo de Dios sin haber sido creado, por su naturaleza es única. Sin embargo, El no se avergüenza el llamar hermanos y hermanas a todos los que ha salvado. Estos hijos adoptados de Dios, son herederos de la misma herencia que Cristo ha asegurado para ellos, toda la medida de las bendiciones de la redención, por lo tanto son identificados como herederos de Dios y coherederos con Cristo.

Como hijos de Dios, los creyentes comparten todas las bendiciones provistas por Dios para su familia y por medio del testimonio interno del Espíritu Santo, ellos reconoce a Dios y le llaman Padre. Son objetos de recibir el amor de Dios, Su compasión y todo cuidado que sea necesario. Los hijos de Dios también tienen el privilegio de experimentar el sufrimiento de Cristo y Su subsiguiente glorificación. Otro privilegio de los hijos de Dios que confirma la adopción en la experiencia de recibir propia dirección y corrección con amor. Se les asegura que Dios los trata como hijos. "porque qué hijo existe cuyo padre no discipline?" La unidad de los hijos de Dios en un solo cuerpo, también es motivo de ser un gran privilegio para ser gozado juntamente con los demás. Esta responsabilidad requiere mutuo amor y ministerio. La bendición completa de la adopción será de gran gozo en la segunda venida del Señor. La adopción tiene dimensiones en el presente, pero también posee dimensiones escatológicas. Esto es un elemento de esperanza en el Cristiano. Entonces nosotros que hemos recibido los primeros frutos del Espíritu, añoramos ser adoptados como hijos y recibir la redención de nuestros cuerpos. "La adopción no será completada hasta que Cristo provea a los creyentes cuerpos resucitados, cuando los creyentes puedan gozar a plenitud la libertad de la gloria de los hijos de Dios" juntamente con la nueva creación.

10. La obra del Espíritu Santo en la santificación

El Espíritu Santo trabaja en la vida de aquellos que han sido justificados y adoptados para hacerlos santos y transformarlos a la semejanza de Cristo. La obra de Dios en los creyentes incluye ambos, el querer y hacer lo que Él mismo requiere del creyente. Es importante que el creyente cumpla y obedezca los mandatos del Señor. La Santificación requiere que el creyente de muerte a todo lo que gira en torno al pecado y el desarrollo nuevos hábitos de vida y de pensamientos.

11. El hacernos de la perfección Cristiana

En esta vida presente no hay creyentes que esté libres del pecado. La Santificación progresa en diversas formas. Dios disciplina a sus hijos y ésto ayuda a la Santificación. La Santificación será completada por el poder y la Gracia de Dios. El Espíritu que ha sido santificado, se une al espíritu del creyente y le ayuda en el proceso de la santificación haciéndole perfecto. En la resurrección, el cuerpo del creyente compartirá esa perfección, viniendo a ser como el cuerpo glorificado de Cristo. Todos los creyentes podrán llevar al imagen de Cristo.

VI. LA VIDA CRISTIANA

1. Espiritualidad Auténtica

La espiritualidad cristiana es un largo proceso de toda la vida que involucra acercamiento y amor por Dios, lo cual se traduce en una buena relación con los demás. La espiritualidad cristiana incluye la práctica de las verdades de Dios conduciendo a una transformación del hombre en semejanza de Cristo. No es algo que está dirigido por egoísmo, en busca de una fuerza especial, tampoco el poder llegar obtener un estad nebuloso e incierto. Pero sí es crecer en un pacto con el Dios Trino, en un continuo compañerismo con los creyentes en el mundo. Es el resultado de una regeneración espiritual mantenida y gobernada por el Espíritu Santo.

2. El significado de la semejanza a Dios

El Espíritu Santo produce en nosotros la semejanza a Dios a la vez en que leemos y estudiamos la Palabra de Dios, enseñándonos obediencia y uniéndonos en armonía con otros creyentes en la verdadera adoración a la vez que somos testigos de El en medio de nuestros luchas y sufrimientos, confrontándonos con el adversario.

3. El resultado de la semejanza a Dios

El resultado de la semejanza a Dios incluye mentes y corazones transformados, acciones en actitud de oración y una vida de continuo crecimiento en ser semejante a Dios, a la imagen de Cristo. La semejanza a Dios produce una vida de continuo crecimiento espiritual, una negación de sí mismo y asumiendo diariamente el "tomar la cruz" y seguir a Cristo practicando el amor, la paciencia; perdonando, ejerciendo la gentileza, la compasión, y la benignidad para todos. En especial para aquellos de la familia de Dios. Involucra el continuo negarnos a nosotros mismos en completa devoción para Dio; experimentando una felicidad especial, teniendo control de sí mismo continuamente juntamente con un balance de humildad, respeto, seguridad, y felicidad; tener fe como la de un niño; una obediencia y fe absoluta; y ser asiduos de la paz de Dios frente a las tribulaciones y los dolores del sufrimiento.

4. Experiencias espirituales

Una vida espiritual centrada en Dios recibe experiencias espirituales como dadivas del Espíritu Santo. Mientras nos acercamos al Dios Trino, se nos recuerda que estamos en su presencia dondequiera estemos. Por lo tanto, debemos estar motivados para cumplir con nuestro llamado de ser instrumentos de su gracia transformadora donde quiera que Su providencia nos hay llevado. El experimentar unión de pacto con Dios en esta vida es un avance de la experiencia que tendremos juntamente con El en la eternidad.

VII. LA SANTA ESCRITURA

1. La Santa Escritura fue revelada por el Espíritu Santo

Las Escrituras son reveladas por Dios a través de hombres, quienes por medio del Espíritu Santo, hablaban de Dios.

Las Escrituras son la Palabra de Dios completamente confiables y seguras. Igualmente como fueron reveladas, son sin errores en todo lo que ellas afirman, doctrina que ha sido conocida como la "inherencia bíblica" por muchos de los teólogos de la Reforma. Las Escrituras fueron reveladas bajo la dirección de Dios, quien buscó expresar sus propios pensamientos para decir exactamente lo que El quería revelar al hombre. Habiendo escogido a seres humanos, Dios no sobreestimó su humanidad, pero tampoco les dictó Las Escrituras a ellos. Por lo tanto ellos, haciendo uso de la historia y la complejidad humana de entonces, permitieron que el Espíritu Santo les usará para la revelación de Las Escrituras.

2. Las Escrituras fueron reconocidas como la obra de Dios por medio del Espíritu Santo

En Las Escrituras podemos ver muy buenas cualidades y características que nos permiten atesorarla, pero nuestra percepción y seguridad de que son la Palabra Infalible de Dios la conocemos por medio de la experiencia al leerla y hacerla nuestra. Espíritu Santo da testimonio de ellas en nuestros corazones. Es por medio del Espíritu Santo que el creyente puede conocer la verdadera autenticidad de Las Escrituras. La Iglesia Cristiana recibió la Biblia Hebraica y el Nuevo Testamento en esta forma y fueron reconocidas como el Cano. Las Escrituras no reciben su autoridad de parte de la Iglesia o de parte de ninguna otra fuente, excepto del mismo Dios.

3. Podemos entender las Escrituras por la obra del Espíritu Santo en nosotros

Las Escrituras son fundamentalmente claras y entendibles, pero solo el creyente puede recibir y entender el significado espiritual y su importancia porque tiene acceso a la mente de Cristo por medio del Espíritu Santo. La caída de la humanidad en el pecado ha afectado la mente como la voluntad y las emociones. La ceguera espiritual que vino con la caída dejo a la humanidad sin poder entender los asuntos de Dios sin la intervención del Espíritu Santo. Cuando los seres humanos son llamados y regene-rados, entonces el Espíritu Santo comienza a abrir el entendimiento de Las Escrituras. En Su sabiduría el Espíritu Santo nos revela el verdadero significado de la revelación Divina.

4. Las Escrituras son aplicadas por medio del Espíritu Santo

Dios atrae a si mismo a los hombres y mujeres por medio de la predicación de Su Palabra. El Espíritu Santo usa la predicación, la enseñanza y el estudio de Las Escrituras para hacernos sabios para recibir la salvación por medio de la fe en Cristo Jesús y proveernos Su modo de pensar. Sea predicada o ensenada, Las Escrituras son de provecho para la enseñanza, corregir, entrenar en justicia, en forma tal que seamos equipados para la buena obra y dejando ver una vida sin mancha honrando a Dios en todo momento. Provee el fundamento y el control de nuestra fe.

5. Las presuposiciones que gobiernan la interpretación de Las Escrituras

Las Sagradas Escrituras es la Palabra de Dios, por lo tanto no puede contradecirse a si misma. Nuestra lectura, interpretación, entendimiento y aplicación, hasta cierto punto son influenciadas hasta cierto nivel, por nuestras previas convicciones y presuposiciones sobre Dios y de la misma Biblia. Para poder entenderla correctamente, es necesario que estemos conscientes de nuestras presuposiciones, las cuales debemos examinar a la luz del texto bíblico en forma tal que podamos hacer las reformas necesarias al respecto y estar conforme al texto bíblico. Como Las Escrituras reclaman un origen divino e inspiracional, solo aquellos métodos interpretativos que tomen seriamente estos recursos pueden llegar al verdadero entendimiento de la misma.

6. La claridad de Las Escrituras

La necesidad de un estudio minucioso de la Biblia en sus lenguajes originales no minimiza la claridad de la autoridad divina, tampoco la veracidad de Las Escrituras. Las verdades necesarias para la salvación están expresadas claramente en Las Escrituras, que tanto los eruditos como los iletrados pueden entenderla. El mensaje de Las Escrituras debe ser presentado a la luz de las filosofías y opiniones que retan y son opuestas a sus presuposiciones. Al definir la cosmovisión bíblica en contra de tales oposiciones, obtenemos la claridad del significad de Las Escrituras, no únicamente comparando un texto con otros, pero también examinando los puntos de la oposición.

7. Los métodos apropiados de interpretación

La Biblia es la Palabra de Dios, por lo tanto de ser leída en una actitud sumisa de adoración y oración para conseguir la iluminación del Espíritu Santo. Como fue escrita en un lenguaje humano con características propias de un contexto temporal, su significado debe ser escudriñado por medio del uso de reglas generales de interpretación y la ayuda de herramientas relacionadas, como la arqueología, historia, crítica textual y el estudio de los lenguajes originales. Todos estos métodos deben tener en cuenta su origen divino, la infalibilidad y carácter humano.

8. El significado del texto bíblico

El texto bíblico puede tener varios significados y aplicaciones prácticas, pero su significado central usualmente es determinado por el cuidadoso uso de principios históricos, gramaticales y redentivos que han sido mencionados en la párrafo anterior. Interpretaciones alegóricas, espirituales y figurativas no tienen autoridad a menos que el mismo texto provea explicación alguna.

9. La universalidad de la verdad y su implicación

La verdad de Dios revelada en Las Escrituras es universal, eternal y relevante para todas las culturas, épocas, y grupos generacionales. Sin embargo, pueden existir varias y distintas aplicaciones de esta verdad. Al contextualizar la Palabra de Dios, la Iglesia debe distinguir entre principios bíblicos que son manifestaciones eternas y universales de la verdad de Dios y las implicaciones prácticas de tales principios. Siempre se debe tener muy claro que esta aplicaciones son legítimas y expresiones apropiadas de tales fundamentos y principios eternos.

10. Los patrones normativos de la auto revelación de Dios en tiempos post bíblicos

Desde que se completó el Canon del Nuevo Testamento, lo normativo es que dios se comunica con Su pueblo por medio de Las Escrituras bajo la iluminación del Espíritu Santo quien vive en nosotros y nos revela al Padre como al Hijo. Aquellos que oyen la voz del Espíritu reciben la herencia prometida en el Hijo. Con Su ayuda hacemos la voluntad del Padre en nuestras vidas. Nos enseña lo que esto significa guiándonos en nuestra búsqueda de cumplir con la voluntad de Dios, nos reta y nos anima en el camino. Además de los textos del Antiguo Testamento, estos textos es la revelación provista a los seguidores de Cristo por medio y la aprobación de los Discípulos, quienes lo vieron en su resurrección y quienes El nombró para guiarnos e instruir la Iglesia. Estos textos fueron compilaos por los primero Cristianos, quien les reconocieron como aquellos con completa autoridad del mismo Dios, compilación que vino ser reconocida como el Nuevo Testamento. Ningún maestro Cristiano o iglesia tiene el derecho de enseñar cualquier doctrina o cosa alguna que no esté registrado como parte de Las Escrituras. Tampoco pueden contradecir lo que Dios ya ha revelado de una vez por todas.

VIII. LA IGLESIA

1. Su Naturaleza

La Iglesia se compone de una Iglesia invisible de todos los cristianos, conocidos por Dios y de la Iglesia visible en el mundo, en sus múltiples comunidades. La Iglesia es el Cuerpo espiritual y sobrenatural de Cristo, de quien El es la Cabeza. Dios nos ha unido a todos los Cristianos en Cristo formando un solo cuerpo y esto constituye la Iglesia. Somos una Iglesia universal, católica, apostólica que glorificamos a Dios. Los sacramentos y la misión central son el compañerismo, Las Sagradas Escrituras y los sacramentos.

2. Los Ministerios de la Iglesia

Las Escrituras indican varios ministerios que Dios ha dado a la Iglesia en distintos tiempos: apóstoles, profetas, ancianos, diáconos, y evangelistas. En cada iglesia local debe haber ancianos y diáconos. Los ancianos deben ser pastores, sobreveedores y ejemplo, algunos de ellos deben dedicarse a la predicación y la enseñanza. Los diáconos deben atender a los pobres y a los necesitados, y deben supervisar los aspectos prácticos y financieros y atender las necesidades de la Iglesia. Tal y como los Ancianos, estos líderes espirituales deben cumplir con requisitos espirituales.

3. La adoración a Dios

La primera responsabilidad de la Iglesia es la adoración a Dios. La naturaleza y el contenido de esta adoración es determinada por el mismo Dios, como está revelada en Las Escrituras. Esta adoración debe incluir himnos de adoración a Dios, la lectura y predicación de Las Escrituras y oración.

4. La autonomía de la Congregación local

Cada congregación de creyentes tiene cierto grado de autonomía bajo el gobierno de los ancianos, pero a la vez existe una unión mucho más amplia con otras congregaciones. Este tipo de conexión ha sido llamada en diferentes formas en distintos tiempos, en diferentes partes de la Iglesia.

5. Los Sacramentos

Los sacramentos son una expresión visible de la experiencia interna en el creyente. Fueron instituidos por Cristo y representan la obra de Cristo. En las iglesias Protestantes solo se reconocen dos: el Bautismo y la Eucaristía (o Santa Comunión). Frecuentemente son identificados con los dos sacramentos de la Iglesia del Antiguo Testamento: circuncisión y la Pascua. El Bautismo es un rito por el cual se inicia al creyente como parte de la Iglesia Cristiana. Debe ser administrado usando agua. La Cena del Señor señala la muerte de Cristo en la cruz, usando la pan y el vino como símbolos del cuerpo y la sangre de Cristo. También provee al creyente la oportunidad de fortalecer su fe, compañerismo en Cristo, nutrimiento espiritual a la vez que se proclama la muerte del Señor hasta que El venga.

IX. LA TRADICIÓN

1. La existencia el valor de las tradiciones apostólicas

Toda Iglesia Cristina existe de acuerdo a las leyes y reglas que han heredado de la época apostólica. La única forma auténtica y verdadera sobre estas leyes y reglas son Las Escrituras, a través de la cual también deben medirse todas las creencias y prácticas. De la misma manera, es posible que algunos escritos apostólicos hayan sido descubiertos en alguna otra ocasión, pero no pueden ser considerados como parte de Las Escrituras porque no han pasado a nosotros por medio de los tiempos apostólicos como parte de las reglas normativas.

2. La autoridad de los credos y las confesiones

A través del curso de la historia de la Iglesia, se han adoptado varios credos y confesiones de fe para aclarar algunas enseñanzas bíblicas. Estos documentos y otros similares conllevan la autoridad de sus creadores y aquellos que los han adoptado, por lo tanto deben de ser respetados por todas las generaciones subsiguientes. Sin embargo, no son infalibles y donde sea necesario actualizarlos, o adaptarlos porque no van de acuerdo al entendimiento de las enseñanzas bíblicas de la época, la Iglesia tiene la libertad de ejecutor tales adaptaciones.

3. La respuesta de los Reformadores a la tradición heredada

Los reformadores del Siglo XVI llevaron a cabo una exhausta revisión de las tradiciones de la Iglesia y eliminaron aquellas creencias y prácticas que claramente estaban en conflicto con la enseñanza bíblica. Aun algunos fueron más severos y eliminaron tradiciones que aunque no estaban en conflicto con la Biblia, tampoco están en yuxtaposición a la Palabra de Dios por ejemplo la celebración del día 25 de Diciembre como el día Advenimiento de Cristo, aunque no tiene veracidad bíblica pero claramente testifica de la doctrina neotestamentaria de la encarnación de Cristo. Tradiciones como ésta pueden ser admitidas sin problema, pero también puede ser modificada o eliminada por la iglesia local, pero teniendo muy claro que esto no afecta ninguna otra doctrina.

4. Patrones de adoración y gobierno de la iglesia

Cada iglesia ha desarrollado patrones o formas de adoración y de gobiernos que a través de los años se han convertido en tradiciones en estas mismas iglesias. Tanto y cuando estas prácticas no sean contrarias a las enseñanzas bíblicas pueden continuar siendo usadas con el propósito para el cual fueron creadas. Cada iglesia local puede modificar estas tradiciones en mejor forma propicia para su propio uso. En particular, hay iglesias que han sido organizadas bajo la dirección de misioneros foráneos con ciertas tendencias foráneas que no son fácil indigenizar. Iglesias de este tipo tienen la responsabilidad de examinar estas prácticas a la luz de la Biblia y eliminar aquello que no concuerde con las enseñanzas bíblicas. Naturalmente, ninguna iglesia debe llevar a cabo cambio alguno si no es consultado y aprobado por las otras iglesias de la comunidad Cristiana en un todo.

5. La retención de ciertas tradiciones

Algunas tradiciones han sido cimentadas hondamente y se han convertido en tradiciones universales en el mundo Cristiano, que el cambiarlas llevarían a un caos, trayendo divisiones dentro de la Iglesia. Un ejemplo de ellos es el culto que se lleva a cabo los Domingos, que aunque practicado claramente al principio de la Iglesia en el Primer Siglo, no era espcíficamente del gozo de mucho en la Iglesia Neotestamentaria. Pueden haber circunstancias en las que grupos particulares, por ejemplo en algunos países Musulmanes a veces es mejor tener el culto de Adoración en otro día de la semana, pero no es aconsejable que las Iglesias tomen como norma el llevar a cabo el Culto de Adoración fuera del Domingo meramente porque no es un requisito bíblico que el culto sea el Domingo. En casos como esto, se debe seguir la aceptación de las Iglesias Cristianas en general, ningún principio teológico es violado en esta práctica.

X. MISIÓN Y EVANGELISMO

1. Nuestra llamada de ser testigos de Dios a través de palabra y hecho

Nuestro llamado de ser testigos a través del mundo y hacer nuestra misión en el mundo sale de nuestra pasión por la gloria de Dios y nuestra seguridad de la venida del reino. La Iglesia como la comunidad de creyentes en Cristo, es el instrumento de Dios para la evangelización, que es la predicación y el compartir el evangelio de Jesucristo a través de hechos como de palabras, que Cristo murió por nuestros pecados, resucitó de entre los muertos de acuerdo a Las Escrituras, es el Señor que reina ofreciendo perdón de nuestros pecados, la dádiva de la vida eterna y el Espíritu Santo para todos aquellos que se arrepientan y crean. En obediencia a la comisión de nuestro Señor tenemos que ofrecer nuestras manos a todos los que estén en nuestro alrededor: (1) Haciendo un llamado al arrepentimiento y a una reconciliación eterna con Dios por medio de Cristo. (2) Practicando la compasión y misericordia con ellos, extendiéndoles el amor del reino de Dios en la tierra en el nombre de Cristo. Este ha sido el ejemplo dado a nosotros por el mismo Cristo, proclamando que somos hechos conforme a su imagen y que hemos recibido el Espíritu Santo como las primicias en garantía de la nueva creación.

2. La extensión del llamado a la misión

Nuestra proclamación del evangelio conlleva consecuencias sociales al nosotros predicar el evangelio y la personas de todas las áreas de la vida, recibirlo como Salvador, esto conlleva consecuencias sociales. De la misma manera, nuestro participación en la sociedad tiene consecuencias evangelísticas porque llevamos en nosotros el testimonio del poder de la gracia de Dios. Si ignoramos el mundo que nos rodea, estamos ignorando el mandato de la Gran Comisión. Dios nos ha enviado para traer salvación al mundo. Si ignoramos esta comisión de nuestro Dios no tenemos nada que aportar para el mundo que nos rodea. Nuestra obediencia a Dios nos motive para hacernos del deseo de hacer misión. Esto nos convierte en buenos testigos y atrae la atención de los inconversos.

3. La compasión de los Cristianos en el mundo

Afirmamos la gran necesidad de que los Cristianos deben de manifestar continuamente la compasión de Cristo en medio de la pobreza, las enfermedades, las injusticias y toda forma de miseria humana con las cuales convivimos. Nos preocupa el que vivimos en medio de millones de personas que viven en completa pobreza material. Nuestro llamada debe incluir el caminar con los pobres y comunicarles la gracia transformadora de nuestro Dios, no en una forma autoritativa, pero con amor y entendimiento de la realidad en se vive.

4. La transformación de la comunidad humana

Por la "transformación de la comunidad humana", entendemos la restauración del órden de todo lo creado por Dios, la comprensión reversiva de los efectos del pecado sobre toda la creación, lo cual separó al hombre y a la mujer de Dios, de sí mismos, de los demás, y de lo creado. Ha sido la intensión de Dios de que en todos los humanos se manifestara su imagen. Esta tarea, aunque comienza en esta vida, pero será culminada o completada cuando Cristo venga nuevamente en gloria y al final de los tiempos. Apunta a la transformación de una cultura y sociedad pecaminosa a una nueva sociedad y cultura de acuerdo a la naturaleza del Reino de Dios, el cual ha sido inagurado por el mismo Cristo.

XI. LA LEY DE DIOS Y LA ETICA

1. La Ley natural

En la ley de Dios se expresa Su amor y revela los requisitos de Su Justicia para la raza humana. Fue escrita en el corazón de los seres humanos durante la Creación y a pesar de la caída en pecado, aún en sus consciencias estos requisitos existen como en forma de aviso. En el Edén, Dios reveló su voluntad para los humanos en forma verbal por su mandato de no comer del árbol del bien y del mal.

2. La Ley de Moisés

La Ley Mosáica contiene elementos ceremoniales, que aparentemente opacan la persona de Cristo y la vida de Su Iglesia, pero que ya han sido cumplidos. La Ley también contiene elementos judiciales que dieron forma a la vida civil de Israel, también provee principios de justicia que deben ser reflejados en la forma de vida, especialmente en las leyes de cada nación. Los elementos normales de la Ley continua proveyendo un patrón de vida de acercamiento a Dios. La Ley de Dios deja ver a los pecadores sus pecados que únicamente son perdonados por Cristo. Además la Ley provee ciertas medidas de restricción de pecado en la sociedad. También viene ser como el guía para la vida de los Cristianos mientras son renovados la imagen de Cristo, revelando los dos aspectos del crecimiento, los pecados que deben ser perdonados y la justicia o rectitud que es necesario obtener.

3. Cristo como el cumplimiento de la Ley

Cristo ha cumplido los requisitos de la ley, convirtiéndose en pecador para poder pagar por los pecados de la humanidad. Aquellos que han venido a aceptar a Cristo expresan su amor obedeciendo sus mandamientos por medio del Espíritu Santo.

4. Matrimonio y ética sexual

El matrimonio como monogamia heterosexual fue instituido por Dios, el esposa y su esposa dejan a sus padres para unirse en el santo matrimonio para toda la vida. Los apetitos y deseos sexuales deben ser parte de las expresiones de esta unión. Los niños, hijos e hijas nacidas de esta unión tiene que ser atendidos y nutrirlos en la fe Cristiana. De esta relación pueden s el que urgir patrones negativos y de pecado. La Biblia no aprueba el que se tengan relaciones sexuales fuera del matrimonio. La disolución del matrimonio por divorcio es permitida por cause del adulterio o si los no creyentes en forma inrreconciliables abandonan a sus esposas Cristianas. Las Escrituras describen al hombre como "cabeza de la mujer, como Cristo es cabeza de la Iglesia". En este tipo de relación familiar tiene que existir el amor, como Cristo amó a la Iglesia.

5. Planificación Familiar

La planificación es aceptable aunque el uso de contraceptivos como el tomar píldoras después de la concepción o por el abortar el feto es igual a eliminar una nueva vida en la criatura que ha comenzado el proceso del nacimiento. Aquellos matrimonios enfrentando problemas en poder concebir un hijo, pueden usar la opción de la fertilización por "in vitro", mas sin embargo el uso de espermatozoides de donadores o "madres temporales" no es recomendable porque tales prácticas, aunque medicamente son muy posibles, pueden causar problemas en los matrimonios.

El llevar a cabo experimentos con embriones humanos es destructivo para la vida, tal y como experimentos en adultos que muy bien pueden resultar enfermedades, descapacitaciones, y aun muerte. Aunque posiblemente el hacer transferencias de células somáticas nucleares (cloning) puede ser posible por medio de la tecnología, los resultados no concuerdan con las enseñanzas bíblicas de la reproducción de seres humanos como parte del pacto del matrimonio. Aunque los descubrimientos científicos son positivos en sí, pero a veces son desafiantes al orden moral que El ha establecido en el mundo. La vida y la habilidad de procrear hijos deben ser vistos como dádivas de Dios, los cuales han sido entregados a nosotros soberanamente.

6. La prolongación de la vida

Los cuerpos humanos están sujetos a enfermedades, la medicina moderna está preparada para proveer tratamientos adecuados, cirugías, y puede proveer drogas medicinales. Se pueden hacer transplantes de órganos para curar enfermedades y aun para prolongar la vida.

7. El derecho de terminar la vida

Tal y como la creación de las personas depende únicamente de Dios, también es El quien puede determinar el final de la misma. Tanto la creación como el origen de la vida está bajo el poder soberano de Dios. Mientras que las drogas pueden ser usadas para calmar el dolor, pero no para quitar o terminar la vida, tampoco para conseguir placeres extrasensoriales. Aunque la ciencia puede mantener a una persona viva por varios días, semanas y meses sin que tenga evidencia de vida, no es negativo o malo el desconectar estos artefactos.

XII LA ESCATOLOGÍA

1. El Plan eterno de Dios

En el principio de los tiempos hubo la promesa del cumplimiento al final de l período probatorio de Adán, el día de descanso del Señor, y la promesa de la vida eterna como el árbol de la vida. Todo esto nos lleva a ver que Dios ha de perfeccionar lo que El hizo perfecto. Pablo presenta este punto como la recreación del último Adán tal y como fue la creación del primer Adán antes de la caída. La historia de la redención es de la obra salvadora de Dios por su pueblo y que culminó en la vida y muerte del Salvador, trayendo salvación a las naciones y la re-creación del cielo y la tierra. En el tiempo presente y bajo el poder del Espíritu Santo, aquellos que están unidos en Cristo, experimentan el poder de la venida del Reino, aunque pasarán por la experiencia de la muerte física.

2. El estado de la muerte

Inmediatamente después de la muerte, las almas de los seres humanos retornan a Dios mientras sus cuerpos son destruídos. No caen en un estado de sueño (dormidos). Las almas de los muertos salvos entran en un estado de perfecta santidad y gozo, en la presencia de Dios y reinan con Cristo mientras esperan la resurrección. Ese gozo no será impedido por recuerdos absolutos de sus vidas terrenales a que ahora consideran todo bajo la luz del plan perfecto de Dios. No tienen poder para interceder por seres terrenales.

Las almas de los no Cristianos no son destuídas después de la muerte, pero entran a un estado de sufrimiento y obscuridad, hechados fuera de la presencia de Dios mientras esperan el día del juicio final. No existen otros estados aparte de estos dos después de la muerte. Nadie puede regresar a la tierra después de la muerte. Todo lo que atribuye a las experiencias de almas sin cuerpos se debe considerar como parte de la imaginación o prácticas demoníacas.

3. La Segunda venida de Cristo

La resurrección de Cristo, seguido por la venida del Espíritu Santo marca la nueva era llamada en Las Escrituras como "los últimos días". Los Cristianos de esta época vivieron un momento semi-escatológico del presente de Cristo, aunque no se habían consumado los tiempos. Un día Cristo ha de regresar a este mundo en forma visible, con glorioso cuerpo resucitado en forma tal que todo el mundo le verá. Vendrá con poder, con sus ángeles para enjuiciar a todo ser humano y terminar la obra comenzada del establecimiento del reino de Dios. Las Escrituras nos exhortan fuertemente a estar preparados y listos para la venida de Cristo, sin embargo no nos presenta una fecha o indicaciones de su segunda venida. Esta es la gran esperanza en el Cristianismo. La Iglesia debe de orar por esta venida y debemos de aligerarla por medio de la predicación de la Palabra de Dios.

4. La resurrección de los muertos

Los muertos que pertenecen a Cristo serán resucitado por su poder con cuerpo similar al suyo y serán preparados para estar en gozo eterno con el Padre. Los muertos en pecado también serán resucitados, pero para condenación y castigo eterno. Esto nos tiene que lleva a que continuemos predicando la Palabra en todo el mundo, cumpliendo con la Gran Comisión. La identidad personal de tanto los salvos como los no salvos, mientras están en la tierra, será la misma pero sus cuerpos serán transformados tano en substancias y sus propiedades.

5. El juicio final

Cristo regresará al mundo como Juez, porque El es el Hijo de Hombre y el ray que lo gobierna por siempre. El juzgará tanto a los vivos como a los muertos con rectitud y no permitirá tener favoritismo o parcialidad. Los elegidos serán declarados justificados por la muerte y resurrección de Cristo y serán invitados para entrar en su Reino eterno. Los pecadores y reprobados serán enjuiciados por sus pecados y sus iniquidades y serán echados fuera de su presencia juntamente con Satanás y sus demonios. Mientras tanto los Cristianos estarán cooperando para traer justicia a este mundo, conociendo que el juicio perfecto de Dios será al final de los tiempos. Como recompensa prometida por Cristo para estas personas, Las Escrituras nos dicen muy poco, pero suficiente para motivarnos a ser obedientes y fieles.

6. El Milenio

El tiempo entre la exaltación de Cristo y su segunda venida, o sea este tiempo presente cuando se han de predicar las buenas nuevas del evangelio y su bendiciones para todas las naciones, ha sido reconocido por casi todas la iglesias como el milenio del cual nos habla la Biblia. Sin embargo, algunos mantienen la idea de que, después de su venida, Jesús ha de gobernar por un período literal de mil años. El tiempo presente aun sufre los efecto del pecado y la rebelón de ser humano y del poder de Satanás. Manifestaciones de lo malo ocurrirán en el mundo juntamente con las expresiones del reino de Dios hasta que El regrese en gloria.

7. La nueva creación

Después del regreso de Cristo, Dios ha de volver a crear físicamente el universo, y su pueblo resucitado, vestidos de inmortalidad y perfección. Viviremos bajo las reglas de Cristo en esta nueva creación.

8. Diferentes interpretaciones de asuntos escatológicos

Los Cristianos concuerdan de los evento centrales de los últimos tiempos, aunque no siempre en la misma secuencia y naturaleza.

Estos últimos eventos deben ser tratados y discutidos en humildad, recordando que en muchas ocasiones las profecías eran cumplidas después que las personas verdaderamente las llegaban a entender.

Association réformée évangélique mondiale

La Déclaration de Foi

TRANSLATED INTO FRENCH BY
PIERRE AND DANIELLE BERTHOUD

I. LA DOCTRINE DE DIEU

1. L'identité du Créateur

Nous croyons en un seul Dieu, créateur, soutien et recteur de tout ce qui existe. Par ses décrets éternels, il a établi l'univers et le gouverne selon sa volonté souveraine. Il n'existe aucun être qui lui soit supérieur ou qui ait le pouvoir d'affecter, de modifier ou de réduire sa souveraineté sur la création.

2. Le Créateur et ses créatures

Dieu manifeste sa présence et son pouvoir à toutes ses créatures, en particulier à la race humaine qu'il a faite à sa propre image, à la fois mâle et femelle. Il existe une égalité fondamentale entre les hommes et les femmes, sans pour autant exclure des différences ; aussi les vocations des hommes et des femmes ne sont pas interchangeables, mais complémentaires. Bien qu'il n'y ait pas de distinction de genres en lui, Dieu se révèle à nous essentiellement en termes masculins et son Fils s'est incarné en tant qu'homme.

3. La révélation du Créateur à tous les êtres humains

Dieu est un être personnel qui se révèle en termes personnels. Dans les temps anciens, il s'est adressé à des personnes très différentes selon des modalités variées. Les actes qui accompagnaient ses paroles et l'accomplissement de ses promesses étaient des signes de sa puissance. En parlant à des êtres humains, Dieu s'est révélé lui-même et a communiqué ses intentions afin de susciter, chez eux, le désir d'obéir à ses commandements.

L'ordre naturel des choses témoigne de l'existence, de la puissance et de la majesté du divin créateur, de telle sorte que personne n'est excusable de ne pas croire en lui. La révélation générale est l'expression employée pour décrire les moyens par lesquels Dieu se manifeste à tous les êtres humains, sans exception, que ce soit dans la nature, dans l'histoire ou dans la conscience. La révélation générale est suffisante pour nous rendre conscients de l'existence et de la puissance de Dieu comme de nos responsabilités envers lui, mais elle ne l'est pas pour nous conduire au salut. La révélation spéciale est nécessaire parce qu'en tant que créatures déchues, nous sommes spirituellement aveugles et morts. Une véritable connaissance de Dieu survient lorsque Dieu nous rend capables de discerner et de comprendre la vérité de sa révélation.

Parce que les hommes sont créés à l'image du Dieu personnel, le Seigneur et les humains sont des êtres personnels. Ils réfléchissent et communiquent les uns avec les autres au moyen du langage humain. Grâce à ce rapprochement, les êtres humains sont susceptibles de connaître la réalité aussi bien visible qu'invisible. Ils sont également en mesure d'utiliser des concepts dérivés de cette dernière pour développer et transformer la première. Faisant partie de la création visible, les êtres humains vivent en interdépendance avec l'ensemble des autres créatures matérielles. Mais, comme ils sont créés à l'image de Dieu, ils sont conscients de leur statut particulier et capables de rechercher le sens de l'ordre créationnel comme aussi d'exercer leur autorité sur le reste de la création. La connaissance humaine est personnelle et comprend aussi bien la capacité d'acquérir et de classer des détails factuels que celle de les analyser, afin de comprendre leur signification et leur raison d'être les plus profondes. C'est pourquoi les êtres humains ont une responsabilité envers la création qui leur a été confiée et ils ont à répondre devant Dieu de leur façon de la gérer. La connaissance humaine est doublement limitée : objectivement, par la finitude de la créature humaine et, subjectivement, par le rejet de Dieu qui a eu pour conséquence un état foncier de péché. La capacité objective de connaître et de comprendre la réalité demeure dans les êtres humains malgré leur chute dans le péché, mais les effets de celui-ci sont si importants qu'aucun humain, aucune société ne peut accomplir le mandat créationnel tel que Dieu l'avait conçu à l'origine.

4. L'autorévélation du Créateur au peuple de l'alliance

Dieu s'est révélé de façon plus complète au peuple de l'alliance, avec qui il a établi une relation spéciale. Dieu se révèle à lui, par son Esprit, dans la Parole, qu'elle soit vivante (en Jésus-Christ), écrite (dans les Ecritures Saintes) ou parlée (dans la prédication).

La révélation que Dieu donne de lui-même dans l'Ancien et le Nouveau Testament est fiable et suffisante; elle permet aux êtres humains de le connaître et de le servir. Cependant, cette connaissance de Dieu ne peut pas être exhaustive. En effet, il existe beaucoup de choses au sujet de Dieu qui nous échappent et le langage humain rend compte incomplètement de celles que nous appréhendons au sein de l'expérience. Dieu, tel qu'il est en lui-même, est souvent si différent de ses créatures que nous ne pouvons parler de lui qu'en formulant ce qu'il n'est pas : il n'est ni visible, ni mortel, ni compréhensible, aussi bien physiquement que mentalement. Cependant, il possède, de façon absolue, des attributs que les êtres humains sont capables de reconnaître et de formuler: il est omniscient, plein de sagesse et tout-puissant. Ces caractéristiques sont identifiables, mais la raison et la logique humaines sont trop limitées pour en donner une définition exhaustive. Elles ne peuvent être réellement connues et comprises qu'au sein d'une relation personnelle avec Dieu suscitée par la foi dans le Seigneur Jésus-Christ.

Dieu s'est adressé personnellement à Abraham, à qui il a fait la promesse qu'il deviendrait le père d'une grande nation, qu'il recevrait une terre et qu'il serait en bénédiction pour le monde entier. Ces promesses ont été renouvelées à son fils Isaac et à son petit-fils Jacob, à qui le nom d'Israël a été donné. Par les descendants de Jacob, Israël, la nation est devenue un peuple spécial dont la destinée historique a été de recevoir et de transmettre la Parole de Dieu au monde et de préparer la venue d'un Sauveur divin. Cette Parole a été transmise par des serviteurs choisis et préservée, par la suite, dans les textes écrits que nous appelons maintenant la Bible hébraïque, ou l'Ancien Testament. Ce qui avait été prévu et entrevu dans les écrits de l'Ancien Testament a trouvé son plein accomplissement en Christ. Alors que bien des prescriptions de l'Ancien Testament, y compris le culte dans le Temple et les sacrifices d'animaux, ne sont plus nécessaires, les principes spirituels qu'elles contiennent n'ont pas été abolis. Ces principes demeurent valables pour les chrétiens, qui ont été unis au peuple d'Israël sur le fondement de la foi qu'ils partagent avec Abraham. Les croyants chrétiens forment une famille, le royaume de Dieu, qui s'étend jusqu'aux confins les plus éloignés du monde, et la proclamation de l'Evangile apporte des bénédictions à tous ceux qui l'entendent et croient. Ceux qui appartiennent ethniquement au peuple juif, mais qui n'ont pas reconnu et accepté le Christ, n'ont pas reçu les bénédictions promises à leurs ancêtres ; ils occupent, néanmoins, une place spéciale dans le plan et les desseins de Dieu qui seront révélés dans les derniers temps. L'Eglise, par conséquent, est dans l'obligation de partager le message de Jésus, Messie, Sauveur et Seigneur, avec le peuple juif. Son incorporation à l'Eglise chrétienne se produit de la même façon que celle des non-Juifs.

5. Le Père, le Fils et le Saint-Esprit forment une Trinité de personnes égales

En Jésus-Christ, Dieu s'est révélé comme une Trinité de personnes, donnant au christianisme un caractère unique parmi les religions monothéistes du monde. Dieu n'est pas une monade solitaire, mais une Trinité, Père, Fils et Saint-Esprit, qui demeure à jamais dans une communion personnelle. C'est pour cette raison que les êtres humains, qui ont été créés à l'image et à la ressemblance de Dieu, sont conscients de leur propre identité personnelle et de la relation qu'ils ont avec Dieu et avec les autres. La distinction particulière inhérente à l'identité personnelle, qu'elle soit humaine ou divine, est fondée sur les distinctions qui existent entre les trois personnes divines et qui subsistent éternellement dans le Dieu unique.

Le Père, le Fils et le Saint-Esprit sont chacun également et pleinement Dieu, de droit et non par dérivation, transfert ou héritage du Père ou de n'importe qui d'autre. Ils partagent une nature divine commune et, comme il n'y a qu'un seul Dieu, il n'est pas approprié de prétendre connaître une des personnes sans connaître les trois. Les manières de communiquer entre elles diffèrent de l'une à l'autre, mais toutes sont empreintes d'amour. C'est parce que le Père aime le Fils qu'il lui a donné toute autorité dans le ciel comme sur la terre. C'est parce que le Fils aime le Père qu'il s'est sacrifié volontairement pour nous afin que nous puissions vivre avec lui au ciel, comme le Père le désire. C'est parce que le Saint-Esprit aime à la fois le Père et le Fils qu'il vient dans le monde, non pas d'abord pour parler de lui-même, mais pour leur rendre témoignage et pour nous donner leur vie en partage. Finalement, c'est parce que, nous aussi, nous sommes des personnes, créées à l'image de Dieu, que nous pouvons être l'objet de son amour, vivre une relation empreinte d'amour avec lui et manifester cet amour dans toutes nos relations personnelles.

6. Dans l'Ancien Testament, c'est Dieu le Père qui parle

Dans l'Ancien Testament, Dieu s'exprime en tant que personne unique, que le Nouveau Testament assimile au Père de Jésus-Christ, bien que le terme « Père » ne soit pas habituellement employé pour parler de Dieu en Israël. Cependant, il est clair que le Dieu de l'Ancien Testament, à la fois souverain et invisible, correspond pleinement à la personne du Père tel qu'il nous est révélé par Jésus. C'est la volonté du Père que Jésus (en tant que Fils) est venu faire et accomplir. Le Père est la personne de la Trinité qui demeure à la fois invisible et transcendante en tout temps. Le Fils et le Saint-Esprit ne sont pas souvent évoqués dans l'Ancien Testament, mais ils sont éternellement présents en Dieu et participent pleinement à toutes ses entreprises, en particulier à l'œuvre majestueuse de la création.

Il existe aussi, dans cette partie de la Bible, de nombreuses références à la personne et à l'œuvre du Messie promis, comme à l'œuvre de l'Esprit Saint au sein du peuple de Dieu et bien au-delà

7. Dieu s'est révélé pleinement et en dernier lieu par Jésus-Christ

Dieu a pleinement et en dernier lieu parlé par Jésus-Christ, lui qui a accompli l'ancienne alliance conclue avec Israël et avec tous ses élus. Jésus est à la fois prophète et Parole, prêtre et sacrifice, roi et royaume. Aucune révélation supplémentaire de Dieu n'est nécessaire parce qu'il est lui-même Dieu incarné. En Jésus-Christ, Dieu s'est révélé comme le Fils qui a reconnu la première personne comme son Père et qui a promis qu'il enverrait, après son départ, une troisième personne, l'« autre consolateur » que les Ecritures appellent le Saint-Esprit. Il est donc intrinsèque à l'enseignement du Christ qu'il y ait trois personnes dans le Dieu unique.

8. Dieu se révèle à nous dans un langage que nous pouvons comprendre

Parce que Dieu a consenti à employer le langage humain et parce que la personne du Fils s'est faite homme, il est possible de parler de lui en termes humains. Les premiers disciples auraient pu décrire l'apparence physique de

Jésus, mais ils ne l'ont pas fait. Le Nouveau Testament ne nous encourage pas vraiment à faire des tableaux ou des statues de lui, soit comme aides pour l'adoration, soit pour nous rappeler sa présence sur terre. Aucun tableau ou portrait de Jésus n'a d'autorité en soi et de telles œuvres ne doivent jamais devenir des objets de vénération ou d'adoration, même si elles peuvent avoir leur importance par ailleurs.

II. LE MAL ET LE PÉCHÉ

1. L'origine du mal

Dieu a créé l'univers entier très bon. Dieu n'est pas l'auteur du mal et sa sainteté n'est pas compromise par l'existence du mal. Le mal a son origine dans la rébellion de Satan et de certains anges. Il semble bien que l'orgueil soit à la racine de leur chute. Les anges déchus sont appelés démons et sont sous l'autorité de Satan. Ils s'opposent à l'œuvre de Dieu et cherchent à déjouer ses projets. Dieu, malgré tout, demeure souverain sur les puissances du mal et se sert de leurs actions pour faire avancer son plan de salut. Les démons ne doivent être ni adorés, ni servis de quelque manière que ce soit. Leur activité favorise les fausses religions et Satan aveugle les esprits humains face à la vérité.

2. Le mal et l'humanité

Le mal a surgi à la suite du péché que les premiers êtres humains ont commis dans le jardin d'Eden. Adam est l'ancêtre de la race humaine tout entière et chaque être humain doit souffrir des conséquences de son péché, à savoir la réalité d'un monde désordonné et la mort physique. Adam et Eve se sont mis à la place de Dieu et ont fait allégeance à Satan. Succomber à la tentation d'être comme Dieu a des conséquences incalculables. Priver Dieu de la gloire qui lui est due conduit à éliminer les distinctions qu'il a établies et à intervenir dans les domaines qui relèvent de lui comme, en particulier, l'abrogation de la distinction entre mâle et femelle décrétée par Dieu et la confusion entre êtres humains et animaux. Le fait d'utiliser ce qui est bon pour de mauvaises raisons a suscité le chaos, des tensions et la souffrance au sein de la société humaine.

3. Les conséquences du péché sur la vie humaine

Des êtres humains s'allient avec des agents surnaturels pour perpétuer des horreurs tels que des génocides, des abus de pouvoir, des guerres mondiales, différentes formes de terrorisme, des meurtres psychopathes, le trafic d'êtres humains, l'abus de drogues et des violences de toutes sortes. Sans sous-estimer ni amoindrir la responsabilité des êtres humains, de telles expressions du mal sont propagées et orchestrées par des forces démoniaques qui engendrent la division et la destruction, ainsi que des modes de penser et des comportements indignes même des animaux. Le mal n'est pas dirigé seulement vers la destruction de la création et celle de l'image de Dieu chez les descendants d'Adam et Eve, mais également vers l'anéantissement de l'Eglise et de la vérité de Dieu. Bien que les démons ne se multiplient pas et ne puissent pas être détruits par des humains, nous sommes néanmoins appelés à résister au mal, à l'injustice, à l'oppression et à la violence dont les démons se servent pour faire avancer leur cause tout en attendant, dans un esprit de prière, le retour de Jésus-Christ qui mettra un terme à toutes ces choses.

4. L'universalité du péché et ses conséquences

Tous meurent en Adam et la mort a atteint chacun, car tous ont péché. Toute la race humaine est concernée par la chute et ses conséquences : le péché, l'aliénation, la violence, la guerre, la maladie, la souffrance et la mort. Sur le plan spirituel, tous les êtres humains sont morts à cause de leur rébellion contre Dieu et privés de ses bénédictions. Bien que les êtres humains pécheurs soient capables de découvrir de nombreuses vérités, il leur manque la perspective globale qui leur permettrait de les comprendre comme autant d'aspects de la vérité de Dieu. Etant pécheurs, ils refusent d'accepter les conséquences de la vérité qu'ils ont reçue et s'emploient à l'étouffer par leur méchanceté. La mort physique est aussi à l'œuvre en eux jusqu'à ce qu'ils retournent à la poussière dont ils ont été tirés. A moins que Dieu n'intervienne dans sa grâce, la mort spirituelle deviendra la

mort éternelle.

III. LA PERSONNE ET L'ŒUVRE DE CHRIST

1. La gloire de Christ

La personne de Jésus-Christ se trouve au centre du christianisme. Sa gloire et sa grandeur sont telles que l'adorer et l'exalter sont, à la fois, le devoir et le désir de chaque croyant.

2. Le Fils de Dieu incarné est une personne divine avec deux natures

La personne divine du Fils de Dieu, la deuxième personne de la Trinité, a pleinement revêtu la nature humaine dans le sein de la Vierge Marie ; il est né homme et a reçu le nom de Jésus de Nazareth. Jésus possède ainsi deux natures, l'une et l'autre pleinement divine et humaine et cependant distinctes, tout en étant unies dans et par sa personne. Comme la nature divine, partagée avec le Père et le Saint-Esprit, ne peut ni souffrir ni mourir, le Fils a revêtu une nature humaine et, ainsi, a pu payer le prix du péché humain et nous réconcilier avec Dieu. Sur la croix, c'est la personne du Fils, avec ses deux natures, qui a souffert et qui est morte.

3. Le Fils de Dieu incarné est un être humain véritable

Jésus de Nazareth, le Fils de Dieu incarné, est devenu un véritable être humain. Il a possédé, tout en gardant sa nature divine, un esprit humain et une volonté humaine ainsi qu'une constitution psychologique normale. Il a été tenté de la même manière que tous les humains sans succomber, cependant, à la tentation.

4. Le Fils de Dieu a été parfaitement capable de nous réconcilier avec son Père

L'homme Jésus-Christ a été capable de prendre notre place sur la croix et de payer le prix de notre péché, non pas à cause d'une quelconque supériorité naturelle ou objective sur nous, mais parce que, ayant parfaitement obéi à son Père, il était, par conséquent, sans péché. En devenant péché pour nous, il a pu effacer notre dette envers Dieu, son Père, sans contracter la moindre culpabilité qui l'en aurait séparé. L'œuvre rédemptrice du Christ a acquis le salut pour tous ceux qui, avant la fondation du monde, ont été choisis en lui.

5. La nature du corps ressuscité du Christ

Après deux jours dans le tombeau, Jésus de Nazareth a ressuscité des morts avec un corps transformé, mais ayant toujours une nature humaine reconnaissable. Son corps ressuscité, tout en gardant ses propriétés physiques propres, a été capable de transcender les lois physiques naturelles. Lors de son ascension, lorsqu'il est monté auprès de Dieu, ce corps a encore été transformé en un corps céleste qui est toujours le sien. Les êtres humains ressusciteront, non pas comme était Jésus le premier matin de Pâques, mais tel qu'il est à présent dans son état céleste.

IV. LA PERSONNE ET L'ŒUVRE DU SAINT-ESPRIT

1. Le Saint-Esprit, personne de la Trinité

Le Saint-Esprit est engagé dans l'œuvre de création et de salut aux côtés du Père et du Fils. C'est ainsi que le Fils incarné a été conçu par le Saint-Esprit, oint par le Saint-Esprit et qu'il a reçu du Saint-Esprit la force nécessaire pour accomplir son ministère public sur la terre.

2. L'œuvre du Saint-Esprit dans le salut

Le Saint-Esprit applique individuellement l'œuvre de rédemption du Fils aux croyants qu'il unit, à la fois, à Christ leur chef et entre eux. Il est l'agent de l'adoption et de l'intégration des croyants dans la famille de Dieu, à qui il donne l'assurance qu'ils ont été choisis par la puissance souveraine de Dieu. Il aide, enseigne, guide et conduit les croyants conformément à la volonté révélée et au caractère de Dieu. Il sanctifie les croyants en leur faisant produire ses fruits et il intercède constamment auprès du Père en leur faveur.

3. L'envoi du Saint-Esprit à la Pentecôte

La venue du Saint-Esprit à la Pentecôte a été le commencement, dans la vie des croyants, d'une nouvelle œuvre de Dieu qui a conduit à la fondation de l'Eglise chrétienne. Les dons spirituels extraordinaires accordés à ce moment précis de l'histoire ont été des signes uniques liés au début de l'ère messianique ; ils ne peuvent pas être automatiquement revendiqués ou utilisés comme preuve décisive de la puissance de Dieu à l'œuvre aujourd'hui.

Les dons divers et permanents du Saint-Esprit sont à rechercher, en toute humilité, selon sa volonté et afin de glorifier Dieu dans le service en vue du bien commun de l'Eglise.

4. Le Saint-Esprit et le réveil spirituel

La puissance du Saint-Esprit continue de se manifester, de façon particulière, durant les temps de réveil spirituel, qui surviennent régulièrement dans la vie de l'Eglise. Ces temps de renouveau et de rafraîchissement spirituels contribuent à l'avancement du royaume de Dieu en rendant les personnes plus conscientes de leur péché et en leur faisant découvrir le Christ d'une façon nouvelle et plus profonde. Dans ces moments privilégiés, les croyants se souviennent de la présence du Saint-Esprit en devenant plus conscients de son œuvre dans leurs vies ainsi que de ses dons. Un réveil spirituel est particulièrement efficace pour ramener le peuple de Dieu à lui en réformant l'Eglise, qui est constamment en danger de s'égarer. Néanmoins, l'œuvre du Saint-Esprit, particulièrement évidente lors des réveils spirituels, est toujours effective dans l'Eglise ; le devoir des croyants est de prier avec ferveur pour que les fruits et les dons de l'Esprit se manifestent en tout temps.

5. Le Saint-Esprit et le combat spirituel

Le Saint-Esprit combat activement Satan et ses démons et il en protège les croyants. Le Saint-Esprit délivre les hommes et les femmes de l'oppression et de la possession des démons, et les revêt des armes spirituelles nécessaires pour résister à la puissance du diable. La Bible interdit aux croyants de se commettre avec les puissances des ténèbres et leurs œuvres.

V. L'ŒUVRE DE SALUT DE DIEU

1. La grâce commune

Dieu accorde une grâce commune à toute l'humanité et une grâce spéciale par laquelle les croyants accèdent au salut. La grâce commune restreint l'action du péché, dispense aux êtres humains pécheurs les bénédictions divines et les rend capables d'œuvres bonnes. La grâce commune est le fondement de la société humaine à partir duquel celle-ci est capable de développer les arts et les sciences. C'est le Saint-Esprit qui rend possible cette activité artistique et scientifique ; aussi les progrès dans le domaine de la culture et de la civilisation humaine sont-ils des dons de Dieu, malgré la chute de l'humanité dans le péché.

2. La vocation et l'élection de Dieu

Dieu appelle les êtres humains à la repentance et à la foi. Personne ne peut répondre à cet appel sans l'action du Saint-Esprit. Bien que nombreux soient ceux qui ont entendu ce message, ou qui l'ont lu dans la Bible ou, indirectement, dans la littérature chrétienne, tous ne sont pas choisis. Plutôt que d'abandonner la race humaine à sa déchéance, Dieu, dans sa grâce souveraine, en a élu certains pour la vie éternelle. Seuls ceux dont les cœurs et les esprits sont illuminés par le Saint-Esprit sont habilités à recevoir les dons promis du pardon des péchés et l'approbation de Dieu.

3. La nature de la régénération

Grâce à l'action du Saint-Esprit, un pécheur mort spirituellement reçoit de Dieu la vie et la réception de cette vie suscite une orientation nouvelle vers Dieu et sa justice. Seul, le Saint-Esprit peut apporter les changements qui produisent la sainteté, sans laquelle personne ne verra Dieu. S'il est vrai que cette œuvre de régénération produit des changements de caractère, les chrétiens demeurent des personnes uniques qui, bien que chacune possède le Saint-Esprit, sont toutes différentes. Leur point commun est l'implantation d'une vie nouvelle en elles, ce qui signifie qu'elles sont, désormais, indissolublement unies à Christ. Le Nouveau Testament exprime cette réalité en disant que les chrétiens sont « en Christ », c'est-à-dire « héritiers de Dieu et cohéritiers de Christ ». Parce qu'ils sont ainsi unis au Christ en qui sont cachés tous les trésors de la sagesse et de la connaissance, ils sont comblés en lui. Tous les croyants ont l'Esprit du Christ et l'union avec Christ implique qu'ils sont également en relation vivante les uns avec les autres. Ils participent au même salut et ont des buts et des aspirations communes.

4. Les effets de la régénération

La régénération que Dieu opère n'appelle aucun renouvellement. Ayant été justifiés par Dieu, les chrétiens manifestent ce nouveau statut par un changement de leur état spirituel. La conversion est le point de départ conscient d'une vie nouvelle qui engage les croyants à vivre en harmonie avec leur nouvelle nature, leurs sentiments se préoccupant désormais de questions spirituelles et éternelles. Le couple « repentance et foi », expression de la conversion, est au cœur de la vie nouvelle.

5. La foi

La grâce de croire est un don de Dieu. La foi, par conséquent, consiste à recevoir les bénédictions du salut par une foi personnelle et un engagement envers le Christ Sauveur. Cette foi est l'instrument par lequel la révélation divine et toutes les bénédictions promises sont saisies, reçues et pleinement appréciées. Elle donne la conviction que le message biblique est vrai et que l'appropriation personnelle des mérites et de l'œuvre du Christ est essentielle. La vraie foi repose sur son objet, le Christ-Jésus qui, étant pleinement accepté comme Sauveur, suscite un abandon total de l'âme qui trouve en lui seul son salut.

6. La justification

La justification est l'action de Dieu qui suit l'appel effectif du Saint-Esprit et qui suscite la réponse de repentance et de foi du pécheur : « Celui qu'il a appelé, il l'a aussi justifié. » Par la justification, Dieu déclare les pécheurs justes devant lui, car il considère que leurs péchés sont pardonnés et qu'ils sont au bénéfice de la justice de Christ. La justification n'est pas une manière pour Dieu de dire que les pécheurs sont justes alors qu'en fait ils sont coupables. Pour que la justification soit véritable et cohérente avec la sainteté de Dieu, elle doit inclure la notion de mérite. Une véritable sainteté doit exister pour que Dieu soit juste dans sa déclaration de justification. La justification des pécheurs repose sur la justice d'un substitut, la justice du Seigneur Jésus-Christ qui leur est attribuée. L'imputation de la justice de Christ au pécheur est fondamentale pour la foi chrétienne.

7. La justice de Christ est le fondement de notre justification

La justice de Christ comprend sa vie de parfaite obéissance à tous les commandements de la loi de Dieu ainsi que sa mort sur la croix par laquelle il a assumé le châtiment que Dieu, dans sa sainte colère, a infligé à tous à cause de leurs péchés, œuvre que sa résurrection triomphale a scellée. Les croyants sont désormais au bénéfice de la justice du Christ qui a satisfait à toutes les exigences de la loi de Dieu à leur place et pour eux. La parfaite justice de Christ constitue le fondement de la justification du pécheur.

8. La justification, l'accord entre Paul et Jacques

Il n'existe aucun désaccord entre Paul et Jacques quant à la doctrine de la justification. Paul décrit la justification comme pardon et approbation divins ; Jacques, lui, insiste sur la vie d'obéissance qui accompagne toute justification authentique.

9. L'adoption des croyants en Christ

Le Seigneur Jésus-Christ comme Fils de Dieu, dont la nature est éternelle et incréée, a une position unique. Néanmoins, il n'a pas honte d'appeler ceux qu'il a sauvés ses frères et ses sœurs. Ces enfants que Dieu a adoptés sont les bénéficiaires de l'héritage que Christ leur a assuré, la pleine mesure des bénédictions de la rédemption. C'est pour cela qu'ils sont désignés comme « héritiers de Dieu et cohéritiers de Christ ».

En tant qu'enfants de Dieu, les croyants partagent toutes les bénédictions que Dieu accorde à sa famille et, par le témoignage intérieur du Saint-Esprit, ils reconnaissent Dieu comme un Père et s'adressent à lui comme tel. Dieu les aime, il a compassion d'eux et pourvoit à leurs besoins. Les enfants de Dieu ont aussi le privilège de partager les souffrances du Christ ainsi que la glorification qui a suivi. La correction paternelle de Dieu est un autre privilège des croyants, qui confirme leur adoption. Elle leur donne ainsi l'assurance que « Dieu [les] traite comme ses fils. Quel est, en effet, le fils que son père ne corrige pas ? » L'unité des enfants de Dieu en un seul corps est aussi un de leurs privilèges ; elle est également une responsabilité qui requiert amour et service mutuels.

Ce n'est que lors du glorieux retour du Seigneur que les bénédictions de l'adoption seront pleinement éprouvées. L'adoption a une double dimension : actuelle et eschatologique, cette dernière étant un élément de l'espérance chrétienne. Ainsi « nous aussi, qui avons les prémices de l'Esprit, nous aussi nous soupirons en nous-mêmes en attendant l'adoption filiale, la rédemption de notre corps ». L'adoption ne sera complète que lorsque Christ donnera à son peuple de nouveaux corps lors de la résurrection, lorsque les croyants « auront part à la liberté glorieuse des enfants de Dieu » avec la nouvelle création.

10. L'action de sanctification du Saint-Esprit

Le Saint-Esprit œuvre dans la vie de ceux qui ont été justifiés et adoptés pour les rendre saints et les transformer à la ressemblance du Christ. Dieu, par son action, éveille chez les croyants le désir de vouloir et de faire ce qu'il ordonne. L'obéissance active aux commandements du Seigneur est essentielle. La sanctification requiert que soit mis à mort tout ce qui est péché dans la vie humaine et que se développent de nouvelles habitudes et des modes de penser et de vivre qui plaisent à Dieu.

11. La réalisation de la perfection chrétienne

Pendant cette vie, aucun croyant n'est entièrement libéré du péché, et la sanctification progresse à vitesse variable. Les réprimandes que Dieu adresse à ses enfants bien-aimés participent également à leur sanctification. Le processus de sanctification sera pleinement réalisé par la puissance et la grâce de Dieu. L'esprit du croyant est pleinement sanctifié à sa mort, lorsqu'il rejoint « les esprits des saints rendus parfaits ». Lors de la résurrection, le corps du croyant partagera cette perfection, étant rendu comme le corps glorieux de Christ. Finalement, tout croyant « portera pleinement l'image de l'homme céleste ».

VI. LA VIE CHRÉTIENNE

1. Une spiritualité authentique

La spiritualité chrétienne que caractérisent un respect et un amour profonds pour Dieu est un processus qui dure toute la vie et qui se traduit par des relations intègres avec le prochain. Elle est une sainteté pratique qui transforme le croyant à la ressemblance de Christ. Elle n'est ni tournée vers elle-même, ni en quête d'une force impersonnelle, ni à la poursuite d'un état existentiel nébuleux ou à la recherche de paradis artificiels. Elle se développe dans une relation d'alliance avec le Dieu trinitaire et dans une communion toujours plus intense avec le peuple de Dieu dans le monde. Elle est le résultat d'une régénération spirituelle soutenue et dirigée par le Saint-Esprit.

2. Les moyens de la sainteté

Afin de générer la sainteté en nous, le Saint-Esprit applique la Parole de Dieu à nos cœurs et à nos esprits, en nous enseignant l'obéissance, en nous intégrant à la communauté des croyants, par une véritable adoration de

Dieu, par notre témoignage au monde, par les épreuves et les souffrances, comme aussi par notre opposition au mal.

3. Les fruits de la sainteté

Les fruits de la sainteté comportent la transformation des esprits et des cœurs, des paroles et des actes, une attitude de prière et une vie qui se transforme sans cesse à l'image de Christ. La sainteté se traduit par un renoncement à soi continuel, par le souci de « porter sa croix » quotidiennement et de suivre le Christ en pratiquant l'amour, la patience, le pardon, la douceur, la compassion et la bonté envers tous, surtout envers ceux de la famille chrétienne. Cette attitude implique l'abandon continu de soi-même pour se consacrer totalement à Dieu ; elle suscite une joie ineffable, une crainte filiale, une considération désintéressée, un amour vibrant, une compassion et une audace réfléchie, équilibrée par l'humilité, le respect, l'émerveillement, le contentement, une confiance d'enfant, l'obéissance, une espérance infaillible et la paix de Dieu au sein des épreuves, des peines et des souffrances de l'existence.

4. Les expériences spirituelles

Une vie spirituelle centrée sur Dieu accueille ces expériences comme un don du Saint-Esprit. Notre désir de nous rapprocher du Dieu trinitaire nous rappelle que nous vivons constamment en sa présence où que nous nous trouvions. Par conséquent, nous sommes encouragés à remplir notre vocation d'être des instruments de sa grâce régénératrice là où sa providence nous a placés. L'union que nous expérimentons maintenant au sein de l'alliance avec Dieu n'est qu'un avant-goût de la glorieuse communion que nous connaîtrons lors de l'avènement du Seigneur.

VII. LES ECRITURES SAINTES

1. Les Ecritures sont l'œuvre de Dieu le Saint-Esprit

Les Ecritures sont inspirées de Dieu ; elles ont été écrites par des hommes parlant de la part de Dieu, alors qu'ils étaient portés par le Saint-Esprit. Les Ecritures sont la Parole de Dieu et entièrement dignes de confiance. Dans leur rédaction originale, elles sont sans erreur dans tout ce qu'elles affirment

: tel est le sens de la doctrine que de nombreux théologiens réformés ont appelée

« inerrance biblique ». Comme Dieu a veillé sur la mise par écrit des Ecritures, elles correspondent exactement à ce qu'il avait prévu de communiquer. Ayant choisi d'utiliser des êtres humains, Dieu n'a ni ignoré leur humanité ni dicté les Ecritures. Aussi celles-ci reflètent-elles l'histoire personnelle et le style littéraire de chaque auteur ainsi que les caractéristiques de la période à laquelle elles ont été écrites, sans pour autant cesser, dans tous ses aspects, d'être la Parole de Dieu lui-même.

2. Les Ecritures sont reconnues grâce à l'œuvre de Dieu, le Saint-Esprit

Les Ecritures se recommandent à nous par leurs nombreuses qualités, mais, en définitive, c'est le Saint-Esprit qui nous persuade pleinement et nous donne l'assurance de leur vérité et de leur autorité divine. Il en rend témoignage à nos cœurs par et au travers de la Parole. C'est au croyant, habité par le Saint-Esprit, que les Ecritures manifestent leur authenticité en tant que Parole de Dieu. C'est ainsi que l'Eglise chrétienne a reçu la Bible hébraïque et le Nouveau Testament grec et a su reconnaître leur autorité canonique. Les Ecritures ne tirent pas leur autorité de l'Eglise ou de quelque autre source, si ce n'est de Dieu lui-même.

3. Les Ecritures se comprennent grâce à l'œuvre de Dieu le Saint-Esprit

Les Ecritures possèdent une clarté fondamentale, mais seul le croyant chrétien peut recevoir et comprendre leur sens et leur signification spirituels, parce qu'il a accès à « la pensée du Christ. » La chute du genre humain dans le péché a affecté aussi bien l'esprit que la volonté et les émotions. L'aveuglement spirituel qui s'en est ensuivi a laissé les êtres humains incapables de comprendre les choses de Dieu sans l'œuvre du Saint-Esprit. Lorsque ceux-ci sont effectivement appelés et régénérés, le Saint-Esprit commence par ouvrir les Ecritures à leur entendement. Dans sa sagesse, le Saint-Esprit nous révèle le véritable sens de la révélation de Dieu.

4. Les Ecritures sont appliquées au croyant par Dieu le Saint-Esprit

Dieu attire les hommes et les femmes à lui par la prédication de sa Parole. Le Saint-Esprit se sert de la prédication, de l'enseignement et de l'étude des Ecritures pour nous rendre sages à salut par la foi dans le Christ-Jésus et pour nous dévoiler sa pensée. Qu'elles soient prêchées ou lues, les Ecritures sont utiles pour enseigner, pour reprendre, pour corriger et pour éduquer dans la justice, afin que nous soyons équipés pour toute œuvre bonne et que nous ayons un style de vie qui honore Dieu. Elles fournissent ainsi le fondement, l'assurance et la règle de notre foi.

5. Les présupposés qui gouvernent l'interprétation de l'Ecriture

La Sainte Ecriture est la Parole de Dieu et, par conséquent, elle ne peut pas se contredire. Notre lecture, notre interprétation, notre compréhension et notre application de l'Ecriture sont influencées, à des degrés et des niveaux divers, par nos convictions ou présupposés antérieurs concernant Dieu et la Bible. Afin de comprendre correctement celle-ci, il est nécessaire de prendre conscience de nos présupposés et de les examiner à la lumière du texte biblique pour que nous les réformions et qu'ils s'accordent mieux avec le sens du texte lui-même. Puisque les Ecritures attestent qu'elles sont d'origine et d'inspiration divines, seules les méthodes d'interprétation qui en tiennent compte sérieusement peuvent découvrir le contenu de leur sens véritable.

6. La clarté de l'Ecriture

La nécessité d'une étude approfondie de la Bible dans les langues originales n'amoindrit ni la clarté, ni l'autorité divine, ni la fiabilité de l'Ecriture. Les vérités essentielles pour le salut sont si clairement exprimées dans l'Ecriture qu'aussi bien les lecteurs instruits que les ignorants peuvent et devraient les comprendre. Le message des Ecritures doit être expliqué à la lumière des philosophies et des opinions qui remettent en question ses présupposés et s'y opposent. En défendant la vision globale du monde biblique face à de tels détracteurs, le sens clair des Ecritures est obtenu non seulement par une comparaison attentive d'un texte biblique avec un autre, mais aussi en prenant en considération les perspectives opposées.

7. Les méthodes d'interprétation appropriées

La Bible est la Parole de Dieu, aussi doit-elle être lue dans un esprit d'humble soumission et en demandant l'illumination du Saint-Esprit. Comme elle a été écrite dans des langues humaines différentes qui reflètent des contextes culturels, sociaux et historiques particuliers, sa signification doit être établie en observant les règles habituelles d'interprétation et avec l'aide de disciplines annexes telles que l'archéologie, l'histoire, la critique textuelle et l'étude des langues originales. Toutes ces méthodes doivent cependant tenir compte à la fois de l'origine divine de l'Ecriture, de son infaillibilité et de son caractère humain.

8. La signification d'un texte biblique

Un texte biblique peut avoir des applications pratiques et des significations différentes, mais son sens premier est habituellement établi par une application rigoureuse des principes historico-grammaticaux et historico-rédemptifs déjà mentionnés dans le paragraphe précédent. Les interprétations allégoriques, spirituelles et figurées n'ont aucune autorité à moins d'être clairement suggérées par le texte lui-même.

9. L'universalité de la vérité et ses applications

La vérité de Dieu révélée dans l'Ecriture est universelle, éternelle et pertinente pour toutes les cultures, tous les âges et tous les peuples. Il peut, néanmoins, exister plusieurs applications distinctes de cette vérité. En contextualisant la Parole de Dieu, l'Eglise devrait distinguer entre les principes bibliques qui expriment les aspects éternels et universels de la vérité divine et les implications concrètes de ces principes qui peuvent varier selon les contextes. Il faut cependant s'assurer que ces applications sont légitimes et en adéquation avec les principes fondamentaux et immuables.

10. Le modèle de référence de l'autorévélation de Dieu dans les temps postbibliques Depuis la clôture du canon du Nouveau Testament, Dieu nous parle dans et à travers les Saintes

Ecritures conjointement avec le Saint-Esprit qui habite en nos cœurs et nous révèle, à la fois, le Père et le Fils. Ceux qui entendent la voix de l'Esprit reçoivent l'héritage qui nous est promis dans le Fils et, avec son aide, ils accomplissent la volonté du Père dans leurs vies. Pour nous enseigner ce que cela signifie et pour nous guider alors que nous cherchons à mettre en pratique la volonté de Dieu, le Saint-Esprit nous a donné des textes écrits pour nous informer, nous stimuler et nous encourager dans notre existence chrétienne. En plus de l'Ancien Testament, ces textes sont la révélation donnée aux disciples de Christ, par ou avec l'approbation des douze apôtres qui ont vu le Seigneur après sa résurrection d'entre les morts, lequel les a désignés pour conduire et instruire l'Eglise. Rassemblés par les premiers chrétiens qui en ont reconnu la pleine autorité divine, ces écrits forment le Nouveau Testament. Aucun enseignant chrétien, aucune Eglise n'a le droit d'insister sur des croyances qui ne sont pas contenues dans l'Ecriture ou d'interpréter l'une d'entre elles d'une manière qui contredise ce que Dieu a révélé de lui-même ailleurs dans l'Ecriture.

VIII. L'EGLISE

1. Sa nature

L'Eglise est, à la fois, le rassemblement invisible de tous les chrétiens (connus de Dieu seul) et l'Eglise visible sur terre en ses nombreuses communautés. Elle est le Corps spirituel et surnaturel du Christ, qui en est le Chef. Chaque chrétien est uni au Christ et relié par Dieu à tous les autres chrétiens ; tous forment ainsi l'Eglise. Le culte rendu à Dieu, la communion fraternelle, les Saintes Ecritures, les sacrements et la mission sont les éléments essentiels de la vie de l'Eglise, une, sainte, catholique et apostolique.

2. Les ministères de l'Eglise

Les Ecritures décrivent les divers ministères que Dieu a donnés à l'Eglise à différentes époques : ceux d'apôtres, de prophètes, d'anciens, de diacres et d'évangélistes. Aujourd'hui, dans chaque Eglise locale, il existe des anciens et des diacres. Les anciens ont pour vocation d'être pasteurs, conducteurs et des exemples, certains d'entre eux se consacrant à la prédication et à l'enseignement. Les diacres s'occupent des pauvres et des personnes en difficulté ; ils gèrent les besoins pratiques, financiers et administratifs de l'Eglise. Comme celui d'ancien, ce service est spirituel et requiert des qualités spirituelles.

3. Le culte

Le culte rendu à Dieu est la responsabilité principale de l'Eglise. La nature et le contenu de ce culte sont déterminés par Dieu lui-même, qui nous les révèle dans les Ecritures. Le culte devrait inclure la louange et le chant, la lecture et la prédication des Ecritures, et la prière.

4. L'autonomie de l'assemblée locale

Chaque assemblée de croyants possède, sous l'autorité des anciens, un degré d'autonomie tout en constituant avec l'ensemble des Eglises locales une unité plus vaste. Ce dernier type de regroupement a revêtu différentes formes selon les époques et selon les Eglises.

5. Les sacrements

Un sacrement est un signe extérieur et visible d'une grâce intérieure et spirituelle. Il a été institué par Christ et représente son œuvre de salut. Les Eglises protestantes ne reconnaissent que deux sacrements : le baptême et la sainte cène (communion ou sainte eucharistie). Ceux-ci sont souvent associés aux deux sacrements de l'Ancien Testament : la circoncision et la Pâque. Le baptême est un rite d'initiation et d'entrée dans l'Eglise chrétienne. Il est administré en utilisant de l'eau. La sainte cène est centrée sur la mort du Christ sur la croix, le pain et le vin étant des symboles du corps et du sang du Christ. Elle permet également aux croyants d'affirmer leur foi, de vivre la communion fraternelle en Christ et de se renouveler spirituellement, tout en proclamant la mort du Seigneur jusqu'à son retour.

IX. LA TRADITION

1. L'existence et la validité des traditions apostoliques

Chaque Eglise chrétienne vit selon la règle de foi héritée de la période apostolique. Les Saintes Ecritures sont la seule formulation authentique et normative de cette règle, qui doit servir à évaluer toutes les autres croyances et pratiques. Les Eglises de l'époque apostolique possédaient, sans aucun doute, des coutumes qui n'ont pas été consignées dans l'Ecriture et qu'elle n'a pas prescrites ; aussi les générations chrétiennes ultérieures ne sont-elles pas liées par de telles traditions. De même, bien qu'il soit possible que des écrits apostoliques perdus soient découverts un jour, ceux-ci ne doivent pas être considérés comme Ecriture Sainte, car ils n'ont pas été transmis depuis les temps apostoliques comme faisant partie du Canon.

2. L'autorité des credo et des confessions

Durant le cours de son histoire, l'Eglise a adopté des credo et des confessions de foi afin de rendre plus clair l'enseignement de l'Ecriture. Ces documents et autres décisions semblables, ratifiés par divers corps ecclésiastiques, jouissent de l'autorité acquise par ceux qui les ont adoptés et appellent la reconnaissance et le respect des générations suivantes. Cependant, ils ne sont pas infaillibles et lorsqu'on peut démontrer qu'ils sont en désaccord avec la doctrine des Ecritures ou qu'une nouvelle formulation clarifierait leur enseignement, l'Eglise est libre de les modifier en conséquence.

3. La réaction des réformateurs aux traditions en vigueur à leur époque

Les réformateurs du XVIe siècle ont entrepris une révision radicale des traditions de l'Eglise et ont abandonné les croyances et les pratiques qui étaient manifestement contraires à l'enseignement biblique. Certains allèrent même plus loin et ont abandonné les traditions qui, tout en n'étant pas cautionnées par l'Ecriture, ne lui étaient pas nécessairement contraires. La célébration de Noël le 25 décembre, par exemple, n'a aucun fondement biblique, mais elle témoigne clairement de la doctrine néotestamentaire de l'incarnation du Christ. Les traditions de cette sorte peuvent être maintenues, modifiées ou abandonnées à la discrétion de l'Eglise locale, pourvu qu'aucune doctrine biblique ne soit compromise.

4. Du culte et du gouvernement de l'Eglise

Chaque Eglise a développé des modèles de liturgie et de gouvernement qui, avec le temps, sont devenus des traditions. Aussi longtemps que ces pratiques ne sont pas contraires à l'enseignement de l'Ecriture et continuent d'accomplir les tâches pour lesquelles elles étaient destinées à l'origine, il n'y a aucune raison de ne pas les garder. Néanmoins, si nécessaire, chaque Eglise locale est libre de modifier de telles traditions. En particulier, les Eglises issues de l'activité missionnaire à l'étranger peuvent avoir hérité de certaines pratiques qui ne sont pas facilement assimilables dans leur propre culture.

Ces Eglises ont la responsabilité particulière d'examiner quel est le fondement biblique de ces coutumes. Elles devraient même être encouragées à les modifier si, en le faisant, elles contribuent à rendre un témoignage plus efficace à l'Evangile dans leur environnement culturel particulier. Néanmoins, aucune Eglise ne devrait abolir, modifier ou adopter une tradition ou une pratique sans avoir considéré l'effet que pourrait produire un tel changement sur le témoignage de la communauté chrétienne dans son ensemble.

5. Le maintien opportun de certaines traditions

Certaines traditions chrétiennes sont si profondément enracinées et universelles que les modifier n'apporterait pas grand-chose et conduirait à des divisions inutiles au sein de l'Eglise. Prenons, par exemple, la coutume d'adorer Dieu le dimanche. Bien que manifestement pratiquée par l'Eglise primitive, cette tradition n'est pas spécifiquement prescrite dans le Nouveau Testament. Il se trouve, cependant, des circonstances particulières, dans certains pays musulmans par exemple, qui peuvent inciter des communautés à célébrer le culte un autre jour de la semaine que le dimanche, mais aucune Eglise ne devrait décider d'abandonner le culte du dimanche sous prétexte que cela n'est pas requis par l'Ecriture. Dans ces cas de figure, l'unité visible du monde chrétien devrait être privilégiée si aucun principe théologique n'est remis en cause.

X. MISSION ET ÉVANGÉLISATION

1. Notre vocation est d'être les témoins de Dieu en paroles et en actes

Notre mission dans le monde découle de notre passion pour la gloire de Dieu et de notre assurance concernant l'avènement de son royaume. L'Eglise en tant que corps de Christ est l'instrument dont Dieu se sert pour évangéliser, c'est-à-dire prêcher et partager l'Evangile de Jésus-Christ, à la fois en paroles et en actes, à savoir que le Christ est mort pour nos péchés et qu'il est ressuscité d'entre les morts selon les Ecritures. En tant que Seigneur souverain, il offre maintenant le pardon des péchés, la vie éternelle et les dons de l'Esprit à ceux qui se repentent et qui croient. L'obéissance au mandat de notre Dieu nous impose de tendre deux mains aux êtres humains : (1) l'une qui les appelle à la repentance, à la foi et à la réconciliation éternelle avec Dieu par Christ, et (2) l'autre qui accomplit des œuvres de miséricorde et de compassion, déployant ainsi, au nom du Christ, la bonté du royaume de Dieu sur la terre. Tel est l'exemple donné par Christ lui-même ; il atteste que nous sommes conformes à l'image de Christ et que nous avons reçu le Saint-Esprit comme arrhes et gage de la nouvelle création de Dieu.

2. L'étendue de l'appel à la mission

Quand nous exhortons nos contemporains à aimer et à se repentir dans toutes les sphères de l'existence, notre proclamation de l'Evangile a des conséquences sociales. De même, quand nous témoignons de la grâce de Jésus-Christ qui transforme, notre engagement social a des répercussions évangéliques. Si nous ignorons le monde, nous trahissons le mandat missionnaire par lequel Dieu nous envoie dans le monde pour le servir. Si nous ignorons ce mandat, nous n'avons rien à apporter au monde. Notre obéissance à Dieu, qui manifeste notre entière confiance en lui, stimule notre zèle pour la mission. Cela rend notre témoignage à la fois téméraire et doux et éveille l'intérêt des non-croyants.

3. La compassion des chrétiens pour le monde

Il est essentiel que les chrétiens soient revêtus de compassion au nom de Christ lorsqu'ils se trouvent face à la pauvreté, la maladie, l'injustice et toutes formes de misère humaine. Nous nous sentons concernés par le fait que, dans ce monde, des millions de personnes vivent dans une pauvreté indescriptible. En nous appelant à nous revêtir de compassion, Dieu nous invite à rejoindre les pauvres dans leur misère et à propager sa grâce qui transforme. Cette démarche suppose une qualité de vie spirituelle qui nous permette d'aller vers une communauté éprouvée par la souffrance, non pas comme des sauveurs, mais comme des serviteurs de Christ, le Sauveur.

4. La transformation de la communauté humaine

Nous comprenons que la transformation de la communauté humaine correspond à un total renversement des effets du péché sur toute vie et sur toute la terre. Le péché détourne les hommes et les femmes de Dieu, les aliènent d'eux-mêmes et des autres, les rend insensibles à l'environnement et à la restauration que Dieu a prévue pour la création. Il est dans l'intention de Dieu que tous les êtres humains soient les porteurs accomplis de son image. Cette tâche, qui commence dans cette vie, ne sera achevée que lorsque Christ reviendra dans sa gloire à la fin des temps. Elle a pour finalité de transformer la cité humaine corrompue par le péché dans laquelle nous vivons et de construire un nouvel environnement culturel et social conforme à la nature du Royaume de Dieu que Christ a inauguré.

XI. LA LOI ET L'ÉTHIQUE

1. La loi naturelle

La loi est l'expression de l'amour de Dieu, elle révèle ses justes exigences pour la race humaine. Elle a été écrite, lors de la création, dans le cœur des êtres humains qui, malgré leur condition de pécheur, ont toujours conscience de ses exigences. En Eden, Dieu a également clairement communiqué sa volonté aux humains en leur ordonnant de ne pas manger du fruit de l'arbre de la connaissance du bien et du mal.

2. La loi de Moïse

La loi mosaïque contenait des éléments cérémoniels, désormais accomplis, qui annonçaient la personne et l'œuvre du Christ ainsi que la vie de l'Eglise. La loi comportait aussi des textes législatifs qui ont façonné la vie civile d'Israël et qui offrent des principes de justice qui sont toujours valides pour la vie et les lois de toutes les nations. Quant aux prescriptions morales, elles continuent de servir de modèle à un style de vie irréprochable. La loi de Dieu dévoile le péché des êtres humains et les conduit vers Christ, le seul Sauveur. La loi contribue, en outre, à contenir la manifestation du péché dans la société. Elle sert aussi de guide de conduite aux chrétiens alors qu'ils sont rendus toujours plus conformes à l'image du Christ. Elle révèle à la fois le péché à détester et la justice à rechercher inlassablement.

3. Christ comme accomplissement de la loi

Christ a accompli les exigences de la loi, devenant une malédiction pour le peuple qu'il a choisi. Ceux qui ont été amenés à la foi en Christ expriment leur amour pour le Seigneur en obéissant à ses commandements avec l'aide du Saint-Esprit.

4. Le mariage et l'éthique sexuelle

Le mariage, hétérosexuel et monogame, a été institué par Dieu, l'homme et la femme quittant leur propre famille pour s'attacher l'un à l'autre pour la vie. C'est au sein de cette union que les désirs sexuels sont comblés et les enfants qui en naîtront bénéficieront d'une attention et d'une éducation reposant sur la connaissance et la pratique de la foi chrétienne. Il arrive que des déviances par rapport à ce modèle surviennent à cause du péché de l'être humain. La Bible ne permet pas les relations sexuelles en dehors des liens du mariage ainsi que les unions entre personnes de même sexe. La dissolution d'un mariage est acceptable en cas d'adultère ou si des non-croyants quittent irrémédiablement leur conjoint chrétien. Dans les Ecritures, l'homme est décrit comme « le chef » de la femme, tout comme Christ est « le chef » de l'homme et Dieu est « le chef » de Christ. Cette fonction d'autorité dans la famille et dans l'Eglise se manifeste en aimant comme Christ a aimé l'Eglise.

5. Planning familial

Le planning familial est acceptable, bien que la contraception qui consiste à prendre une pilule après la conception ou à pratiquer l'avortement d'un fœtus constitue, en fait, la destruction d'une nouvelle vie. Pour les couples mariés éprouvant des difficultés pour concevoir, la fécondation in vitro (FIV) est une option possible, alors que le recours au sperme d'un donneur ou d'une mère porteuse ne l'est pas, car ces pratiques, bien que médicalement possibles, portent atteinte à la relation conjugale. L'expérimentation sur des embryons humains correspond à une destruction de la vie humaine, tout comme celle qui est pratiquée sur des adultes qui peut entraîner maladie, handicap ou même la mort. Bien que le clonage des êtres humains (« transfert de cellules nucléaires somatiques ») soit techniquement possible, ni « la reproduction par clonage », ni « le clonage thérapeutique » ne correspondent au modèle biblique pour lequel le sexe et la procréation font partie de la relation d'alliance que constitue le mariage. Les découvertes scientifiques humaines, bien qu'intrinsèquement bonnes, peuvent être utilisées pour défier les structures morales que Dieu a données à sa création. La vie et la capacité de porter des enfants sont des dons de Dieu qu'il confère souverainement.

6. La prolongation de la vie

Le corps humain est sujet à diverses maladies que la médecine moderne est capable de soigner, avec des traitements appropriés, par le recours à la chirurgie et à des médicaments. Les transferts d'organes sont une extension légitime de ces interventions médicales destinées à guérir des maladies et à prolonger la vie.

7. La fin de vie

Tout comme la création d'une nouvelle personne, la fin de vie est une œuvre de Dieu. L'origine et la fin de la vie relèvent, l'une et l'autre, de la souveraine volonté divine. Les médicaments, s'ils peuvent être utilisés pour soulager la douleur, ne doivent pas servir à mettre fin à la vie humaine. Ils ne sont pas non plus destinés à provoquer un plaisir solitaire ou des expériences sensorielles ou extatiques. Bien que la technologie moderne puisse garder une personne en vie artificiellement, il n'est pourtant pas répréhensible d'interrompre le recours à ce genre d'équipement lorsqu'il ne subsiste plus aucune activité cérébrale.

XII. ESCHATOLOGIE

1. Le plan éternel de Dieu

Dès le commencement de l'histoire, le repos sabbatique de Dieu et la vie éternelle signifiée par l'arbre de vie véhiculent l'accomplissement de la promesse selon laquelle la probation d'Adam prendrait fin. Cette promesse anticipait l'intention divine de perfectionner sa création qu'il avait faite « très bonne ». Paul voyait dans la résurrection (ou la recréation) du dernier Adam l'accomplissement de la promesse faite au premier Adam avant la chute. L'histoire de la rédemption met en évidence le déploiement du projet de salut mis en œuvre par Dieu, lequel culmine dans la vie et la mort du Sauveur, l'annonce du salut aux nations et la recréation eschatologique des cieux et de la terre. Ceux qui sont unis au Christ dans cette vie connaissent déjà la puissance du monde à venir grâce à l'Esprit qui vit en eux. Bien qu'ils aient à connaître la mort, ils ont déjà un avant-goût de la résurrection à venir.

2. L'état des êtres humains après la mort

Immédiatement après la mort, les âmes des êtres humains ne s'endorment pas ; elles retournent à Dieu, tandis que leurs corps sont détruits. Les âmes des élus vivent en la présence de Dieu, connaissent une sainteté et une joie parfaites et règnent avec Christ, en attendant la résurrection. Ce bonheur n'est pas terni par le souvenir de leur vie sur terre car, désormais, les élus considèrent toutes choses à la lumière de la volonté et du plan parfait de Dieu. Leur bonheur et leur salut proviennent uniquement de la grâce de Dieu. Les élus n'ont pas le pouvoir d'intercéder pour les vivants ou de devenir médiateurs entre eux et Dieu. Les âmes des perdus ne sont pas détruites après la mort. En attendant le jour du jugement, elles connaissent la souffrance et les ténèbres, étant privées de la présence de Dieu. Après la mort, il n'y a pas d'autre état intermédiaire que ces deux-là. Ni les âmes des élus, ni celles des perdus ne peuvent retourner, après la mort, sur la terre des vivants. Les expériences attribuées à l'action d'âmes désincarnées proviennent soit de l'imagination humaine, soit de l'intervention de démons.

3. La seconde venue de Christ

La résurrection de Christ, suivie de l'effusion du Saint-Esprit, a inauguré l'ère nouvelle que les Ecritures appellent « les derniers jours ». Dans le temps présent, le chrétien vit dans la réalité « semi-eschatologique » du « déjà » de l'œuvre accomplie par Christ et du « pas encore » de l'économie à venir. Un jour, Christ reviendra dans ce monde, de manière visible, avec le corps glorieux de sa résurrection, de telle sorte que le monde entier le verra. Il viendra revêtu de puissance, avec les saints et ses anges, pour juger tous les êtres humains et réaliser pleinement le royaume de Dieu. Les Ecritures nous exhortent fortement à être prêts pour la venue de Christ ; pourtant, elles ne nous donnent ni un horaire ni des signes indiquant quand ces événements auront lieu. L'avènement de Christ demeure la plus importante espérance chrétienne. L'Eglise est incitée à prier pour ce retour glorieux du Seigneur et à le hâter en prêchant la bonne nouvelle de l'Evangile au monde entier.

4. La résurrection des morts

Les morts qui appartiennent à Christ ressusciteront par sa puissance, avec un corps semblable au sien ; ils pourront être éternellement en communion avec Dieu et connaître une joie sans fin. Quant aux perdus, ils ressusciteront aussi, mais pour le jugement et un châtiment éternel. Ce dernier sort devrait nous faire trembler, nous inquiéter et nous conduire à prêcher l'Evangile de la grâce salvatrice de Dieu à toutes les nations. L'identité personnelle des élus comme des perdus sera identique à celle qu'ils avaient sur terre, mais la nature et les propriétés de leur corps seront transformées.

5. Le jugement dernier

Christ reviendra dans ce monde en tant que juge, parce qu'il est le Fils de l'homme et le roi qui règne sur l'univers éternellement. Il jugera les vivants et les morts en toute justice et ne fera preuve ni de favoritisme ni de partialité. Les élus seront déclarés justes en vertu de la mort et de la résurrection de Christ pour eux, et invités à entrer dans son royaume éternel. Les méchants et les réprouvés seront convaincus, en toute justice, de leurs péchés et de leurs iniquités et exclus avec Satan et les démons de la présence du Seigneur. En attendant, les chrétiens devraient soutenir tout effort légitime contribuant à l'avènement d'un monde plus juste, sachant qu'un jugement définitif et parfait ne sera rendu qu'à la fin des temps. Quant aux récompenses que Christ a promises à son peuple, l'Ecriture en parle peu, mais assez pour nous inciter encore plus à l'obéissance et à la fidélité.

6. Le millennium

La période qui s'étend entre l'ascension de Christ et son retour, c'est-à-dire l'époque de l'histoire où la bonne nouvelle de l'Evangile et ses bénédictions sont annoncées aux nations, correspond, pour la majorité des Eglises, au millénium dont il est question dans les Ecritures. Certains, cependant, pensent que le millénium correspond à une période de mille ans qui verra le Christ régner sur la terre après son retour. Le temps présent endure toujours les conséquences de la rébellion et du péché humains comme celles du pouvoir de Satan. Des manifestations du mal surviendront encore dans le monde, parallèlement aux manifestations du royaume de Dieu, jusqu'au retour en gloire du Seigneur.

7. La nouvelle création

Après le retour du Christ, Dieu recréera l'univers matériel et son peuple ressuscité, revêtu d'immortalité et de perfection, vivra pour toujours sous le règne de Christ sous ces nouveaux cieux et sur cette nouvelle terre.

8. Evénements eschatologiques et leurs différentes interprétations

Les chrétiens s'accordent sur les événements principaux se rapportant à la fin des temps, mais ils peuvent diverger sur leur séquence et leur nature. Aussi ces questions ne devraient-elles être abordées qu'avec humilité, en se souvenant que, souvent, ce n'est qu'après leur accomplissement que le peuple de Dieu a pleinement compris les prophéties.

Dichiarazione di Fede della Comunione Riformata Mondiale

(World Reformed Fellowship)

Translated into Italian by
Paolo Castellina and Giovanni Brandi

I. LA DOTTRINA SU DIO

1. L'identità del Creatore

Noi crediamo in un solo Dio che è il Creatore, Sostenitore e Signore di tutto ciò che esiste. Tramite un Suo eterno decreto, Egli ha stabilito l'universo e lo governa secondo la Sua sovrana volontà. Non esiste alcun essere più grande di Lui, e nessun essere ha la possibilità di influire, modificare, o diminuire la Sua sovranità sulla Sua creazione.

2. Il Creatore e le Sue creature

Dio comunica la Sua presenza ed il Suo potere a tutte le Sue creature, in particolare alle creature umane, che Egli ha fatto a Sua propria immagine, sia maschio che femmina. Vi è un'uguaglianza di base dell'essere fra uomini e donne, ma con differenze, così che le rispettive vocazioni dell'uomo e della donna non sono interscambiabili, ma complementari. Sebbene non vi sia in Dio distinzione di genere, Egli rivela Sé stesso essenzialmente in termini maschili e il Suo Figlio si incarnò come uomo.

3. L'auto-rivelazione del Creatore a tutti gli esseri umani

Dio è un essere personale e rivela Sé stesso in termini personali. Anticamente Egli parlò a molte persone differenti in molte maniere. Le Sue Parole e le Sue promesse si adempirono attraverso azioni che erano segni della Sua potenza. Nel rivolgersi ad esseri umani, Egli rivelò loro sia Sé stesso sia i Suoi propositi, attendendosi che essi Gli rispondessero ubbidendogli in qualunque cosa Egli comandasse loro di fare.

L'ordinamento della natura rende testimonianza dell'esistenza, potenza e maestà del suo divino Creatore, tanto che nessuno può accampare scusa alcuna per non credere in Lui. Rivelazione generale è il termine che viene usato per descrivere quei modi in cui Dio rivela Sé stesso a tutti gli esseri umani senza eccezione, nella natura, nella storia e nella nostra coscienza. La rivelazione generale è sufficiente per renderci coscienti dell'esistenza e della potenza di Dio e persino delle responsabilità che abbiamo verso di Lui, ma essa non è sufficiente per portarci alla salvezza. Per questo è necessaria una rivelazione speciale, perché noi, come creature decadute, siamo spiritualmente ciechi e spiritualmente morti. La vera conoscenza di Dio si realizza quando noi veniamo messi in grado da Dio stesso di vedere e di comprendere la verità della Sua auto-rivelazione.

In quanto gli esseri umani sono stati creati all'immagine di Dio, sia Dio che gli esseri umani sono persone. Sia Dio che gli esseri umani pensano e comunicano l'un l'altro in modi che possono essere espressi con un linguaggio umano. A motivo di questa connessione, gli esseri umani possono giungere ad una conoscenza sia di realtà visibili che invisibili e possono da questa conoscenza derivare concetti atti a sviluppare e trasformare la realtà. In quanto parte della creazione visibile, gli esseri umani vivono in interdipendenza con ogni altra creatura materiale, ma in quanto sono creati ad immagine di Dio, essi sono consapevoli della loro condizione, sono in grado di trovarvi significato ed esercitare dominio sul resto dell'ordinamento creato.

La conoscenza umana è personale e si estende dalla capacità di acquisire e catalogare dettagli sui fatti fino alla capacità di analizzarli per giungere ad una comprensione del loro significato e proposito profondo. In virtù di questo, gli esseri umani hanno una responsabilità verso il creato che è stato loro affidato ed essi devono rispondere a Dio per il modo in cui si rapportano ad esso. La conoscenza umana è, dal punto di vista oggettivo, limitata dalla finitudine umana e, soggettivamente, dal fatto che le creature umane respingono Dio, cosa che le ha condotte ad una radicale condizione di peccato. La capacità oggettiva di acquisire conoscenza e di comprendere perdura negli esseri umani nonostante la caduta nel peccato, ma l'effetto di essa è così grande da rendere impossibile ad ogni essere umano o società ad adempiere al mandato creazionale nel modo che era stato originalmente inteso da Dio.

4. L'auto-rivelazione del Creatore al Suo popolo

Dio si fa conoscere in modo più pieno e completo al Suo popolo, il popolo al quale è legato da un patto e con il quale ha stabilito uno speciale rapporto. Dio rivela Sé stesso a loro mediante il Suo Spirito nella Sua Parola, vivente in Gesù Cristo, scritta nelle Sacre Scritture, e proclamata nella predicazione.

La rivelazione che Dio fa di Sé stesso nell'Antico e nel Nuovo Testamento è accurata e sufficiente per le creature umane per poterlo conoscere, amare e servire. Tale conoscenza, però, non può considerarsi completa perché c'è molto su Dio che noi non possiamo conoscere. Vi sono, infatti, cose che possiamo conoscere solo per esperienza e che non possiamo pienamente esprimere con il linguaggio umano. In Sé stesso Dio è spesso così diverso dalle Sue creature che noi possiamo parlare di Lui solo esprimendo quel che Egli non è - Egli non è visibile, non è mortale, non è comprensibile fisicamente o mentalmente. Egli, però, possiede caratteristiche che gli esseri umani

di fatto possono riconoscere ed esprimere, ed Egli le possiede al massimo grado, tanto da poter dire che Egli sia onnisciente, onnisapiente ed onnipotente. Queste caratteristiche sono identificabili, ma esse non possono essere pienamente definite nei ristretti limiti della ragione umana e della logica. Esse possono essere veramente conosciute solo attraverso un rapporto personale con Dio stabilito per fede nel Signore Gesù Cristo.

Dio parlò in maniera speciale ad Abraamo, al quale diede la promessa che egli sarebbe diventato padre di una grande nazione. Dio avrebbe dato loro una terra ed essi sarebbero stati di benedizione per il mondo intero. Queste promesse furono poi rinnovate a suo figlio Isacco ed a suo nipote Giacobbe, al quale Dio dà il nome Israele. Attraverso i discendenti di Giacobbe, Israele, la nazione, diventò un popolo speciale il cui destino storico sarebbe stato quello di ricevere e di trasmettere la Parola di Dio al mondo, come pure di preparare l'avvento di un divino Salvatore.

Questa Parola venne trasmessa per mezzo di servitori scelti da Dio e a suo tempo preservata nei testi scritti di quella che noi chiamiamo la Bibbia ebraica, o Antico Testamento. Ciò che era stato promesso ed adombrato nelle Scritture dell'Antico Testamento si è realizzato, giunta la pienezza del tempo, in Cristo. Sebbene molte delle prescrizioni dell'Antico Testamento, incluso il culto nel tempio ed i sacrifici di animali, non siano più necessarie, i principi spirituali che sottendono non sono stati aboliti. Essi rimangono validi per i cristiani, essendo stati associati al popolo di Israele sulla base della fede che condividiamo con Abraamo. I credenti cristiani formano una famiglia, il regno di Dio, che si estende fino agli estremi confini del mondo, e la predicazione dell'Evangelo cristiano comporta benedizioni per tutti coloro che lo odono e vi credono. Coloro che appartengono al popolo di Israele dal punto di vista etnico, ma che non hanno accolto Cristo, non ricevono le benedizioni promesse ai loro antenati, ma conservano un posto speciale nei piani e propositi di Dio, posto che sarà pienamente rivelato alla fine dei tempi. La Chiesa, quindi, ha l'obbligo di condividere con il popolo ebraico il messaggio di Gesù, il Messia, Signore e Salvatore. La loro incorporazione nella Chiesa cristiana avviene sulla stessa base di coloro che non sono ebrei.

5. Il Padre, il Figlio e lo Spirito Santo formano una Trinità di Persone uguali

In Gesù Cristo, Dio rivela Sé stesso come Trinità di Persone. Questo rende il Cristianesimo unico nel suo genere nell'ambito delle religioni del mondo. Dio non è una monade solitaria, ma una Trinità di Padre, Figlio e Spirito Santo, che dimorano in comunione personale per sempre. È a causa di questo che gli esseri umani, creati ad immagine e somiglianza di Dio, hanno il senso sia della loro identità personale che del rapporto con Dio e con gli altri. La distinzione individuale inerente

nell'identità personale, sia umana che divina, è fondata nella distinzione fra le tre Persone divine che sussistono eternamente in un solo Dio.

Il Padre, il Figlio e lo Spirito Santo sono tutti ugualmente e pienamente Dio di loro proprio diritto, non per derivazione, trasferimento o eredità del Padre o di chiunque altro. Essi condividono un'unica natura divina e proprio perché vi è un solo Dio, non è adeguato affermare di conoscere una delle Persone senza conoscere tutt'e tre. Le divine Persone si rapportano l'una con l'altra in modi che sono distintivi di ciascuna d'esse ma che sono caratterizzati dal comune denominatore dell'amore. È proprio perché il Padre ama il Figlio che Egli Gli ha dato ogni podestà in cielo e sulla terra. È proprio perché il Figlio ama il Padre che Egli si sacrificò volontariamente per noi, così che noi si possa vivere con Lui in Cielo come il Padre desidera. È proprio perché lo Spirito Santo ama sia il Padre che il Figlio, che Egli viene nel mondo, non per parlare primariamente di Sé stesso, ma per rendere loro testimonianza e impartirci la vita che essi condividono. Infine, è proprio perché anche noi siamo persone, create all'immagine di Dio, che noi possiamo ricevere il Suo amore, rapportarci con Lui in quell'amore e manifestare quell'amore in tutti i nostri rapporti personali.

6. Nell'Antico Testamento Dio parla nella Persona del Padre

Nell'Antico Testamento, benché il termine 'Padre' non sia normalmente usato per parlare di Dio in Israele, Dio parla come una sola Persona, quella che il Nuovo Testamento identifica con il Padre di Gesù Cristo. È chiaro, però, che il Dio dell'Antico Testamento è sia sovrano che invisibile, in modo da essere in pieno accordo con la Persona del Padre come ci è stata rivelata da Gesù. Il Padre è Colui la cui volontà Gesù (come Figlio) è venuto ad ubbidire e ad adempiere, così come Egli è l'unica Persona della Trinità che rimane sia permanentemente invisibile che trascendente in ogni tempo. Il Figlio e lo Spirito Santo non sono descritti molto nell'Antico Testamento, ma essi sono eternamente presenti in Dio e partecipano pienamente ai Suoi atti, specialmente nella grande opera della creazione. Vi sono pure molti riferimenti alla Persona ed opera del promesso Messia, come pure all'opera dello Spirito di Dio fra il Suo popolo e nel mondo più vasto.

7. Dio ha rivelato Sé stesso pienamente e finalmente in Gesù Cristo

Dio ha parato pienamente e in modo ultimo in Gesù Cristo, il quale ha adempiuto l'Antico Patto stipulato con Israele e con tutti i Suoi eletti. Egli è al tempo stesso Profeta e Parola, Sacerdote e Sacrificio, Re e Regno. Non è necessaria alcuna ulteriore rivelazione da parte di Dio perché Gesù è Egli stesso Dio in carne umana. In Cristo, Dio rivelò Sé stesso come il Figlio che identificò la prima Persona come Suo Padre e promise che, dopo la Sua dipartita, Egli avrebbe inviato una terza Persona, "il Consolatore" che le Scritture chiamano lo Spirito Santo. È quindi intrinseco all'insegnamento di Cristo che vi siano tre Persone in un unico Dio.

8. Dio rivela Sé stesso con un linguaggio che possiamo comprendere

In quanto Dio ha accondisceso ad usare il linguaggio umano e perché la Persona del Figlio divenne uomo, è possibile parlare di Lui in termini umani. I primi discepoli avrebbero potuto descrivere l'aspetto fisico di Gesù, ma non l'hanno fatto. Il Nuovo Testamento non ci dà alcuno specifico incoraggiamento a farci immagini o statue di Gesù, né come ausilio per il culto o come memoria della Sua presenza sulla terra. Non vi possono essere figure o rappresentazioni di Gesù che abbiano autorità di per sé stesse, e tali cose non devono mai diventare oggetto di venerazione o di culto, pur potendoci essere utili in altri modi.

II. IL MALE ED IL PECCATO

1. Origine del male

Dio creò l'intero universo molto buono. Dio non è l'autore del male. La Sua santità non viene compromessa dall'esistenza del male. Il male originò nella ribellione di Satana e di alcuni dei suoi angeli. Pare che orgoglio ed ambizione stia alla radice della loro caduta. Gli angeli decaduti sono chiamati demoni e sono guidati da Satana. Essi si oppongono a Dio e cercano di frustrare i Suoi propositi. Dio, ciononostante, rimane sovrano sulle potenze del male e si avvale delle loro azioni per portare avanti il Suo piano di salvezza. Ai demoni non si deve rendere alcun culto né devono essere in alcun modo serviti. È la loro attività che si nasconde dietro le false religioni. Satana rende le menti umane cieche rispetto alla verità.

2. Il male e l'umanità

Il male si è introdotto nella vita umana attraverso il peccato dei primi esseri umani nel giardino dell'Eden. Adamo è l'antenato dell'intero genere umano. È questo il motivo per l quale ogni essere umano deve soffrire le conseguenze del suo peccato, le quali includono un mondo in disordine e la morte fisica. Adamo ed Eva vollero mettersi al posto di Dio dando credito a Satana. Soccombere alla tentazione di voler essere come Dio comportò conseguenze gravi ed estese. Derubare Dio della gloria che Gli è dovuta conduce all'eliminazione delle distinzioni che Egli ha posto ed implica un'intrusione illecita in ciò che spetta solo a Dio, l'abrogazione delle distinzioni stabilite da Dio fra maschio e femmina, e la confusione fra esseri umani ed animali.

Facendo uso di ciò che è buono per le ragioni sbagliate, nell'ambito della società umana sono apparsi caos, tensione e sofferenza.

3. L'effetto del peccato nella vita umana

Gli esseri umani uniscono le loro forze con agenti sovrannaturali tanto da generare mali orrendi come genocidi, abusi di potere, guerre mondiali, vari tipi di terrorismo, omicidi psicopatici, traffico di esseri umani, abuso di droghe e violenze d'ogni tipo. Senza per questo sottovalutare e pregiudicare il valore degli esseri umani, tali forme oltraggiose di male sono propagate ed orchestrate da forze demoniache, con il risultato che gli esseri umani sono divisi, distrutti e portati ad un livello inferiore degli animali nei loro pensieri e comportamento. Il male non è finalizzato esclusivamente alla distruzione del creato e dell'immagine di Dio nei discendenti di Adamo, ma anche alla soppressione della Chiesa e della verità di Dio. Sebbene i demoni non si moltiplichino né possano essere distrutti dagli esseri umani, noi siamo chiamati a continuare a resistere al male, all'ingiustizia, all'oppressione ed alla violenza che i demoni causano per servire ai loro propositi. Tutto questo nell'attesa e nella preghiera per il ritorno di Cristo, il quale porrà fine a tutte queste cose.

4. L'universalità del peccato e le sue conseguenze

In Adamo noi tutti moriamo e la morte si è estesa a tutti perché tutti hanno peccato. L'intero genere umano è coinvolto nella Caduta e le sue conseguenze: peccato, alienazione, violenza, guerra, malattia, sofferenza e morte. Tutti gli esseri umani sono da considerarsi spiritualmente morti perché si trovano in stato di ribellione verso Dio e sono tagliati fuori dalle Sue benedizioni. Sebbene gli esseri umani decaduti possano scoprire molte verità, essi sono privi della struttura necessaria a comprenderle come aspetti della verità di Dio. Come peccatori essi rifiutano di accettare le conseguenze della verità che pure conoscono e malvagiamente sopprimono. All'opera in loro è pure la morte fisica fintanto che essi torneranno alla terra dalla quale sono stati tutti. A meno che Dio, nella Sua grazia, non intervenga, la morte spirituale si trasformerà in morte eterna.

III. LA PERSONA E L'OPERA DI CRISTO

1. La gloria di Cristo

Al centro del Cristianesimo sta la Persona di Gesù Cristo. La Sua gloria e grandezza è tale che rendergli culto ed esaltarlo e sia il dovere che il desiderio di ogni credente.

2. L'incarnato Figlio di Dio ha una divina Persona e due nature

La divina Persona del Figlio di Dio, seconda Persona della Trinità, assunse completa natura umana nel ventre della Vergine Maria e nacque come l'uomo Gesù di Nazareth. Egli ora ha due nature, una divina ed una umana, che rimangono intere e distinte in sé stesse ma che sono al tempo stesso unite in e per la Sua divina Persona. A motivo della Sua natura divina, che Egli condivide con il Padre e con lo Spirito Santo, che non può soffrire o morire, il Figlio assunse natura umana per poter pagare il prezzo del peccato umano e riconciliarci con Dio. Sulla croce, era la Persona del Figlio, nelle Sue due nature, che soffriva e morì.

3. L'incarnato Figlio di Dio è un vero essere umano

Il Figlio di Dio divenne un vero essere umano incarnandosi in Gesù di Nazareth. Sebbene ritenesse la Sua natura divina, Egli possedeva una mente ed una volontà umana con una struttura psicologica normale. Egli fu tentato nello stesso modo di ogni altro essere umano, senza però cadere in peccato.

4. L'incarnato Figlio di Dio era perfettamente in grado di riconciliarci con Suo Padre

L'uomo Gesù Cristo era in grado di prendere il nostro posto sulla croce non a casa di una qualche superiorità naturale o oggettiva rispetto a noi, ma perché era stato perfettamente ubbidiente a Suo Padre e quindi interamente privo di peccato. Nel diventare peccato per noi, Egli poteva cancellare il nostro debito verso Dio senza incorrere in alcuna colpa che Lo avrebbe separato da Suo Padre. L'opera redentrice di Cristo assicurò la salvezza di tutti coloro che erano stati eletti in Lui sin da prima della fondazione del mondo.

5. La natura del corpo di risurrezione di Cristo

Dopo due giorni nella tomba, Gesù Cristo risorse dai morti con una natura umana trasformata ma ancora riconoscibile. Il Suo corpo di risurrezione era in grado di trascendere le leggi fisiche naturali, ma ancora conservava le sue proprietà fisiche. Nella Sua ascensione quel corpo è stato

ulteriormente trasformato fino a raggiungere lo stato celeste che ancora possiede e che è stato assunto in Dio. Gli esseri umani saranno fatti risorgere, non com'era Gesù in quel primo mattino di Pasqua, ma com'è ora, nel suo stato asceso al Cielo.

IV. LA PERSONA E L'OPERA DELLO SPIRITO SANTO

1. Lo Spirito Santo come Persona della Trinità

Lo Spirito Santo è coinvolto nell'opera della creazione e della redenzione insieme al Padre ed al Figlio. In particolare, il Figlio fattosi uomo, fu concepito dallo Spirito Santo, unto con lo Spirito Santo e potenziato dallo Spirito Santo per realizzare il Suo ministero pubblico sulla terra.

2. L'opera dello Spirito Santo nella redenzione

Lo Spirito Santo applica l'opera di redenzione del Figlio ai singoli credenti e li unisce sia a Cristo, come loro Capo che l'uno all'altro. Egli è l'agente dell'adozione dei credenti nella famiglia di Dio ed impartisce loro la certezza interiore di essere stati eletti dalla potenza sovrana di Dio. Egli assiste, insegna e guida i credenti in accordo con la volontà rivelata ed il carattere di Dio. Egli santifica i credenti producendo in loro il Suo frutto, ed Egli costantemente intercede per loro pregando il Padre.

3. Lo Spirito Santo inviato a Pentecoste

La venuta dello Spirito Santo a Pentecoste fu l'inizio di una nuova opera di Dio nella vita dei credenti che portò alla fondazione della Chiesa cristiana. Gli straordinari doni di rivelazione dati in quel tempo erano segni unici nel loro genere e segnavano l'inizio dell'era messianica. Essi non possono essere automaticamente pretesi o ritenuti indispensabili oggi come prova decisiva della potenza di Dio all'opera. I diversi doni dello Spirito Santo che continuano oggi devono essere perseguiti con umiltà, secondo la Sua volontà e al fine di glorificare Dio nel servizio per il bene comune della Chiesa.

4. Lo Spirito Santo ed il risveglio spirituale

La potenza dello Spirito Santo continua a manifestarsi in modo speciale durante tempi di risveglio spirituale che avvengono periodicamente nella vita della Chiesa. Questi tempi di risveglio e di nuova vita spirituale promuovono l'espansione del Regno di Dio rendendo le persone maggiormente consapevoli del loro peccato e volgendoli a Cristo in modo rinnovato e più profondo. In quei tempi viene rammentato ai credenti della presenza dello Spirito Santo ed essi prendono maggiore coscienza della Sua opera e dei Suoi doni nella loro vita. I risvegli spirituali sono particolarmente efficaci nel far ritornare a Lui il popolo di Dio riformando la Chiesa, costantemente passibile di errare. L'opera dello Spirito Santo, ciononostante, evidente nei tempi di risveglio spirituale, è sempre presente nella chiesa ed i credenti devono pregare ardentemente per i Suoi frutti ed i Suoi doni in ogni tempo.

5. Lo Spirito Santo ed il combattimento spirituale

Lo Spirito Santo combatte attivamente Satana ed i suoi demoni proteggendo da essi i credenti. Lo Spirito Santo libera uomini e donne dall'oppressione demoniaca e li dota delle armi spirituali loro necessarie per resistere al potere del diavolo. La Bibbia proibisce ai credenti di occuparsi in modo dilettantesco delle forze delle tenebre e delle loro opere.

V. L'OPERA SALVIFICA DI DIO

1. La grazia comune

Dio non solo impartisce a creature umane la speciale grazia della salvezza, ma Egli pure manifesta una grazia comune a tutta l'umanità. Attraverso questa grazia comune il peccato viene contenuto, peccatori ricevono da Dio benedizioni e vengono messi in grado di fare buone cose. Questa grazia comune fornisce un fondamento per la società umana e dà la capacità di operare nel campo delle arti e delle scienze. È lo Spirito Santo che dà la capacità di operare nelle arti e nelle scienze, tanto che si può dire che il progresso culturale e la civiltà umana siano buoni doni di Dio, resi possibili nonostante la caduta dell'umanità nel peccato.

2. Dio chiama ed elegge

Dio chiama tutti gli esseri umani a ravvedersi ed a credere. Nessuno può rispondere favorevolmente a questo appello senza l'opera dello Spirito Santo. Sebbene siano molti ad udire il messaggio, lo leggano indirettamente dalla Bibbia, o indirettamente nella letteratura cristiana, non tutti sono eletti. Piuttosto che abbandonare il genere umano nella sua condizione decaduta, nella Sua sovranità Dio elegge alcuni alla vita eterna, concedendo loro la Sua grazia. Solo coloro il cui cuore e mente è illuminato dallo Spirito Santo vengono messi in grado di accogliere i doni promessi del perdono dei peccati e dell'accoglienza presso Dio.

3. L'opera della Rigenerazione

Attraverso l'opera dello Spirito Santo, un peccatore perduto riceve vita da Dio, viene innestato [in Cristo] e riceve nuova vita: questo risulta nel riorientamento [del suo cuore] verso Dio e la Sua.

giustizia. Solo lo Spirito Santo può realizzare quella trasformazione atta a produrre santità, senza la quale nessuno vedrà Dio. Sebbene quest'opera di rigenerazione produca una trasformazione del carattere, i cristiani sono persone uniche: sebbene tutti possiedano lo Spirito Santo, essi sono diversi l'uno dall'altro. Ciò che essi possiedono in comune è l'essere stati innestati in una vita nuova, vale a dire che essi ora sono in comunione indissolubile e spirituale con Cristo. Il Nuovo Testamento esprime questa realtà dicendo che i cristiani sono "in Cristo", cioè essi diventano "eredi e coeredi con Cristo". Si può dire che essi siano completi in Cristo proprio perché essi sono così uniti a Lui, nel quale si trovano tutti i tesori della sapienza e della conoscenza. Tutti i credenti cristiani possiedono lo Spirito di Cristo. Essere in comunione con Cristo, significa pure che essi si trovano in rapporto vitale l'uno con l'altro. Essi condividono una salvezza comune ed hanno comuni obiettivi ed aspirazioni.

4. Gli effetti della Rigenerazione

L'opera di Dio nella Rigenerazione non deve essere ripetuta. Essendo stati Giustificati da Dio, i cristiani manifestano questo loro cambiamento attraverso un cambiamento nella loro condizione spirituale. La conversione segna il consapevole inizio di una nuova vita: in essa i credenti cercano di vivere in conformità con la loro nuova natura, essendo il loro cuore ora rivolto a questioni eterne e spirituali. Al centro della loro nuova vita vi è il ravvedimento e la fede, congiunte assieme come espressione stessa della loro conversione.

5. La fede

La grazia del credere è dono di Dio. La fede, così, è l'atto di ricevere le benedizioni della salvezza confidando pienamente nel Salvatore Gesù Cristo ed impegnandosi verso di Lui. Questa fede è lo strumento attraverso il quale si colgono, si ricevono e si godono la divina rivelazione e tutte le benedizioni promesse. È la profonda persuasione che il messaggio della Bibbia sia vero. Ad esso essenziale il fare propri i meriti e l'opera di Cristo. La vera fede si poggia su un unico oggetto, Gesù Cristo. Vuol dire abbracciarlo come proprio Salvatore. Con un atto di completo [e personale] affidamento, per la propria salvezza l'anima si appoggia su di Lui soltanto.

6. La Giustificazione

La Giustificazione è l'atto di Dio che segue alla chiamata efficace da parte dello Spirito Santo e la conseguente risposta [del peccatore] nei termini di ravvedimento e di fede: "quelli che ha chiamati li ha pure giustificati". Nella giustificazione Dio dichiara che dei peccatori sono giusti ai Suoi occhi, considera perdonati i loro peccati e accredita loro la giustizia di Cristo. La giustificazione non è una finzione da parte di Dio come se Egli li considerasse giusti mentre di fatto sono colpevoli. Affinché la giustificazione sia autentica e coerente con la santità di Dio, essa deve avere una base in meriti effettivi. Affinché Dio sia giusto, nel dichiarare la giustificazione, è necessario che vi sia vera giustizia. Dei peccatori sono giustificati sulla base della giustizia che un altro loro fornisce: la giustizia provveduta dal Signore Gesù Cristo che così viene considerata appartenente loro. Questa imputazione della giustizia di Cristo è un dato fondamentale della fede cristiana.

7. La Giustizia di Cristo è la base della nostra Giustificazione

La Giustizia di Cristo comprende la Sua vita di perfetta ubbidienza ad ogni comandamento della Legge di Dio e la Sua morte sulla croce, attraverso la quale Egli portò su di Sé la pena della giusta ira di Dio dovuta per i peccati di tutto il Suo popolo, un'opera suggellata dalla Sua trionfante risurrezione. Ora i credenti partecipano alla stessa condizione di Giustizia di Cristo, il quale ha soddisfatto al loro posto ed in loro nome tutto ciò che esige la Legge di Dio. La base della Giustificazione del peccatore risiede soltanto nella perfetta Giustizia di Cristo.

8. Armonia fra Paolo e Giacomo nel loro insegnamento sulla Giustificazione

Non vi è conflitto alcuno fra l'insegnamento di Paolo e quello di Giacomo al riguardo della Giustificazione. Paolo scrive della Giustificazione come perdono ed accoglienza davanti a Dio; Giacomo insiste sul fatto che quando questa Giustificazione è autentica, essa si manifesterà necessariamente in una vita di ubbidienza.

9. L'Adozione dei credenti in Cristo

La posizione del Signore Gesù Cristo come l'eterno ed increato Figlio di Dio per natura è unica. Ciononostante, Egli non si vergogna di chiamare fratelli e sorelle coloro che Egli ha salvato. Questi figli adottivi di Dio ricevono l'eredità che Dio ha assicurato loro, la misura piena delle benedizioni della Redenzione. Ecco perché essi sono chiamati: "Eredi di Dio e coeredi di Cristo".

Come figli di Dio, i credenti partecipano a tutte le benedizioni provvedute da Dio per la Sua famiglia e, mediante la testimonianza interiore dello Spirito Santo, essi riconoscono e si rivolgono a Dio come loro Padre. Essi sono oggetto dell'amore di Dio, della Sua compassione e della Sua cura per i loro bisogni. I figli di Dio hanno pure il privilegio di condividere le sofferenze di Cristo e la Sua susseguente Glorificazione. Un ulteriore privilegio dei figli di Dio, che conferma la loro Adozione, è l'esperienza della disciplina paterna di Dio. Essi ricevono la certezza che: "Dio vi tratta come figli; infatti, qual è il figlio che il padre non corregga?". L'unità dei figli di Dio in un corpo è pure un privilegio da godere ed una responsabilità che esige amore e servizio reciproco.

Le piene benedizioni dell'Adozione non si godranno che al glorioso ritorno del Signore Gesù Cristo. L'Adozione comporta una dimensione presente, ma anche una dimensione escatologica, uno degli elementi della speranza cristiana. Così, "non solo essa, ma anche noi, che abbiamo le primizie dello Spirito, gemiamo dentro di noi, aspettando l'Adozione, la Redenzione del nostro corpo".

L'Adozione non sarà completa fintanto che Cristo darà al Suo popolo un nuovo corpo al momento della risurrezione, quando i credenti godranno la: "gloriosa libertà dei figli di Dio" assieme alla creazione rinnovata.

10. L'opera dello Spirito Santo nella Santificazione

Lo Spirito Santo opera nella via di coloro che sono stati giustificati ed adottati per renderli santi e trasformarli ad immagine di Cristo. L'opera di Dio nei credenti include sia il volere che l'operare ciò che Egli richiede. L'attiva ubbidienza ai Comandamenti del Signore è essenziale. La Santificazione esige il mettere a morte tutto ciò che nella vita umana è peccaminoso, lo sviluppo di nuove abitudini e modi di pensare e di vivere graditi a Dio.

11. Il raggiungimento della cristiana perfezione

Durante la vita attuale nessun credente può considerarsi interamente privo di peccato, e la Santificazione procede a vari gradi. In funzione della Santificazione dei Suoi amati figli, Dio applica loro la Sua disciplina. L'opera della Santificazione sarà completata per la potenza e la grazia di Dio. Lo spirito viene pienamente santificato alla morte e si unisce "agli spiriti dei giusti resi perfetti". Alla risurrezione, il corpo dei credenti parteciperà a quella perfezione, essendo reso simile al glorioso corpo di Cristo. Alla fine ogni credente porterà pienamente "l'immagine del[l'uomo] celeste".

VI. LA VITA CRISTIANA

1. La spiritualità autentica

La spiritualità cristiana è un processo che dura tutta la vita, fatto di profondo rispetto ed amore per Dio e che si traduce in un giusto rapporto con il prossimo. La spiritualità cristiana è quella pietà pratica che conduce alla trasformazione del proprio carattere ad immagine di Dio. Non è diretta al proprio io, non è una ricerca di una forza impersonale, né il conseguimento di un nebuloso stato di esistenza o stato alterato di coscienza. È un crescere nel rapporto con il Dio Trino sulla base del patto che ci lega a Lui, in costante crescente comunione con il popolo di Dio nel mondo. È il risultato della Rigenerazione spirituale mantenuto e governato dallo Spirito Santo.

2. Gli strumenti della pietà

Lo Spirito Santo produce in noi la pietà applicando la Parola di Dio al nostro cuore e mente, insegnandoci l'ubbidienza a Dio, unendoci in un rapporto di comunione con tutti i credenti, nel vero culto di Dio, nella nostra testimonianza verso il mondo, nelle prove e nelle sofferenze, e nello scontro con il male.

3. I risultati della pietà

Risultati della pietà includono la trasformazione della mente, del cuore, delle parole, delle azioni, lo spirito di preghiera ed una vita che continuamente cresce ad immagine di Cristo. La pietà produce una costante crescita che perdura nella vita fatta di abnegazione, del "portare ogni giorno la nostra croce" e del seguire Cristo attraverso la pratica dell'amore, della pazienza, del perdono, della gentilezza, della compassione e della longanimità verso tutti, specialmente quelli della famiglia cristiana. Implica la continua rinuncia a noi stessi in totale devozione verso Dio, facendo esperienza di gioia inesprimibile, timore filiale di Dio, altruismo dimentico di sé, amore ardente, compassione e ardore auto-controllato, equilibrato con l'umiltà, il rispetto, timore reverenziale, fiducia infantile, obbedienza, speranza inestinguibile, e la pace di Dio di fronte alle prove, le afflizioni ed il dolore.

4. Esperienze spirituali

Una vita spirituale teocentrica riceve queste esperienze spirituali come un dono dello Spirito Santo. Nel cercare di avvicinarci al Dio Trino, ci viene ricordato che viviamo sempre alla Sua presenza dovunque noi siamo. Siamo perciò motivati ad adempiere alla nostra vocazione di essere strumenti della Sua grazia che trasforma dovunque ci abbia posti la provvidenza. L'esperienza della nostra comunione con Dio sulla base del patto che ci unisce a Lui in questa vita, non è che un pregustare la gloria della comunione con Dio nell'età a venire.

VII. LE SACRE SCRITTURE

1. Le Sacre Scritture sono state portate all'esistenza da Dio lo Spirito Santo

Le Scritture sono ispirate da Dio, essendo state scritte da portavoce di Dio sospinti dallo Spirito Santo. Le Scritture sono Parola d Dio e completamente affidabili. Così come sono state originalmente composte, esse sono prive di errori in tutto ciò che affermano, dottrina questa che è chiamata "inerranza biblica" da molti teologi riformati. Dio sovrintese l'opera dello scrittore tanto da poter dire che esse siano esattamente ciò che Dio intese che fossero. Avendo scelto degli esseri

umani, Dio non passò sopra alla loro umanità, né esse furono loro dettate. Esse manifestano la storia personale e stile letterario di ciascun autore e le caratteristiche del periodo in cui furono scritte, rimanendo al tempo stesso, in ogni rispetto, la Parola di Dio stesso.

2. Le Scritture sono riconosciute mediante lo Spirito Santo

Le Scritture manifestano molte eccellenti qualità che ce le raccomandano, ma, in definitiva, la nostra piena persuasione e certezza sulla loro infallibile verità e divina autorità proviene dallo Spirito Santo, allorché Egli rende testimonianza al nostro cuore, per mezzo della Parola. È al credente in cui dimora lo Spirito Santo che le Scritture manifestano la loro autenticità come Parola di Dio. La Chiesa cristiana ricevette la Bibbia ebraica ed il Nuovo Testamento greco in questo modo e venne messa in grado di riconoscerle come autorevole canone. Le Scritture non derivano la loro autorità da decreti ecclesiastici o da altri che non sia Dio stesso.

3. Le Scritture sono comprese mediante l'opera dello Spirito Santo

Le Scritture hanno una [loro] fondamentale chiarezza, ma solo il credente cristiano è in grado di ricevere e di comprendere il loro senso e significato spirituale, avendo essi accesso alla mente di Cristo. La caduta dell'umanità nel peccato ha influito sulla mente, come pure sulla volontà e sulle emozioni. La cecità spirituale in cui l'umanità è incorsa ha lasciato gli esseri umani incapaci di comprendere le cose di Dio senza [che intervenga] l'opera dello Spirito Santo. Quando gli esseri umani sono efficacemente chiamati e rigenerati, lo Spirito Santo inizia a far comprendere loro il significato delle

Scritture. Nella Sua sapienza lo Spirito Santo ci rivela il vero significato della rivelazione di Dio.

4. Le Scritture sono applicate da Dio lo Spirito Santo

Dio porta a Sé uomini e donne attraverso la predicazione della Sua Parola. Lo Spirito Santo si avvale della predicazione, dell'insegnamento e dello studio delle Scritture per renderci saggi a salvezza attraverso la fede in Gesù Cristo e per impartirci la Sua mente. Sia predicate che lette, le Sacre Scritture sono utili per insegnare, per riprendere, per correggere e per esercitare alla giustizia, affinché noi si sia pienamente equipaggiati per compiere ogni opera buona e manifestare uno stile di vita che onori Dio. Esse, così, forniscono il fondamento, la conferma e la regola della nostra fede.

5. I presupposti che governano l'interpretazione della Scrittura

La Sacra Scrittura è Parola di Dio e quindi non può cadere in contraddizione. La nostra lettura, interpretazione, comprensione ed applicazione di essa è influenzata in vari gradi e livelli dalle nostre persuasioni preliminari o presupposti al riguardo di Dio e della Bibbia. Al fine di comprenderla correttamente, è necessario essere consapevoli dei nostri presupposti ed esaminarli [criticamente] alla luce del testo biblico per poterli riformare e portarli sempre più strettamente in accordo con il significato del testo stesso. Dato che le Scritture affermano di aver avuto un'origine ed un'ispirazione divina, solo quelle interpretazioni e quei metodi che prendano seriamente quanto affermano di sé stesse possono portarci al vero significato delle Scritture.

6. La chiarezza delle Scritture

La necessità che la Bibbia sia studiata da specialisti nelle lingue originali non pregiudica la chiarezza o la divina autorità e affidabilità della Scrittura. Le verità necessarie alla salvezza sono espresse nella Scrittura con così tanta chiarezza che sia il lettore colto come quello incolto possono comprenderle. Il messaggio della Scrittura deve essere esposto mettendolo a confronto con le filosofie ed opinioni che mettono in questione e si oppongono ai suoi presupposti. Nel difendere la concezione biblica del mondo e della vita contro tali oppositori, la chiarezza del significato della Scrittura la si consegue non solo dall'attento confronto di un testo biblico con un altro, ma anche esaminando il significato del suo opposto.

7. Il metodo di interpretazione appropriato

La Bibbia è Parola di Dio: per questo motivo essa dev'essere letta in umile sottomissione chiedendo in preghiera allo Spirito Santo che ci illumini [per comprenderla]. Dato che è stata scritta in linguaggio umano in specifici contesti culturali, sociali e temporali, il suo significato deve essere cercato facendo uso di regole generali di interpretazione e con l'aiuto delle discipline collegate dell'archeologia, storia, critica testuale, come pure lo studio delle lingue originali [nella quale è stata scritta]. Tutti questi metodi devono tenere in considerazione sia la sua origine divina ed infallibilità che il suo carattere umano.

8. Il significato di un testo biblico

Un [dato] testo biblico può comportare molte diverse applicazioni pratiche ed essere significativo in vari modi. Il suo significato primario, però, è di solito determinato tramite l'uso diligente dei principi storici, grammaticali delineati nel paragrafo precedente, come pure nel quadro della storia della redenzione. Le interpretazioni allegoriche, spirituali e figurative non hanno autorità a meno che non siano specificatamente approvate dal testo stesso.

9. L'universalità della verità e la sua applicazione

La verità di Dio rivelata nelle Scritture è universale, eterna e rilevante per ogni cultura, tempo e popolo. Ci possono essere, ciononostante, diverse e distinte applicazioni di quella verità. Nel contestualizzare la Parola di Dio, la chiesa dovrebbe operare una distinzione fra quei principi biblici che sono eterni ed universali manifestazioni della verità di Dio, e le applicazioni pratiche di quei principi, che, in contesti differenti, possono variare. Essa deve sempre assicurarsi che le sue applicazioni siano legittime e proprie estensioni dei principi fondamentali ed immutabili.

10. Il criterio normativo dell'auto-rivelazione biblica nei tempi post-biblici

Dal completamento del canone del Nuovo Testamento, il criterio normativo, per Dio, è stato quello di parlarci in ed attraverso le Sacre Scritture con l'illuminazione dello Spirito Santo, il quale dimora nel nostro cuore e ci rivela sia il Padre che il Figlio. Coloro che odono la voce dello Spirito ricevono l'eredità promessaci nel Figlio e, con il Suo aiuto, essi fanno nella loro vita la volontà del Padre. È per insegnarci che cosa significhi e per guidarci che, quando noi cerchiamo di mettere in pratica la volontà di Dio, lo Spirito Santo ci ha dato testi scritti per informarci, stimolarci ed incoraggiarci lungo il cammino. Oltre all'Antico Testamento, questi testi sono la rivelazione data ai seguaci di Cristo, attraverso o con l'approvazione dei 12 Apostoli che lo videro risorto dai morti e che Egli ha stabilito per guidare ed istruire la Chiesa. I testi furono raccolti dai primi cristiani, che li riconobbero come insigniti della piena autorità di Dio stesso e li raggrupparono nel Nuovo Testamento. Nessun insegnante cristiano o chiesa ha il diritto di insistere [a far ritenere autorevoli] credenze che non siano contenute nella Scrittura o ad interpretare una di esse in modo da contraddire ciò che Dio ha rivelato di Sé stesso in altri testi della Scrittura.

VIII. LA CHIESA

1. La sua natura

La Chiesa è al tempo stesso la società invisibile di tutti i cristiani (conosciuta solo a Dio) e la Chiesa visibile sulla terra, suddivisa in molte comunità. La Chiesa è il Corpo, spirituale e sovrannaturale, di Cristo, il quale è il Capo della Chiesa. Ogni cristiano è unito a Cristo e da Dio congiunto ad ogni altro cristiano: questo costituisce la Chiesa. Centrali nella vita della Chiesa, una, santa, cattolica ed apostolica. sono il culto di Dio, la comunione [dei suoi membri], le Sacre Scritture, i sacramenti e la missione.

2. I Ministeri della Chiesa

La Scrittura indica un certo numero di Ministeri che Dio ha dato alla Chiesa in tempi diversi: Apostoli, Profeti, Anziani, Diaconi ed Evangelisti. Oggi, in ciascuna Chiesa locale, vi debbono essere Anziani e Diaconi. Gli Anziani devono essere Pastori, sovrintendenti ed esempio [per i credenti] ed alcuni di essi devono dedicarsi alla predicazione ed all'insegnamento. I Diaconi devono occuparsi dei poveri e dei bisognosi, come pure prendersi cura dei bisogni pratici, finanziari e strutturali della Chiesa. Così come il Ministero degli Anziani, anche quello dei Diaconi è un ufficio spirituale che richiede qualità spirituali.

3. Il culto di Dio

Responsabilità primaria della Chiesa è il culto di Dio. La natura ed il contenuto di questo culto è determinato da Dio stesso così come ci è rivelato nella Scrittura. Questo dovrebbe includere il canto delle lodi a Dio, la lettura e la predicazione della Scrittura e la preghiera.

4. L'autonomia delle comunità locali

Ogni comunità di credenti gode di un certo grado di autonomia sotto la direzione dei [suoi] Anziani, ma vi è pure un'unità più vasta con tutte le altre comunità. Questo "connessionalismo" è stato espresso nel corso del tempo in diverse parti della Chiesa, in modi diversi.

5. I Sacramenti

Un Sacramento è un segno esteriore e visibile di una grazia interiore e spirituale. Esso è stato istituito da Cristo e rappresenta l'opera di Cristo. Le chiese protestanti ne riconoscono solo due: il Battesimo e la Cena del Signore (anche detta Eucaristia o Santa Comunione). Essi sono spesso fatti corrispondere ai due sacramenti della Chiesa dell'Antico Testamento: la circoncisione e la Pasqua. Il Battesimo è il rito di iniziazione nella Chiesa cristiana. Deve essere amministrato facendo uso di acqua: La Cena del Signore dirige la nostra attenzione alla morte di Cristo sulla croce e fa uso del pane e del vino come simboli del corpo e del sangue di Cristo. Essa pure, proclamando la morte del Signore finché Egli ritornerà, fornisce ai credenti un'opportunità per rafforzare la loro fede, la loro comunione con Cristo e il [loro] nutrimento spirituale.

IX. LA TRADIZIONE

1. L'esistenza e validità delle Tradizioni Apostoliche

Ogni chiesa cristiana vive secondo la regola di fede che ha ereditato dall'Era Apostolica. Le Sacre Scritture sono la forma unica, autentica e normativa di questa regola, rispetto alla quale ogni altra credenza e pratica deve essere misurata. Le Chiese Apostoliche senza dubbio avevano usanze che non sono state registrate nella Scrittura né sono state da esse imposte. Tali Tradizioni non sono vincolanti per le successive generazioni di cristiani.

Allo stesso modo, sebbene sia possibile che siano un giorno ritrovati scritti apostolici perduti, essi non potranno essere considerati come Sacra Scrittura, perché non ci sono stati trasmessi dai tempi apostolici come parte della regola normativa.

2. L'autorità di Credi e di Confessioni di Fede

Durante il corso della storia, la Chiesa ha adottato Credi e Confessioni di Fede al fine di chiarire l'insegnamento delle Scritture. Questi documenti ed altre simili decisioni di vari raggruppamenti ecclesiastici godono dell'autorità posseduta da coloro che li hanno adottati e devono essere considerati e rispettati dalle generazioni successive. Essi, però, non sono infallibili e dove possa essere dimostrato che essi non siano in accordo con l'autorità della Scrittura o dove il loro insegnamento può essere espresso in modo diverso, la Chiesa è libera di alterarli come ritenga giustificato.

3. Come i Riformatori consideravano le Tradizioni ereditate

I Riformatori del XVI secolo avevano intrapreso una revisione completa delle Tradizioni della Chiesa ed abbandonato quelle credenze e quelle pratiche che erano chiaramente contrarie all'insegnamento della Scrittura. Alcuni andarono oltre ed eliminarono quelle Tradizioni che non erano appoggiate dalla Scrittura, anche se non erano necessariamente contrarie ad essa. Un esempio di questo era la celebrazione del Natale il 25 dicembre, che non presenta alcuna giustificazione scritturale ma che chiaramente rende testimonianza alla Dottrina Neotestamentaria dell'Incarnazione di Cristo. Tradizioni di questo tipo possono essere conservate, modificate o eliminate a discrezione della chiesa locale se, così facendo, non si compromette alcuna dottrina biblica.

4. Modelli di culto e di Governo della Chiesa

Ogni Chiesa ha sviluppato modelli di culto e di governo che, nel corso del tempo, sono diventate esse stesse delle Tradizioni. Fintanto che queste pratiche non sono contrarie all'insegnamento della Scrittura e continuano ad assumere il ruolo per le quali sono state introdotte, non c'è ragione per la quale non debbano essere conservate. Ciononostante, ciascuna chiesa locale è libera di modificare tali tradizioni laddove lo ritenga appropriato. In particolare, le chiese che sono sorte in seguito all'attività missionaria all'estero possono avere ereditato le loro pratiche dai missionari senza essere state sufficientemente rese meglio compatibili con la cultura locale. Chiese di quel tipo hanno la speciale responsabilità di vagliare quale sia la giustificazione biblica di quelle usanze trapiantate e dovrebbero essere incoraggiate a modificarle se, così facendo, esse possono rendere più efficace la testimonianza dell'Evangelo nel loro ambiente. Ciononostante, nessuna chiesa dovrebbe abolire, modificare o adottare una qualsiasi Tradizione o pratica senza considerare l'effetto che potrebbe avere tale cambiamento sulla testimonianza della comunità cristiana nel suo insieme.

5. L'opportuna conservazione di certe Tradizioni

Alcune Tradizioni sono diventate così radicate ed universali nel mondo cristiano che la loro alterazione non sarebbe un guadagno e condurrebbe solo a divisioni non necessarie nella Chiesa. Esempio di questo è l'usanza di rendere culto a Dio di domenica che, sebbene fosse chiaramente praticato nella Chiesa Antica, non è specificatamente prescritto nel Nuovo Testamento. Vi sono circostanze dove particolari comunità cristiane, per esempio in certi paesi di tradizione musulmana, potrebbero trovare più conveniente celebrare il culto in un altro giorno della settimana, ma nessuna chiesa dovrebbe assumersi la responsabilità di abbandonare il culto domenicale semplicemente perché non è specificatamente richiesto dalla Scrittura. In casi di questo tipo dovrebbe essere mantenuta l'unità del mondo cristiano se ciò non dovesse compromettere un qualche principio teologico.

X. MISSIONE ED EVANGELIZZAZIONE

1. La nostra vocazione ad essere testimoni con parole e fatti

La nostra missione nel mondo è motivata dalla nostra passione per la gloria di Dio e la nostra fiducia nell'avvento del Suo regno. La Chiesa in quanto comunità di Cristo, è lo strumento di cui Dio si avvale per evangelizzare, vale a dire predicare e condividere l'Evangelo di Gesù Cristo sia attraverso la parola che le opere. [L'annuncio dell'Evangelo consiste nel fatto che] Cristo è morto per i nostri peccati ed è risorto dai morti secondo le Scritture e che Egli, come il regnante Signore, ora offre il perdono dei peccati, vita eterna e i doni dello Spirito a tutti coloro che si ravvedono e credono. In ubbidienza al mandato del nostro Dio, dobbiamo presentare ad ogni popolo due mani:

(1) la mano del chiamarli a ravvedimento, fede ed eterna riconciliazione con Dio attraverso Cristo; e

(2) la mano del manifestare opere di misericordia e compassione, estendendo la bontà del regno di Dio sulla terra nel nome di Cristo. Questo è l'esempio datoci da Cristo stesso e proclama che noi siamo conformi all'immagine di Cristo ed abbiamo ricevuto lo Spirito Santo come primizia e garanzia della nuova creazione di Dio.

2. L'estensione della vocazione missionaria

La nostra proclamazione dell'Evangelo comporta implicazioni sociali nel fatto che chiamiamo le persone all'amore ed al ravvedimento in ogni area della vita. Al tempo stesso, il nostro coinvolgimento sociale comporta conseguenze evangelistiche nel fatto che rendiamo testimonianza alla grazia trasformatrice di Gesù Cristo. Se noi ignoriamo il mondo, noi tradiamo il grande mandato attraverso il quale Dio ci manda a servire il mondo. Se noi ignoriamo questo mandato, non abbiamo nulla da portare al mondo. La nostra ubbidienza a Dio stimola il nostro zelo per le missioni facendoci confidare totalmente in Lui. E questo che rende ardita e gentile la nostra testimonianza attraendo così l'attenzione degli increduli.

3. La compassione dei cristiani per il mondo

Noi affermiamo il grande bisogno dei cristiani di essere rivestiti di compassione nel nome di Cristo, nel contesto della povertà, della malattia, dell'ingiustizia e di ogni forma di miseria umana. Ci preoccupa che vi siano milioni di persone nel mondo che vivono in condizioni di disperata povertà. Nell'essere chiamati a rivestirci di compassione, siamo pure chiamati a camminare con i poveri ed a trasmettere la grazia trasformatrice di Dio attraverso una qualità di vita spirituale tale da permetterci di entrare in una società sofferente non come salvatori, ma come servitori di Cristo il Salvatore.

4. La trasformazione della comunità umana

Noi comprendiamo come la trasformazione della comunità umana significhi rovesciare gli effetti del peccato sull'intera vita e sulla terra; riconciliare uomini e donne con Dio, con sé stessi, con gli altri e con la natura; ristabilire l'ordinamento che Dio aveva inteso quando creò il mondo. È intenzione di Dio che tutti gli esseri umani siano pienamente portatori della Sua immagine. Questo compito inizia in questa vita ma sarà completo solo quando Cristo tornerà in gloria alla fine dei tempi. Esso mira a trasformare la cultura peccaminosa e la società in cui viviamo ed ad edificare una nuova cultura ed una nuova società in conformità con la natura del Regno di Dio che è stato inaugurato da Cristo.

XI. LEGGE ED ETICA

1. La legge di natura

La Legge di Dio è l'espressione del Suo amore e rivela ciò che Egli giustamente esige dalle creature umane. Essa è stata impressa nel cuore di ogni essere umano alla creazione e, nonostante la caduta nel peccato, ogni essere umano ancora possiede nella propria coscienza la consapevolezza di ciò che questa Legge esige. Nell'Eden, Dio pure rivelò la Sua volontà per gli esseri umani in forma verbale nel comando di non nutrirsi del frutto dell'albero della conoscenza del bene e del male.

2. La Legge di Mosè

La Legge mosaica conteneva elementi cerimoniali che adombravano la Persona e l'opera di Cristo e la vita della Sua chiesa. Essi sono stati adempiuti. La Legge pure conteneva elementi giuridici che strutturavano la vita civile [della nazione dell'antico] Israele e [oggi] essi forniscono principi di giustizia [generali] che devono essere riflessi nella vita e nelle leggi di tutte le nazioni. Gli elementi morali della Legge continuano a fornire il modello di una vita che piace a Dio. La Legge di Dio mostra ai peccatori il loro peccato e dirige la loro attenzione a Cristo come il solo [loro] Salvatore. Oltre a [tutto] questo, la Legge fornisce una misura di contenimento delle espressioni del peccato nella società. Essa pure guida la vita dei cristiani rinnovati ad immagine di Cristo, rivelando sia il peccato da odiare che la giustizia da conseguire.

3. Cristo come adempimento della Legge

Cristo ha adempiuto i requisiti della Legge, diventando Egli stesso maledizione per il Suo popolo eletto. Coloro che sono stati portati alla fede in

Cristo esprimono il loro amore per il Signore ubbidendo ai Suoi Comandamenti con la forza che fornisce loro lo Spirito Santo.

4. Matrimonio ed etica sessuale

Il matrimonio, monogamo ed eterosessuale, fu istituito da Dio. In esso gli sposi lasciano la loro famiglia di origine e si legano l'uno all'altra in un rapporto che deve perdurare tutta la vita. I desideri sessuali devono essere soddisfatti nell'ambito di tale unione ed i figli nati da essa devono essere nutriti e curati secondo i principi della fede e della condotta cristiana. Deviazioni da questo modello avvengono a causa della peccaminosità umana. La Bibbia respinge rapporti sessuali che avvengano fuori dal matrimonio, così come respinge unioni di persone dello stesso sesso. La dissoluzione di un matrimonio attraverso il divorzio è permessa in presenza di adulterio o se il coniuge non credente abbandona il coniuge cristiano in modo irreparabile. L'uomo è descritto nella Scrittura come "il capo" della donna così come Cristo è "il capo" dell'uomo e Dio è "il capo" di Cristo. La prerogativa di essere capo nella famiglia e nella chiesa è dimostrata nell'amare come Cristo ha amato la chiesa.

5. Pianificazione familiare

La pianificazione familiare è accettabile, benché la contraccezione attraverso una pillola assunta dopo il concepimento o dall'aborto di un feto è di fatto la distruzione di una nuova vita. La fertilizzazione in vitro (FIV) per coppie sposate che manifestino particolari difficoltà nel concepire, è un'opzione possibile, sebbene l'utilizzazione dello sperma di un donatore o di madri surrogate non sia ammissibile, perché queste pratiche, per quanto medicalmente possibili, si intromettono in un matrimonio come elementi estranei. La sperimentazione con embrioni umani è distruttiva per la vita umana, così come lo è la sperimentazione con adulti umani che possa risultare in malattie, disabilità, o persino nella morte: Sebbene la clonazione di esseri umani ("trasferimento nucleare di cellule somatiche") possa essere tecnologicamente possibile, né la la "clonazione riproduttiva", né la "clonazione terapeutica" è compatibile con il modello biblico in cui la sessualità e la procreazione sono una componente del rapporto del patto matrimoniale. Le scoperte scientifiche umane, sebbene in sé stesse intrinsecamente buone, possono essere usate per mettere in questione l'ordinamento morale di Dio per il Suo mondo [e questo non è accettabile]. La vita e la capacità di generare figli devono essere considerati doni di Dio ed essi sono da Lui impartiti in modo sovrano.

6. Prolungamento della vita

Il corpo umano è soggetto a varie malattie, e la moderna medicina è in grado di assistere con appropriati trattamenti, operazioni e medicinali. I trapianti di organi sono un'estensione legittima di tali interventi medici per curare le malattie o per prolungare la vita.

7. Il termine della vita

Proprio come la creazione di una nuova persona è risultato dell'azione di Dio, così è Lui che determina la fine della vita di una persona. Sia l'origine che il termine della vita sono sottoposti al Suo sovrano controllo. Sebbene si possa usare delle droghe per alleviare il dolore, esse non possono essere usate per terminare la vita umana, né devono essere intese per dare piacere individuale o indurre stati extra-sensoriali. Sebbene la tecnologia moderna possa porre in grado una persona di essere tenuta in vita artificialmente, spegnere tali macchinari non è da considerarsi sbagliato quando non vi sono [più] segni di attività cerebrale.

XII. ESCATOLOGIA

1. L'eterno piano di Dio

All'inizio stesso del tempo è stata data una promessa di adempimento per la fine del periodo di prova di Adamo: il riposo sabbatico e la promessa della vita eterna dall'albero della vita. Tutto questo anticipava l'intenzione di Dio di perfezionare ciò che Egli aveva fatto molto buono. Paolo vide la risurrezione (o nuova creazione) dell'ultimo Adamo come adempimento della creazione del primo Adamo prima della Caduta. La storia della Redenzione è espressione dei propositi di salvezza di Dio culminanti nella vita e nella morte del Salvatore, il portare la salvezza alle nazioni, e la nuova creazione escatologica del cielo e della terra. Nel momento attuale, coloro che sono uniti a Cristo già fanno esperienza della potenza del mondo a venire attraverso lo Spirito che vive in loro. Anche se essi pure faranno esperienza della morte, essi già pregustano la futura risurrezione.

2. La condizione di coloro che sono morti

Immediatamente dopo la morte, l'anima delle creature umane ritorna a Dio ed il loro corpo viene distrutto. Essi non cadono in uno stato di sonno. L'anima dei salvati entra in uno stato di perfetta santità e gioia alla presenza di Dio, e regna con Cristo, in attesa della risurrezione. Questa felicità non è pregiudicata dalla memoria della loro vita sulla terra, dato che ora considerano ogni cosa alla luce della perfetta volontà e piano di Dio. La loro felicità e salvezza è solo dovuta alla grazia di Dio. Essi non hanno potere alcuno di intercedere per i viventi o diventare mediatori fra loro e Dio. L'anima dei perduti non è distrutta dopo la morte, ma entra in uno stato di sofferenza e di tenebre, respinti dalla presenza di Dio ed in attesa del giorno del giudizio. Dopo la morte non vi sono altri stati possibili oltre questi due. Né l'anima dei salvati, né quella dei perduti può ritornare dopo la morte nella terra dei viventi. Tutte le esperienze attribuite all'azione di anime disincarnate deve essere attribuita o all'immaginazione umana oppure all'azione di demoni.

3. La seconda venuta di Cristo

La Risurrezione di Cristo, seguita dalla discesa dello Spirito Santo, inaugurarono la nuova era che, nella Scrittura è chiamata "gli ultimi giorni". Il cristiano nel tempo presente vive nella realtà "semi-escatologica" del "già" dell'opera terminata da Cristo, e nel "non ancora" dell'adempimento futuro. Un giorno Cristo ritornerà in questo mondo in maniera visibile, con il corpo glorioso della risurrezione, tanto che il mondo intero Lo vedrà. Egli verrà con potenza, insieme ai santi ed ai Suoi angeli, per giudicare tutte le creature umane e portare a compimento il regno di Dio. Le Scritture ci esortano fortemente a mantenerci pronti per la venuta di Cristo. Ciononostante, esse non ci forniscono alcuna data o segni che ci possano rivelare quando tutto questo avverrà. Il ritorno di Cristo rimane la speranza cristiana più alta. La Chiesa è incoraggiata a pregare per essa a che essa si affretti attraverso la predicazione dell'Evangelo nel mondo intero.

4. La Risurrezione dei morti

I morti che appartengono a Cristo saranno fatti risorgere dalla Sua potenza con un corpo simile al Suo e reso adatto allo stato eterno di comunione con Dio e di gioia senza fine. Per quanto riguarda i perduti, anch'essi saranno fatti risorgere, ma per il giudizio e per il castigo eterno,. Questo fato ci dovrebbe far tremare e sospingere a predicare l'Evangelo della grazia salvifica di Cristo a tutte le nazioni. L'identità personale sia dei salvati quanto dei perduti sarà la stessa di quella che era sulla terra, ma il loro corpo sarà trasformato quanto a sostanza e proprietà.

5. Il Giudizio Finale

Cristo ritornerà in questo mondo come suo Giudice perché Egli è il Figlio dell'Uomo ed il Re che regna su di esso per l'eternità. Egli giudicherà i vivi ed i morti con giustizia e non manifesterà né favoritismo né parzialità. Gli eletti saranno dichiarati giustificati sulla base [dei meriti] della morte e della Risurrezione di Cristo per loro, ed invitati ad entrare nel Suo regno eterno. I malvagi e reprobi saranno giustamente dichiarati colpevoli a causa dei loro peccati ed iniquità, e respinti dalla Sua presenza insieme a Satana ed ai demoni. Al tempo stesso i cristiani dovrebbero sostenere ogni legittimo sforzo per portare giustizia in questo mondo, consapevoli che il pieno e perfetto Giudizio sarà effettuato alla fine dei tempi. Per quanto riguarda la ricompensa che Cristo ha promesso al Suo popolo, la Scrittura dice molto poco, ma abbastanza per fornirci ulteriori motivazioni all'ubbidienza ed alla fedeltà.

6. Il Millennio

Il periodo intermedio fra l'esaltazione di Cristo e la Sua seconda venuta, cioè il tempo presente dove la buona notizia dell'Evangelo e le sue benedizioni è fatta conoscere a tutte le nazioni, è stato riconosciuto da gran parte della Chiesa come il "Millennio" a cui le Scritture si riferiscono. Alcuni, però, credono che questo vada preso letteralmente e che vi sarà un periodo di mille anni di regno di Cristo dopo che Egli sarà tornato. Il tempo presente ancora soffre degli effetti del peccato umano, della ribellione e della podestà di Satana. Manifestazioni del male avverranno nel mondo accanto alle espressioni del regno di Cristo, fintanto che Egli ritornerà in gloria.

7. La Nuova Creazione

Dopo il ritorno di Cristo, Cristo creerà un nuovo universo fisico e il Suo popolo risorto, rivestito di immortalità e di perfezione, vivrà sotto il governo di Cristo in questo nuovo cielo e nuova terra per sempre.

8. Differenti interpretazioni di questioni escatologiche

I cristiani concordano sugli avvenimenti principali che costituiscono le ultime cose, ma non sempre sulla loro precisa sequenza e natura. Le cose ultime dovrebbero essere discusse con umiltà, rammentandosi che è stato sempre dopo che le profezie si sono adempiute che il popolo di Dio ha le ha pienamente comprese.

Fraternidade Reformada Mundial
Declaração de Fé

TRANSLATED INTO PORTUGUESE BY
MARCOS VASCONCELOS

I. A DOUTRINA DE DEUS

1. A identidade do Criador

Cremos em um único Deus, o criador, sustentador e governante de tudo que existe. Pelos seus decretos eternos, ele estabeleceu o universo e governa-o conforme a sua vontade soberana. Não existe nenhum ser maior e nenhum ser tem o poder de afetar, modificar ou diminuir sua soberania sobre a sua criação.

2. O Criador e suas criaturas

Deus comunica sua presença e seu poder a todas as suas criaturas, mas em particular à raça humana, que ele fez segundo a sua própria imagem, tanto o macho como a fêmea. Quanto ao ser, há igualdade básica entre homens e mulheres, mas com diferenças, de sorte que as vocações de homens e mulheres não são intercambiáveis, mas complementares. Embora não haja em Deus nenhuma distinção de gênero, ele se revela a nós essencialmente em termos masculinos e seu Filho encarnou como homem.

3. A autorrevelação do Criador a todos os seres humanos

Deus é um ser pessoal e se revela em termos pessoais. Nos tempos antigos, ele falou a muitos povos diferentes de maneiras muito diferentes. Suas palavras foram acompanhadas e suas promessas foram cumpridas por ações, que eram sinais do seu poder. Ao falar aos seres humanos, ele revelou-lhes tanto a si mesmo como seus propósitos na expectativa de que cumprissem pela obediência tudo quanto lhes ordenou que fizessem.

A ordem natural dá testemunho da existência, poder e majestade do seu criador divino, de maneira que ninguém tem desculpa para não acreditar nele. Revelação geral é a expressão empregada para descrever as maneiras como Deus revela a si mesmo a todos os seres humanos sem exceção, na natureza, na história e na consciência. A revelação geral é suficiente para nos conscientizar da existência e do poder de Deus, bem como de nossas responsabilidades diante dele, mas não é suficiente para nos conduzir à salvação. A revelação especial é necessária porque, como criaturas caídas, somos espiritualmente cegos e espiritualmente mortos. O verdadeiro conhecimento de Deus se dá quando somos capacitados por Deus a ver e a entender a verdade da sua autorrevelação.

Em razão de os seres humanos serem criados à imagem do Deus pessoal, tanto Deus como os seres humanos são pessoais. Eles pensam e se comunicam uns com os outros de maneiras que podem ser expressadas na linguagem humana. Por causa dessa relação, os seres humanos podem chegar ao conhecimento tanto da realidade visível como da invisível e são capazes de usar conceitos derivados desta para desenvolver e transformar aquela. Como parte da criação visível, os seres humanos vivem em interdependência com todas as outras criaturas materiais, mas por serem criados à imagem de Deus, têm consciência da sua condição e são capacitados a buscar sentido no restante da ordem criada e a exercer domínio sobre ela.

O conhecimento humano é pessoal e vai da competência para adquirir e catalogar detalhes factuais à capacidade de analisá-los para chegar ao entendimento de seu sentido e propósito mais profundos. Em virtude disso, os seres humanos são responsáveis pela criação que lhes foi confiada e devem prestar contas a Deus pela maneira como se relacionam com ela. O conhecimento humano é objetivamente limitado pela finitude da criatura e subjetivamente pela rejeição a Deus, o que levou a um estado de pecaminosidade radical. A capacidade objetiva para adquirir conhecimento e entendimento permanece nos seres humanos a despeito da sua queda no pecado, mas o efeito disso é tão grande que é impossível a qualquer ser humano ou sociedade cumprir o mandato da criação da maneira original pretendida por Deus.

4. A autorrevelação do Criador ao seu povo da aliança

Deus deu-se a conhecer mais plena e completamente ao seu povo da aliança, com o qual estabeleceu um relacionamento especial. Deus se revela a essas pessoas pelo seu Espírito mediante a sua Palavra, a qual é viva (em Jesus Cristo), escrita (na Escritura Sagrada) e falada (na pregação).

A autorrevelação de Deus no Antigo e Novo Testamentos é exata e suficiente para os seres humanos o conhecerem, amarem e servirem. No entanto, tal conhecimento de Deus não poder ser completo, porque há muito acerca de Deus que não pode ser conhecido por nós e há certas coisas que podem ser conhecidas pela experiência, mas não podem ser plenamente expressadas em linguagem humana. Em si mesmo, Deus é sempre tão diferente de qualquer criatura sua que só somos capazes de falar a respeito dele afirmando o que ele não é: ele não é visível, não é mortal, nem pode ser abrangido física nem mentalmente. Todavia, ele tem características que os seres humanos podem reconhecer e expressar, e as tem em grau absoluto, pois é onisciente, totalmente sábio e onipotente. Essas características são identificáveis, mas não podem ser plenamente definidas nos limites da razão e lógica humanas. Podem ser apenas verdadeiramente conhecidas e entendidas mediante o relacionamento pessoal com Deus estabelecido pela fé no Senhor Jesus Cristo.

Deus falou de modo especial a Abraão, a quem prometeu que seria o pai de uma grande nação. Que lhe seria dada um terra e que ele seria uma bênção para o mundo inteiro. Essas promessas foram renovadas ao seu filho Isaque e ao seu neto Jacó, ao qual foi dado o nome de Israel. Através dos descendentes de Jacó, Israel, a nação, tornou-se um povo especial cujo destino histórico era receber e transmitir a Palavra de Deus ao mundo e preparar-se para a vinda do Salvador divino. Essa Palavra foi dada por intermédio de servos escolhidos sendo finalmente preservada em textos escritos, que agora denominamos de Bíblia hebraica, ou Antigo Testamento. Aquilo que foi prometido e prenunciado nas Escrituras do Antigo Testamento foi cumprido posteriormente em Cristo. Embora muitas prescrições do Antigo Testamento, inclusive a adoração no templo e o sacrifício de animais, não sejam mais necessárias, seus princípios espirituais não foram abolidos. Esses princípios continuam válidos para os cristãos, que foram unidos ao povo de Israel com base na fé que partilhamos com Abraão. Os crentes cristãos formam uma família, o reino de Deus, que se estende até os confins da terra, e a pregação do evangelho cristão traz bênçãos a todo aquele que o ouve e nele crê. Aqueles que são etnicamente judeus, mas não aceitaram Cristo, não receberam a bênção prometida a seus ancestrais, mas, apesar disso, detém um lugar especial no plano e nos propósitos de Deus, que serão plenamente revelados no final do tempo. A igreja, portanto, tem a obrigação de partilhar a mensagem de Jesus como Messias, Salvador e Senhor com o povo judeu. A incorporação deles na igreja cristã ocorre na mesma base dos não judeus.

5. O Pai, o Filho e o Espírito Santo formam uma Trindade de pessoas iguais

Em Jesus Cristo, Deus se revela como uma Trindade de pessoas, tornando o cristianismo singular entre as religiões monoteístas do mundo. Deus não é uma mônada solitária, mas uma Trindade de Pai, Filho e Espírito Santo, os quais vivem em comunhão pessoal para sempre. Por essa razão é que os seres humanos, que são criados à imagem e semelhança de Deus, têm noção da própria identidade pessoal e de relacionamento tanto com Deus como com os outros indivíduos. A distinção individual inerente à identidade pessoal, seja humana ou divina, está fundamentada nas características distintivas das três pessoas divinas, que subsistem eternamente no único Deus.

Pai, Filho e Espírito Santo são igualmente e plenamente Deus por si sós e não por derivação, transferência ou herança do Pai nem de ninguém mais. Eles partilham uma natureza divina comum e, por existir apenas um único Deus, é inadequado alegar-se conhecer uma das pessoas sem conhecer todas as três. As pessoas divinas se relacionam entre si de maneiras distintas a cada uma delas, mas todas são caracterizadas pelo denominador comum do amor. Porque ama o Filho, o Pai lhe deu toda autoridade no céu e na terra. Porque ama o Pai, o Filho se sacrificou voluntariamente por nós, para que pudéssemos viver com ele no céu, assim como o Pai deseja para nós. Porque ama o Pai e o Filho, o Espírito Santo veio ao mundo, não para falar principalmente de si mesmo, mas para testemunhar deles e nos trazer à sua vida comum. Finalmente, porque somos pessoas criadas à imagem de Deus, podemos receber seu amor, nos relacionar com ele nesse amor e manifestar esse amor em todas as nossas relações pessoais.

6. No Antigo Testamento, Deus fala na pessoa do Pai

No Antigo Testamento, Deus fala como uma pessoa, a quem o Novo Testamento equaciona com o Pai de Jesus Cristo, embora em Israel o termo

"Pai" não fosse usado normalmente para se referir a Deus. No entanto, é evidente que o Deus do Antigo Testamento é tanto soberano como invisível de maneira que está plenamente de acordo com a pessoa do Pai, conforme revelada a nós por Jesus. O Pai é aquele cuja vontade Jesus (como Filho) veio para obedecer e cumprir e é a única pessoa da Divindade que continua sempre invisível e transcendente. O Filho e o Espírito Santo não são descritos com muitos detalhes no Antigo Testamento, mas são eternamente presentes em Deus e participam plenamente de todos os seus atos, de modo especial na grande obra da criação, e há muitas referências à pessoa e obra do Messias prometido, como também à obra do Espírito de Deus no meio do povo de Deus e no mundo todo.

7. Deus se revelou de maneira plena e total em Jesus Cristo

Deus falou plena e finalmente em Jesus Cristo, que cumpriu a antiga aliança feita com Israel e com todos os seus eleitos. Ele é ao mesmo tempo o profeta e a Palavra, o sacerdote e o sacrifício, o rei e o reino. Não é necessária nenhuma revelação adicional da parte de Deus, pois ele é Deus em si mesmo em carne humana. Em Jesus Cristo, Deus revelou a si mesmo como o Filho, o qual identificou a primeira pessoa como seu Pai e prometeu que, após a sua partida, enviaria a terceira pessoa, o "outro Consolador" a quem as Escrituras denominam de Espírito Santo. É, portanto, intrínseco ao ensino de Cristo que há três pessoas no único Deus.

8. Deus se revela a nós numa linguagem que podemos entender

Em razão de Deus condescender em usar linguagem humana, e em razão de a pessoa do Filho tornar-se homem, é possível falar a respeito dele com termos humanos. Os primeiros discípulos poderiam ter descrito a aparência de Jesus, mas não o fizeram. O Novo Testamento não dá nenhum encorajamento para que se façam imagens ou esculturas dele, nem para auxílio à adoração nem para lembrança da sua presença na terra. Nenhuma imagem nem representação de Jesus têm em si mesmas alguma autoridade, e tais coisas não devem jamais se tornar objeto de veneração ou adoração, mas podem ser proveitosas de outras maneiras.

II. O MAL E O PECADO

1. A Origem do mal

Deus fez todo o universo muito bom. Deus não é o autor do mal, e a sua santidade não é comprometida pela existência dele. O mal originou-se com a rebelião de Satanás e de alguns anjos. É evidente que o orgulho estava na raiz da sua queda. Os anjos caídos são denominados de demônios e são liderados por Satanás. Eles se opõem à obra de Deus e tentam frustrar os propósitos divinos. Apesar disso, Deus continua soberano sobre os poderes do mal e usa suas ações para levarem adiante o seu plano de salvação. Os demônios não devem ser adorados nem servidos de nenhuma maneira. Suas atividades subjazem às falsas religiões e Satanás cega a mente humana para a verdade.

2. O mal e a humanidade

O mal intrometeu-se na vida humana por meio do pecado dos primeiros seres humanos no Jardim do Éden. Adão é o ancestral de toda raça humana e por isso todo ser humano deve sofrer as consequências do pecado dele, que incluem o mundo desordenado e a morte física. Adão e Eva colocaram-se no lugar de Deus e prestaram obediência a Satanás. Sucumbir à tentação de ser igual a Deus tem consequências de profundo alcance. Roubar a Deus da glória que lhe é devida leva à eliminação da diferença estabelecida por ele e envolve a transgressão de invadir o domínio do divino, a ab-rogação das distinções entre homem e mulher ordenadas por Deus e a confusão entre seres humanos e animais. Ao se usar aquilo que é bom por razões erradas, o caos, a tensão e o sofrimento surgiram no meio da sociedade humana.

3. Os efeitos do pecado na vida humana

Os seres humanos conjugam forças com agentes sobrenaturais que têm produzido males tão terríveis como o genocídio, o abuso de poder, as guerras mundiais, vários tipos de terrorismo, homicídio psicopata, tráfico humano, abuso de drogas e violência de toda espécie. Sem subestimar e arruinar a importância dos seres humanos, essas formas ultrajantes do mal são difundidas e orquestradas por forças demoníacas cujo resultado é que os seres humanos podem ser divididos, destruídos e rebaixados ao nível de animais em seus pensamentos e comportamentos. O mal não visa apenas à destruição da criação e da imagem de Deus nos descendentes de Adão e

Eva, mas também, à supressão da igreja e da verdade de Deus. Embora os demônios não se multipliquem, nem possam ser destruídos por humanos, somos assim mesmo chamados a resistir ao mal, à injustiça, à opressão e à violência que os demônios usam para seus propósitos, ao mesmo tempo em que aguardamos e oramos pelo retorno de Jesus Cristo, que porá fim a todas essas coisas.

4. A universalidade do pecado e suas consequências

Em Adão todos morreram e a morte se espalhou a todos porque todos pecaram. A raça humana inteira está comprometida com a queda e suas consequências: pecado, alienação, violência, guerra, doenças, sofrimento e morte. Espiritualmente falando, todos os seres humanos estão mortos porque estão em rebelião contra Deus e apartados de suas bênçãos. Embora os seres humanos sejam capazes de descobrir muitas verdades, falta-lhes a estrutura necessária para entendê-las como aspectos da verdade de Deus. Como pecadores, recusam-se a aceitar as consequências da verdade que de fato possuem e em vez disso suprimem-na pelas suas perversidades. A morte física também está atuando neles até que voltem ao pó de onde foram tirados. A menos que Deus interfira graciosamente, a morte espiritual se converterá em morte eterna.

III. A PESSOA E A OBRA DE CRISTO

1. A glória de Cristo

No centro do cristianismo está a pessoa de Jesus Cristo. Sua glória e majestade são de tal ordem que adorá-lo e exaltá-lo é o dever e o desejo de todo crente.

2. O Filho encarnado de Deus tem uma pessoa divina e duas naturezas

A pessoa divina do Filho de Deus, a segunda pessoa da Trindade, assumiu natureza humana completa no ventre da virgem Maria e nasceu como o homem Jesus de Nazaré. Ele agora tem duas naturezas, uma divina e outra humana, que permanecem íntegras e distintas em si mesmas, mas são ao mesmo tempo unidas na sua divina pessoa e por meio dela. Uma vez que a sua natureza divina, a qual compartilha com o Pai e o Espírito Santo, não pode sofrer nem morrer, o Filho adquiriu a natureza humana para poder pagar o preço do pecado humano e nos reconciliar com Deus. Na cruz, foi a pessoa do Filho, em suas duas naturezas, que sofreu e morreu.

3. O Filho encarnado de Deus é um ser humano de verdade

Como o encarnado Jesus de Nazaré, o Filho de Deus tornou-se ser humano de verdade. Ele possuía mente e vontade humanas e constituição psicológica normal, conservando ao mesmo tempo sua natureza divina. Ele foi tentado da mesma maneira que qualquer outro ser humano, mas não caiu em pecado.

4. O Filho encarnado de Deus foi perfeitamente capaz de nos reconciliar com seu Pai

O homem Jesus Cristo pôde assumir nosso lugar na cruz e pagar o preço do nosso pecado, não por causa de qualquer superioridade a nós, natural ou objetiva, mas porque era perfeitamente obediente a seu Pai e, portanto, sem pecado nenhum. Fazendo-se pecado por nós, ele pôde cancelar nossa dívida para com Deus sem incorrer em qualquer culpa que pudesse separá-lo de seu Pai. A obra redentora de Cristo assegurou a salvação de todos os que foram escolhidos nele antes da fundação do mundo.

5. A natureza da ressurreição do corpo de Cristo

Depois de dois dias na sepultura, Jesus de Nazaré ressurgiu dos mortos com a natureza humana transformada, mas ainda reconhecível. Seu corpo ressurreto era capaz de transcender as leis naturais da física, mas conservava ainda suas propriedades físicas. Na sua ascensão, esse corpo foi ainda transformado no estado celestial que ainda possui e foi elevado até Deus. Os seres humanos serão ressuscitados, não como o foi Jesus na primeira manhã de Páscoa, mas como ele é agora, em seu estado de ascensão.

IV. A PESSOA E A OBRA DO ESPÍRITO SANTO

1. O Espírito Santo como uma pessoa da Trindade

O Espírito Santo está envolvido na obra da criação e da redenção juntamente com o Pai e o Filho. De modo particular, o encarnado Filho de Deus foi concebido pelo Espírito Santo, ungido com o Espírito Santo e investido de poder pelo Espírito Santo para cumprir seu ministério público na terra.

2. A obra do Espírito Santo na redenção

O Espírito Santo aplica a obra de redenção do Filho aos crentes individuais e os une a Cristo, sua cabeça, e uns aos outros. É o agente da adoção dos crentes na família de Deus e lhes outorga a segurança íntima de que foram escolhidos pelo poder soberano de Deus. Ele socorre, ensina, guia e conduz os crentes em conformidade com a vontade revelada e o caráter de Deus. Ele santifica os crentes produzindo neles os seus frutos e intercede constantemente por eles em oração ao Pai.

3. O envio do Espírito Santo em Pentecostes

A vinda do Espírito Santo em Pentecostes foi o início de uma nova obra de Deus na vida dos crentes, que levou à fundação da igreja cristã. Os dons revelacionais extraordinários concedidos naquela época eram sinais singulares do início de uma era messiânica e não podem ser automaticamente reivindicados nem exigidos como prova decisiva do poder de Deus em ação hoje. A continuação e os diferentes dons do Espírito Santo devem ser buscados com humildade, em conformidade com a sua vontade e para glorificar a Deus no serviço pelo bem comum da igreja.

4. O Espírito Santo e o reavivamento espiritual

O poder do Espírito Santo continua a se manifestar de formas especiais em tempos de reavivamento espiritual, que ocorrem periodicamente na vida da igreja. Esses períodos de despertamento e renovação espiritual promovem a expansão do reino de Deus tornando as pessoas mais conscientes da sua pecaminosidade, fazendo-as se voltar para Deus de maneira nova e mais profunda. Nessas épocas, os crentes são lembrados da presença do Espírito Santo à medida que se tornam mais conscientes da sua operação na vida deles e dos dons que lhes concede. O reavivamento espiritual é especialmente eficaz para trazer o povo de Deus de volta para ele, mediante a reforma da igreja, que está constantemente em perigo de se desviar. Apesar disso, a obra do Espírito Santo que se faz evidente em períodos de reavivamentos espirituais está sempre presente na igreja e os crentes devem orar fervorosamente pelos seus frutos e seus dons em todas as épocas.

5. O Espírito Santo e a batalha espiritual

O Espírito Santo combate ativamente Satanás e seus demônios e protege os crentes de seus ataques. O Espírito Santo livra homens e mulheres da opressão e possessão demoníacas e equipa-os com as armas espirituais que necessitam para resistir ao poder do mal. A Bíblia proíbe os crentes de se envolverem com os poderes das trevas e suas obras.

V. A OBRA DE SALVAÇÃO REALIZADA POR DEUS

1. Graça comum

Deus manifesta graça comum a toda humanidade como também graça especial, pela qual as pessoas entram na salvação. Por essa graça comum, o pecado é refreado, seres humanos pecadores recebem bênçãos de Deus e são capacitados a praticar boas coisas. Essa graça comum proporciona o fundamento para a sociedade humana e possibilita o trabalho nas artes e nas ciências. É o Espírito Santo que torna possível essa obra nas artes e nas ciências, de sorte que o progresso cultural e a civilização humana são boas dádivas de Deus, tornadas possíveis a despeito da queda da humanidade no pecado.

2. A chamada e a eleição da parte de Deus

A chamada de Deus aos seres humanos é para que se arrependam e creiam. Ninguém é capaz de atender a essa chamada sem a ação do Espírito Santo. Embora muitos possam receber a mensagem pelo ouvir ou lê-la diretamente da Bíblia, ou indiretamente na literatura cristã, nem todos são escolhidos. Em vez de abandonar a raça humana na sua condição caída, Deus elegeu soberana e graciosamente alguns para a vida eterna. Somente aqueles cujos coração e mente são iluminados pelo Espírito Santo são capacitados a aceitar os dons prometidos de perdão de pecados e de aceitação por Deus.

3. A natureza da regeneração

Pela obra do Espírito Santo, o pecador morto recebe vida da parte de Deus, e a implantação dessa vida resulta numa nova orientação voltada para Deus e sua justiça. Somente o Espírito Santo é que pode realizar a mudança que produz santidade, sem a qual ninguém verá Deus. Embora essa obra de regeneração produza mudanças de caráter, os cristãos são pessoas singulares, pois, ainda que todos eles possuam o Espírito Santo, todos são diferentes. O que eles partilham em comum é a implantação de uma nova vida, significando que agora estão numa união espiritual indissolúvel com Cristo. O Novo Testamento expressa essa união ao afirmar que os cristãos estão "em Cristo", ou seja, tornam-se "herdeiros de Deus e coerdeiros com Cristo". Por estarem assim unidos em Cristo, em quem estão ocultos todos os tesouros da sabedoria e do conhecimento, eles estão completos nele. Todos os crentes cristãos têm o Espírito de Cristo e estar em união com Cristo também significa que mantêm um relacionamento vital uns com os outros. Eles partilham de uma salvação comum e têm objetivos e aspirações comuns.

4. Os efeitos da regeneração

A obra de Deus na regeneração não precisa de repetição. Tendo sido justificados por Deus, os cristãos manifestam essa mudança de estado pela mudança da sua condição espiritual. A conversão marca o início consciente de uma nova vida, de sorte que os crentes procuram viver em conformidade com a sua nova natureza, pondo suas afeições nas questões espirituais e eternas. No âmago da nova vida estão o arrependimento e a fé, unidos como expressão da conversão.

5. A fé

A graça de crer é dom de Deus. A fé, portanto, é o ato de receber as bênçãos da salvação pela

fé pessoal em Cristo o Salvador e pelo compromisso com ele. Essa fé é o instrumento pelo qual a revelação divina e todas as bênçãos prometidas são apoderadas, recebidas e desfrutadas. É a convicção de que a mensagem da Bíblia é verdadeira e que a apropriação pessoal dos méritos e da obra de Cristo é essencial. A fé verdadeira repousa sobre seu objeto, Cristo Jesus, abraçando-o como Salvador, e por um ato de comprometimento a alma descansa somente nele para a salvação.

6. A Justificação

A justificação é o ato de Deus que se segue à chamada eficaz realizada pelo Espírito Santo e a consequente resposta do pecador com arrependimento e fé: "aos que chamou, a esses também justificou". Na justificação, Deus declara os pecadores justos à sua vista, considerando seus pecados como perdoados e contando a justiça de Cristo como pertencente a eles. A justificação não é uma simulação da parte de Deus de que os pecadores são justos quando na verdade são culpados. Para que a justificação seja verdadeira e consistente com a santidade de Deus, é indispensável que tenha um fundamento meritório. É absolutamente preciso que exista retidão para que Deus seja justo na sua declaração de justificação. Os pecadores são justificados como base na retidão suprida por outro, a retidão do Senhor Jesus Cristo, a qual é considerada como pertencente a eles. Essa imputação da justiça de Cristo é fundamental para a fé cristã.

7. A justiça de Cristo é a base da nossa justificação

A justiça de Cristo abrange sua vida de perfeita obediência a todo mandamento da lei de Deus e sua morte na cruz, pela qual suportou o castigo da ira santa de Deus por causa dos pecados de todo seu povo; uma obra selada pela sua ressurreição triunfal. Os crentes agora partilham do mesmo estado de retidão de Cristo, que satisfez todas as exigências da lei de Deus em lugar e em favor deles. O fundamento da justificação do pecador é exclusivamente a perfeita justiça de Cristo.

8. A harmonia entre Paulo e Tiago em seus ensinamentos sobre a justificação

Não há conflito entre o ensinamento de Paulo e o de Tiago quanto à justificação. Paulo refere-se à justificação como perdão e aceitação diante de Deus; Tiago insiste que, se essa justificação for real, ela se manifestará numa vida de obediência.

9. A adoção dos crentes em Cristo

A posição do Senhor Jesus Cristo como eterno Filho incriado de Deus é de natureza única. Apesar disso, ele não se envergonha de chamar aqueles a quem salvou de irmãos e irmãs. Esses filhos adotivos de Deus são herdeiros da herança que Cristo lhes assegurou, a plena medida das bênçãos de redenção, e por isso são descritos como "herdeiros de Deus e coerdeiros com Cristo".

Como filhos de Deus, os crentes partilham de todas as bênçãos supridas por Deus para sua família e, pelo testemunho interno do Espírito Santo, reconhecem e se dirigem a Deus como Pai. Eles são alvo do amor de Deus, da sua compaixão e do seu zelo por suas necessidades. Os filhos de Deus têm também o privilégio de partilhar dos sofrimentos de Cristo e da sua subsequente glorificação. Um privilégio adicional dos filhos de Deus, o que confirma a adoção deles, é provarem do castigo paternal de Deus. A eles se assegura que "Deus vos trata como filhos; pois que filho há que o pai não corrige?". A unidade dos filhos de Deus em um corpo é também um privilégio a ser desfrutado e uma responsabilidade que requer amor e ministério mútuos.

As plenas bênçãos da adoção só serão desfrutadas no retorno glorioso do Senhor Jesus Cristo. A adoção tem uma dimensão atual, mas também uma dimensão escatológica, que é um elemento de esperança cristã. Assim, "nós, que temos as primícias do Espírito, igualmente gememos em nosso íntimo, aguardando a adoção de filhos, a redenção do nosso corpo". A adoção só estará completa quando Cristo der novos corpos ao seu povo na ressurreição e os crentes desfrutarão "a liberdade da glória dos filhos de Deus" com a criação renovada.

10. A obra de santificação do Espírito Santo

O Espírito Santo trabalha na vida dos que foram justificados e adotados para fazê-los santos e transformá-los à semelhança de Cristo. A obra de Deus nos crentes inclui a vontade de fazer e de cumprir aquilo que ele requer. A obediência ativa aos mandamentos de Deus é essencial. A santificação exige a mortificação de tudo quanto é pecaminoso na vida humana e o desenvolvimento de novos hábitos piedosos e padrões de pensamento e de vida.

11. O atingimento da perfeição cristã

Durante a vida presente nenhum crente está inteiramente livre do pecado, além disso a santificação progride em ritmos variáveis. A disciplina de Deus sobre seus filhos amados também serve para os santificar. A obra de santificação será completada pelo poder e graça de Deus. O espírito é plenamente santificado na morte, reunindo-se "aos espíritos dos justos aperfeiçoados". Na ressurreição, o corpo do crente partilhará dessa perfeição, sendo feito semelhante ao corpo glorioso de Cristo. Por fim, todo crente trará plenamente "a imagem do [homem] celestial".

VI. A VIDA CRISTÃ

1. Espiritualidade autêntica

A espiritualidade cristã é um processo que dura uma vida inteira de reverência e amor profundos a Deus e se traduz no correto relacionamento com o próximo. Espiritualidade cristã é piedade prática, que leva à transformação à semelhança de Cristo. Não é direcionada para a própria pessoa, nem para a busca de uma força impessoal, nem para o atingimento de estados alterados de consciência. É o crescimento na união da aliança com o Deus Trino e na comunhão sempre crescente com o povo de Deus no mundo. É o resultado de uma regeneração sustentada e governada pelo Espírito Santo.

2. Os meios de piedade

O Espírito Santo produz piedade em nós pela aplicação da Palavra de Deus ao nosso coração e mente, ensinando-nos obediência, unindo-nos na comunhão corporativa de todos os crentes, na verdadeira adoração a Deus, no nosso testemunho ao mundo, em provações e sofrimentos, e na confrontação com o mal.

3. Os resultados da Piedade

Os resultados da piedade incluem mente, coração, palavras e ações transformados, consagração e uma vida que progride continuamente à semelhança da imagem de Cristo. A piedade produz ao longo da vida um crescimento em autonegação, um diário "tomar a nossa cruz" e seguir a Cristo mediante a prática do amor, do perdão, da mansidão, da compaixão e da bondade para com todos, especialmente os da família cristã. Envolve a rendição continuada de nós mesmos em devoção total a Deus, experimentando alegria indizível, temor filial, reverência abnegada, amor ardente, compaixão e ousadia com autocontrole, equilibrados com humildade, respeito, temor, contentamento, confiança semelhante à de crianças, obediência, esperança imorredoura e a paz de Deus em face de provações, aflição e dor.

4. Experiências espirituais

Uma vida espiritual centrada em Deus recebe essas experiências espirituais como um dom do Espírito Santo. Na medida em que buscamos nos aproximar do Deus Trino, somos lembrados de que vivemos sempre na sua presença seja onde for. Assim, pois, somos motivados a cumprir o nosso chamado para sermos instrumentos da sua graça transformadora em qualquer lugar que a sua providência nos tenha colocado. O deleite na nossa união pactual com Deus nesta vida é apenas o antegosto da glória da comunhão com Deus na era por vir.

VII. AS ESCRITURAS SAGRADAS

1. As Escrituras são inspiradas por Deus, sendo escritas quando os homens falavam da parte de Deus, quando eram conduzidos pelo Espírito Santo. As Escrituras são a Palavra de Deus e são absolutamente confiáveis. Do modo como foram dadas originalmente não têm erro nenhum em tudo quanto afirmam, isso é uma doutrina denominada de "inerrância bíblica" por muitos teólogos Reformados. Deus superintendeu a escrita delas de sorte que são precisamente o que ele pretendia que fossem. Ao escolher usar seres humanos, Deus não neutralizou a humanidade deles nem lhes ditou as Escrituras. Elas, portanto, exprimem a história pessoal e o estilo literário de cada autor e as características do período em que foram escritas, ao mesmo tempo que continuam a ser em todos os aspectos a Palavra do próprio Deus.

2. As Escrituras são reconhecidas mediante a obra de Deus, o Espírito Santo

As Escrituras apresentam-se a nós com muitas qualidades excelentes e louváveis, mas, em definitivo, nossa persuasão e segurança plenas da sua verdade infalível e autoridade divina procedem do Espírito Santo que, pela Palavra e com a Palavra, testemunha em nosso coração. É ao crente habitado pelo Espírito Santo que as Escrituras manifestam a sua autenticidade como Palavra de Deus. A igreja cristã recebeu a Bíblia hebraica e o Novo Testamento grego dessa maneira e foi capacitada para reconhecê-los como seu cânon autoritativo. A autoridade das Escrituras não depende da igreja nem de nenhuma outra fonte, senão o próprio Deus.

3. As Escrituras são compreendidas mediante a operação de Deus, o Espírito Santo

As Escrituras têm uma clareza fundamental, mas somente o crente cristão pode receber e entender seu sentido e significado espirituais, por ter acesso à mente de Cristo. A queda da humanidade em pecado afetou tanto a mente como a vontade e as emoções. A cegueira espiritual na qual os seres humanos incorreram impossibilitou-os de entenderem as coisas de Deus sem a obra do Espírito Santo. Quando os seres humanos são eficazmente chamados e regenerados, o Espírito Santo passa a abrir as Escrituras ao seu entendimento. Em sua sabedoria, o Espírito Santo revela-nos o verdadeiro significado da revelação de Deus.

4. As Escrituras são aplicadas por Deus, o Espírito Santo

Deus traz para si homens e mulheres pela pregação da sua Palavra. O Espírito Santo usa a pregação, o ensino e o estudo das Escrituras para nos tornar sábios para a salvação mediante a fé em Cristo Jesus e para nos dar a mente dele. Seja pregada ou lida, as Escrituras são proveitosas para o ensino, para a repreensão, para a correção e para a educação na justiça, para que sejamos habilitados para toda boa obra e manifestemos um estilo de vida que honre a Deus. Assim, pois, as Escrituras fornecem o fundamento, a confirmação e a norma da nossa fé.

5. As pressuposições que regem a interpretação da Escritura

A Escritura Sagrada é a Palavra de Deus e, portanto, não pode contradizer a si mesma. Nossa leitura, interpretação, entendimento e aplicação dela são influenciados em vários graus e níveis pelas nossas convicções prévias ou pressuposições acerca de Deus e da Bíblia. A fim de entendê-la corretamente, é necessário estar conscientes de nossas pressuposições e examiná-las à luz do texto bíblico, para que possamos reformá-las e levá-las à concordância mais íntima com o sentido do texto em si. Uma vez que as Escrituras reivindicam origem e inspiração divinas, somente os métodos de interpretação que levam a sério tal reivindicação podem chegar ao seu sentido verdadeiro.

6. A clareza da Escritura

A necessidade do estudo erudito da Bíblia em suas línguas originais não solapa a clareza da autoridade divina nem a fidedignidade da Escritura. As verdades necessárias à salvação são expressas com tanta clareza que os leitores, tanto cultos quanto incultos, podem e devem entendê-la. A mensagem da Escritura deve ser exposta à luz das filosofias e opiniões que desafiam e se opõem às suas pressuposições. Ao se defender a cosmovisão bíblica de tais oponentes, a clareza da Escrituras é alcançada, não só pela comparação cuidadosa de um texto bíblico com outro, mas também pela investigação do significado de seu oposto.

7. Os métodos apropriados de interpretação

A Bíblia é a Palavra de Deus e por isso deve ser lida em humilde submissão e oração pela iluminação do Espírito Santo. Visto que foi escrita em linguagens humanas dentro de contextos culturais, sociais e temporais, seu significado deve ser buscado pelo uso de regras gerais de interpretação e pelo auxílio dos campos relacionados, tais como a arqueologia, a história, a crítica textual e o estudo das línguas originais. Todos esses métodos devem levar em consideração sua origem divina, infalibilidade e caráter humano.

8. O significado do texto bíblico

O texto bíblico pode ter muitas aplicações práticas e significações diferentes, mas o seu significado primário é normalmente determinado pelo uso criterioso de princípios históricos, gramaticais e históricos redentores já esboçados no parágrafo precedente. Interpretações alegóricas, espirituais e figurativas não têm autoridade, a menos que sejam especificamente aprovadas pelo próprio texto.

9. A universalidade da verdade e suas aplicações

A verdade de Deus revelada na Escritura é universal, eterna e relevante para todas as culturas, épocas e povos. Nada obstante, pode haver várias e diferentes aplicações dessa verdade. Ao contextualizar a Palavra de Deus, a igreja deve distinguir entre os princípios bíblicos, que são as manifestações eternas e universais da verdade de Deus, e as implicações práticas desses princípios, que podem variar em contextos diferentes. A igreja deve sempre se certificar que suas aplicações sejam extensões legítimas e apropriadas dos princípios fundamentais e imutáveis.

10. O padrão normativo da autorrevelação de Deus em tempos pós-bíblicos

Uma vez que o cânon do Novo Testamento está finalizado, o padrão normativo tem sido Deus falar conosco nas, e pelas, Sagradas Escrituras com a iluminação do Espírito Santo, o qual habita em nosso coração e nos revela tanto o Pai como o Filho. Os que ouvem a voz do Espírito recebem a herança que nos foi prometida no Filho, e com o seu auxílio cumprem a vontade do Pai em suas vidas. É para nos ensinar o que isso significa, e para nos guiar na medida em que buscamos pôr em prática a vontade de Deus, que o Espírito Santo nos deu textos escritos, para nos informar, desafiar e animar ao longo do caminho. Em acréscimo ao Antigo Testamento, esses textos são a revelação dada aos seguidores de Cristo, pela ou com a aprovação dos doze discípulos, que o viram depois que ressuscitou dos mortos e que foram designados por ele para liderar e instruir a igreja. Os textos foram colecionados pelos primeiros cristãos, que os reconheciam como portadores da plena autoridade do próprio Deus, e foram agrupados como o Novo Testamento. Nenhum mestre ou igreja cristã tem o direito de insistir em crenças que não estejam contidas na Escritura, nem podem interpretar nenhuma delas de maneira que contradiga aquilo que Deus revelou de si mesmo em outra parte da Escritura.

VIII. A IGREJA

1. Sua natureza

A igreja é tanto a companhia invisível de todos os cristãos (conhecida somente por Deus) como a igreja visível sobre a terra e suas muitas comunidades. A igreja é o Corpo espiritual e sobrenatural de Cristo, o Cabeça da igreja. Cada cristão está unido a Cristo e ligado a todos os outros cristãos por meio de Deus, constituindo assim a igreja. Na vida da única igreja santa, católica e apostólica, a adoração a Deus, a comunhão, as Sagradas Escrituras, os sacramentos e a missão, são centrais.

2. Os ministérios da igreja

A Escritura faz referência a alguns ministérios que Deus concedeu à igreja em diferentes épocas: apóstolos, profetas, presbíteros, diáconos e evangelistas. Hoje, em cada igreja local deve haver presbíteros e diáconos. Os presbíteros devem ser pastores, supervisores e exemplos, alguns deles devem se consagrar à pregação e ao ensino. Os diáconos devem cuidar dos pobres e necessitados e providenciar o suprimento das necessidades práticas, financeiras e estruturais da igreja. Assim como o presbiterato, esse é um ofício espiritual que exige qualidades espirituais.

3. A adoração a Deus

A responsabilidade primária da igreja é a adoração a Deus. A natureza e o conteúdo dessa

adoração são determinados pelo próprio Deus, conforme nos são revelados na Escritura. A adoração deve incluir o cântico de louvor a Deus, a leitura e a pregação da Escritura e a oração.

4. A autonomia da congregação local

Cada congregação de crentes tem certo grau de autonomia sob a regência dos presbíteros, mas há também uma unidade mais ampla com todas as outras congregações. Essa conexão foi expressa de diferentes modos, em diferentes épocas e em diferentes partes da igreja.

5. Os sacramentos

O sacramento é um sinal externo e visível de uma graça interna e espiritual. Foi instituído por Cristo e é representante da sua obra. As igrejas Protestantes reconhecem apenas dois: o batismo e a Ceia do Senhor (ou Eucaristia ou Santa Comunhão). Eles são quase sempre identificados com os dois sacramentos da igreja do Antigo Testamento: circuncisão e Páscoa. O batismo é um rito de iniciação na igreja cristã. Deve ser administrado pelo uso de água. A Ceia do Senhor aponta para a morte de Cristo na cruz, usando pão e vinho como símbolos do corpo e do sangue de Cristo. A Ceia do Senhor também proporciona aos crentes uma oportunidade para o fortalecimento da fé, a comunhão em Cristo e a nutrição espiritual, ao mesmo tempo que anuncia a morte do Senhor até que ele venha.

IX. A TRADIÇÃO

1. A existência e validade das tradições apostólicas

Toda igreja cristã vive de acordo com a regra de fé herdada da era apostólica. As Sagradas Escrituras são a única forma autêntica e normativa dessa regra, pela qual todas as demais crenças e práticas devem ser medidas. É indubitável que as igrejas apostólicas tinham costumes que não estão registrados na Escritura nem são ordenados por ela, todavia essas tradições não são obrigatórias às gerações posteriores de cristãos. De modo semelhante, embora seja possível que algum dia se redescubram escritos apostólicos perdidos, eles não serão considerados como Sagradas Escrituras, porque não foram transmitidos desde os tempos apostólicos como parte da regra normativa.

2. A autoridade dos credos e das confissões

No curso da sua história, a igreja tem adotado credos e confissões de fé com a finalidade de esclarecer o ensinamento da Escritura. Esses documentos, e outras decisões semelhantes de vários organismos eclesiásticos, desfrutam da autoridade possuída por aqueles que os adotaram e devem ser assim considerados e respeitados pelas gerações posteriores. No entanto, eles não são infalíveis e onde for possível provar que estão em desacordo com o ensinamento da Escritura ou que seu ensinamento pode ser mais claramente expresso de maneira diferente, a igreja tem a liberdade de alterá-los de modo adequado.

3. A reação dos reformadores às tradições herdadas

Os reformadores do século 16 empreenderam uma avaliação completa das tradições da igreja e abandonaram aquelas crenças e práticas claramente contrárias ao ensino espiritual. Alguns foram mais longe e descartaram tradições que não tinham o amparo da Escritura, embora não fossem também necessariamente contrárias a ela. Um exemplo disso foi a comemoração do Natal em 25 de dezembro, que não tem nenhum fundamento bíblico mas testifica claramente da doutrina do Novo Testamento acerca da encarnação de Cristo. Tradições desse tipo podem ser preservadas, modificadas ou descartadas a critério da igreja local, desde que por isso não fique comprometida nenhuma doutrina bíblica.

4. Modelos de culto e de governo eclesiástico

Cada igreja desenvolveu padrões de culto e de governo que ao longo do tempo se converteram em tradições por si mesmos. Até onde essas práticas não forem contrárias ao ensinamento da Escritura e continuarem a cumprir a tarefa para a qual foram inicialmente imaginadas não há razão para não serem preservadas. Nada obstante, cada igreja local tem a liberdade de modificar essas tradições conforme as considerar apropriadas. De modo particular, as igrejas que surgiram da atividade missionária estrangeira podem ter herdado dos missionários práticas não facilmente adotadas pelos nativos. Igrejas assim têm a responsabilidade de examinar o fundamento bíblico dos costumes transplantados e devem ser motivadas a modificá-los, se essa mudança puder tornar o testemunho do evangelho mais eficaz nas circunstâncias delas. Apesar disso, nenhuma igreja deveria abolir, modificar ou adotar nenhuma tradição ou prática sem considerar o efeito que tal mudança pode ter no testemunho da comunidade cristã como um todo.

5. A preservação apropriada de certas tradições

Algumas tradições tornaram-se tão profundamente arraigadas e universais no mundo cristão que alterá-las poderia não alcançar nada e levar a divisões desnecessárias no seio da igreja. Um exemplo disso é o costume de adorar a Deus no domingo que, embora claramente praticado na igreja primitiva, não é especificamente ordenando no Novo Testamento. Há circunstância em que sociedades cristãs particulares, por exemplo em certos países muçulmanos, acham mais conveniente cultuar em outro dia da semana, mas nenhuma igreja deve assumir para si a responsabilidade de abandonar o culto aos domingos só porque não é requerido especificamente pela Escritura. Nesses casos, a unidade visível do mundo cristão deve ser mantida, se com isso não se comprometer nenhum princípio teológico.

X. MISSÃO E EVANGELISMO

1. Nosso chamado para sermos testemunhas de Deus com palavras e obras

Nossa missão no mundo decorre da nossa paixão pela glória de Deus e de nossa certeza da vinda do seu reino. A igreja, como comunidade de Cristo, é o instrumento de Deus para o evangelismo, que é a pregação e o partilhar do evangelho de Jesus Cristo, por meio de palavras e obras, segundo o qual

Cristo morreu pelos nossos pecados e foi ressuscitado dos mortos conforme as Escrituras e que ele, como o Senhor que reina, nos oferece agora perdão de pecados, vida eterna e os dons do Espírito para todo aquele que se arrepende e crê. Em obediência à comissão do nosso Deus, temos de oferecer duas mãos a todas as pessoas: (1) a mão que as chama ao arrependimento, fé e reconciliação eterna com Deus por meio de Cristo, e (2) a mão que manifesta ações de misericórdia e compaixão, estendendo a bondade do reino de Deus sobre a terra no nome de Cristo. Esse é o exemplo que o próprio Cristo nos deu e que anuncia que nos conformamos à imagem de Cristo e recebemos o Espírito Santo como primícias e penhor da nova criação de Deus.

2. A ampliação do chamado à missão

Nossa proclamação do evangelho tem consequências sociais, uma vez que chamamos pessoas ao amor e ao arrependimento em todas as áreas da vida. De modo semelhante, nosso envolvimento social tem consequências evangelistas à medida que testemunhamos da graça transformadora de Jesus Cristo. Se ignorarmos o mundo, traímos a grande comissão pela qual Deus nos envia para servir ao mundo. Se ignorarmos essa comissão, não temos nada para levar ao mundo. Nossa obediência a Deus aviva o nosso zelo por missões, fazendo-nos confiar totalmente nele. Isso torna nosso testemunho igualmente ousado e amável, e atrai a atenção dos incrédulos.

3. A compaixão dos cristãos pelo mundo

Reiteramos a grande necessidade de os cristãos se revestirem de compaixão em nome de Cristo, em meio de pobreza, enfermidades, injustiças e todas as formas da miséria humana. Preocupamo-nos por haver milhões de pessoas neste mundo vivendo em pobreza desesperada. No chamado para nos revestirmos de compaixão, somos chamados para caminhar com o pobre e transmitir a graça de Deus com uma qualidade de vida espiritual que nos permita penetrar na comunidade que sofre, não como salvadores, mas como servos de Cristo, o Salvador.

4. A transformação da comunidade humana

Entendemos que a transformação da comunidade humana seja a reversão completa, na totalidade da vida e da Terra, dos efeitos do pecado, que alienaram homens e mulheres de Deus, de si mesmos, dos outros, do ambiente e da restauração da ordem de Deus na criação. A intenção de Deus é que todos os seres humanos sejam plenos portadores da sua imagem. Tal tarefa começa nesta vida, mas só será completada quando Cristo retornar em glória no fim dos tempos. Ela visa a transformar a cultura do pecado e a sociedade na qual vivemos e a construir uma nova cultura e uma nova sociedade em conformidade com a natureza do Reino de Deus, que foi inaugurado por Cristo.

XI. LEI E ÉTICA

1. A lei natural

A lei de Deus é a expressão do seu amor e revela as suas exigências de justiça para a raça humana. Foi escrita no coração dos seres humanos na criação e, apesar da queda no pecado, os seres humanos, mediante a própria consciência, ainda têm certo conhecimento de suas exigências. No Éden, Deus também revelou sua vontade aos seres humanos de modo verbal na ordem para que não comessem da árvore do conhecimento do bem e do mal.

2. A lei de Moisés

A lei mosaica continha elementos cerimoniais que prefiguravam a pessoa e a obra de Cristo e a vida de sua igreja, os quais estão agora plenamente cumpridos. A lei também contém elementos jurídicos que moldavam a vida civil de Israel e fornecia princípios de justiça que devem ser refletidos na vida e nas leis das nações. Os elementos morais da lei continuam a fornecer o modelo de uma vida piedosa. A lei de Deus mostra aos pecadores o seu pecado e aponta-lhes Cristo como único Salvador. A lei, além disso, provê uma medida de restrição da

expressão do pecado na sociedade. Serve também de guia para a vida dos cristãos, ao serem renovados à imagem de Cristo, revelando tanto o pecado que se deve odiar como a retidão que se deve buscar com fervor.

3. Cristo como o cumprimento da lei

Cristo cumpriu as exigências da lei, fazendo-se maldição em favor do seu povo escolhido. Aqueles que foram trazidos à fé em Cristo expressam seu amor pelo Senhor na obediência aos seus mandamentos segundo a capacitação do Espírito Santo.

4. Ética matrimonial e sexual

O casamento como monogamia heterossexual foi instituído por Deus, com o marido e a mulher deixando suas próprias famílias e unindo-se um ao outro num relacionamento para toda a vida. Os desejos sexuais devem ser satisfeitos dentro dessa união, e os filhos nascidos nela devem ser cuidados e nutridos no conhecimento e na prática cristãs. Em razão da pecaminosidade humana, ocorrem desvios desse padrão. A Bíblia desautoriza os relacionamentos sexuais fora dos laços do casamento, bem como as uniões de mesmo sexo. A dissolução do casamento pelo divórcio é permita em caso de adultério ou se os incrédulos abandonarem irreversivelmente seus cônjuges cristãos. O homem é descrito na Escritura como o "cabeça" da mulher, assim como Cristo é o "cabeça" do homem e Deus o "cabeça" de Cristo. A autoridade na família e na igreja é demonstrada amando-as como Cristo amou a igreja.

5. Planejamento familiar

O planejamento familiar é aceitável, embora a contracepção por meios como a ingestão de pílula após a concepção ou pelo aborto do feto é realmente a destruição de uma nova vida. Quanto aos casais casados que enfrentam dificuldade para conceberem, a fertilização *in vitro* (FIV) é uma opção possível, embora o uso de doadores de sêmen ou de mães de aluguel não o seja, pois essas práticas, embora medicamente viáveis, intrometem-se na relação conjugal. Experiências com embriões humanos é destruição de vida humana, bem como experiências como humanos adultos que possam resultar em doença, incapacitação ou mesmo em morte. Embora a clonagem de humanos ("transferência de núcleos de células somáticas") seja tecnologicamente possível, nem a "clonagem reprodutiva" nem a "clonagem terapêutica" se ajustam ao modelo bíblico no qual o sexo e a procriação fazem parte da relação pactual do casamento. As descobertas científicas humanas, embora intrinsecamente boas, podem ser usadas em desafio à ordem moral de Deus para o seu mundo. A vida e a capacidade de gerar filhos têm de ser vistas como dons de Deus, os quais são soberanamente concedidos.

6. A prolongação da vida

O corpo humano está sujeito a várias doenças e a medicina moderna tem a capacidade de socorrê-lo com os tratamentos, as operações e as drogas medicinais apropriadas. Os transplantes de órgãos são extensões legítimas dessas intervenções médicas para curar doenças ou prolongar a vida.

7. A terminação da vida

Da mesma maneira que a criação de uma nova pessoa é ato de Deus, assim também é ele quem determina o fim da vida de uma pessoa. Tanto a origem como o término da vida estão sob seu controle soberano. Conquanto as drogas possam ser usadas para aliviar a dor, não devem contudo ser usadas para pôr termo à vida humana, nem devem ter o propósito de ser usadas para causar prazer individual nem para induzir a estados extrassensoriais. Embora a tecnologia moderna permita que alguém seja mantido vivo artificialmente, mesmo quando não há evidência de atividade cerebral, nesse caso, desligar tais equipamentos não é errado.

XII. ESCATOLOGIA

1. O plano eterno de Deus

Desde o exato princípio do tempo havia uma promessa de completude no final do período probatório de Adão, o descanso do Sábado de Deus, e a promessa de vida eterna procedente da árvore da vida. Tudo isso antecipava a intenção de Deus de aperfeiçoar aquilo que ele tinha feito muito bom. Paulo via a ressurreição (ou recriação) do último Adão como o cumprimento da criação do primeiro Adão antes da Queda. A história da redenção é consequência dos propósitos salvadores de Deus e culminou na vida e morte do Salvador, na conquista da salvação para as nações e na recriação escatológica do céu e da terra. No tempo presente, aqueles que estão unidos a Cristo já sentiram o poder do mundo porvir pelo Espírito que vive neles. Mesmo que provem a morte, já têm uma ideia da ressurreição futura.

2. O estado de morte

Imediatamente após a morte, as almas dos seres humanos voltam para Deus, ao passo que seus corpos são destruídos. Eles não caem num estado de sono. As almas dos salvos entram num estado de perfeita santidade e alegria na presença de Deus e reinam com Cristo, enquanto esperam a ressurreição. Essa felicidade não é impedida pelas suas lembranças da vida na terra, uma vez que agora consideram todas as coisas à luz da perfeita vontade e do plano de Deus. Elas não têm nenhum poder para interceder pelos vivos nem se tornam mediadoras entre eles e Deus. As almas dos perdidos não são destruídas após a morte, mas entram num estado de sofrimentos e de trevas, lançadas fora da presença de Deus, enquanto aguardam o dia do juízo. Após a morte, nem as almas dos salvos nem as dos perdidos podem retornar à terra dos vivos. Todas as experiências atribuídas à ação de almas desencarnadas têm de ser imputadas ou à imaginação humana ou à ação de demônios.

3. A segunda vinda de Cristo

A ressurreição de Cristo, seguida do envio do Espírito Santo, inaugurou uma nova era, que a Escritura denomina de últimos dias. O cristão neste tempo presente vive na realidade "semiescatológica" do "já", da obra consumada por Cristo, e do "ainda não", da consumação futura. Um dia Cristo voltará a este mundo de maneira visível, no corpo glorioso da sua ressurreição, de maneira que todo o mundo o verá. Ele virá em poder, com os santos e seus anjos, para julgar todos os seres humanos e concluir o estabelecimento do reino de Deus. As Escrituras nos exortam vigorosamente a estar prontos para a vinda de Cristo; no entanto, não nos dão um calendário nem sinais de quando poderá ser. A igreja é encorajada a orar pela volta de Cristo e a apressá-la pela pregação do evangelho a todo o mundo.

4. A ressurreição dos mortos

Os mortos que pertencem a Cristo serão ressurretos pelo seu poder, com corpo semelhante ao

dele e apropriado para o estado eterno de comunhão com Deus e gozo perpétuo. Quanto aos perdidos, eles também serão ressuscitados, mas para o juízo e o castigo eterno. Esse destino deveria nos fazer tremer e temer e nos impulsionar a pregar o evangelho da graça salvadora de Deus a todas as nações. A identidade pessoal tanto dos salvos como dos perdidos será a mesma que tinham na terra, mas seus corpos serão transformados em suas substâncias e propriedades.

5. O juízo final

Cristo retornará a este mundo como seu juiz, pois é o Filho do Homem e o Rei que reina sobre ele eternamente. Ele julgará os vivos e os mortos e não mostrará nenhum favoritismo nem parcialidade. Os eleitos serão declarados justificados por conta da morte e ressurreição de Cristo em favor deles, e serão convidados a entrar no reino eternal. Os ímpios e réprobos serão condenados justamente por causa de seus pecados e iniquidades e lançados fora da sua presença, juntamente com Satanás e os demônios. Enquanto isso não ocorre, os cristãos devem apoiar todos os esforços legítimos para trazer justiça a este mundo, sabendo que a justiça plena e perfeita será cumprida no fim dos tempos. Quanto às recompensas que Cristo prometeu ao seu povo, as Escrituras dizem pouco, mas o suficiente para nos dar motivação adicional para a obediência e fidelidade.

6. O milênio

O intervalo entre a exaltação de Cristo e a sua segunda vinda, ou seja, o tempo presente em que as boas novas do evangelho e suas bênçãos são dadas a conhecer às nações, tem sido reconhecido pela maioria das igrejas como o milênio referido nas Escrituras. Alguns, entretanto, apegam-se ao período literal de mil anos de governo de Cristo sobre a terra, após a vinda de Cristo. O tempo presente sofre ainda os efeitos do pecado e rebelião humanos e o poder de Satanás. Manifestações do mal ocorrerão no mundo, juntamente com expressões do reino de Cristo, até que ele volte em glória.

7. A nova criação

Após a volta de Cristo, Deus recriará o universo físico, e seu povo ressurreto, investido de imortalidade e perfeição, viverá sob o governo de Cristo neste novo céu e nova terra para sempre.

8. Interpretações diferentes de questões escatológicas

Os cristãos concordam acerca dos eventos principais que constituem as últimas coisas, mas nem sempre a respeito de sua consequência e natureza. As últimas coisas devem ser discutidas com humildade, lembrando-nos que foi somente quase sempre depois que as profecias se cumpriram que o povo de Deus as entendeu.

Glaubensbekenntnis der reformierten Weltgemeinschaft

TRANSLATED INTO GERMAN BY GEORGE LINKE

I. DIE LEHRE VON GOTT

1. Die Identität des Schöpfers

Wir glauben an einen Gott, der der Schöpfer, Erhalter und Herrscher all dessen ist, was existiert. Gemäß seinen ewigen Ratschlüssen hat er das Universum errichtet und lenkt es durch seinen souveränen Willen. Nichts Größeres existiert als Er, und kein Wesen hat die Macht, seine Souveränität über seine Schöpfung zu beeinflussen, zu modifizieren oder zu verringern.

2. Der Schöpfer und seine Geschöpfe

Gott teilt all seinen Geschöpfen seine Anwesenheit und seine Kraft mit, insbesondere jedoch der menschlichen Gattung, die er nach seinem eigenen Bild geschaffen hat, als Mann und Frau. Es besteht grundlegende Gleichheit zwischen ihnen, jedoch mit Unterschieden, so dass die Bezeichnungen Mann und Frau nicht austauschbar, sondern komplementär sind. Obwohl es in Gott keine geschlechtlichen Unterscheide gibt, offenbart er sich uns im Wesentlichen in männlichen Formen, und sein Sohn nahm als Mann menschliche Gestalt an.

3. Die Selbstoffenbarung des Schöpfers an alle Menschen

Gott ist eine Person und offenbart sich auf persönliche Weisen. In alten Zeiten sprach er auf unterschiedliche Weise mit vielen Menschen. Seine

Worte wurden von Verheißungen begleitet und seine Versprechen durch Taten erfüllt, die Zeichen seiner Macht waren. Indem er zu den Menschen sprach, offenbarte er ihnen sich selbst und seine Absichten in der Erwartung, dass sie gehorsam das tun, was auch immer er ihnen befehle.

Die natürliche Ordnung zeugt von der Existenz, Macht und Majestät ihres göttlichen Schöpfers, so dass niemand eine Ausrede hat, nicht an ihn zu glauben. Die allgemeine Offenbarung bezeichnet die Art und Weise, wie Gott sich, ohne Ausnahme allen Menschen in der Natur, in der Geschichte und im Gewissen offenbart. Die allgemeine Offenbarung genügt, um uns die Existenz und die Macht Gottes und sogar unsere Verantwortung ihm gegenüber bewusst zu machen, sie ist aber nicht ausreichend, um uns zur Erlösung zu führen. Eine besondere Offenbarung ist erforderlich, weil wir als gefallene Wesen geistig blind und geistlich tot sind. Wahre Gotteserkenntnis entsteht, wenn wir von Gott befähigt werden, die Wahrheit seiner Selbstoffenbarung zu sehen und zu verstehen.

Weil die Menschen nach dem Bild des persönlichen Gottes geschaffen wurden, sind beide, sowohl Gott als auch die Menschen, Personen. Sie denken und kommunizieren miteinander auf eine Weise, die in der menschlichen Sprache ausgedrückt werden kann. Aufgrund dieser Verbindung können die Menschen zu Kenntnissen über die sichtbare wie auch über die unsichtbare Realität gelangen und die daraus abgeleiteten Konzepte zur Entwicklung und Transformation der ersteren verwenden. Als Teil der sichtbaren Schöpfung leben die Menschen in wechselseitiger Abhängigkeit mit allen anderen uns der Materie entstandenen Geschöpfen, aber weil sie nach dem Ebenbild Gottes geschaffen sind, sind sie sich ihrer Stellung bewusst und somit in der Lage, ihre Bedeutung zu erkennen und über die übrige Schöpfung zu herrschen.

Menschliches Wissen ist persönliches Wissen und reicht von der Fähigkeit, Fakten zu erfassen und zu katalogisieren, bis zu der Fähigkeit, sie zu analysieren, um ihre tiefere Bedeutung und ihren Zweck zu verstehen. Aus diesem Grund haben die Menschen eine Verantwortung gegenüber der Schöpfung, die ihnen anvertraut wurde, und müssen Gott Rechenschaft geben, welcher Art von Beziehung sie zu ihr haben. Das menschliche Wissen wird objektiv durch die menschliche Endlichkeit begrenzt und subjektiv durch eine Ablehnung Gottes, die zu einem Zustand radikaler Sündhaftigkeit geführt hat. Die objektive Fähigkeit, Wissen und Verständnis zu erwerben, bleibt trotz ihres Sündenfalles den Menschen erhalten, aber dessen Wirkung ist so groß, dass es keinem Menschen auch keiner Gesellschaft möglich ist, den

Schöpfungsauftrag in der ursprünglich von Gott beabsichtigten Weise zu erfüllen.

4. Die Selbstoffenbarung des Schöpfers gegenüber seinem Bundesvolk

Gott macht sich seinem Bundesvolk, mit dem er eine besondere Beziehung eingegangen ist, immer mehr und mehr bekannt. Gott offenbart sich ihm durch seinen Geist, durch sein Wort, das lebendig ist (in Jesus Christus), geschrieben (in der Heiligen Schrift) und gesprochen (in der Verkündigung).

Gottes Offenbarung seiner selbst im Alten und Neuen Testament ist präzise und ausreichend, so dass die Menschen ihn erkennen, lieben und ihm dienen können. Diese Kenntnis von Gott kann jedoch nicht vollständig sein, weil es bei Gott vieles gibt, das wir nicht wissen können, aber es gibt einiges, das durch Erfahrung erkannt werden, jedoch nicht hinreichend in menschlicher Sprache ausgedrückt werden kann. In sich selbst hat Gott in vielem keine Ähnlichkeit mit seinen Geschöpfen, dass so wir von ihm nur sprechen können, indem wir sagen, was er nicht ist - er ist nicht sichtbar, nicht sterblich, er ist nicht erfassbar, weder in geistiger noch physikalischer Hinsicht. Er hat jedoch absolute Eigenschaften, die die Menschen erkennen und benennen können, so ist er allwissend, allweise und allmächtig ist. Diese Eigenschaften sind identifizierbar, aber sie können nicht vollständig innerhalb der Grenzen der menschlichen Vernunft und Logik definiert werden. Sie können nur durch persönliche Beziehung zu Gott, die durch den Glauben an den Herrn Jesus Christus begründet wird, wirklich erkannt und verstanden werden.

Gott sprach in besonderer Weise zu Abraham, dem er die Verheißung gab, dass er der Vater eines großen Volkes werden würde. Er würde ein Land bekommen und der ganzen Welt Segen bringen. Diese Verheißungen wurden seinem Sohn Isaak und seinem Enkel Jakob, dem der Name Israel gegeben wurde, erneut bestätigt. Durch Jakobs Nachkommen wurde Israel, „das Volk", ein besonderes Volk, dessen historisches Schicksal darin bestand, Gottes Wort zu empfangen und der Welt zu übermitteln und sich auf das Kommen eines göttlichen Erlösers vorzubereiten. Dieses Wort wurde durch auserwählte Diener übermittelt, und schließlich wurde es in geschriebenen Texten bewahrt, die wir jetzt Hebräische Bibel oder Altes Testament nennen. Was in den Schriften des Alten Testaments verheißen und angedeutet ist, wurde schließlich in Christus erfüllt. Während viele Vorschiften des Alten Testaments, einschließlich des Tempelkults und der Tieropfer, nicht

Glaubensbekenntnis der reformierten Weltgemeinschaft

länger verbindlich sind, sind seine spirituellen Prinzipien nicht abgeschafft worden. Diese bleiben gültig für die Christen, die mit dem Volk Israel auf der Grundlage des Glaubens, den wir mit Abraham teilen, vereint sind. Die an Christus Glaubenden bilden eine Familie, das Reich Gottes, das sich bis an die äußersten Grenzen der Welt erstreckt, und die Verkündigung, des Evangeliums Christi bringt Segen allen, die es hören und glauben. Diejenigen, die ethnisch Juden sind, aber nicht Christus angenommen haben, haben nicht die Segnungen erhalten, die ihren Vorfahren verheißen wurden, aber sie behalten dennoch einen besonderen Platz in dem Plan und den Absichten Gottes, die am Ende der Zeit vollständig offenbart werden. Die Kirche ist daher verpflichtet, die Botschaft von Jesus als Messias, Erlöser und Herrn mit dem jüdischen Volk zu teilen. Dessen Eingliederung in die christliche Kirche geschieht auf der gleichen Grundlage wie die der Nichtjuden.

5. Der Vater, der Sohn und der Heilige Geist bilden eine Dreiheit aus gleichen Personen

In Jesus Christus offenbart sich Gott als eine Dreiheit (Trinität) von göttlichen Personen und macht das Christentum einzigartig unter den monotheistischen Religionen der Welt. Gott ist keine einsame Monade, sondern eine Dreieinigkeit von Vater, Sohn und Heiligem Geist, die für immer in persönlicher Gemeinschaft leben. Aus diesem Grund haben die Menschen, die nach dem Ebenbild Gottes geschaffen sind, ein Gefühl für ihre eigene persönliche Identität und eine Beziehung zu Gott und anderen Menschen. Die individuelle Besonderheit, die der personalen bzw. der göttlichen Identität innewohnt, gründet in den Unterschieden der drei göttlichen Personen, die ewig in dem einen Gott existieren.

Der Vater, der Sohn und der Heilige Geist sind alle in gleicher Weise und voll und ganz Gott eigenen Rechts, und nicht durch Abstammung, Übertragung oder Vererbung vom Vater oder von irgendjemand anderem. Sie bilden eine gemeinsame göttliche Natur, und weil es nur einen Gott gibt, ist die Behauptung, nur eine der göttlichen Personen zu erkennen und nicht alle drei, unzutreffend. Die göttlichen Personen stehen miteinander in einer Weise in Beziehung, die für jede von ihnen charakteristisch, aber durch den gemeinsamen Nenner Liebe gekennzeichnet ist. Weil der Vater den Sohn liebt, hat er ihm alle Macht im Himmel und auf der Erde gegeben. Weil der Sohn den Vater liebt, hat er sich freiwillig für uns geopfert, damit wir mit ihm im Himmel leben können, so wie es der Vater will. Weil der Heilige

Geist sowohl den Vater als auch den Sohn liebt, kommt er in die Welt, nicht um vor allem über sich selbst zu sprechen, sondern um Zeugnis von ihnen abzulegen und uns ihr gemeinsames göttliches Leben nahe zu bringen. Schließlich können wir, weil wir Menschen sind, die nach dem Ebenbild Gottes geschaffen wurden, seine Liebe empfangen, uns in dieser Liebe mit ihm verbinden und diese Liebe in all unseren persönlichen Beziehungen bekunden.

6. Im Alten Testament spricht Gott in der Person des Vaters

Im Alten Testament spricht Gott als eine Person, die das Neue Testament mit dem Vater Jesu Christi gleichsetzt, obwohl der Begriff "Vater" normalerweise in Israel nicht dazu benutzt wurde, um über Gott zu sprechen. Es ist jedoch klar, der Gott des Alten Testaments ist unsichtbar und in jeder Hinsicht völlig souverän. Es besteht also völlige Übereinstimmung mit der Person des Vaters, so wie sie uns von Jesus offenbart wurde. Der Vater ist derjenige, um dessen Willen zu befolgen und zu erfüllen, Jesus (als der Sohn) in die Welt gekommen ist. Er ist die eine Person der Gottheit, die zu allen Zeiten unsichtbar und jenseits aller sinnlichen Erfahrung bleibt. Der Sohn und der Heilige Geist werden im Alten Testament nicht sehr ausführlich dargestellt, aber sie sind ewig in Gott gegenwärtig und nehmen an allen seinen Handlungen teil, besonders am großen Werk der Schöpfung. So gibt es viele Hinweise auf die Person und das Werk des verheißenen Messias, wie auch auf das Werk des göttlichen Geistes beim Volk Gottes und in der übrigen Welt.

7. Gott hat sich selbst vollständig und endgültig in Jesus Christus geoffenbart

Gott hat in seiner ganzen Fülle durch Jesus Christus gesprochen, der den Alten Bund mit Israel und all seinen Auserwählten erfüllt hat. Jeus ist sowohl Prophet als auch Wort, Priester und Opfer, König und Königreich. Keine weitere Offenbarung Gottes ist notwendig, weil er selbst Gott ist in menschlichem Fleisch. In Jesus Christus offenbarte sich Gott als der Sohn, der die erste Person der Gottheit als seinen Vater namhaft gemacht hat. Jesus versprach, dass er nach seinem Weggang eine dritte göttliche Person senden würde, den "anderen Tröster", den die Heiligen Schriften den Heiligen Geist nennen. Folglich ist der Lehre Christi inhärent, dass es in dem einen Gott drei Personen gibt.

8. Gott offenbart sich uns in einer Sprache, die wir verstehen können

Weil Gott sich herabgelassen hat, die menschliche Sprache zu gebrauchen, und weil die Person des Sohnes Mensch wurde, ist es möglich, über ihn in menschlichen Begriffen zu sprechen. Die ersten Jünger hätten die physische Erscheinung Jesu beschreiben können, taten dies aber nicht. Das Neue Testament gibt keine besondere Anregung, Bilder oder Statuen von ihm zu machen, weder als Hilfsmittel zur Verehrung noch als Erinnerung an seine Anwesenheit auf der Erde. Kein Bild oder irgendeine dramatische Darstellung von Jesus hat an sich Glaubwürdigkeit, solche Dinge dürfen niemals Objekte der Verehrung oder Anbetung werden, aber sie können auf andere Weise nützlich sein.

II. DAS BÖSE UND DIE SÜNDE

1. Der Ursprung des Bösen

Gott hat das gesamte Universum zum Guten geschaffen. Gott ist nicht der Urheber des Bösen, und seine Heiligkeit wird durch dessen Existenz nicht beeinträchtigt. Das Böse entstand durch die Rebellion Satans und einiger Engel. Es scheint, dass Stolz der Grund ihres Sturzes war. Die gefallenen Engel werden Dämonen genannt und von Satan angeführt. Sie widersetzen sich dem Werk Gottes und versuchen, seine Absichten zu vereiteln. Dennoch bleibt Gott souverän über die Mächte des Bösen und nutzt deren Handlungen, um seinen Erlösungsplan voranzubringen. Dämonen dürfen nicht verehrt werden, und man darf ihnen in keiner Weise zu Diensten sein. Ihre Aktivität verbirgt sich hinter falschen Religionen, und Satan macht den menschlichen Verstand blind für die Wahrheit.

2. Das Böse und die Menschheit

Das Böse ist durch die Sünde der ersten Menschen im Garten Eden in das menschliche Leben eingedrungen. Adam ist der Stammvater der gesamten Menschheit, und so muss jeder Mensch die Folgen der Sünde Adams ertragen, die in Unordnung geratene Welt, den physischen Tod und anderes. Adam und Eva setzten sich selbst an die Stelle Gottes und leisteten Satan treue Gefolgschaft. Der Versuchung zu erliegen, wie Gott zu sein, hat weitreichende Konsequenzen. Gott des ihm gebührenden Rahmes zu berauben, führt zur Beseitigung der von ihm gesetzten Unterscheidungen und schließt das Eindringen in die Sphäre des Göttlichen ein, die Abschaffung der von Gott verordneten Unterscheidung von Mann und Frau, das Durcheinander zwischen Menschen und Tieren. Durch das, was aus den falschen Beweggründen als gut erscheint, sind inmitten der menschlichen Gesellschaft Chaos, Spannung und Leiden entstanden.

3. Die Auswirkungen der Sünde im menschlichen Leben

Die Menschen schließen sich Mächten mit übernatürlichen Kräften an, die so schreckliche Dinge wie Völkermord, Machtmissbrauch, Weltkriege, verschiedene Arten von Terrorismus, psychopathische Morde, Menschenhandel, Drogenmissbrauch und Gewalt aller Art verursachen. Ohne die Bedeutsamkeit der Menschen zu unterschätzen oder zu relativieren, werden solche abscheulichen Formen des Bösen von dämonischen Mächten propagiert und inszeniert, mit dem Ergebnis, dass Menschen auseinanderdividiert, zerstört und in ihrem Denken und Verhalten unter das Niveau von Tieren gebracht werden können. Das Böse ist nicht nur auf die Zerstörung der Schöpfung und des Ebenbildes Gottes gerichtet, das sich in den Nachkommen Adams und Evas manifestiert, sondern auch auf die Unterdrückung der Kirche und der Wahrheit Gottes. Obwohl Dämonen sich nicht vermehren, noch von Menschen vernichtet werden können, sind wir weiterhin aufgerufen, dem Bösen, der Ungerechtigkeit, Unterdrückung und Gewalt zu widerstehen, die die Dämonen für ihre Zwecke nutzen, indem wir betend auf die Wiederkehr von Jesus Christus warten, der all diesen Dingen ein Ende bereiten wird.

4. Die Universalität der Sünde und deren Folgen

In Adam sterben alle, und der Tod verschont Keinen, weil alle gesündigt haben. Die ganze Menschheit ist an dem Fall und seinen Folgen beteiligt: Sünde, Entfremdung, Gewalt, Krieg, Krankheit, Leiden und Tod. Geistig gesehen sind alle Menschen tot, weil sie sich gegen Gott auflehnen und von seinen Segnungen abgeschnitten sind. Obwohl die gefallenen Menschen viele Wahrheiten entdecken können, fehlt ihnen der Rahmen, der nötig ist, um sie als Aspekte der Wahrheit Gottes zu verstehen. Als Sünder weigern sie sich, die Konsequenzen der Wahrheit, die sie haben, zu akzeptieren, und unterdrücken sie stattdessen durch ihre Bosheit. In ihnen ist somit der körperliche Tod am Werk, bis sie zu dem Staub zurückkehren, von dem sie genommen sind. Sofern Gott nicht gnädig eingreift, wird der geistige Tod zum ewigen Tod werden.

III. DIE PERSON UND DAS WERK CHRISTI

1. Die Herrlichkeit Christi

Im Mittelpunkt des Christentums steht die Person Jesu Christi. Sein Ruhm und seine Erhabenheit sind so groß, dass es nicht nur die Pflicht, vielmehr das Verlangen jedes Gläubigen ist, ihn anzubeten und zu erhöhen.

2. Der Mensch gewordene Sohn Gottes ist eine göttliche Person und hat zwei Naturen

Die göttliche Person des Sohnes Gottes, die zweite Person der Dreieinigkeit, hat im Mutterleib der Jungfrau Maria eine vollkommene menschliche Natur angenommen und wurde als der Mensch Jesus von Nazareth geboren. Er hat also zwei Naturen, eine göttliche und eine menschliche, die in sich unvermischt und verschieden bleiben, aber zugleich in seiner und durch seine göttliche Person vereint sind. Weil seine göttliche Natur, die er mit dem Vater und dem Heiligen Geist gemeinsam hat, nicht leiden oder sterben kann, nahm der Sohn eine menschliche Natur an, um den Preis der menschlichen Sünde zahlen zu können und uns mit Gott zu versöhnen. Am Kreuz war es die Person des Sohnes in seinen zwei Naturen, der litt und starb.

3. Der fleischgewordene Sohn Gottes ist wahrer Mensch

Jesus von Nazareth war als der fleischgewordene Sohn Gottes ein wahrer Mensch. Er besaß einen menschlichen Geist und einen menschlichen Willen, und hatte eine normale psychische Konstitution, wobei er seine göttliche Natur beibehielt. Er war auf dieselbe Weise Versuchungen ausgesetzt wie jeder andere Mensch, aber er fiel nicht in Sünde.

4. Der fleischgewordene Sohn Gottes war uneingeschränkt fähig, uns mit seinem Vater zu versöhnen

Der Mensch Jesus Christus konnte unseren Platz am Kreuz einnehmen und den Preis unserer Sünde bezahlen, nicht wegen irgendeiner natürlichen oder objektiven Überlegenheit, sondern weil er seinem Vater vollkommen gehorsam war und daher völlig ohne Sünde. Indem er für uns zur Sünde wurde, konnte er unsere Schuld gegenüber Gott aufheben, ohne irgendeine

Schuld auf sich zu laden, die ihn von seinem Vater getrennt hätte. Das Erlösungswerk Christi sicherte die Errettung aller, die von ihm vor der Gründung der Welt auserwählt worden waren.

5. Die körperliche Beschaffenheit des auferstandenen Christus

Nach zwei Tagen im Grab stand Jesus von Nazareth von den Toten auf in einer verwandelten, aber dennoch erkennbaren menschlichen Natur. Sein durch die Auferstehung verwandelter Körper war fähig, Naturgesetze zu überschreiten, behielt jedoch seine eigenen physischen Eigenschaften. Bei seiner Himmelfahrt wurde dieser Körper weiter in einen himmlischen Zustand verwandelt, der so in Gott aufgenommen wurde. Die Menschen werden auferstehen, jedoch nicht wie so Jesus am ersten Ostermorgen, sondern wie er jetzt in seinem himmlischen Zustand ist.

IV. DIE PERSON UND DAS WERK DES HEILIGEN GEISTES

1. Der Heilige Geist als eine Person der Dreifaltigkeit

Der Heilige Geist ist zusammen mit dem Vater und dem Sohn an der Schöpfung und der Erlösung beteiligt. Der fleischgewordene Sohn wurde von der Jungfrau durch den Heiligen Geist empfangen, mit dem Heiligen Geist gesalbt und vom Heiligen Geist dazu bevollmächtigt, seine Mission hier auf Erden öffentlich zu erfüllen.

2. Das Wirken des Heiligen Geistes bei der Erlösung

Der Heilige Geist vermittelt den einzelnen Gläubigen das Erlösungswerk des Sohnes und vereint sie sowohl mit Christus, ihrem Haupt, als auch untereinander. Er ist der Vermittler der Adoption der Gläubigen in die Familie Gottes und gibt ihnen die innere Gewissheit, dass sie von der souveränen Kraft Gottes erwählt wurden. Er hilft, lehrt, führt und leitet die Gläubigen entsprechend Gottes geoffenbartem Willen, gemäß seiner Wesensart. Er heiligt die Gläubigen, indem er seine Früchte in ihnen hervorbringt und im Gebet zum Vater ständig für sie eintritt.

3. Die Herabkunft des Heiligen Geistes zu Pfingsten

Das Kommen des Heiligen Geistes zu Pfingsten war der Beginn eines neuen Wirkens Gottes im Leben der Gläubigen, das zur Gründung der christlichen Kirche führte. Die außergewöhnlichen Offenbarungen, die zu dieser Zeit erfolgten, waren Geschenke, einzigartige Zeichen des Beginns des messianischen Zeitalters. Sie dürfen heute nicht automatisch als entscheidender Beweis für Gottes Macht und Wirksamkeit beansprucht oder gefordert werden. Die ständigen und mannigfaltigen Gaben des Heiligen müssen nach seinem Willen in Demut erbeten werden, um Gott im Dienste des Gemeinwohls der Kirche zu verherrlichen.

4. Der Heilige Geist und die geistliche Erneuerung

Die Kraft des Heiligen Geistes manifestiert sich auf besondere Weise in Zeiten der geistlichen Erneuerung, die im Leben der Kirche sich periodisch ereignet. Diese Zeiten des Erwachens und der spirituellen Auffrischung fördern die Ausbreitung von Gottes Königreich, indem sie den Menschen ihre Sündhaftigkeit bewusst machen und sie auf eine neue und tiefere Weise zu Christus hinführen. In solchen Zeiten werden die Gläubigen an die Gegenwart des Heiligen Geistes erinnert, da sie sich seiner Tätigkeit in ihrem Leben und seiner Gaben immer mehr bewusst werden. Geistige Erweckung ist besonders wirksam, um Gottes Volk zu ihm zurückzubringen, indem sich die Kirche reformiert, die ständig in Gefahr ist, in die Irre zu gehen. Gleichwohl ist das Werk des Heiligen Geistes, das in Zeiten der geistlichen Erweckung offenkundig ist, immer in der Kirche präsent, und die Gläubigen müssen zu jeder Zeit eifrig um seine Früchte und seine Gaben beten.

5. Der Heilige Geist und der geistliche Kampf

Der Heilige Geist bekämpft aktiv Satan und seine Dämonen und schützt die Gläubigen vor ihnen. Der Heilige Geist befreit Männer und Frauen von dämonischer Unterdrückung und Besessenheit und stattet sie mit den geistlichen Waffen aus, die sie brauchen, um der Macht des Teufels zu widerstehen. Die Bibel verbietet den Gläubigen, sich mit den Mächten der Dunkelheit und ihren Werken zu beschäftigen.

V. GOTTES ERLÖSUNGSWERK

1. Die allgemeine Gnade

Gott gießt seine allgemeine Gnade über die ganze Menschheit aus, ebenso wie die besondere Gnade, durch welche die Menschen in die Erlösung eingehen. Durch die allgemeine Gnade wird der Sünde Einhalt geboten, sündige Menschen empfangen Gottes Segen und sind befähigt, Gutes zu tun. Diese allgemeine Gnade bildet eine Grundlage für die menschliche Gesellschaft und macht es möglich, in den Künsten und Wissenschaften tätig zu sein. Es ist der Heilige Geist, der diese Tätigkeit ermöglicht. So sind der kulturelle Fortschritt und die menschliche Zivilisation gute Gaben Gottes, die trotz des Sündenfalls der Menschheit geschenkt wurden.

2. Der Ruf und die Wahl Gottes

Gottes Ruf an die Menschen ist, Reue zu empfinden und zu glauben. Niemand kann auf diesen Ruf ohne das Wirken des Heiligen Geistes antworten. Obwohl viele die Botschaft akustisch empfangen oder direkt aus der Bibel kennen oder indirekt in der christlichen Literatur lesen, werden nicht alle erwählt. Anstatt die Menschheit in ihrem gefallenen Zustand aufzugeben, wählte Gott souverän und gnädig einige zum ewigen Leben aus. Nur diejenigen, deren Herzen und Verstand durch den Heiligen Geist erleuchtet sind, sind befähigt, die versprochenen Gaben der Sündenvergebung zu empfangen und Aufnahme bei Gott zu finden.

3. Die Wiedergeburt

Durch das Wirken des Heiligen Geistes erhält ein toter Sünder Leben von Gott, und die Einpflanzung dieses Lebens führt zu einer neuen Ausrichtung auf Gott und seine Gerechtigkeit. Nur der Heilige Geist kann die Veränderung herbeiführen, die die Heiligkeit hervorbringt, ohne die keiner Gott erfahren wird. Da jedoch dieses Werk der Erneuerung charakteristische Veränderungen hervorbringt, sind die Christen einzigartige Wesen, denn obwohl sie alle den Heiligen Geist besitzen, sind sie trotzdem alle verschieden. Was sie gemeinsam haben, ist das neue Leben, das ihnen eingepflanzt wurde, was bedeutet, dass sie sich jetzt in einer unauflösbaren geistigen Vereinigung mit Christus befinden. Das Neue Testament drückt das so aus: dass Christen "in Christus" sind, heißt, sie werden "Erben Gottes und Miterben Christi". Weil sie so mit Christus vereint sind, in dem alle Schätze der

Weisheit und des Wissens verborgen sind, sind sie vollständig in ihm. Alle an Christus Glaubenden haben den Geist Christi, und vereint mit Christus zu sein bedeutet auch, dass sie in einer lebendigen Beziehung zueinander stehen. Sie sind einer gemeinsamen Erlösung teilhaftig und haben gemeinsame Ziele und Bestrebungen.

4. Die Auswirkungen der Wiedergeburt

Gottes Tätigkeit bei der Wiedergeburt erfordert keine Wiederholung. Von Gott gerechtfertigt, drücken Christen diese Veränderung ihres Zustandes durch eine Veränderung ihrer spirituellen Verfassung aus. Bekehrung kennzeichnet den bewussten Beginn eines neuen Lebens, so dass die Gläubigen danach streben, in Übereinstimmung mit ihrer neuen Natur zu leben, wobei sich Neigungen entwickeln, die sich auf spirituelle Themen richten. Im Mittelpunkt des neuen Lebens stehen Reue und Glaube, die als Ausdruck der Bekehrung miteinander verbunden sind.

5. Der Glaube

Die Gnade zu glauben ist ein Geschenk Gottes. Der Glaube ist also der Vorgang, die Segnungen der Errettung zu empfangen und zwar durch den persönlichen Glauben an Christus, den Erretter und die Bindung an ihn. Dieser Glaube ist das Mittel, durch das die göttliche Offenbarung erfasst wird und alle verheißenen Segnungen empfangen und genossen werden. Er ist die Überzeugung, dass die Botschaft der Bibel wahr ist und dass die persönliche Akzeptanz der Verdienste und der Taten Christi von wesentlicher Bedeutung ist. Wahrer Glaube ruht auf seinem Fundament, Jesus Christus, er ist als der Heiland angenommen, und durch einen Akt der Hingabe ruht die Seele in ihm allein, um gerettet zu werden.

6. Die Rechtfertigung

Rechtfertigung ist ein Akt Gottes, als Folge einer wirksamen Berufung durch den Heiligen Geist, und die konsequente Antwort des Sünders voll Reue und Glauben: "Wen er berufen hat, den hat er auch gerechtfertigt." Bei der Rechtfertigung erklärt Gott die Sünder aus seiner Sicht für gerecht und ihre Sünden als vergeben indem er die Gerechtigkeit Christi als zu ihnen gehörend zählt. Rechtfertigung ist kein Vorwand seitens Gottes, dass Sünder gerecht sind, obwohl sie tatsächlich schuldig sind. Damit eine

Rechtfertigung als wirklich angesehen wird und im Einklang mit der Heiligkeit Gottes steht, muss sie einen triftigen Grund haben. Es muss wahre Gerechtigkeit existieren, damit Gott in seiner Rechtfertigungserklärung gerecht ist. Sünder sind gerechtfertigt auf der Grundlage einer Gerechtigkeit, die von einem anderen gewährt wird, der Gerechtigkeit des Herrn Jesus Christus, die ihnen als gehörig zugerechnet wird. Diese Zurechnung der Gerechtigkeit Christi ist grundlegend für den christlichen Glauben.

7. Die Gerechtigkeit Christi ist die Grundlage unserer Rechtfertigung

Die Gerechtigkeit Christi umfasst sein Leben des vollkommenen Gehorsams gegenüber jedem Gebot des Gesetzes Gottes und seinem Tod am Kreuz, durch den er die Strafe von Gottes heiligen Zorn wegen der Sünden seines ganzen Volkes trug, ein Werk, das durch seine triumphale Auferstehung besiegelt wurde. Die Gläubigen haben jetzt Anteil an demselben gerechten Status wie Christus, der alle Forderungen des Gesetzes Gottes an ihrer Stelle und in ihrem Auftrag erfüllt hat. Der Grund der Rechtfertigung des Sünders ist allein die vollkommene Gerechtigkeit Christi.

8. Die Übereinstimmung zwischen Paulus und Jakobus in ihrer Rechtfertigungslehre

Es gibt keinen Konflikt zwischen der Lehre von Paulus und der von Jakobus bezüglich der Rechtfertigung. Paulus schreibt von der Rechtfertigung als Vergebung und Annahme vor Gott; Jakobus besteht darauf, dass, wenn diese Rechtfertigung real ist, sie sich in einem Leben des Gehorsams zeigen wird.

9. Die Adoption der Gläubigen in Christus

Die Stellung des Herrn Jesus Christus als ewiger ungeschaffener Sohn Gottes ist gemäß seiner Natur einzigartig. Dennoch schämte er sich nicht, diejenigen, die er errettet hat, Brüdern und Schwestern zu nennen. Diese adoptierten Kinder Gottes sind Erben des Erbes, das Christus ihnen gesichert hat, das volle Maß der Segnungen der Erlösung, und so werden sie als "Erben Gottes und Miterben Christi" bezeichnet.

Als Kinder Gottes haben die Gläubigen Anteil an allen Segnungen, die Gott seiner Familie gewährt, und durch das innere Zeugnis des Heiligen Geistes erkennen und sprechen sie Gott als Vater an. Sie sind die Objekte der Liebe Gottes, seines Mitgefühls und seiner Fürsorge um ihre Bedürfnisse. Die Kinder Gottes haben auch das Vorrecht, an den Leiden Christi und seiner späteren Verherrlichung teilzuhaben. Ein weiteres Vorrecht der Kinder Gottes, das ihre Adoption bestätigt, ist ihre Erfahrung der väterlichen Züchtigung Gottes. Ihnen wird versichert: "Gott behandelt euch als Söhne. Denn wo ist ein Sohn, den sein Vater nicht züchtigt?"Die Einheit der Kinder Gottes in einem Leib ist auch ein Privileg, dessen man sich erfreuen soll und eine Verantwortung, die gegenseitige Liebe und Dienen erfordert.

Die vollen Segnungen der Adoption werden nicht vor der glorreichen Wiederkunft des Herrn Jesus Christus ausgekostet werden. Die Adoption hat eine gegenwärtige, aber auch eine eschatologische Dimension, die ein Element der christlichen Hoffnung ist. So, auch wir selbst, die wir die ersten Früchte des Geistes besitzen, stöhnen innerlich, während wir eifrig auf die Adoption als Söhne warten, auf die Erlösung unserer Körper. "Die Adoption wird nicht vollständig sein, bevor Christus seinem Volk bei der Auferstehung neue Körper gibt, wenn die Gläubigen die Freiheit der Herrlichkeit als Kinder Gottes" zusammen mit der erneuerten Schöpfung genießen.

10. Das Heiligungswerk des Heiligen Geistes

Der Heilige Geist wirkt im Leben derer, die gerechtfertigt sind und adoptiert wurden, um sie heilig zu machen und sie in das Ebenbild Christi zu verwandeln. Gottes Wirken in den Gläubigen beinhaltet sowohl das zu wollen als auch das zu tun, was er fordert. Ein aktiver Gehorsam gegenüber den Geboten des Herrn ist unbedingt notwendig. Die Heiligung erfordert das Ausmerzen von allem, was im menschlichen Leben sündhaft ist, und neue gottgefällige Gewohnheiten und Muster des Denkens und Lebens zu entwickeln.

11. Das Erreichen Vollkommenheit der christlichen

In diesem gegenwärtigen Leben ist kein Gläubiger völlig frei von Sünde, und die Heiligung schreitet graduell voran. Gottes Disziplinierung seiner geliebten Kinder dient auch ihrer Heiligung. Das Werk der Heiligung wird durch die Kraft und Gnade Gottes vervollständigt werden. Der Geist ist beim Tod voll geheiligt, indem er sich "mit den Geistern derer verbindet, welche die Vollkommenheit erlangt haben". Bei der Auferstehung wird der Körper eines Gläubigen an dieser Vollkommenheit teilhaben und wie der herrliche Leib Christi sein. Letztlich wird jeder Gläubige das Bild des himmlischen Menschen voll und ganz tragen.

VI. DAS CHRISTLICHE LEBEN

1. Authentische Spiritualität

Christliche Spiritualität ist ein lebenslanger Prozess tiefer Verehrung und Liebe zu Gott, der in einer aufrichtigen Beziehung zu Mitmenschen in Erscheinung tritt. Christliche Spiritualität ist praktische Frömmigkeit, die zur Verwandlung in das Ebenbild Christi führt. Sie ist weder auf das Selbst gerichtet, noch auf eine unpersönliche Kraft, noch auf einen nebulösen Zustand der Existenz oder auf veränderte Bewusstseinszustände. Sie wächst im Verbund mit dem dreieinigen Gott und in der immer größer werdenden Gemeinschaft mit dem Volk Gottes in der Welt. Sie ist das Ergebnis der geistigen Erneuerung, die vom Heiligen Geist aufrechterhalten und geleitet wird.

2. Wege zur inneren Frömmigkeit

Der Heilige Geist erzeugt in uns Frömmigkeit, indem er das Wort Gottes auf unsere Herzen und Sinne richtet, uns Gehorsam lehrt, uns mit der Gemeinschaft aller Gläubigen in der wahren Anbetung Gottes vereint und uns bei unserem Zeugnis in der Welt, in Prüfungen und Leiden und in der Konfrontation mit dem Bösen stärkt.

3. Die Auswirkungen der inneren Frömmigkeit

Die Frömmigkeit bewirkt eine Veränderung der Gesinnung im Herzen, die sich in Worten und Taten offenbart, das inständige Gebet und ein Leben, das immer mehr zum Bild Christi wird. Sie erzeugt in uns ein lebenslanges Wachstum der Selbstverleugnung und die Bereitschaft in der Nachfolge Christi täglich "sein Kreuz auf sich zunehmen", indem wir Liebe, Geduld, Vergebung, Sanftmut, Mitgefühl und Freundlichkeit bei allen, besonders aber in der christlichen Familie, praktizieren. Sie beinhaltet das ständige Einbringen unserer selbst in völliger Hingabe an Gott, das Erleben unaussprechlicher Freude, kindliche Furcht, selbstlose Ehrerbietung, glühende Liebe, Mitgefühl und selbstkontrollierte Kühnheit, im Gleichgewicht mit Demut, Respekt, Ehrfurcht, Zufriedenheit, kindlichem Vertrauen, Gehorsam, Hoffnung auf Unsterblichkeit und auf Gottes Frieden angesichts von Prüfungen, Trauer und Schmerz.

4. Spirituelle Erfahrungen

Ein auf Gott ausgerichtetes spirituelles Leben empfängt diese spirituellen Erfahrungen als ein Geschenk des Heiligen Geistes. Wenn wir uns dem dreieinigen Gott nähern wollen, werden wir daran erinnert, dass wir ständig in seiner Gegenwart leben, wo auch immer wir sind. Wir sind deshalb motiviert, unsere Berufung zu erfüllen, Werkzeuge seiner transformierenden Gnade zu sein, wohin immer uns seine Vorsehung gestellt hat. Die Erfahrung unserer Vereinigung mit Gott in diesem Leben ist nur ein Vorgeschmack auf die Herrlichkeit der Gemeinschaft mit Gott im kommenden Zeitalter.

VII. DIE HEILIGE SCHRIFT

1. Die Heiligen Schriften wurden von Gott, dem Heiligen Geist, ins Dasein gebracht

Alle Schriften sind von Gott inspiriert, sie wurden geschrieben, wenn Menschen, erfasst vom Heiligen Geist, über Gott sprachen. Die Schriften sind Gottes Wort und somit absolut glaubwürdig. Von Anfang an sind sie in allem, was sie behaupten, fehlerfrei, eine Lehre, die von vielen reformierten Theologen als "biblische Unfehlbarkeit" bezeichnet wurde. Gott überwachte die Arbeit des Schreibens, so dass die Heiligen Schriften genauso wurden, wie er es gewollt hatte. Obwohl Gott sich der Menschen zu bedienen pflegte, hat er dennoch ihre menschliche Natur nicht außer Kraft gesetzt oder ihnen die Schriften diktiert. Sie zeigen daher die persönliche Geschichte und den literarischen Stil jeden Autors und die charakteristischen Merkmale der Zeit, in der sie geschrieben wurden, während sie in jeder Hinsicht das Wort Gottes selbst bleiben.

2. Die Schriften werden durch das Wirken von Gottes Heiligem Geist anerkannt

Die Schriften geben uns viele gute Ratschläge, aber letztlich gründet unsere volle Überzeugung und die Gewissheit ihrer unfehlbaren Wahrheit und göttlichen Autorität im Heiligen Geist, wie er in unseren Herzen, vom Wort und durch das Wort Zeugnis ablegt. Für den Gläubigen, in dem der Heilige Geist wohnt, ist klar, dass die Schriften ihre Authentizität als Wort Gottes kundtun. Die christliche Kirche erhielt auf diese Weise die hebräische Bibel und das in griechischer Sprache verfasste Neue Testament und konnte sie als ihren maßgebenden Kanon anerkennen. Die Schriften beziehen ihre Autorität nicht von der Kirche oder aus einer anderen Quelle, sondern von Gott selbst.

3. Das Verständnis der Schriften erfolgt durch das Wirken des Heiligen Geistes

Die Schriften haben eine grundlegende Klarheit, aber nur der christliche Gläubige kann ihren spirituellen Sinn und ihre Bedeutung aufnehmen und verstehen, weil er Zugang zum Geist Christi hat. Der Sündenfall der Menschheit hat sowohl den Verstand als auch den Willen und die Emotionen beeinflusst. Die so entstandene geistige Blindheit ließ die Menschen unfähig werden, die Dinge Gottes ohne das Wirken des Heiligen Geistes zu verstehen. Wenn Menschen wirklich berufen und wiedergeboren werden, beginnt der Heilige Geist, ihrem Verständnis die Schrift zu erschließen. In seiner Weisheit offenbart uns der Heilige Geist die wahre Bedeutung der Offenbarung Gottes.

4. Die Anwendung der Heiligen Schriften durch Gott, dem Heiligen Geist

Gott führt Männer und Frauen durch die Verkündigung seines Wortes zu sich. Der Heilige Geist nutzt das Predigen, Lehren und Studieren der Schrift, um uns durch den Glauben an Jesus Christus weise zu machen und uns seine Gedanken zu vermitteln. Ob verkündet oder gelesen, die Schriften sind gewinnbringend für das Lehren, für Tadel und Besserung und für das Sicheinüben in der Gerechtigkeit, damit wir für jede gute Tat gerüstet sind und eine gottgefällige Lebensweise zeigen. Sie sorgen so für die Grundlage, Bestätigung und Regelung unseres Glaubens.

5. Die Voraussetzungen für die Auslegung der Schrift

Die Heilige Schrift ist das Wort Gottes und kann daher sich nicht selbst widersprechen. Unser Lesen, Auslegen, Verstehen und Anwenden der Heiligen Schrift wird in unterschiedlicher Weise von unseren früheren Überzeugungen oder Annahmen über Gott und die Bibel beeinflusst. Um zu einem richtigen Verständnis zu gelangen, ist es notwendig, sich dieser Überzeugungen bewusst zu sein, diese im Licht des biblischen Textes zu überprüfen, ihnen eine neue Grundlage zu geben, um sie mit dem Sinn des Textes in Einklang zu bringen. Da die Schriften göttlichen Ursprung und göttliche Inspiration beanspruchen, können nur jene Interpretationsmethoden, die solche Forderungen ernst nehmen, zur wahren Deutung gelangen.

6. Die Klarheit der Schrift

Die Notwendigkeit eines wissenschaftlichen Studiums der Bibel in ihren ursprünglichen Sprachen untergräbt weder die Klarheit noch die göttliche Autorität und Vertrauenswürdigkeit der Schrift. Die für die Errettung notwendigen Wahrheiten werden in der Schrift so deutlich zum Ausdruck gebracht, dass sowohl gelehrte als auch nicht gelehrte Leser sie verstehen können. Die Botschaft der Schrift muss im Lichte der Philosophien und Meinungen dargelegt werden, die deren Voraussetzungen in Frage stellen und ihnen entgegenstehen. Bei der Verteidigung der biblischen Weltanschauung gegen solche Gegner wird die Klarheit der Schrift nicht nur durch einen sorgfältigen Vergleich eines biblischen Textes mit einem anderen erreicht, sondern auch durch die Überprüfung der Bedeutung des entgegengesetzten Arguments.

7. Die geeigneten Interpretationsmethoden

Die Bibel ist Gottes Wort und muss daher in demütiger Unterwerfung und im Gebet um Erleuchtung des Heiligen Geistes gelesen werden. Da sie in menschlichen Sprachen innerhalb spezifischer kultureller, sozialer und zeitlicher Kontexte geschrieben wurde, muss ihr Sinn durch die Anwendung allgemeiner Interpretationsregeln und mit Hilfe verwandter Bereiche wie Archäologie, Geschichte, Textkritik und des Studiums der ursprünglichen Sprachen erforscht werden. Alle diese Methoden müssen ihren göttlichen Ursprung, ihre Unfehlbarkeit und ihren humanen Charakter berücksichtigen.

8. Die Bedeutung eines biblischen Textes

Ein biblischer Text kann viele verschiedene praktische Anwendungen und Bedeutungen haben, aber sein primärer Sinn wird normalerweise durch den sorgfältigen Gebrauch der historischen, grammatikalischen und erlösungsgeschichtlichen Prinzipien bestimmt, die bereits im vorherigen Absatz beschrieben wurden. Allegorische, spirituelle und figurative Interpretationen haben keine Berechtigung, es sei denn, sie sind im Text selbst ausdrücklich gebilligt.

9. Die Universalität der Wahrheit und ihre Anwendung

Die in der Schrift geoffenbarte Wahrheit Gottes ist universell, ewig und für alle Kulturen, Zeitalter und Völker gültig. Dennoch kann es verschiedene Anwendungen dieser Wahrheit geben. Im Kontext von Gottes Wort sollte die Kirche zwischen biblischen Prinzipien unterscheiden, die die ewigen und universellen Manifestationen von Gottes Wahrheit sind, und den praktischen Implikationen dieser Prinzipien, die in verschiedenen Kontexten variieren können. Sie muss immer sicherstellen, dass ihre Anwendungen legitime und angemessene Erweiterungen der grundlegenden und unveränderlichen Prinzipien sind.

10. Das normative Muster der Selbstoffenbarung Gottes in nachbiblischen Zeiten

Seit der Vollendung des Kanons des Neuen Testaments ist es das normative Muster, dass Gott in der Heiligen Schrift und durch sie mit Hilfe der Erleuchtung des Heiligen Geistes zu uns spricht, der in unseren Herzen wohnt und uns sowohl den Vater als auch den Sohn offenbart.

Diejenigen, die die Stimme des Geistes hören, empfangen das Erbe, das uns im Sohn versprochen wurde, und mit seiner Hilfe tun sie in ihrem Leben den Willen des Vaters. Das Neue Testament soll uns lehren, was das bedeutet und uns leiten, wenn wir Gottes Willen in die Tat umsetzen wollen, dass uns der Heilige Geist geschriebene Texte gegeben hat, um uns zu informieren, herauszufordern und entlang des Weges zu ermutigen. Neben dem Alten Testament sind diese Texte die Offenbarung, die den Anhängern Christi gegeben wurde, durch oder mit Zustimmung der zwölf Jünger, die ihn sahen, nachdem er von den Toten auferstanden war und die er berufen hatte, die Kirche zu leiten und zu unterweisen. Die Texte wurden von den ersten Christen gesammelt, die sie als die volle Autorität Gottes selbst anerkannten und die als das Neue Testament zusammengestellt wurden. Kein christlicher Lehrer, noch die Kirche haben das Recht, auf Glaubensanschauungen zu bestehen, die nicht in der Schrift enthalten sind, oder irgendeine von ihnen auf eine Weise zu interpretieren, die dem widerspricht, was Gott über sich selbst anderswo in der Schrift geoffenbart hat.

VIII. DIE KIRCHE

1. Ihr Wesen

Die Kirche ist sowohl die unsichtbare Gemeinschaft aller Christen (nur Gott bekannt) als auch die sichtbare Kirche auf Erden in ihren vielen Gemeinschaften. Die Kirche ist der geistige und übernatürliche Leib Christi, der das Haupt der Kirche ist. Jeder Christ ist mit Christus vereint und mit jedem anderen Christen durch Gott verbunden und bildet so die Kirche. Im Leben der einen, heiligen, allumfassenden und apostolischen Kirche stehen die Verehrung Gottes, die Gemeinschaft, die Heiligen Schriften, die Sakramente und die Mission im Mittelpunkt.

2. Die Dienste in der Kirche

Die Schrift weist auf eine Reihe von Diensten hin, die Gott der Kirche zu verschiedenen Zeiten gegeben hat: Apostel, Propheten, Älteste, Diakone und Evangelisten. Heute gibt es in jeder örtlichen Kirche Älteste und Diakone. Die Ältesten sollen Seelsorger, Aufseher und Vorbild sein, und einige von ihnen sollen sich dem Predigen und Lehren widmen. Diakone sollen sich um die Armen und Bedürftigen kümmern und um die praktischen, finanziellen und materiellen Bedürfnisse der Kirche. Wie das Ältestenamt ist das Diakonat auch ein spirituelles Amt, das spirituelle Qualitäten erfordert.

3. Die Anbetung Gottes

Die Hauptverantwortlichkeit der Kirche ist die Anbetung Gottes. Das Wesen und der Inhalt dieser Verehrung wird von Gott selbst bestimmt, wie es uns in der Schrift geoffenbart wird. Dies sollte das Singen, den Lobpreis Gottes, das Lesen und Auslegen der Schrift sowie das Gebet einschließen.

4. Die Autonomie der örtlichen Gemeinde

Jede Gemeinde von Gläubigen hat eine gewisse Autonomie unter der Leitung der Ältesten, aber es gibt auch eine größere Einheit mit allen anderen Gemeinden. Diese Art von Verbindung hatte zu verschiedenen Zeiten in verschiedenen Teilen der Kirche unterschiedliche Formen.

5. Die Sakramente

Ein Sakrament ist ein äußeres und sichtbares Zeichen einer inneren geistigen Gnade. Es ist von Christus eingesetzt und repräsentiert das Werk Christi. Die evangelischen (protestantischen) Kirchen erkennen nur zwei Sakramente an: Taufe und Abendmahl. Diese werden oft mit den zwei Sakramenten der alttestamentarischen Kirche gleichgesetzt: Beschneidung und Passah. Die Taufe ist ein Initiationsritus, die Aufnahme in die christliche Kirche. Sie ist mit Wasser zu vollziehen. Das Abendmahl weist auf den Tod Christi am Kreuz hin, wobei Brot und Wein Symbole des Leibes und des Blutes Christi sind. Es ist den Gläubigen eine Hilfe zur Stärkung des Glaubens in der Gemeinschaft in Christus und bietet ihnen geistige Nahrung, wobei sie den Tod des Herrn verkünden, bis er wiederkommt.

IX. DIE TRADITION

1. Das Bestehen und die Gültigkeit apostolischer Traditionen

Jede christliche Kirche lebt nach der vom apostolischen Zeitalter ererbten Glaubensregel. Die Heilige Schrift ist der einzig authentische und normative Maßstab dieser Regel, an der alle anderen Überzeugungen und Praktiken gemessen werden müssen. Zweifellos hatten die apostolischen Kirchen Bräuche, die in der Schrift nicht erwähnt oder von ihr nicht vorgeschrieben werden, aber solche Traditionen sind für spätere Generationen von Christen nicht bindend. Ebenso ist es möglich, dass verlorengegangene apostolische Schriften eines Tages wiederentdeckt werden, aber nicht als Heilige Schriften gelten, weil sie in der apostolischen Zeit nicht als Teil der normativen Regel weitergegeben wurden.

Glaubensbekenntnis der reformierten Weltgemeinschaft 165

2. Die Autorität von Glaubensbekenntnissen

Im Laufe ihrer Geschichte hat die Kirche Glaubensbekenntnisse formuliert, um die Lehre der Heiligen Schrift zu klären. Diese Dokumente und andere ähnliche Entscheidungen verschiedener kirchlicher Einrichtungen genießen die Autorität derer, die sie übernommen haben, und müssen von späteren Generationen so akzeptiert und respektiert werden. Sie sind jedoch nicht unfehlbar, und wenn sich erweist, dass sie nicht mit der Lehre der Schrift übereinstimmen oder dass ihre Lehre auf andere Weise klarer ausgedrückt werden kann, steht es der Kirche frei, sie entsprechend zu ändern.

3. Die Antwort der Reformatoren auf überkommene Traditionen

Die Reformatoren des 16. Jahrhunderts unternahmen eine gründliche Überprüfung der kirchlichen Traditionen und verwarfen jene Glaubenssätze und Praktiken, die der biblischen Lehre eindeutig widersprachen. Einige gingen weiter und lehnten Überlieferungen ab, die von der Schrift nicht gestützt werden, obwohl sie auch nicht unbedingt zu ihr im Gesätz stehen. Ein Beispiel dafür ist das Weihnachtsfest am 25. Dezember, das keine biblische Grundlage hat, aber eindeutig die neutestamentliche Lehre der Menschwerdung Christi bezeugt. Traditionen dieser Art können nach Ermessen der örtlichen Kirche beibehalten, geändert oder verworfen werden, sofern dadurch keine biblische Lehre in Frage gestellt wird.

4. Formen des Gottesdienstes und der Kirchenverwaltung

Jede Kirche hat Formen der Verehrung und Verwaltung entwickelt, die im Laufe der Zeit zu eigenen Traditionen wurden. Solange diese Praktiken der Lehre der Schrift nicht zuwiderlaufen und weiterhin die Aufgabe erfüllen, für die sie ursprünglich entwickelt wurden, gibt es keinen Grund, warum sie nicht beibehalten werden sollten. Dennoch steht es jeder lokalen Kirche frei, solche Traditionen zu ändern, wenn sie es für richtig halten. Insbesondere können Kirchen, die aus fremder missionarischer Tätigkeit hervorgegangen sind, Gottesdienstformen geerbt haben, die nicht leicht zu indigenisieren sind. Kirchen dieser Art haben eine besondere Verantwortung, die biblische Grundlage für solche verpflanzten Bräuche zu prüfen, und sollten ermutigt werden, sie zu modifizieren, wenn sie dadurch das Zeugnis des Evangeliums in ihrer Situation wirksamer machen können. Nichtsdestotrotz sollte keine Kirche Traditionen oder Praktiken abschaffen, verändern oder annehmen, ohne die Auswirkungen zu berücksichtigen, die ein solcher Schritt auf das Zeugnis der gesamten christlichen Gemeinschaft haben könnte.

5. Die zweckdienliche Beibehaltung bestimmter Traditionen

Einige Traditionen sind in der christlichen Welt so tief verwurzelt und universal geworden, so dass durch ihre Veränderung nichts zu erreichen wäre und nur zu unnötiger Spaltung innerhalb der Kirche führen würde. Ein Beispiel dafür ist der Brauch, am Sonntag Gottesdienst zu halten, der, obwohl er in der frühen Kirche zweifelsohne praktiziert wurde, im Neuen Testament nicht ausdrücklich vorgeschrieben ist. Es gibt Umstände, wo einzelne christliche Einrichtungen, zum Beispiel in bestimmten muslimischen Ländern, es vorteilhaft finden, an einem anderen Tag der Woche Gottesdienst zu halten, aber keine Kirche sollte es auf sich nehmen, den Sonntagsgottesdienst einfach deshalb aufzugeben, weil er nicht ausdrücklich von der Schrift verlangt wird. In solchen Fällen sollte die sichtbare Einheit der christlichen Welt erhalten bleiben, wenn dadurch kein theologisches Prinzip verletzt wird.

X. MISSION UND EVANGELISATION

1. Unsere Berufung, durch Wort und Tat Gottes Zeugen zu sein

Unsere Mission in der Welt entspringt unserer Leidenschaft zur Ehre Gottes und unserer Zuversicht vom Kommen seines Reiches. Die Gemeinde als die Gemeinschaft Christi ist Gottes Werkzeug der Verkündigung, sie verkündet das Evangelium Jesu Christi sowohl durch Worte als auch durch Taten, dass Christus für unsere Sünden gestorben ist und gemäß den Schriften von den Toten auferweckt wurde, dass er jetzt als der herrschende Gebieter Vergebung der Sünden, ewiges Leben und die Gaben des Geistes allen anbietet, die bereuen und glauben. Im Gehorsam gegenüber dem Auftrag unseres Gottes müssen wir allen Menschen zwei Hände reichen: die Hand (1), die sie zur Umkehr ruft, zum Glauben und zur ewigen Versöhnung mit Gott durch Christus und die andere Hand (2), die die Taten der Gnade und des Mitgefühls offenbart, und die Güte vom Reich Gottes auf Erden im Namen Christi verbreitet. Dies ist das Beispiel, das Christus uns selbst gegeben hat, und das verkündet, dass wir dem Bild Christi entsprechen und den Heiligen Geist als erste Frucht und Bürgschaft der neuen Schöpfung Gottes empfangen haben.

2. Das Ausmaß des Rufes zur Mission

Unsere Verkündigung des Evangeliums hat soziale Konsequenzen, wenn wir die Menschen in allen Bereichen des Lebens zur Liebe und Umkehr aufrufen. Ebenso hat unser soziales Engagement religiöse Konsequenzen, wenn wir von der verwandelnden Gnade Jesu Christi Zeugnis geben. Wenn wir die Welt ignorieren, verraten wir den großen Auftrag, mit dem Gott uns aussendet, um der Welt zu dienen. Wenn wir diesen Auftrag ignorieren, haben wir der Welt nichts zu bieten. Unser Gehorsam gegenüber Gott weckt unseren Eifer zu missionieren, indem er uns befähigt, ihm völlig zu vertrauen. Dies macht unser Zeugnis mutig und sanft zugleich, erregt Aufmerksamkeit bei den Ungläubigen.

3. Das Mitgefühl der Christen für die Welt

Zweifelsohne müssen wir als Christen inmitten von Armut, Krankheit, Ungerechtigkeit und allen Formen menschlichen Elends im Namen Christi, von Mitgefühl ergriffen werden. Wir sind bestürzt darunter, dass Millionen von Menschen auf dieser Welt in hoffnungsloser Armut leben. So sind wir aufgerufen, Mitleid zu empfinden, uns mit den Armen zu solidarisieren und Gottes verwandelnde Gnade in einer Form spirituellen Lebens zu vermitteln, was uns erlaubt, einer leidenden Gemeinschaft beizutreten, nicht als Retter, sondern als Diener Christi, des Retters.

4. Die Verwandlung der menschlichen Gemeinschaft

Wir verstehen die Verwandlung der Gemeinschaft als eine totale Umkehrung der Auswirkungen der Sünde, die das Leben insgesamt und die ganze Welt, Männer sowie Frauen von Gott, von sich selbst, von anderen und von der Umwelt entfremdet hat und die Wiederherstellung der Ordnung Gottes in der Schöpfung verhindert. Es ist Gottes Absicht, dass alle Menschen sein Bild in sich tragen. Das beginnt mit diesem Leben, wird aber erst dann vollendet sein, wenn Christus am Ende der Zeit in Herrlichkeit wiederkehrt. Das Ziel ist, die sündhafte Kultur und Gesellschaft, in der wir leben, zu verändern und eine neue Kultur und eine neue Gesellschaft zu schaffen, in Übereinstimmung mit dem von Christus verheißenen Gottesreiches.

XI. RECHT UND MORAL

1. Das Naturgesetz

Das Gesetz Gottes ist der Ausdruck seiner Liebe und offenbart seine gerechten Forderungen an alle Menschen. Es wurde bei der Schöpfung in die Herzen der Menschen geschrieben und trotz ihres Sündenfalles haben sie durch ihr Gewissen immer noch ein Bewusstsein für ihre wahren Bedürfnisse. In Eden offenbarte Gott den Menschen auch seinen Willen in verbaler Form, in dem Gebot, nicht vom Baum der Erkenntnis von Gut und Böse zu essen.

2. Das Gesetz des Moses

Das mosaische Gesetz enthält zeremonielle Elemente, die die Person und das Werk Christi sowie das Leben seiner Kirche vorwegnahmen und nun erfüllt sind. Das Gesetz enthält auch juristische Elemente, die das bürgerliche Leben Israels prägten und Rechtsgrundsätze darstellen, die sich im Leben und in den Gesetzen aller Nationen widerspiegeln sollten. Die moralischen Elemente des Gesetzes gelten weiterhin als Beispiele für ein gottgefälliges Leben. Gottes Gesetz zeigt den Sündern ihre Sünde und weist sie auf Christus als den einzigen Erlöser hin. Das Gesetz bietet zudem ein gewisses Maß an Begrenzung gegenüber dem Ausdruck von Sünde in der Gesellschaft. Es ist auch der Leitfaden für das Leben der Christen, da sie im Bild Christi erneuert sind und beides offenbar machen, sowohl die Sünde, die gehasst, als auch die Gerechtigkeit, die erstrebt werden soll.

3. Christus ist die Erfüllung des Gesetzes

Christus hat die Anforderungen des Gesetzes erfüllt und ist zu einem Fluch für sein auserwähltes Volk geworden. Diejenigen, die zum Glauben an Christus fanden, drücken ihre Liebe zum Herrn aus, indem sie seine Gebote befolgen, wozu sie der Heilige Geist befähigt.

4. Ehe- und Sexualmoral

Die Ehe als heterosexuelle Monogamie wurde von Gott gegründet, in der Form, dass Mann und Frau ihre Familien, in denen sie aufgewachsen sind, verlassen und in einer lebenslangen Beziehung miteinander verbunden bleiben. Sexuelle Wünsche sollen innerhalb dieser Verbindung erfüllt werden,

Glaubensbekenntnis der reformierten Weltgemeinschaft

und für Kinder, die daraus hervorgehen, ist Sorge zu tragen, dass diese in der christlichen Lehre und Praxis erzogen werden. Aufgrund menschlicher Sündhaftigkeit treten Abweichungen von diesem Muster in Erscheinung. Die Bibel verbietet außereheliche sexuelle Beziehungen, ebenso wie gleichgeschlechtliche Beziehungen und Vereinigungen. Die Auflösung einer Ehe durch Scheidung ist bei Ehebruch zulässig, oder wenn Ungläubige unwiderruflich ihre christlichen Ehegatten verlassen. Der Mann wird in der Schrift als das "Haupt" der Frau bezeichnet, so wie Christus das "Haupt" des Mannes ist und Gott das "Haupt" Christi. Dieser Vorrang in Familie und Kirche zeigt sich am Beispiel dessen, wie Christus die Kirche liebt.

5. Familienplanung

Familienplanung ist akzeptabel, obwohl die Verhütung durch Medikamente so wie die Einnahme einer Pille nach der Empfängnis oder die Abtreibung eines Fötus tatsächlich ein neues Leben verhindern bzw. zerstören. Für Ehepaare, die Schwierigkeiten bei der Zeugung haben, ist eine In-vitro-Fertilisation (IVF) eine mögliche Option, jedoch nicht die Verwendung von Spendersperma oder Leihmüttern, weil diese Praktiken, obwohl medizinisch durchführbar, die eheliche Beziehung beeinträchtigen. Das Experimentieren mit menschlichen Embryonen wirkt zerstörend auf das menschliche Leben, ebenso wie das Experimentieren mit erwachsenen Menschen, das zu Krankheit, Behinderung oder sogar Tod führen kann. Obwohl das Klonen von Menschen ("somatischer Zellkerntransfer") technologisch möglich sein kann, passt weder "reproduktives Klonen" noch "therapeutisches Klonen" in das biblische Muster, in dem Sex und Fortpflanzung Teil der ehelichen Beziehung sind. Wissenschaftliche Entdeckungen können, obwohl an sich gut, zur Übertretung der moralischen Ordnung Gottes, die er für seine Welt gesetzt hat, benutzt werden. Das Leben und die Fähigkeit Kinder zur Welt zu bringen, müssen als Geschenke Gottes angesehen werden, sie werden souverän von ihm verliehen.

6. Die Verlängerung des Lebens

Die menschlichen Körper sind verschiedenen Krankheiten ausgesetzt, und die moderne Medizin kann mit geeigneten Behandlungen, wie Operationen und Arzneimitteln helfen. Organtransplantationen sind eine legitime Erweiterung solcher medizinischer Eingriffe, um Krankheiten zu heilen oder das Leben zu verlängern.

7. Das Ende des Lebens

So wie das Erschaffen eines neuen Menschen das Handeln Gottes ist, so bestimmt er das Lebensende eines jeden. Sowohl die Entstehung als auch die Beendigung des Lebens unterliegen seiner unumschränkten Überwachung. Während Medikamente zur Linderung von Schmerzen eingesetzt werden können, dürfen sie nicht dazu verwendet werden, menschliches Leben zu beenden, noch sollen sie dazu dienen, ein individuelles Vergnügen zu bereiten oder übersinnliche Zustände herbeizuführen. Moderne Technologie ermöglicht es, dass eine Person künstlich am Leben gehalten werden kann. Wenn jedoch keine Beweise mehr für eine Gehirnaktivität vorliegen, dann ist das Ausschalten der lebenserhaltenden Geräte nicht falsch.

XII. ESCHATOLOGIE

1. Der ewige Plan Gottes

Zu Beginn der Zeit gab es ein Versprechen auf Erfüllung der Beendigung von Adams Bewährungszeit, der Sabbatruhe Gottes und der Verheißung des ewigen Lebens vom Baum des Lebens. All dies wurde von Gottes Bestreben, das zu vervollkommnen, was er sehr gut gemacht hatte, vorweggenommen. Paulus sah die Auferstehung (oder Neuerschaffung) des letzten Adam als die Erfüllung der Schöpfung des ersten Adam vor dem Sündenfall. Die Geschichte der Erlösung ist das Herausarbeiten der Errettungsziele Gottes, die im Leben und Tod des Erretters, in der Errettung der Völker und der eschatologischen Neuerschaffung von Himmel und Erde gipfeln. In der gegenwärtigen Zeit erfahren diejenigen, die mit Christus vereint sind, bereits die Kraft jener Welt, die durch den Geist kommt, der in ihnen lebt. Obwohl sie den Tod erfahren werden, haben sie bereits einen Vorgeschmack auf die künftige Auferstehung.

2. Der Zustand der Toten

Sofort nach dem Tod kehren die Seelen der Menschen zu Gott zurück, während ihre Körper zu Grunde gehen. Sie fallen nicht in einen Zustand des Schlafes. Die Seelen der Geretteten treten in einen Zustand vollkommener Heiligkeit und Freude in die Gegenwart Gottes ein und herrschen mit Christus, während sie auf die Auferstehung warten. Dieses Glück wird nicht durch die Erinnerung an ihr Leben auf der Erde getrübt, da sie jetzt alles im Licht des vollkommenen Willens und Plans Gottes betrachten. Ihr

Glück und ihre Errettung erfolgten allein durch Gottes Gnade. Sie haben jedoch nicht die Macht, für die Lebenden Fürsprache einzulegen oder Vermittler zwischen ihnen und Gott zu werden. Die Seelen der Verlorenen werden nach dem Tod nicht vernichtet, sondern treten in einen Zustand des Leidens und der Dunkelheit ein, verworfen von Gottes Gegenwart, während sie auf den Tag des Gerichts warten. Es gibt keinen weiteren Zustand nach dem Tod, nur diese beiden. Weder die Seelen der Erlösten noch die der Verlorenen können nach dem Tod in das Land der Lebenden zurückkehren. Alle Erlebnisse, die der Tätigkeit körperloser Seelen beigemessen werden, müssen entweder der menschlicher Phantasie oder der Wirkung von Dämonen zugeschrieben werden.

3. Das zweite Kommen Christi

Die Auferstehung Christi und die Sendung des Heiligen Geistes leiteten die neue Ära ein, die in der Schrift die letzten Tage genannt wird. Der Christ in der heutigen Zeit lebt in der "halb-eschatologischen" Realität des "bereits" von Christus vollendetem Werk und dem "noch nicht" der zukünftigen Vollendung.

Eines Tages wird Christus in sichtbarer Weise in diese Welt wiederkehren, mit dem herrlichen Körper seiner Auferstehung, sodass die ganze Welt ihn sehen wird. Er wird in Macht mit den Heiligen und seinen Engeln kommen, um alle Menschen zu richten und Gottes Reich zur Vollendung zu bringen. Die Schriften ermahnen uns nachdrücklich, bereit zu sein für das Kommen Christi; jedoch geben sie uns keinerlei Hinweise, wann das geschehen könnte. Die Wiederkehr Christi bleibt die höchste christliche Hoffnung. Die Kirche wird ermutigt, darum zu beten und sie zu befördern, indem sie das Evangelium der ganzen Welt predigt.

4. Die Auferstehung der Toten

Die Toten, die zu Christus gehören, werden durch seine Kraft, mit einem Körper, der ihm ähnlich ist, auferweckt und für den ewigen Zustand der Gemeinschaft mit Gott und der ewigen Freude vorbereitet. Was die Verlorenen angeht, werden auch sie auferweckt werden, aber für das Gericht und die ewige Bestrafung. Dieses Schicksal sollte uns zittern und fürchten machen und uns dazu bringen, allen Völkern das Evangelium von Gottes rettender Gnade zu predigen. Die persönliche Identität sowohl der Erlösten als auch der Verlorenen wird die gleiche sein wie auf der Erde, aber ihre Körper werden sich in ihrer Substanz und ihren Eigenschaften verändern.

5. Das jüngste Gericht

Christus wird als Richter in diese Welt zurückkehren, denn er ist der Menschensohn und der König, der ewig über sie herrscht. Er wird die Lebenden und die Toten in Gerechtigkeit richten ohne Bevorzugung oder Voreingenommenheit. Die Auserwählten werden für gerechtfertigt erklärt, weil Christus für sie gestorben und auferstanden ist, und sie werden eingeladen, in sein immerwährendes Königreich zu kommen. Die Bösen und Verdammten werden zu Recht ihrer Sünden und Ungerechtigkeiten überführt und aus seinem Angesicht vertrieben, zusammen mit Satan und den Dämonen. In der Zwischenzeit sollten Christen alle legalen Bemühungen unterstützen, Gerechtigkeit in diese Welt zu bringen, in der Gewissheit, dass am Ende der Zeit ein gerechtes und vollkommenes Urteil gefällt wird. In Bezug auf die Belohnungen, die Christus seinem Volk versprochen hat, sagt die Schrift sehr wenig, aber genug, um uns eine zusätzliche Motivation für Gehorsam und Treue zu geben.

6. Das Millennium

Die Zwischenzeit zwischen der Erhöhung Christi und seiner Wiederkunft, das heißt, die gegenwärtige Zeit, in der die Frohe Botschaft des Evangeliums und seine Segnungen den Nationen bekannt gemacht werden, wurde vom größten Teil der Kirche als das Jahrtausend erkannt, auf das sich die Heilige Schrift bezieht. Einige halten sich jedoch an eine wörtliche Zeit von tausend Jahren der Herrschaft Christi über die Erde, nachdem Christus zurückgekehrt ist. Die Gegenwart leidet immer noch unter den Auswirkungen der menschlichen Sünde und Rebellion und der Macht Satans. Manifestationen des Bösen werden in der Welt neben den Erscheinungsformen des Königreichs Christi auftreten, bis er in Herrlichkeit wiederkehrt.

7. Die neue Schöpfung

Nach der Wiederkehr Christi wird Gott das physische Universum neu erschaffen, und sein auferstandenes Volk, das mit Unsterblichkeit und Vollkommenheit ausgestattet ist, wird unter der Herrschaft Christi in diesem neuen Himmel und auf dieser neuen Erde für immer leben.

8. Unterschiedliche Interpretationen von eschatologischen Themen

Die Christen sind sich über die wichtigsten Ereignisse, die die letzten Dinge betreffen einig, aber nicht immer über ihre Reihenfolge und ihr Wesen. Die letzten Dinge sollten in Demut diskutiert werden, wobei daran zu erinnern ist, dass das Volk Gottes oft erst die Prophezeiungen wirklich verstand, nachdem sie erfüllt waren.

Geloofsverklaring van die Wêreldwye Gereformeerde Gemeenskap (WGG)

Translated into Afrikaans by Henrietta Klaasing

I. LEERSTELLINGS OOR GOD

1. Die identiteit van die Skepper

Ons glo in een God, wat Skepper, Onderhouer en Regeerder is van alles wat bestaan. Deur sy ewige verordeninge het Hy die heelal daargestel en regeer daaroor volgens sy soewereine wil. Daar bestaan geen wese groter as Hy nie en geen wese het die mag om sy soewereiniteit oor sy skepping te beïnvloed, te verander of te verminder nie.

2. Die Skepper en sy maaksels

God maak sy teenwoordigheid en mag aan al sy maaksels bekend, maar in besonder aan die mens wat Hy na sy beeld geskape het - man sowel as vrou. Grondliggend is daar 'n eenderse gelykheid by man en vrou, maar tog ook met verskille sodat die roeping van die man en die vrou nie verwisselbaar is nie, maar wel aanvullend. Alhoewel God nie geslagtelik onderskeibaar is nie, openbaar Hy Hom aan die mens in wesenlik manlike terme en word sy Seun as man gebore.

3. Die selfopenbaring van God aan mense

God is 'n persoonlike wese en openbaar Hom in persoonlike terme. In die antieke tyd het Hy met baie verskillende mense op baie verskillende maniere gepraat. Sy woorde en beloftes het gepaard gegaan met dade as tekens van

Geloofsverklaring van die Wêreldwye Gereformeerde Gemeenskap (WGG)

sy mag. Wanneer hy met mense gepraat het, het hy Homself en sy doel aan hulle geopenbaar met die verwagting dat hulle sy opdragte en wat dit vereis het, gehoorsaam sou uitvoer.

Die gewone lewensorde getuig van die bestaan, mag en glorie van sy Goddelike Skepper. Niemand het enige verontskuldiging om nie in Hom te glo nie. Die *algemene openbaring* is die term wat gebruik word vir die manier waarop God Hom sonder uitsondering, aan alle mense openbaar - in die natuur, die geskiedenis en deur die mens se gewete. Die algemene openbaring is voldoende om die mens bewus te maak van die bestaan en mag van God en selfs van die mens se verantwoordelikheid teenoor Hom. Die algemene openbaring is egter onvoldoende om die mens tot redding te bring. 'n *Besondere openbaring* is nodig omdat die mens as gevalle maaksel, geestelik blind en geestelik dood is. Ware kennis van God kan slegs ontkiem wanneer God die mens in staat stel om die waarheid van sy openbaring te kan sien en te kan verstaan.

Omdat die mens na die beeld van dié persoonlike God geskep is, is God, sowel as die mens, persoonlik betrokke. Albei dink en kommunikeer met mekaar op maniere wat deur mensetaal uitgedruk kan word. Omdat hierdie band bestaan, kan die mens tot kennis kom van die sigbare en die onsigbare werklikheid. Deur die onsigbare werklikheid kan die mens tot insigte kom wat hy kan toepas om die sigbare werklikheid te omskep en te ontwikkel. As deel van die sigbare werklikheid leef die mens in interafhanklikheid met die res van die fisiese skepping, en aangesien die mens na die beeld van God geskep is, bestaan daar by die mens 'n bewussyn van sy status. Die mens is in staat om na betekenis in die geskape orde te soek, sowel as om daaroor beheer uit te oefen. Menslike kennis is persoonlik en strek vanaf die vermoë om feitelike gegewens te verkry en stelselmatig te orden, tot by die vermoë om dit te ontleed om tot begrip te kom van die betekenis en doel van die verworwe kennis. Op grond hiervan het die mens 'n verantwoordelikheid teenoor die skepping wat aan hom toevertrou is. Die mens moet aan God rekenskap gee oor die manier hoe met die skepping omgegaan is. Menslike kennis word objektief beperk deur die verganklikheid van die mens; subjektief word dit beperk deur die mens se verwerping van God wat tot die toestand van totale sondigheid gelei het. Die objektiewe vermoë van die mens om kennis en begrip te verkry, bly deel van die mens ten spyte van die sondeval. Die gevolg daarvan is egter so ingrypend dat dit vir enige mens of gemeenskap onmoontlik is om sy skeppingsopdrag uit te voer soos wat God dit oorspronklik bedoel het.

4. God se openbaring aan sy verbondsvolk

God maak hom meer volkome en meer volledig bekend aan sy verbondsvolk, met wie hy 'n besondere verhouding gehad het. God openbaar Hom aan hulle deur sy Gees en deur sy Woord; sy Woord wat lewe (in Jesus Christus), wat geskryf is (in die Bybel) en wat gepraat word (deur prediking).

God se selfopenbaring in die Ou en Nuwe Testament is waar en voldoende sodat die mens Hom kan ken, liefhê en dien. Ten spyte hiervan kan kennis van God nie heeltemal volledig wees nie, aangesien daar baie is wat ons nie van God weet nie. Sommige dinge word aan die mens bekend deur iets te beleef, maar wat dan nie ten volle in mensetaal uitgedruk kan word nie. Dikwels is God se wese so anders as enige van sy maaksels, dat net oor Hom gepraat kan word deur te sê wat Hy nié is nie: Hy is onsigbaar, onsterflik, fisies en verstandelik onbegryplik. Tog het God kenmerke wat ons wel kan herken en kan verwoord: hierdie kenmerke is in die alles-oortreffende trap: Hy is alwetend, alwys en almagtig. Hierdie kenmerke is wel herkenbaar, maar dit kan nie binne ons beperkte menslike verstand en logika ten volle omskryf word nie. Dit kan slegs waarlik geken en verstaan word deur 'n persoonlike verhouding met God; 'n verhouding wat God moontlik gemaak het deur geloof in die Here Jesus Christus.

God het op 'n besondere manier met Abraham gepraat. Aan hom het hy die belofte gemaak dat hy die vader van 'n groot nasie sal wees, dat hy 'n land in besit sal neem en dat hy tot seën van die hele wêreld sal wees. God herhaal hierdie beloftes aan Abraham se seun, Isak, en sy kleinseun, Jakob, aan wie die naam, Israel, gegee is. Deur Jakob se nageslag het die volk, Israel, 'n besondere nasie geword; 'n nasie wat bestem was om die Woord van God te ontvang, aan die hele wêreld oor te dra en die wêreld voor te berei op die koms van 'n Goddelike Verlosser. Die Woord is aan uitverkore dienaars gegee, en dit het behoue gebly in tekste wat bekend is as die Hebreeuse Bybel, of Ou Testament. Dit wat in die Ou Testament belowe is en net skadubeelde was van dit wat sou kom, is uiteindelik in Christus vervul. Hoewel baie van die voorskrifte in die Ou Testament oorbodig geword het soos die tempeldiens en diereoffers, is die geestelike beginsels verbonde aan die voorskrifte, nie afgeskaf nie. Dit bly geldig vir Christene wat deur die gemeenskaplike geloof deur Abraham verenig is met die volk Israel. Christene vorm 'n familie - die koninkryk van God - wat strek tot aan die uithoeke van die wêreld. Prediking van die Christelike evangelie bring seën aan almal wat dit hoor en glo.

Etniese Jode wat Christus nie aangeneem het nie, deel nie in die seën wat aan hulle voorvaders belowe is nie. Nogtans beklee die Jode 'n besondere plek in die plan en doel van God. Dit sal aan die einde tyd geopenbaar word. Die Kerk staan dus onder die verpligting om die boodskap van Jesus as Messias, Verlosser en Here, aan die Jode mee te deel. Hulle inlywing by die Kerk van Christus geskied op dieselfde basis as vir nie-Jode.

5. Die Vader, die Seun en die Heilige Gees is 'n Drie-eenheid van gelyke persone

In Jesus Christus openbaar God Homself as Drie-eenheid. Dit maak die Christelike geloof uniek onder die monoteïstiese godsdienste van die wêreld. God is nie 'n eensame enkeling nie, maar 'n Drie-eenheid: Vader, Seun en Heilige Gees wat vir ewig in persoonlike gemeenskap verkeer. Dit is as gevolg hiervan dat die mens wat na God se beeld geskape is, begrip het van eie identiteit en van 'n verhouding met God en ander mense. Die individuele eiesoortigheid as inherente deel van persoonlike identiteit - hetsy menslik of Goddelik – is geleë in die onderskeid van die drie Godspersone wat ewig in een God bly bestaan.

Die Vader, Seun en Heilige Gees is al drie gelykwaardig en ten volle God. Hulle is nie God deur afleiding, oordrag of oorerwing van God of enigiemand anders nie. Hulle deel in 'n gemeenskaplike Goddelike natuur en omdat daar net een God is, is dit onaanvaarbaar om te beweer dat mens een van die drie Persone ken, maar nie die ander nie. Elkeen van die Goddelike Persone se verhouding tot mekaar spreek van eiesoortigheid, maar terselfdertyd is een gemeenskaplike faktor kenmerkend, naamlik liefde. Omdat die Vader die Seun liefhet, het Hy Hom alle mag gegee in die hemel en op aarde. Omdat die Seun die Vader liefhet, het Hy Hom vrywillig vir die mens geoffer, sodat die mens saam met Hom in die hemel kan leef soos sy Vader dit wil hê. Omdat die Heilige Gees die Vader en die Seun liefhet, het Hy na die aarde toe gekom, nie om in die eerste plek oor Homself te praat nie, maar om oor Hulle te getuig, en daardeur Hulle gemeenskaplikheid aan die mens oor te dra. Omdat elke persoon na die beeld van God geskape is, kan God se liefde ervaar word, kan 'n liefdevolle verhouding met God bestaan en kan hierdie liefde in alle persoonlike verhoudings na vore kom.

6. In die Ou Testament praat God in die Persoon van die Vader

In die Ou Testament praat God as een Persoon. Die een Persoon word in die Nuwe Testament met God, die Vader van Jesus Christus, vereenselwig. Die term, *Vader*, was nie gebruiklik in Israel nie. Dit is duidelik dat God in die Ou Testament soewerein en onsienlik is, wat ten volle ooreenstem met die Persoon van die Vader wat Jesus aan ons geopenbaar het. Die Vader is die Een wie se wil Jesus (as Seun) gehoorsaam en vervul het. God die Vader is ook die een Persoon van die Drie-eenheid wat te alle tye permanent onsigbaar en transendent bly. In die Ou Testament word die Seun en die Heilige Gees nie uitvoerig beskryf nie, maar hulle is ewig teenwoordig in God en deel ten volle in al sy handelinge, veral in die grootse skeppingswerk. Daar is baie verwysings na die Persoon en werk van die beloofde Messias, sowel as na die werk van God se Gees onder sy verbondsvolk en in die groter wêreld.

7. God openbaar hom ten volle en finaal in Jesus Christus

God het ten volle en finaal in Jesus Christus gespreek; Hý wat die Ou Testamentiese verbond met Israel en met al sy uitverkorenes, vervul het. Hy is Profeet en Woord, Priester en Offer, Koning en Koninkryk. Geen verdere openbaring van God is nodig nie, want Hy is self God in die vlees. In Jesus Christus het God Hom geopenbaar as die Seun, wat die eerste persoon van die Drie-eenheid, sy Vader noem. Hy belowe om na sy heengaan 'n *ander Trooster* te stuur. Die Skrif noem die *Trooster* die Heilige Gees. Dit is uit die onderrig van Christus dus duidelik dat daar drie persone in die een God is.

8. God openbaar Hom in 'n taal wat ons kan verstaan

Omdat God Hom verwerdig het om mensetaal te gebruik, en omdat die Persoon van die Seun mens geword het, is dit moontlik om oor Hom in menslike terme te praat. Die eerste dissipels kon Jesus se fisiese voorkoms beskryf het, maar hulle het dit nie gedoen nie. In die Nuwe Testament is daar geen spesifieke aansporing om prente of beelde van Jesus te maak nie; nóg as hulpmiddels in die eredines, nóg as herinnering aan sy lewe op aarde. Geen prent of beeld of dramatiese uitbeelding van Jesus het op sigself enige gesag nie. Dit mag nooit voorwerpe van aanbidding of verering word nie, alhoewel dit op ander maniere wel nuttig kan wees.

II. BOOSHEID EN SONDE

1. Die oorsprong van boosheid

God het die totale heelal baie goed gemaak. God is nie die skepper van boosheid nie en sy heiligheid word nie deur die bestaan daarvan aangetas nie. Boosheid het ontstaan toe Satan en party ander engele teen God in opstand gekom het. Dit is skynbaar hoogmoed wat die wortel van hulle val was. Hulle het die werk van God teëgestaan en probeer om sy doel te verydel. Ten spyte hiervan bly God soewerein oor die bose magte en Hy gebruik hulle handelinge om sy verlossingsplan te bevorder. Duiwels behoort op geen manier aanbid of gedien te word nie. Hulle aktiwiteite is deel van valse godsdienste en Satan verblind die mens se verstand vir die waarheid.

2. Boosheid en die mens

Boosheid het die menslike lewe binnegedring deur die ongehoorsaamheid van die eerste mense in die tuin van Eden. Adam is die voorvader van die mensdom. Elke mens lei daarom onder die gevolge van sy sonde; sonde wat 'n ontaarde wêreld en liggaamlike dood insluit. Adam en Eva het hulle in onderhorigheid aan die Satan in die plek van God gestel. Die toegewing aan die versoeking om soos God te wou wees, het verreikende gevolge gehad. Deurdat God beroof is van die eer wat Hom toekom, het dit gelei tot die uitwissing van verskeidenheid wat deur Hom daargestel is. Dit behels oortreding op God se gebied, die opheffing van geslagsverskille soos God dit verordineer het, asook verwarring tussen mense, sowel as by diere. Deur dit wat goed is te misbruik, het chaos, spanning en lyding deel geword van die menslike bestaan.

3. Die gevolge van die sonde in die lewe van die mens

Die mens snoer sy kragte saam met die bonatuurlike bose magte wat afskuwelike booshede daarstel: volksmoord, die misbruik van mag, wêreldoorloë, dade van terrorisme, psigopatiese moorde, mensehandel, dwelmmisbruik en geweld van allerlei aard. Sonder om die belang van mense te onderskat en te ondermyn, word sodanige verregaande dade van boosheid deur die demoniese magte gepropageer en daargestel. Die gevolg is dat mense onderling verdeeld kan raak en vernietig kan word. In hulle dade en gedagtes kan selfs tot vlakke laer as diere gedaal word. Boosheid is nie net daarop gerig om die skepping en die beeld van God in die nageslag van Adam en

Eva te vernietig nie; dit is ook gerig op die onderdrukking van die Kerk en die waarheid omtrent God. Hoewel bose geeste nie kan vermeerder nie en ook nie deur die mens vernietig kan word nie, word ons nogtans geroep om weerstand te bied teen boosheid, onreg, onderdrukking en geweld. Die bose geeste wend boosheid vir hulle doel aan, terwyl ons wag en bid vir die wederkoms van Jesus Christus wat 'n einde aan al hierdie dinge sal maak.

4. Die alomvattendheid van sonde en die gevolg daarvan

In Adam sterf almal en het die dood tot elkeen deurgedring, omdat almal gesondig het. Die hele menslike geslag word deur die sondeval en die gevolge daarvan geraak: sonde, vervreemding, geweld, oorlog, siekte, lyding en dood. Geestelik gesproke is alle mense dood, omdat hulle in opstand is teenoor God en daarom aan sy seën ontbreek. Hoewel die gevalle mens baie waarhede kan ontdek, ontbreek hulle aan die raamwerk wat nodig is om die aspekte van God se waarheid te verstaan. As sondaars weier die mens om die gevolge van die waarheid wat hulle wel het, te aanvaar. In plaas van aanvaarding, onderdruk die mens dit deur hulle boosheid. Die liggaamlike dood is ook in die mens werksaam tot die mens uiteindelik terugkeer tot die stof waaruit hulle gemaak is. Indien God nie in sy genade ingryp nie, sal die mens se geestelike dood oorgaan in die ewige dood.

III. DIE PERSOON EN WERK VAN CHRISTUS

1. Die heerlikheid van Christus

Die kern van die Christendom is die Persoon, Jesus Christus. Sy heerlikheid en grootheid is sodanig dat dit nie alleen die plig nie, maar ook 'n begeerte van elke gelowige is om Hom te aanbid en te verheerlik.

2. Die vleesgeworde Seun van God is 'n een Goddelike Persoon met twee nature

Die Seun van God as Goddelike tweede Persoon van die Drie-eenheid, het in die skoot van die maagd Maria, 'n volkome menslike natuur aangeneem en is as die mens, Jesus van Nasaret, gebore. Hy het dus twee nature: een Goddelik en een menslik. Elke natuur bly volkome en onderskeibaar, maar terselfdertyd ook verenig in en deur sy Goddelike Persoon. Aangesien sy Goddelike natuur, wat Hy met die Vader en die Heilige Gees deel, nie kan ly of sterf nie, moes die Seun die menslike natuur aanneem, sodat Hy die straf op die menslike sonde kon betaal en daardeur versoening met God bewerkstellig. Aan die kruis het die Persoon van die Seun in sy twee nature, gely en gesterf.

3. Die vleesgeworde Seun van God is 'n ware mens

Die Seun van God het 'n ware mens geword in die vleesgeworde Jesus van Nasaret. Hy het 'n ware menslike bewussyn, verstand en wil gehad, terwyl Hy sy Goddelike natuur behou het. Net soos enige ander mens is Hy aan versoeking blootgestel, maar Hy het nie gesondig nie.

4. Die vleesgeworde Seun van God was volkome in staat om ons met sy Vader te versoen

Die mens Jesus Christus, was in staat om ons plek aan die kruis in te neem en die skuld vir ons sonde te betaal; nie omdat Hy enige natuurlike of objektiewe meerderwaardigheid oor ons gehad het nie, maar omdat Hy volkome gehoorsaam was aan die Vader en daarom heeltemaal sonder sonde was. Omdat Hy vir ons sonde geword het, kon Hy ons skuld voor God betaal, sonder om enige skuld aan te gaan waardeur Hy Hom van die Vader kon vervreem. Die versoeningswerk van Christus het die verlossing van almal wat van voor die grondlegging van die aarde in Hom verkies is, verseker.

5. Die natuur van die opgestane liggaam van Christus

Na twee dae in die graf het Jesus van Nasaret met 'n veranderde, maar met steeds 'n herkenbare menslike natuur, uit die dood opgestaan. Sy opgestane liggaam was in staat om bo die natuurlike, fisiese wette uit te gaan, maar om tog sy eie fisiese eienskappe te behou. Met sy hemelvaart is hierdie liggaam verder omskep tot die hemelse staat waarin Hy opgeneem is en steeds verkeer. Mense sal opgewek word, maar nie soos Jesus op die eerste Paasoggend opgewek is nie, wel soos Hy nou in sy verhewe staat verkeer.

IV DIE PERSOON EN WERK VAN DIE HEILIGE GEES

1. Die Heilige Gees as 'n Persoon in die Drie-eenheid

Die Heilige Gees is saam met die Vader en die Seun deel van en betrokke by die skeppingswerk en verlossingswerk. In besonder is die vleesgeworde Seun deur die Heilige Gees verwek, met die Heilige Gees gesalf en deur die Heilige Gees bemagtig om sy werk openlik op aarde te doen.

2. Die werk van die Heilige Gees in verlossing

Die Heilige Gees pas die verlossingswerk van die Seun toe in individuele gelowiges en verenig hulle met Christus, hulle Hoof, asook met mekaar. Hy is die Middelaar by die aanneming van gelowiges in die huisgesin van God. Hy gee hulle die innerlike versekering dat hulle deur die soewereine mag van God uitverkies is. Hy help, leer, rig en lei gelowiges volgens God se geopenbaarde wil en aard. Hy heilig gelowiges deur die vrug van die Gees in hulle voort te bring en Hy bid onophoudelik vir hulle tot die Vader.

3. Die uitstorting van die Heilige Gees op Pinkster

Die koms van die Heilige Gees op Pinkster was die begin van God se nuwe werk in die lewe van gelowiges. Dit het gelei tot die vestiging van die Christelike Kerk. Die buitengewone gawes waardeur God Hom geopenbaar het en wat met die grondlegging van die Kerk gepaard gegaan het, was unieke tekens van die begin van die Messiaanse tydvak. Die buitengewone gawes mag nie outomaties toegeëien of vereis word as beslissende bewys vir die mag van God wat vandag aan die werk is nie. Vir die voortgang en vir die verskeidenheid gawes van die Heilige Gees moet in nederigheid volgens sy wil, gesoek word, om God daardeur te verheerlik en tot die gemeenskaplike voordeel van die Kerk.

4. Die Heilige en geestelike herlewing

Die krag van die Heilige Gees manifesteer steeds op besondere maniere tydens geestelike herlewing wat van tyd tot tyd in die lewe van die Kerk voorkom. Hierdie tye van ontwaking en geestelike verfrissing bevorder die uitbreiding van die koninkryk van God, deurdat die mens meer bewus word van hulle sonde en hulle op 'n nuwe en dieper manier tot Christus bekeer. Gedurende sulke tye word gelowiges aan die teenwoordigheid van die Heilige Gees herinner, omdat hulle meer bewus word van sy werk in hulle lewe en van sy gawes aan hulle. Geestelike herlewing deur hervorming is besonder doeltreffend om God se volk na Hom toe terug te bring; die Kerk wat steeds geneig is om van Hom af weg te dwaal. Al is die werk van die Heilige Gees duidelik sigbaar in tye van geestelike herlewing, is die Gees te alle tye altyd teenwoordig in die Kerk. Gelowiges moet altyd reikhalsend om sy vrug en om sy gawes bid.

5. Die Heilige Gees en geestelike oorlogvoering

Die Heilige Gees beveg Satan en sy bose geeste aktief en beskerm gelowiges teen hulle. Die Heilige Gees bevry mense – man en vrou - van duiwelse onderdrukking en besetting. Hy rus hulle toe met die geestelike wapentuig wat hulle nodig het om weerstand te bied teen die mag van die duiwel. Die Bybel verbied gelowiges om hulle met die magte van die duisternis en hulle werk te bemoei.

V. GOD SE VERLOSSINGSWERK

1. Algemene genade

God betoon algemene genade teenoor alle mense, sowel as besondere genade waardeur mense tot verlossing kom. Deur sy algemene genade word die sonde in bedwang gehou; sondige mense ontvang seën van God en word in staat gestel om goeie dinge te doen. Hierdie algemene genade voorsien 'n basis vir die menslike samelewing en maak werk in wetenskap en kuns moontlik. Dit is die Heilige Gees wat hierdie werk moontlik maak; kulturele vooruitgang en die beskawing is dus goeie gawes van God. Hy maak dit moontlik ten spyte van die mens se sondeval.

2. Die roeping en verkiesing deur God

God roep die mens om sy sonde te bely en in Hom te glo. Niemand kan bevestigend op hierdie roeping reageer sonder die werk van die Heilige Gees nie. Alhoewel baie mense die boodskap hoor, dit direk in die Bybel lees of indirek in Christelike lektuur teëkom, is hierdie mense nie almal uitverkies nie. Eerder as om die hele menslike geslag aan hulle gevalle lot oor te laat, het God in sy soewereiniteit en genade, party mense tot die ewige lewe verkies. Net diegene wie se hart en verstand deur die Heilige Gees verlig is, is in staat om die beloofde gawes van sondevergifnis en versoening met God, te aanvaar.

3. Die aard van die wedergeboorte

Die dooie sondaar ontvang van God die lewe deur die werking van die Heilige Gees. Die inplanting van hierdie nuwe lewe lei tot 'n nuwe ingesteldheid teenoor God en sy geregtigheid. Net die Heilige Gees kan hierdie bekering wat tot heiligmaking lei, voortbring. Niemand sal daarsonder God sien nie. Hoewel hierdie vernuwing karakterverandering bewerkstellig, is Christene unieke mense, want terwyl hulle almal die Heilige Gees besit, is elkeen tog anders. Wat hulle gemeenskaplik besit, is die inplanting van die nuwe lewe, wat beteken dat hulle nou in 'n onlosmaaklike geestelike eenheid met Christus verenig is. Die Nuwe Testament sê dat Christene *in Christus* is en dat *hulle erfgename van God en mede-erfgename saam met Christus is*. Omdat hulle só met Christus verenig is – Christus, in wie alle skatte van wysheid en kennis is - is hulle volkome in Hom. Alle Christen-gelowiges het die Gees van Christus en omdat hulle met Christus verenig is, beteken dit dat hulle ook in 'n wesenlike verhouding met mekaar staan. Hulle deel in 'n gemeenskaplike verlossing en het gemeenskaplike doewitte en verwagtings.

4. Die uitwerking van die wedergeboorte

God se werk in die wedergeboorte hoef nie herhaal te word nie. Deurdat hulle deur God regverdig verklaar is, vertoon Christene die verandering in status deur 'n verandering in hulle geestelike staat. Bekering kenmerk die bewuste begin van 'n nuwe lewe waarin gelowiges probeer om in ooreenstemming met hulle nuwe natuur te leef. Hulle liefdevolle toewyding is gerig op geestelike en ewige sake. Die hart van die nuwe lewe is skuldbelydenis en geloof wat vervleg is en tot uitdrukking kom deur bekering.

5. Geloof

Die genade om te glo is 'n gawe van God. Geloof is die daad wat bewys dat die seëninge van verlossing ontvang is deur persoonlike vertroue in en toewyding aan Christus, die Verlosser. Hierdie geloof is die instrument waardeur die Goddelike openbaring en al die beloofde seëninge toegeëien, ontvang en geniet word. Geloof is die oortuiging dat die boodskap van die

Bybel waar is en dat persoonlike toeëiening van Christus se verdienste en sy werk, noodsaaklik is. Ware geloof fokus op Jesus Christus; Hy word as Redder omhels en deur die oorgegewe daad word volkome redding alleen van Hom verwag.

6. Regverdigmaking (Vryspraak)

Regverdigmaking is die handeling van God wat volg op die roeping deur die Heilige Gees en die sondaar se daaropvolgende skuldbelydenis en geloof: *die wat Hy geroep het, het Hy ook vrygespreek.* Deur regverdigmaking verklaar God dat sondaars se saak volgens Hom reggestel is. Hy verklaar hulle regverdig en dat hulle sondes vergewe is en reken die geregtigheid van Christus hulle toe. Hierdie regverdiging is nie 'n skuiwer van God om sondaars regverdig te verklaar, terwyl hulle eintlik nog skuldig is nie. Regverdigmaking moet, om in ooreenstemming te wees met die heiligheid van God, 'n verdienstelike basis hê. Ware geregtigheid voor God moet bestaan vóórdat Hy regverdigmaking verklaar. Sondaars word regverdig verklaar op grond van die geregtigheid deur 'n ánder voorsien, naamlik die geregtigheid van Jesus Christus. God reken dit aan die bekeerde sondaar toe. Hierdie toerekening van Christus se geregtigheid is van die grootste belang vir die Christelike geloof.

7. Die geregtigheid van Christus as grondslag van ons vryspraak

Die geregtigheid van Christus omsluit sy lewe van volmaakte gehoorsaamheid aan elke gebod van die wet van God, asook sy dood aan die kruis waar Hy die heilige toorn van God oor al die sondes van alle mense gedra het. Hierdie werk is verseël deur sy triomfantelike opstanding. Gelowiges deel nou in dieselfde staat as Christus wat plaasvervangend aan al die eise van die wet van God voldoen het en die wet van God vervul het. Die grondslag van die sondaar se regverdigmaking is slegs die volmaakte geregtigheid van Christus.

8. Die harmonie tussen Paulus en Jakobus in hulle lering oor regverdigmaking

Daar is geen teenstrydigheid in die leer van Paulus en dié van Jakobus betreffende regverdigmaking nie. Paulus skryf oor regverdigmaking as vergewing en aanvaarding voor God; Jakobus benadruk dat indien hierdie regverdigmaking eg is, dit uit 'n lewe van gehoorsaamheid sal blyk.

9. Die aanneming van gelowiges in Christus

Die plek van die Here Jesus Christus as ewige, ongeskape Seun van God, is uniek. Nogtans is Hy nie verleë om diegene wat Hy gered het, sy broers en susters te noem nie. Hierdie aangenome kinders van God is erfgename van die erfenis wat Christus vir hulle verseker het; die erfenis wat die volle seën van verlossing bevat. Hulle word beskryf as *erfgename van God en medeerfgename saam met Christus*.

As kinders van God deel gelowiges in al die seëninge wat God vir sy huisgesin gee. Deur die innerlike getuienis van die Heilige Gees, erken en roep hulle God aan as Vader. Hulle is voorwerpe van God se liefde, van sy deernis en sorg in alle behoeftes. God se kinders het ook die voorreg om in Christus se lyding en in die daaropvolgende verheerliking, te deel. 'n Verdere voorreg van die kinders van God - wat 'n bewys is van hulle aanneming - is die belewing van God se Vaderlike tugtiging. Hulle weet verseker dat *God hulle as seuns behandel. Watter seun is daar immers wat nie deur sy vader getug word nie?* Die eenheid van God se kinders saam in een liggaam, is nog 'n voorreg wat geniet word. Dit is ook 'n verantwoordelikheid wat onderlinge liefde en diens vereis.

Die volle seën van aanneming kan nie geniet word voordat die glorieryke wederkoms van die Here Jesus Christus plaasvind nie. Aanneming het 'n teenswoordige en 'n eskatologiese dimensie. Laasgenoemde behels 'n element van hoop: *Maar ook ons wat die Gees ontvang het as eerste gawe van God, ons sug ook. Ons sien daarna uit dat God bekend sal maak dat Hy ons as sy kinders aangeneem het: Hy sal ons van die verganklikheid bevry. Ons is immers gered en ons het nou hierdie hoop.* Aanneming sal nie volkome wees vóórdat Christus met die mens se opstanding aan sy kinders nuwe liggame gee nie. Dan sal die gelowiges *die vryheid van die heerlikheid as kinders van God* saam met die hernude skepping geniet.

10. Heiligmaking as die werk van die Heilige Gees

Die Heilige Gees werk in die lewens van dié wat geregverdig en aangeneem is. Die Heilige Gees heilig en omvorm hulle na die beeld van Christus. God se werk in gelowiges behels die gewilligheid en daadwerklikheid om te doen wat Hy vereis. Aktiewe gehoorsaamheid aan die gebooie van God is noodsaaklik. Heiligmaking vereis dat alles wat in die mens sondig is, uitgewis word, en om 'n nuwe Godwelgevallige lewenswyse, gewoontes en gedagtes te ontwikkel.

11. Om Christelike volmaaktheid te bereik

Gedurende hierdie aardse lewe is geen gelowige heeltemal vry van sonde nie en die heiligmakingsproses vorder in verskillende grade. God se tugtiging dien ook heiligmaking vir sy liewe kinders. Die heiligmakingsproses sal deur die krag en genade van God voltooi word. By afsterwe is die gees van die gelowige volkome geheilig en die gelowige sal *een word met die geeste van die volmaakte regverdiges*. Met die opstanding sal die gelowige se liggaam deel in volmaaktheid; dit sal wees soos die verheerlikte liggaam van Christus. Uiteindelik sal elke gelowige die volle *beeld van die Seun van die mens* vertoon.

VI. DIE CHRISTELIKE LEWE

1. Ware spiritualiteit

Christelike spiritualiteit is 'n lewenslange proses van opregte, deurleefde aanbidding van en liefde vir God. Dit vind neerslag in die regte verhouding met die medemens. Christelike spiritualiteit is praktiese godvrugtigheid wat lei tot die voortdurende vernuwing na die beeld van Christus. Dit is nie selfgerig nie, soek nie na 'n onpersoonlike mag nie, strewe nie na 'n mistieke staat van lewe of na enige alternatiewe bewussynstoestand nie. Dit is om in 'n verbondsverhouding met God Drie-enig te groei, asook om toe te neem in gemeenskap met God se volk in die wêreld. Ware spiritualiteit is die gevolg van volgehoue, geestelike herlewing wat deur die Heilige Gees in stand gehou en beheer word.

2. Die middele waardeur 'n godvrugtige lewe verkry word

Die Heilige Gees bewerkstellig godvrugtigheid deur die Woord van God in ons harte en gedagtes te laat werk. Die Heilige Gees leer ons gehoorsaamheid en verenig ons deur die gemeenskap van alle gelowiges in ware aanbidding van God. Die Gees staan ons by in ons getuienis aan die wêreld, in beproewing en lyding en in konfrontasie met die bose.

3. Die uitvloeisel van 'n godvrugtige lewe

Die gevolge van 'n godvrugtige lewe sluit in: veranderde harte, gedagtes, woorde en dade, gebedsgedrewenheid en 'n lewe wat voortdurend in die beeld van Christus toeneem. Godvrugtigheid vertoon lewenslange selfverloëning, die daaglikse *opneem van jou kruis* en navolging van Christus deur die beoefening van liefde, geduld, vergewensgesindheid, goedheid, deernis en vriendelike welwillendheid teenoor almal, veral teenoor lede van die huisgesin van God. Dit behels voortdurende selfoorgawe aan God, waardeur onuitspreeklike blydskap beleef word, asook kinderlike vrees, onselfsugtige eerbied, brandende liefde, deernis, beheersde vrymoedigheid, gebalanseerde menslikheid, respek, ontsag, tevredenheid, kinderlike vertroue, gehoorsaamheid, onuitwisbare hoop en die vrede van God tydens beproewing, hartseer en pyn.

4. Geestelike belewenisse

'n Godgerigte geestelike lewe ontvang geestelike belewing as 'n gawe van die Heilige Gees. In ons strewe om nader aan die Drie-enige God te leef, word ons herinner dat ons altyd in sy teenwoordigheid is, ongeag waar ons ons mag bevind. Ons word daardeur gemotiveer om instrumente te wees van sy vernuwende genade - waar Hy ons in sy voorsienigheid ook al plaas. Die belewing van verbondseenheid met God is in hierdie lewe maar net 'n voorsmakie van die heerlike gemeenskap met God in die toekomstige bedeling.

VII. DIE HEILIGE SKRIF

1. Die Skrif het deur die Heilige Gees ontstaan

Die Skrif is deur God geïnspireer, aangesien dit geskryf is toe mense oor sake gepraat het soos hulle deur die Heilige Gees gelei is. Die Skrif is die Woord van God en dit is volkome betroubaar. Soos dit oorspronklik gegee is, is dit in alles wat dit verklaar, foutloos. Hierdie leerstelling word deur baie gereformeerde teoloë verwoord as die *onfeilbaarheid van die Bybel*. God het oor die skryf daarvan toesig gehou, sodat dit presies sou wees wat Hy daarmee bedoel het. Aangesien God besluit het om mense in die skryf van die Skrif te gebruik, is hulle menslikheid nie negeer nie en is die Skrif ook nie woordeliks aan hulle gedikteer nie. Die Skrif vertoon dus die persoonlike geskiedenis en die literêre styl van elke outeur, sowel as die kenmerke van

Geloofsverklaring van die Wêreldwye Gereformeerde Gemeenskap (WGG) 189

die tydvak waarin hulle geskryf het. Die Skrif bly egter die Woord van God self.

2. Die Skrif word herken as die Woord van God deur die werk van die Heilige Gees

In die Skrif is daar baie puik aspekte wat tot ons spreek, maar dit is die Heilige Gees wat ons ten volle oortuig en verseker van die onfeilbaarheid en die Goddelike gesag van die Skrif. Dit is immers die Heilige Gees wat deur die Woord tot ons harte spreek. Dit is vir die Geesvervulde gelowige 'n gegewe dat die Skrif die betroubare Woord van God is. Die Kerk het die Hebreeuse Bybel en die Griekse Nuwe Testament op hierdie wyse ontvang en is ook in staat gestel om dit as die gesaghebbende kanon te herken. Die Skrif kry nie sy gesag van die Kerk of van enige ander bron buiten God self nie.

3. Die Skrif word verstaan deur die werk van God die Heilige Gees

Die Skrif het 'n grondliggende duidelikheid, maar slegs die Christen-gelowige kan die geestelike betekenis en waarde daarvan ontvang en verstaan, omdat net gelowiges toegang het tot die Gees van Christus. Die mens se sondeval het die mens se gedagtes, wil en emosies beïnvloed. Die geestelike blindheid wat hierdeur ingetree het, het veroorsaak dat die mens nie in staat is om God, sonder die werk van die Heilige Gees, te verstaan nie. Wanneer die mens geroep en wedergebore word, begin die Heilige Gees die Skrif vir die mens oopmaak dat dit verstaan kan word. Die Heilige Gees openbaar in sy wysheid die ware betekenis van God se openbaring aan ons.

4. Die Heilige Gees gebruik die Skrif

God bring die mens - man en vrou - deur die prediking van sy Woord na Hom toe. Die Heilige Gees gebruik die prediking, onderrig en die bestudering van die Skrif om ons tot redding te bring deur geloof in Jesus Christus. Die Heilige Gees vernuwe ons verstand. Of die Skrif gepreek of gelees word, dit het *groot waarde om in die waarheid te onderrig, dwaling te bestry, verkeerdhede reg te stel en 'n regte lewenswyse te kweek.* Die Skrif rus ons toe vir elke goeie werk, sodat ons bestaan van 'n Godgerigte lewenswyse kan getuig. Die Skrif voorsien dus die fondasie, dit bevestig jou geloof en dit bring jou geloof in ooreenstemming met die eise wat in die Skrif vervat is.

5. Die veronderstellings wat interpetasie van die Skrif bepaal

Die Skrif is die Woord van God en daarom is daar geen teenstrydighede daarin nie. Die lees, interpretasie, verstaan en toepassing van die Skrif, word deur verskillende grade en vlakke van vorige oortuigings en veronderstellings oor God en die Bybel, beïnvloed. Om die Skrif reg te verstaan, is dit nodig dat ons bewus sal wees van ons veronderstellings en om dit in die lig van die Skrif te toets. Deur dit te toets, kan die veronderstellings en interpretasies hervorm word dat dit met die Skrif ooreenstem. Aangesien die Bybel aanspraak maak op 'n Goddelike oorsprong en inspirasie, kan slegs maniere van interpretasie wat sodanige aansprake aanvaar, by die ware interpretasie van die Skrif uitkom.

6. Die duidelikheid van die Skrif

Die behoefte aan kundige bestudering van die Skrif in die oorspronklike tale, doen glad nie afbreuk aan die duidelikheid en gesag van die Skrif nie. Die waarhede wat nodig is vir verlossing, word so duidelik in die Skrif gestel, dat geskoolde en ongeskoolde lesers dit kan en moet verstaan. Die boodskap van die Skrif moet vertolk word in die lig van filosofieë en beskouings wat die opvattings van die Skrif uitdaag en weerspreek. Deur die Bybelse lewensbeskouing teen teenstanders te verdedig, word die duidelikheid vanuit die Skrif verkry, nie alleen deur teks met teks sorgvuldig te vergelyk nie, maar ook deur die teenoorgestelde betekenis te ondersoek.

7. Die gewenste metodes van interpretasie

Die Bybel is die Woord van God en daarom moet dit in nederige onderworpenheid en in gebed om verligting deur die Heilige Gees, gelees word. Aangesien die Bybel in mensetaal binne 'n bepaalde kulturele, sosiale en historiese konteks geskryf is, moet die betekenis daarvan gesoek word deur gebruik te maak van algemene interpretasiereëls en deur die hulp van verwante dissiplines soos argeologie, geskiedenis, tekskritiek en die studie van die oorspronklike tale. Al hierdie metodes moet met die Goddelike oorsprong en die onfeilbaarheid van die Skrif, sowel as die menslike aard, rekening hou.

8. Die betekenis van 'n Bybelteks

'n Bybelteks kan baie verskillende praktiese toepassings en betekenisse hê, maar die primêre betekenis word gewoonlik bepaal deur die omsigtige gebruik van historiese, grammatiese en openbaringshistoriese beginsels, soos in die vorige paragraaf uitgelig is. Allegoriese, geestelike en figuurlike interpretasies dra geen gesag nie, tensy dit deur die betrokke teks self na vore kom.

9. Die alomvattendheid van die waarheid en die toepassing daarvan

Die waarheid van God, soos dit in die Skrif geopenbaar is, is universeel en ewig en geldig vir alle kulture, mense en tye. Tog kan daar verskillende en onderskeibare toepassings van die waarheid wees. Om God se Woord in konteks te benader, behoort onderskei te word tussen Bybelse beginsels, wat die ewige en universele openbaring van die waarheid van God behels, en die praktiese implikasies van beginsels wat binne verskillende kontekste kan verskil. Daar moet seker gemaak word dat, indien toepassings gemaak word, dit geldig, deeglik nagegaan en in so 'n mate aanvullend is, dat dit steeds die grondliggende onveranderlike beginsels bevat.

10. Die normatiewe aard van God se openbaring in na-Bybelse tye

Sedert die Nuwe-Testamentiese kanon afgerond is, is die Skrif die normatiewe manier waarop God met ons praat. Dit geskied deur die verligting van die Heilige Gees; die Heilige Gees wat in ons woon en die Vader en die Seun aan ons openbaar. Dié wat die stem van die Heilige Gees hoor, ontvang die erfenis wat in die Seun aan ons belowe is. Met die hulp van die Heilige Gees leef gelowiges volgens die wil van die Vader. Om dit te kan doen, leer en lei die Heilige Gees ons deur die Skrif wat ons op ons lewenspad leer, uitdaag en bemoedig. Aanvullend tot die Ou Testament, is die Nuwe Testament die openbaring wat aan die volgelinge van Christus gegee word, deur of met die goedkeuring van die twaalf dissipels. Hulle was getuies van sy opstanding en is deur Hom aangestel om die kerk te lei en te rig. Die tekste is deur die eerste Christene bymekaar gemaak en as 'n eenheid, bekend as die Nuwe Testament, gegroepeer. Hulle het ingesien dat dit die gesagsvolle Woord van God self is. Geen Christen-onderwyser of kerk het die reg om leerstellings wat nie in die Skrif opgeneem is nie, as waar voor te hou nie. Ook mag geen lering wat in die Skrif vervat is, so geïnterpreteer word dat dit teenstrydig is met wat God elders in die Skrif openbaar nie.

VIII. DIE KERK

1. Die wese van die Kerk

Die Kerk is die onsigbare gemeenskap van alle Christene (wat slegs aan God bekend is), maar dis ook die sigbare Kerk op aarde met sy talle gemeentes. Die Kerk is die geestelike en bonatuurlike liggaam van Christus, die Hoof van die Kerk. Elke Christen is met Christus verenig en deur God met alle ander Christene verbind. Op hierdie manier is die Kerk saamgestel. In die bestaan van die een heilige, algemene, apostoliese Kerk, is aanbidding van God, die gemeenskap van die heiliges, die Heilige Skrif, die sakramente en sending sentraal.

2. Die ampte in die Kerk

Die Skrif dui 'n aantal ampte aan wat God op verskillende tye aan die Kerk gegee het: apostels, profete, ouderlinge, diakens en evangeliste. Vandag behoort daar in elke gemeente ouderlinge en diakens te wees. Die ouderlinge moet herders, opsieners en voorgangers wees, en party van hulle moet hulle toelê op onderrig en prediking. Diakens moet vir die armes en behoeftiges sorg. Hulle moet na die praktiese, finansiële en fisiese sake van die gemeente omsien. Net soos die ouderlinge, is dit 'n geestelike roeping wat geestelike eienskappe vereis.

3. Aanbidding

Die primêre verantwoordelikheid van die Kerk is om God te aanbid. Die aard en inhoud hiervan is deur God self bepaal soos dit in die Skrif geopenbaar is. Aanbidding behels die sing van lofliedere, gebede en die lees en prediking van die Skrif.

4. Die outonomie van die plaaslike gemeente

Elke gemeente het 'n mate van soewereiniteit onder leiding van die regeeramp van die ouderlinge, maar daar is ook wyer eenheid met alle ander gemeentes. Hierdie verbondenheid het op verskillende tye, op verskillende maniere, in verskillende aspekte van die Kerk, gestalte gekry.

5. Die Sakramente

'n Sakrament is die uiterlike, sigbare teken van innerlike geestelike genade. Dit is deur Christus ingestel en dit is deel van die werk van Christus. Protestantse kerke erken slegs twee sakramente, naamlik die Doop en die Nagmaal. Hierdie sakramente word dikwels verbind met die twee sakramente van die Ou Testamentiese Kerk, naamlik die Besnydenis en die Pasga. Die Doop is 'n inlywingseremonie om deel te word van die Christelike Kerk. Dit word met water bedien. Die Nagmaal wys heen na die kruisdood van Christus. Brood en wyn word gebruik as simbole van die liggaam en bloed van Christus. Christene ervaar hierdeur geloofsversterking, geestelike voeding en onderlinge gemeenskap met mekaar in Christus, terwyl hulle terselfdertyd die dood van Christus verkondig tot Hy weer kom.

IX. TRADISIE

1. Die bestaan en geldigheid van apostoliese tradisies

Elke Christelike kerk lewe volgens die geloofsriglyne wat oorgeërf is vanaf die apostoliese tyd. Die Skrif is die enigste ware rigsnoer waaraan alle ander gelowe en gebruike gemeet word. Die apostoliese kerke het sonder twyfel gebruike gehad wat nie in die Skrif aangeteken of voorgeskryf is nie. Sodanige tradisies is nie bindend vir latere Christene nie. Hoewel dit wel moontlik is dat verlore apostoliese geskrifte nog ontdek kan word, sal dit nie as deel van die Bybel aanvaar word nie, omdat dit nie vanaf apostoliese tye deel van die rigsnoer was nie.

2. Die gesag van belydenisskrifte

In die verloop van die kerkgeskiedenis het die Kerk verskillende geloofsbelydenisse aanvaar om die Skrif daardeur toe te lig. Hierdie dokumente en ander soortgelyke besluite van kerklike liggame het gesag wat verkry is deur dié wat dit aanvaar het. Die gesag moet ook deur latere geslagte aanvaar en gerespekteer word. Dit is egter nie onfeilbaar nie. Waar aangetoon kan word dat dit nie in ooreenstemming met die Skrif is nie, of dat die betrokke leerstelling beter uitgedruk kan word, staan dit die Kerk vry om dit dienooreenkomstig te wysig.

3. Die hervormers se reaksie op oorgeërfde tradisies

Die sestiende eeu se hervormers het die Kerk se tradisies deeglik hersien. Die oortuigings en gebruike wat duidelik strydig was met die Skrif, is verwerp. Party hervormers het selfs tradisies wat nie deur die Skrif ondersteun is nie, afgekeur, selfs al was dit nie noodwendig strydig met die Skrif nie. 'n Voorbeeld hiervan is die viering van Kersfees op 25 Desember. Dit het geen Bybelse gronde nie, maar getuig wel deeglik van die vleeswording van Christus. Tradisies soos hierdie mag deur die Kerk behou, gewysig of mee weggedoen word, op voorwaarde dat geen Bybelse leerstelling hierdeur in gedrang kom nie.

4. Vorme van erediens en kerkregering

Elke gemeente het met verloop van tyd sy eie erediensvorm en manier van kerkregering ontwikkel, wat in eie reg 'n tradisie geword het. Solank hierdie praktyke nie teen die Skrif indruis nie, en die doel bereik waarvoor dit oorspronklik ingestel is, is daar geen rede waarom dit nie behou mag word nie. Elke plaaslike gemeente het nogtans die reg om tradisies te wysig, indien dit nodig geag word. Dit geld veral vir gemeentes wat deur buitelandse sendingwerk ontstaan het, en sodoende gebruike het wat nie maklik as die gemeentelede se eie toegeëien kan word nie. Sodanige gemeentes het 'n besondere verantwoordelikheid om die oorgelewerde gebruike aan die Skrif te toets. Hulle word ook aangemoedig om aanpassing aan te bring, waardeur die evangelie binne hulle eie omstandighede beter verkondig kan word. Tog behoort geen gemeente enige tradisie of praktyk te verwerp, te wysig of nuwe aanpassings te aanvaar, sonder om die uitwerking daarvan op die getuienis van die hele Christelike gemeenskap in ag te neem nie.

5. Die wenslikheid om sekere tradisies te behou

Party tradisies is so diep gewortel en algemeen in die Christelike wêreld dat die wysiging daarvan niks sal goeds sal bereik nie. Dit mag selfs lei tot 'n ongewenste verdeling binne die Kerk. 'n Voorbeeld van so 'n gebruik is die erediens op Sondag. Hoewel dit reeds in die vroeë kerk die gebruik was, is daar in die Nuwe Testament geen voorskrif hieroor nie. Daar is egter omstandighede waar Christene, byvoorbeeld in sekere Moslemlande, dit meer geleë mag vind om op 'n ander dag van die week eredieste te hou. Geen kerk behoort egter sonder meer afstand te doen van Sondag se eredienste, bloot omdat die Skrif dit nie vereis nie. In sulke gevalle behoort die sigbare eenheid van die Christenwêreld behou te word, solank geen teologiese beginsel daardeur aangetas word nie.

X. SENDING EN EVANGELISASIE

1. Ons roeping om met woord en daad God se getuies te wees

Ons sendingopdrag in die wêreld spruit voort uit ons passie om God se eer en uit ons sekerheid van die wederkoms. Die Kerk, as volk van Christus, is God se instrument vir die verkondiging van die evangelie. Evangelisasie is om met woord en daad die blye boodskap van Jesus Christus te verkondig. Christus het vir ons sonde gesterf, is opgewek volgens die Skrifte en skenk as Here sondevergifnis, die ewige lewe en die gawes van die Heilige Gees aan almal wat hulle bekeer en glo. Uit gehoorsaamheid aan die opdrag van God moet ons met twee hande na alle mense toe uitreik: (1) die hand wat hulle roep om hulle sonde te bely, om te glo en so ewige versoening met God, deur Christus, te verkry, en (2) die hand wat van genade en deernis getuig en sodoende die goedheid van God se koninkryk op aarde, in die naam van Christus, sigbaar maak. Dit is die voorbeeld wat Christus selfs gestel het. Daardeur bewys ons dat ons na die beeld van Christus herskep is, en dat ons die Heilige Gees, as eerste vrug en as waarborg van God se nuwe skepping, ontvang het.

2. Die reikwydte van ons sendingopdrag

Ons verkondiging van die evangelie het maatskaplike implikasies, omdat ons mense oproep tot liefde en inkeer op elke lewensterrein. Net so het ons maatskaplike betrokkenheid 'n evangeliserende impak, omdat ons daardeur van Jesus Christus se herskeppende genade getuig. As ons ons rug op die wêreld draai, versaak ons die opdrag waardeur ons gestuur word om die wêreld tot diens te wees. As ons die opdrag nie uitvoer nie, het ons niks om die wêreld te bied nie. Ons gehoorsaamheid aan God wakker ons ywer vir sending aan, en vertrou God ten volle daarin. Dit veroorsaak dat ons getuienis vrymoedig en liefdevol is en dit trek die aandag van ongelowiges.

3. Die Christen se deernis met die wêreld

Ons bevestig die groot nood vir Christene wat met deernis geklee moet wees om in die Naam van Christus op te tree te midde van armoede, siekte, ongeregtigheid en alle vorme van menslike ellende. Ons is besorgd daaroor dat miljoene mense op aarde in die uiterste armoede leef. In ons roeping om met deernis vir die wêreld beklee te wees, moet ons die pad met die armes loop en só die herskeppende genade van God oordra. Dit moet getuig van 'n geestelike ingesteldheid wat ons in staat stel om in 'n gemeenskap wat in ellende verkeer, te dien - nie as redders nie, maar as dienaars van Christus, die Redder.

4. Die gedaanteverandering van die menslike samelewing

Ons verstaan onder die gedaanteverandering van 'n samelewing dat dit 'n allesomvattende omkeer is van die gevolge wat sonde oor die hele aarde laat kom het; sonde wat man en vrou van God, van homself, van ander mense, van die omgewing en van die herstel van God se orde, vervreem het. Dit is God se wil dat alle mense draers van sy beeld moet wees. Hierdie taak begin reeds in hierdie lewe, maar dit sal slegs voltooi word met die glorieryke wederkoms van Christus. Die doel is die herskepping van die sondige kultuur en samelewing waarin ons ons bevind, en om 'n nuwe kultuur en samelewing daar te stel wat volgens die aard van die koninkryk van God is, en wat in beginsel reeds deur Christus gekom het.

XI. DIE WET EN ETIEK

1. Die natuurlike wet

Die wet van God is die uitdrukking van sy liefde en sy regverdige voorskrifte vir die mensdom. Met die skepping was dit in die mens se hart geskryf en ten spyte van hulle sondeval, het hulle tog deur hulle gewete 'n besef hiervan. In Eden het God sy wil ook hoorbaar aan die mens geopenbaar, met die opdrag dat hulle nie van die vrugte van die boom van kennis van goed en kwaad mag eet nie.

2. Die wet van Moses

Die wet van Moses het seremoniële elemente bevat wat voorafskaduwings was van die persoon en die werk van Christus, asook van die lewe van sy kerk. Dit is nou vervul. Die wet het ook geregtelike elemente bevat wat die burgerlike lewe van Israel gereël het. Dit het regsbeginsels voorsien wat in die lewe en wette van alle nasies weerspieël behoort te word. Die morele elemente van die wet is steeds van toepassing vir 'n Godgerigte lewe. Die wet van God maak sondaars bewus van hulle sonde en rig hulle na Christus as die enigste Verlosser. Die wet dien bowendien as 'n rigsnoer vir die beteueling van sonde in die samelewing. Dit is ook 'n rigsnoer vir Christene op weg na vernuwing na die beeld van Christus, omdat dit die sonde wat gehaat moet word, en die regverdigheid wat gesoek moet word, openbaar.

3. Christus as vervulling van die wet

Christus het die vereistes van die wet vervul en het sodoende die vloek vir sy uitverkore kinders gedra. Dié wat tot geloof in Christus gebring word, betuig hulle liefde vir die Here deur sy gebooie deur die krag van die Heilige Gees, te gehoorsaam.

4. Huweliks- en seksuele etiek

Die huwelik as heteroseksuele monogamie is deur God ingestel. Man en vrou verlaat hulle eie families en kleef mekaar aan in 'n lewenslange verbintenis. Seksuele begeertes moet binne hierdie verbintenis bevredig word. Kinders wat binne só 'n verbintenis gebore word, moet versorg en opgevoed word in die Christelike kennis en praktyk. As gevolg van die mens se sonde, bestaan daar afwykings van hierdie model. Die Bybel verbied seksuele verhoudings buite die eg en so ook homoseksuele verbintenisse. Die ontbinding van die huwelik is toelaatbaar as owerspel plaasgevind het, of as 'n ongelowige sy of haar Christen-eggenoot onherroeplik verlaat. Die man word in die Bybel beskryf as *hoof* van die vrou, soos Christus die *Hoof* van die mens is, en soos God die *Hoof* van Christus is. Hierdie hoofskap word in die gesin en in die kerk deur liefde betoon - soos Christus sy kerk liefhet.

5. Gesinsbeplanning

Gesinsbeplanning is aanvaarbaar, maar as voorbehoeding na bevrugting of deur aborsie plaasvind, is dit in werklikheid die vernietiging van 'n nuwe lewe. Vir getroude egpare wat probleme met bevrugting ondervind is *in vitro*-bevrugting 'n moontlike keuse, alhoewel 'n skenkersperm of surrogaatmoederskap nie moontlike keuses is nie, aangesien, hoewel dit medies moontlik is, dit inbreuk maak op die huweliksverhouding. Proefnemings met menslike embrio's is die vernietiging van 'n menslike lewe. Proefnemings met volwassenes is ook vernietigend en mag aanleiding gee tot siektes, ongeskiktheid en selfs die dood. Hoewel kloning van mense (somatiese selkern-oordrag) tegnologies moontlik is, pas nóg reproduktiewe, nóg terapeutiese kloning die Bybelse model waarin geslagsgemeenskap en voortplanting deel vorm van die verbondsverhouding van die huwelik. Menslike wetenskaplike ontdekkings - hoewel intrinsiek goed - kan lei tot miskenning van God se morele lewensorde. Lewe en die vermoë om kinders voort te bring, moet as gawes van God gesien word. Dit word in sy soewereiniteit geskenk.

6. Die verlenging van lewe

Die mens se liggaam is onderworpe aan baie siektes, en die moderne mediese wetenskap kan bydra deur die gepaste behandeling daarvan, deur operasies en mediese verdowingsmiddels. Orgaanoorplantings is 'n wetlike uitbreiding van sodanige mediese ingrypings om siektes te genees of om 'n lewe te verleng.

7. Die beëindiging van lewe

Net soos die skepping van 'n nuwe mens die handeling van God is, net so is dit Hy wat die einde van 'n mens se lewe bepaal. Die ontstaan en die beëindiging van 'n mens se lewe, staan onder God se soewereine wil. Alhoewel verdowingsmiddels gebruik mag word om pyn te verlig, mag dit nie gebruik word om 'n mens se lewe te beëindig nie. Dit mag ook nie vir individuele genot aangewend word of om ekstrasensoriese toestande te bewerkstellig nie. Hoewel die moderne tegnologie iemand in staat kan stel om kunsmatig aan die lewe te bly, is dit nie verkeerd om die toerusting af te skakel, indien daar geen teken van breinaktiwiteit is nie.

XII ESKATOLOGIE

1. Die ewige raadsplan van God

Aan die begin was daar 'n belofte wat na Adam se proeftydperk in vervulling sou gaan, naamlik God se Sabbatsrus en die ewige lewe. Die hele skepping was in afwagting dat God alles wat Hy aanvanklik goed gemaak het, sou vervolmaak. Paulus het die opstanding (of herskepping) van die laaste Adam gesien as die vervulling van die eerste Adam voor die sondeval. Die verlossingsgeskiedenis toon God se reddingsplan wat uitloop op die lewe en dood van die Verlosser. Dit gaan dan verder om die redding na die nasies toe te bring, asook die eskatologiese herskepping van hemel en aarde. Vandag ervaar dié wat reeds met Christus verenig is, die krag van die toekomstige wêreld deur die Heilige Gees wat in hulle woon. Hoewel hulle die dood sal ervaar, het hulle reeds 'n voorsmaak van die komende opstanding.

2. Die toestand van die ontslapenes

Die siel van die mens keer onmiddellik na die dood terug na God toe, terwyl hulle liggame vergaan. Hulle verkeer nie in 'n staat van slaap nie. Die siele van die wat gered is, betree 'n toestand van volmaakte heiligheid en vreugde in die teenwoordigheid van God, waar saam met Christus geheers word en die opstanding afgewag word. Hierdie vreugde word nie deur hulle herinnering aan die aardse lewe belemmer nie, aangesien hulle nou alles in die lig van God se volmaakte wil en raadsplan sien. Hulle saligheid en redding bestaan slegs deur die genade van God. Hulle het geen mag om vir die lewendes in te tree, of as middelaar tussen hulle en God op te tree nie. Die siele van die wat verlore gaan, word nie deur die dood vernietig nie, maar verkeer in 'n staat van lyding en duisternis, weg van God se teenwoordigheid af, terwyl hulle die oordeelsdag afwag. Buiten hierdie twee toestande, is daar geen ander nadoodse sieletoestand nie. Nie die siele van die verlostes, of dié van die verlorenes, kan na die land van die lewendes ná die dood, terugkeer nie. Alle belewenisse van ontliggaamde siele bestaan slegs in die verbeelding van mense, of deur die werking van bose geeste.

3. Die wederkoms van Christus

Die opstanding van Christus, gevolg deur die uitstorting van die Heilige Gees, het die nuwe era waarvan die Skrif praat, ingelei. Die Skrif noem dit die *laaste dae*. Die Christen leef nou in die semi-eskatologiese werklikheid van

Christus se werk wat *reeds* voltooi is, en die *nog nie* rakende die toekomstige bedeling. Eendag sal Christus weer op 'n sigbare wyse met sy verheerlikte, opgestane liggaam na die aarde toe terugkom. Die hele wêreld sal Hom sien. Hy sal met mag saam met die heiliges en sy engele terugkeer om alle mense te oordeel en om God se koninkryk tot voltooiing te bring. Die Skrif maan ons ernstig om gereed te wees vir Christus se wederkoms; dog, geen tyd of tekens word gegee wanneer dit sal gebeur nie. Christus se wederkoms bly die hoogste verwagting van elke Christen. Die Kerk word aangemoedig om daarvoor te bid en om daartoe bespoedigend mee te werk deur die evangelie aan die hele wêreld te verkondig.

4. Die opwekking van die dooies

Die dooies wat aan Christus behoort, sal deur sy mag opgewek word. Die opgewektes se liggame sal net soos syne wees en geskik gemaak word om ewig in gemeenskap met God en in ewige vreugde te verkeer. Dié wat verlore gaan, sal ook opgewek word. Hulle word opgewek vir die oordeel en vir die ewige straf. Hierdie lot moet ons van angs laat bewe en ons besiel om die evangelie van God se genadige verlossing aan alle nasies te verkondig. Die persoonlike identiteit van dié wat gered is en dié wat verlore is, sal dieselfde wees as wat dit op aarde was, maar hulle liggame sal, wat materie en eienskappe betref, omvorm word.

5. Die laaste oordeel

Christus sal na hierdie wêreld toe terugkeer as die Regter daarvan, omdat Hy die Seun van die mens is en die Koning is wat ewig daaroor regeer. Hy sal die lewendes en die dooies in geregtigheid oordeel en geen partydigheid of begunstiging toon nie. Die uitverkorenes sal regverdig verklaar word op grond van Christus se sterwe en opstanding vir hulle, en hulle sal uitgenooi word om sy ewige koninkryk in te gaan. Die goddeloses en die verworpenes sal regverdig veroordeel word vir hulle sonde en hulle ongeregtigheid, en saam met Satan en die bose geeste uit sy teenwoordigheid uitgedryf word. Intussen moet Christene elke wettige poging om geregtigheid na hierdie wêreld toe te bring, ondersteun, wetende dat die volkome en volmaakte oordeel aan die einde van tyd sal plaasvind. In verband met die beloofde belonings vir Christus se kinders, sê die Skrif baie min, maar openbaar tog genoeg om ons verder aan te spoor tot gehoorsaamheid en getrouheid.

6. Die duisendjarige vrederyk

Die tyd tussen Christus se verheerliking met hemelvaart en sy wederkoms, dit wil sê, die huidige tydvak waarin die blye nuus van die evangelie en die seën daarvan aan die nasies verkondig word, word deur die grootste deel van die Kerk gesien as die duisendjarige vrederyk, waarna die Skrif verwys. 'n Gedeelte van die Kerk verstaan dit letterlik, waarvolgens Christus vir 'n duisend jaar na sy wederkoms, oor die aarde sal regeer. Die teenswoordige tyd ly nog onder die gevolge van die mens se sonde, opstand en die mag van Satan. Totdat Christus in heerlikheid terugkeer, sal die koninkryk van Christus op aarde bly kom, maar ook manifestasies van die bose.

7. Die nuwe skepping

Na die wederkoms van Christus sal God die fisiese heelal herskep. Sy opgestane kinders, wat met onsterflikheid en volmaaktheid beklee is, sal vir ewig onder Christus se heerskappy op hierdie nuwe hemel en nuwe aarde woon.

8. Verskillende interpretasies van eskatologiese sake

Christene stem saam oor die belangrikste gebeure van die laaste dae, maar nie altyd oor die volgorde en aard daarvan nie. Sake rondom die laaste dae moet in nederigheid bespreek word, terwyl deurentyd onthou moet word dat profesieë eers ná die vervulling daarvan ten volle deur God se volk verstaan sal word.

Утверждение веры Всемирного реформатского братства

Translated into Russian by
Georgia Jansson Williams

I. УЧЕНИЕ О БОГЕ

1. Кто такой Творец?

Мы верим в одного Бога, который есть творец, основа, двигатель и правитель всего, что существует. Своими вечными установлениями Он утвердил вселенную и управляет ею по Своей суверенной воле. Нет существа, более великого, чем Он и никто не может менять, ослаблять или влиять на Его верховенство над Его творением.

2. Творец и творения

Бог передаёт Своё присутствие и Свою власть всем Своим творениям, но в особенности людям, которых Он сотворил по собственному образу, как мужчин, так и женщин. Есть фундаментальное равенство бытия мужчин и женщин, но с различиями, поскольку призвания мужчин и женщин не взаимозаменяемы, но взаимодополняемы. Хотя в Боге нет разделения гендеров, Он открывает Себя нам преимущественно в мужских категориях и Его Сын воплотился как мужчина.

3. Творец раскрывает Себя всем людям

Бог есть личное существо и раскрывает Себя в категориях личности. В древние времена Он говорил ко многим разным людям многими различными путями. Его слова сопровождались, а обещания исполнялись действиями, которые были знаками Его могущества. Обращаясь к людям, Он раскрывал Себя и Свои замыслы в ожидании, что они ответят послушанием в том, что Он заповедовал им.

Природный порядок свидетельствует о существовании, могуществе и величестве своего божественного Творца, так что никто не имеет оправдания, чтобы не верить в Него. Общим откровением мы называем описанные пути, которыми Бог раскрывает Себя всем людям без исключения в природе, в истории и в совести. Общего откровения достаточно, чтобы мы осознали существование и могущество Бога и даже нашу ответственность пред Ним, но его недостаточно, чтобы явить нам спасение. Особое откровение необходимо, ибо как падшие создания мы духовно слепы и духовно мертвы. Подлинное знание Бога приходит, когда Он делает нас способными видеть и понимать истину Его самораскрытия.

Поскольку люди созданы по образу личного Бога, это означает, что и Бог и люди являются личностями. Они думают и общаются друг с другом путями, выразимыми человеческим языком. Используя эту связь, люди могут познавать видимую и невидимую реальность и применять представления, полученные из невидимой, для развития и преобразования видимой. Как часть видимого творения, люди живут во взаимозависимости с всеми другими материальными творениями, но поскольку они созданы по образу Бога, они сознают своё положение и могут находить смысл в созданном мире и владычествовать над ним.

Человеческое знание – личностное и простирается от способности собирать и упорядочивать факты, до умения их анализировать, чтобы придти к пониманию их более глубокого смысла и назначения. Исходя из этого качества, люди ответственны за творение, которое довере им, и отвечают перед Богом за своё отношение к творению. Человеческое знание ограничено человеческой тварностью объективно, и субъективно – отвержением Бога, которое приводит к радикальной греховности. Объективная способность обретать знание и понимание остаётся в людях, несмотря на грехопадение, но эффект последнего столь велик, что невозможно никакому человеку и никакому обществу исполнить назначение творения так, как изначально задумано Богом.

4. Творец раскрывает себя людям завета

Более полно Бог даёт узнать Себя людям завета, с которыми Он установил особые отношения. Им Бог раскрывает Себя через Свой Дух в Слове, которое живо (во Иисусе Христе), записано (в священном Писании) и произнесено (в проповеди).

Бог раскрывает Себя в Ветхом и Новом Заветах ясно и достаточно, чтобы люди знали Его, любили Его и служили Ему. Однако, такое знание о Боге не может быть полным, потому что в Боге есть много того, что не может быть нами познано и есть вещи, постижимые в опыте, но невыразимые полностью человеческим языком. Сам по себе Бог часто настолько отличен от любого творения, что о Нём возможно сказать только то, чем Он не является – Он невидим, бессмертен, непостижим ни физически, ни умственно. Однако, Он имеет качества, которые люди могут узнать и выразить, и которые в нём достигают абсолютной степени –Он всеведущ, мудр и всемогущ. Эти качества узнаваемы, но они не могут быть полностью определены в границах человеческого мышления и логики. Они могут быть подлинно открыты и поняты только через личные отношения с Богом, установленные через веру в нашего Господа Иисуса Христа.

Бог говорил особым образом к Аврааму, которому Он дал обет, что тот станет отцом великого народа. Что получит он землю и в нём благословятся все племена земные. Эти обещания были обновлены в его сыне Исааке и внуке Иакове, которому было дано имя Израиль. Через потомков Иакова народ Израиля стал особым народом, чья историческая судьба – получить и передать миру слово Бога, и приготовить его к пришествию божественного Спасителя. Это слово было передано через избранных служителей и окончательно сохранено в письменных текстах, названных нами сейчас еврейской Библией, или Ветхим Заветом. Обетования предвозвещённые в писаниях Ветхого

Завета в итоге исполнились во Христе. Хотя многие из предписаний Ветхого Завета, включая храмовое служение и жертвоприношения животных, более не обязательны, их духовные законы не отменяются. Они имеют силу для христиан, которые присоединились к народу Израиля на основании веры, которую мы разделяем с Авраамом. Христиане составляют семью, Царство Божие, которое простирается во все пределы мира, и проповедь Евангелия Иисуса Христа несёт благословение всем, кто его слышит и в него верит. Иудеи по роду, не принявшие Христа, не получили благословения, обещанные их предкам, хотя сохраняют особое место в плане и замысле Бога, который будет полностью открыт в конце времён. Церковь, таким образом, несёт обязательство делиться с иудеями посланием об Иисусе, как о Мессии, Спасителе и Господе. Они присоединяются к христианской Церкви на том же основании, что и не иудеи.

5. Отец, Сын и Святой Дух из Троицы равных личностей

В Иисусе Христе Бог открывает Себя как Троицу личностей, что делает христианство уникальным среди монотеистических религий мира. Бог – не отделённая монада, но Троица Отца, Сына и Святого Духа, которая вечно пребывает в личном сопричастии. По этой причине люди, созданные по образу и подобию Бога, имеют ощущение собственной личной сущности и отношений с Богом и другими людьми. Различение индивидуальностей, свойственное личной сущности, человеческой или божественной, основывается на различении трёх божественных Лиц, которые вечно существуют в одном Боге.

Отец, Сын и Святой Дух – все в равной и полной степени являются Богом в своём собственном праве, но не по получению, передаче или наследованию этого права от Отца или кого-либо ещё. Они разделяют друг с другом общую божественную природу, и поскольку есть только один Бог, неверно заявлять о знании одного из Лиц Троицы без знания всех трёх. Божественные Лица относятся друг ко другу особым образом, который отличен для каждого из них, но для всех знаменуется любовью. Поскольку Отец любит Сына, Он дал Ему всю власть на небе и на земле. Поскольку Сын любит Отца, Он добровольно жертвует Собою за нас, чтобы мы могли жить с Ним на небесах, как хочет для нас Отец. Поскольку Святой Дух любит и Отца и Сына, Он приходит в мир говорить в основном не о Себе, но нести свидетельство о Них и донести до нас Их общую жизнь. Наконец, поскольку и мы люди созданы по образу Бога, мы можем снискать Его любовь, любить Его и являть эту любовь во всех наших личных отношениях.

6. В Ветхом завете Бог говорит от лица Отца

В Ветхом Завете Бог говорит как одна личность, которую Новый Завет отождествляет с Отцом Иисуса Христа, хотя понятие «отец» обычно не использовалось относительно Бога Израиля. Однако ясно, что Бог Ветхого Завета суверенен и невидим в полном соответствии с личностью Отца, каким Он раскрыт нам Иисусом Христом. Отец – это тот, чью волю Иисус (как Сын) пришёл слушать и исполнить и Он именно та личность в Боге, кто остаётся постоянно невидимым и трансцендентным во все времена. Сын и Святой Дух не столь обширно описаны в Ветхом Завете, но Они вечно присутствуют в Боге и полностью соучаствуют во всех Его делах, особенно в великом деле творения, и есть множество указаний на личность и дела обещанного Мессии, как и на дела Духа Бога среди народа Божьего, и в целом мире.

7. Бог открыл Себя полностью и окончательно в Иисусе Христе

Бог произнёс Себя полностью и окончательно в Иисусе Христе, который выполнил древний завет, сделанный с Израилем и со всеми своими избранными. Он – пророк и слово, священник и жертва, царь и царство. Никакие дальнейшие откровения Бога не нужны, потому что Он сам Бог во плоти человеческой. В Иисусе Христе Бог раскрывает Себя как Сын, который указывает на первое Лицо – Своего Отца и обещает, что после Своего ухода Он пошлёт третье Лицо, «другого утешителя», которого Писание называет Святым Духом. Потому для учения Христа присуще, что в одном Боге есть три Лица.

8. Бог открывает себя нам на языке, который мы понимаем

Поскольку Бог снизошёл до использования человеческого языка и поскольку личность Сына стала человеком, можно говорить о Нём в человеческих категориях. Первые ученики могли бы описать физический облик Иисуса, но не сделали этого. Новый Завет не выражает никакого особенного призыва к созданию Его портретов или статуй – ни для поклонения, ни для напоминания о Его присутствии на земле. Никакая картина или художественное изображение Иисуса не полномочны сами по себе, и такие вещи никогда не должны становиться объектом почитания или поклонения, хотя могут быть полезны иным образом.

II. ЗЛО И ГРЕХ

1. Происхождение зла

Бог сотворил всю вселенную «хорошо весьма». Бог не автор зла и Его святость не компрометируется существованием зла. Зло порождено восстанием Сатаны и некоторых ангелов. Кажется, что корнем их падения стала гордость. Падшие ангелы называются демонами и управляются Сатаной. Они противостоят делам Бога и стараются расстроить Его замыслы. Однако Бог остаётся полновластным над силами зла и использует их действия для продвижения плана спасения. Демонам не должно поклоняться или служить каким-либо образом. Их деятельность стоит за ложными религиями и Сатана ослепляет человеческий разум, скрывая истину.

2. Зло и человечество

Зло проникло в человеческую жизнь через грех первых людей в Эдемском саду. Адам – предок всего человеческого рода и таким образом каждый человек должен страдать от последствий его греха, что включает в себя искажённый мир и физическую смерть. Адам и Ева поместили себя на место Бога и вручили свою преданность Сатане. Поддаться искушению быть как Бог имеет далеко идущие последствия. Отнятие у Бога прилежащей Ему славы ведёт к упразднению установленных им различий и включает вторжение в область божественного, расторжение гендерных различий, установленных Богом и смешение человеческих и животных качеств. Из-за использования доброго для дурных целей в человеческое общество проникли хаос, напряжённость и страдания.

3. Плоды греха в жизни людей

Люди объединяют усилия со сверхъестественными силами, которые приносят такие ужасные злодейства, как геноцид, поношение властей, мировые войны, различные виды терроризма, убийства на почве психических расстройств, торговля людьми, злоупотребление наркотиками и всяческое насилие. Без принижения человеческого уважения и достоинства, можно сказать, что эти возмутительные формы зла распространяются и управляются демоническими силами, приводя к разделению людей, разрушая их и низводя ниже животного уровня их мысли и поведение. Зло не только направлено на разрушение творения и образа божьего в потомках Адамы и Евы, но также на уничтожение Церкви и правды божьей. Хотя демоны не размножаются и не могут быть уничтожены людьми, мы всё-таки призваны противостоять злу, несправедливости, угнетению и насилию, которые используют демоны для своих целей, и в то же время предвосхищать и молиться о возвращении Иисуса Христа, который положит конец всем этим вещам.

4. Всемирность греха и его последствий

В Адаме все умирают и смерть простирается на всех, потому что все согрешили. Весь род человеческий подвержен падению и его последствиям: грех, отчуждение, насилие, война, болезни, страдание и смерть. Духовно говоря, все люди мертвы, потому что живут в борьбе против Бога и лишены Его благословений. Хотя падшие люди могут открывать отдельные аспекты истины, им не хватает системы, необходимой, чтобы понять их как общую истину божью. Как грешники, они отказываются принять последствия данной им истины, и вместо этого заглушают её своими беззакониями. Смерть телесная также действует в них пока они не возвратятся в прах, из которого взяты. Без милосердного участия Бога духовная смерть становится смертью вечной.

III. ЛИЧНОСТЬ И ДЕЛА ХРИСТА

1. Слава Христа

В центре христианства стоит личность Иисуса Христа. Его слава и величие таковы, что поклоняться Ему и восхвалять Его – долг и желание каждого верующего.

2. Воплощённый Сын Божий имеет одну божественную личность и две природы

Божественная личность Сына Божьего, второго Лица Троицы принимает на себя полностью человеческую природу во чреве девы Марии и рождается как человек – Иисус из Назарета. Теперь у Него две природы, одна божественная и одна человеческая, которые остаются целыми и различными сами по себе, но в то же самое время они объединены посредством одной божественной личности. Поскольку Его божественная природа, которую Он разделяет с Отцом и Святым Духом, не может страдать или умереть, то Сын обретает человеческую природу, чтобы заплатить цену человеческого греха и примирить нас с Богом. На кресте было Лицо Сына, в своих двух природах, который страдал и умер.

3. Воплощённый Сын Божий есть подлинный человек

Как воплощённый Иисус из Назарета, Сын Божий становится подлинным человеком. Он владеет человеческим разумом и человеческой волей, у него типично человеческая психика и сохраняется божественная природа. Он был искушаем так же, как любой человек, но не пал во грех.

4. Воплощённый Сын Божий полностью способен примирить нас с Его Отцом

Человек Иисус Христос смог занять наше место на кресте и заплатить цену наших грехов, не по какому-либо природному или объективному превосходству относительно нас, но так как был полностью послушен Своему Отцу и потому совершенно безгрешен. Сделавшись жертвою за грех ради нас, Он смог отменить наш долг перед Богом без принятия на себя какой-либо вины, которая отделяла бы Его от Отца. Искупительное дело Христа обеспечило спасение всем, кто были избраны в Нём от сотворения мира.

5. Природа воскрешённого тела Христа

После двух дней в могиле, Иисус из Назарета восстал из мёртвых в преображённой, но узнаваемой человеческой природе. Его воскресшее тело могло преодолевать естественные физические законы, но вместе с тем сохраняло свои собственные физические свойства. В Его вознесении, это тело было преображено далее в небесное состояние, которым оно до сих пор обладает, и так было вознесено к Богу. Люди будут воскрешены не в том виде, как Иисус первым пасхальным утром, но в том, в каком Он сейчас – в своём вознесённом состоянии.

IV. ЛИЦО И ДЕЯТЕЛЬНОСТЬ СВЯТОГО ДУХА

1. Святой Дух как Лицо Троицы

Святой Дух участвует в деле творения и искупления вместе с Отцом и Сыном. В особенности, воплощённый Сын был зачат Святым Духом, помазан Святым Духом и уполномочен Святым Духом исполнять Своё общественное служение на земле.

2. Деятельность Святого Духа в искуплении

Святой Дух реализует искупительное дело Сына в индивидуальных верующих и объединяет их со Христом, как с главою, так и друг с другом. Он – действующее лицо усыновления верующих в семью Бога и даёт им внутреннюю уверенность, что они избраны верховной властью Бога. Он помогает, учит, наставляет и ведёт верующих в соответствии с волей и образом Бога. Он освящает верующих, производя в них свои плоды и постоянно ходатайствует за них в молитвах перед Отцом.

3. Схождение Святого Духа в Пятидесятницу

Схождение Святого Духа в Пятидесятницу было началом новой работы Бога в жизни верующих, что привело к основанию христианской Церкви. Необычайные богооткровенные дары, данные в это время, были уникальными знаками начала мессианской эры и они не могут быть затребованы автоматически или как решительное доказательство действительности божьей власти сегодня. Продолжающиеся и разнообразные дары Святог Духа в соответствии с волей божьей следует искать в кротости, чтобы прославлять Бога в служении общему благу Церкви.

4. Святой Дух и духовное возрождение

Сила Святого Духа продолжает проявляться особым образом во времена духовного возрождения, которое происходит периодически в жизни церкви. Такие времена пробуждения и духовного преображения способствуют расширению Царства Божьего через осознание людьми своей греховности и обращение их ко Христу на новом, более глубоком пути. В такие времена верующим напоминается присутствие в них Святого Духа, так как они узнают о Его делах в их жизни и Его дарах к ним. Духовное возрождение особенно действенно в возвращении народа божьего к Богу через реформацию Церкви, которая постоянно находится в опасности заблудиться. Тем не менее, дела Святого Духа, очевидные во времена духовного возрождения, всегда присутствуют в церкви и верующие должны усердно молиться о Его плодах и дарах во все времена.

5. Святой Дух и духовная борьба

Святой Дух деятельно сражается с Сатаной и его демонами и защищает верующих от них. Святой Дух избавляет верующих от одержимости и угнетения демонами, снабжает их духовным оружием, нужным для сопротивления власти дьявола. Библия запрещает верующим связываться с силами тьмы и их делами.

V. РАБОТА БОГА В СПАСЕНИИ

1. Всеобщая благодать

Бог простирает всеобщую благодать на всё человечество, а также особую благодать, через которую люди могут получить спасение. Этой всеобщей благодатью грех ограничен, грешные люди получают благословения Бога и способность делать добрые дела. Эта всеобщая благодать предоставляет основание для человеческого общества и делает возможным работу в искусстве и науках. Эту работу в искусстве и науках делает возможной Святой Дух, таким образом, культурный прогресс и человеческая цивилизация есть благие дары Бога, данные, несмотря на падение человечества во грех.

2. Призыв и выбор Бога

Бог призывает людей покаяться и верить. Никто не может ответить на этот призыв без действия Святого Духа. Хотя многие могут на слух принять послание, или прочитать его прямо из Библии, или опосредовано через христианскую литературу, не все являются избранными. Вместо того, чтобы оставить людской род в его падшем состоянии, Бог суверенно и милостиво избрал некоторых для вечной жизни. Только те, чьи сердца и умы просветлены Святым Духом, имеют силу принять обетованные дары прощения грехов и дар принятия Богом.

3. Природа возрождения

Через дела Святого Духа мёртвый грешник получает жизнь от Бога и насаждение этой жизни даёт в результате новую ориентацию относительно Бога и его праведности. Только Святой Дух может произвести изменение, которое даст святость, без которой никто не увидит Бога. Пока эта восстановительная работа вызывает изменения в характере, христиане –уникальные личности; хотя все они имеют Святого Духа, все они различны. Прививка новой жизни – то, что у них общее; это означает, что они уже в нерасторжимом духовном союзе со Христом. Новый Завет выражает это словами, что христиане находятся «во Христе», это означает, что они становятся «наследниками Бога и сонаследниками со Христом». Поскольку они столь объединены со Христом, в котором есть все сокровища мудрости и знания, в нём они достигают целостности. Все христиане имеют дух христов, союз со Христом значит также, что они находятся в живой связи друг с другом. Они разделяют общее спасение и имеют общие цели и устремления.

4. Эффекты возрождения

Работа Бога по возрождению не нуждается в повторении. Однажды оправданы Богом, христиане выражают новый статус изменением своего духовного положения. Обращение знаменует сознательное начало новой жизни, так что верующие ищут жизни в гармонии с их новой природой, с фокусом на духовных и вечных вопросах. Сердце их новой жизни –покаяние и вера, которые связаны вместе, как знак обращения.

5. Вера

Благодать веры есть дар божий. Вера, таким образом, есть акт получения благословений спасения через личную веру в Христа Спасителя и преданность Ему. Эта вера – инструмент, которым божественные откровения и все обетованные благословения воспринимаются, принимаются и доставляют наслаждение. Вера есть убеждение, что библейское послание истинно и личное принятие заслуг Христа и Его дел имеет существенное значение. Предметом истинной веры остаётся Иисус Христос, который принимается как Спаситель, и через акт преданности душа полагается в спасении только на Него.

6. Оправдание

Оправдание – акт Бога, следующий за действенным призванием Святого Духа и последующим ответом грешника в покаянии и вере: «Кого Он призвал, тех и оправдал». В оправдании Бог объявляет грешников праведными в своём видении, принимая их грехи как прощённые и засчитывая праведность Христа, как принадлежащую им. Оправдание не означает, что Бог притворяется, будто грешники праведны, когда фактически они виноваты. Чтобы оправдание было реальным и согласовывалось со святостью Бога, оно должно иметь заслуженную почву. Настоящая праведность должна существовать, ведь Бог праведен в объявлении своего оправдания. Грешники оправданы на основе праведности Иисуса Христа, которая считается принадлежащей им. Это вменение праведности Христа является основой христианской веры.

7. Праведность Христа есть основа нашего оправдания

Праведность Христа включает Его жизнь в совершенном послушании каждой заповеди закона божьего и Его смерть на кресте, которой Он понёс наказание святого божьего гнева за грехи всех своих людей; это дело скреплено его триумфальным воскресением. Верующие ныне разделяют тот же статус праведности, что и у Христа, который удовлетворил все требования закона божьего вместо них и ради них. Почвой для оправдания грешника является только совершенная праведность Христа.

8. Согласованность между Павлом и Иаковом в учении об оправдании

Нет конфликта между учениями Павла и Иакова относительно оправдания. Павел пишет об оправдании, как о прощении и принятии перед Богом; Иаков настаивает, что если это оправдание реальное, оно проявится в жизни в послушании.

9. Сыновство верующих во Христе

Положение Господа Иисуса Христа как вечного несотворённого Сына Божьего уникально по своей природе. Однако, Он не стыдится называть тех, кого Он спас, братьями и сёстрами. Эти усыновлённые дети божьи – наследники того, что Христос приобрёл для них: полной

меры благословений искупления, потому они описываются, как «наследники божьи и сонаследники со Христом».

Как дети божьи, верующие участвуют во всех благословениях от Бога для Его семьи; через вечного свидетеля Святого Духа они знают Бога как Отца и так обращаются к Нему. Они –цель божьей любви, Его сострадания, Его заботы об их нуждах. Дети Бога также имеют привилегию разделять страдания Христа и Его последующее прославление. Другая привилегия детей Бога, которая подтверждает их усыновление, – их опыт отцовского вразумления Богом. Они заверены: «Бог почитает вас за сыновей. Какого сына отец не воспитывает?». Единство детей Бога в одном теле – тоже привилегия для наслаждения и ответственность, которая требует взаимной любви и служения.

Полные благословения сыновства не принесут наслаждения до славного возвращения Господа Иисуса Христа. Сыновство имеет нынешнее измерение и измерение эсхатологическое, которое есть элемент христианской надежды. Таким образом, «мы сами, имея начаток Духа, и мы в себе стенаем, ожидая усыновления, искупления тела нашего». Усыновление не будет полным, пока Христос не даст Своим людям новые тела при воскресении, когда верующие насладятся «свободой славы детей божиих» вместе с обновлённым творением.

10. Дела Святого Духа по освящению

Святой Дух действует в жизни тех, кто был оправдан и усыновлён, чтобы сделать их святыми и преобразовать их в подобие Христа. Дела Бога в верующих включают как желание, так и делание того, что Он требует. Активное послушание заповедям божьим необходимо. Освящение требует приведения к смерти всего грешного в человеческой жизни и развития нового божественного уклада жизни и нового образа мышления и жизни.

11. Достижение христианского совершенства

В течение этой настоящей жизни никакой верующий полностью не свободен от греха, и освящение идёт с переменной степенью. Воспитание Богом своих возлюбленных детей служит для их освящения. Дело освящения будет исполнено силой и милостью Бога. Дух полностью освящается при смерти, присоединяясь к «духам, достигшим совершенства». При воскресении тело верующего разделит это совершенство, когда станет сотворённым подобно славному телу Христа. В конечном итоге, каждый верующий будет полностью «нести образ человека небесного».

VI. ХРИСТИАНСКАЯ ЖИЗНЬ

1. Подлинная духовность

Христианская духовность, как процесс, занимающий всю жизнь, есть глубокое благоговение и любовь к Богу, которые приводят к правильным отношениям с ближними. Христианская духовность есть практическое благочестие, ведущее к преображению в подобие Христу. Она не направлена на себя, ни на поиск безличной силы, ни на обретение облачного состояния бытия, ни на изменённое состояние сознания. Она растёт в заповедном союзе с триединым Богом и во всевозрастающем братстве с божьими людьми во всём мире. Она – результат духовного возрождения, проводимого и управляемого Святым Духом.

2. Пути благочестия

Святой Дух производит в нас благочестие через приложение слова божьего к нашим сердцам и умам, через научение послушанию, объединение нас в соборное братство всех верующих, в подлинном поклонении Богу, в нашем свидетельстве миру, в испытаниях и страданиях, и в сражениях со злом.

3. Результаты благочестия

Результаты благочестия включают преображение ума и сердца, слов и действий, молитв и жизни, которые постоянно вырастают в образ Христа. Благочестие производит самоотверженность, которая длится всю жизнь, ежедневное «принятие своего креста» и следование за Христом в осуществлении любви, терпения, прощения, кротости, сострадания и доброты ко всем, особенно к членам христианской семьи. Оно включает постоянную отдачу себя в полной преданности Богу, переживание невыразимой радости, сыновьего трепета, самоотверженного благоговения, сияющей любви, сострадания и осознанной самоуверенности, уравновешенной кротостью, уважением, священным трепетом, чувством удовлетворения, детского доверия, послушания, неумирающей надежды и божьего мира перед лицом испытаний, скорби и боли.

4. Духовный опыт

Духовная жизнь, имеющая Бога своим центром, получает духовный опыт, как дар Святого Духа. Поскольку мы ищем приблизиться к триединому Богу, мы осознаём, что всегда живём в Его присутствии, где бы мы ни были. Потому мы мотивированы к исполнению нашего призвания быть инструментами Его преобразующей благодати, куда бы ни привело нас Его провидение. Переживание нашего заветного союза с Богом в этой жизни – только предвосхищение славы сопричастия Богу в будущем веке.

VII. СВЯТОЕ ПИСАНИЕ

1. Писания произошли благодаря Богу Святому Духу

Все Писания вдохновлены Богом и написаны, когда человек говорил от Бога, под воздействием Святого Духа. Писания есть слово божие и полностью надёжны. В изначально данном виде они не имеют ошибок во всём, что они утверждают – эта доктрина многими теологами Реформации названа «библейская непогрешимость». Бог руководил работой по их написанию, так что они являются именно тем, чем Он хотел их сделать. Избрав для написания людей, Бог не подавлял их человечности и не диктовал им Писания. Потому они представляют личную историю и литературный стиль каждого автора и особенности периода, в который были написаны, оставаясь в тоже время во всех отношениях словом самого Бога.

2. Писания узнаются через действие Бога Святого Духа

Писания содержат множество качеств, располагающих нас к ним, но наше полное убеждение и уверенность в их непогрешимой правде и божественном авторитете исходит от Святого Духа, поскольку Он несёт свидетельство нашим сердцам через слово. Святой Дух вдыхает верующему, что писания отображают свою подлинность, как Слово Бога. Таким путём христианская Церковь получила еврейскую Библию и греческий Новый Завет и стала способна признать его, как свой авторитетный канон. Писания не берут своего авторитета от Церкви или какого-либо иного источника, кроме самого Бога.

3. Писания понимаются через действие Бога Святого Духа

Писания в своей основе ясны, но только христианский верующий может через доступ к уму христову принять и понять их духовное значение и значимость. Падение человека во грех повредило разум, а также волю и эмоции. Так пришла духовная слепота и оставила людей неспособными понять божественные вещи без действия Святого Духа. Когда люди действенно призваны и возрождены, Святой Дух начинает открывать Писания для их понимания. Святой Дух в Его мудрости открывает нам подлинное значение божьего откровения.

4. Писания реализуются через Бога Святого Духа

Бог приводит мужчин и женщин к Себе через проповедь Его слова. Святой Дух использует проповедь, учение и изучение Писаний, чтобы сделать нас мудрыми для спасения через веру в Иисуса Христа, и дать нам Его ум. В проповеди или чтении, Писания полезны для научения, для обличения, для исправления и для наставления в праведности, которой мы можем быть приготовлены для всякого доброго дела и превознесения жизни в прославлении Бога. Таким образом, они служат для основания, утверждения и упорядочивания нашей веры.

5. Предпосылки для направления в толковании Писания

Святое Писание есть слово Бога и потому не может противоречить себе. Наше чтение, толкование, понимание и его применение в разной степени зависит от наших прежних убеждений или представлений о Боге и Библии. Чтобы понимать его правильно, необходимо осознавать наши предпосылки и сверять их в свете библейского текста, чтобы мы могли исправить их, приблизив к значению самого текста. Поскольку Писания заявляют о своём божественном источнике и вдохновении, только те толковательные методы, которые серьёзно учитывают эти представления, могут придти к верному смыслу.

6. Ясность Писания

Необходимость академического изучения Библии на её оригинальных языках не умаляет ясности или божественного авторитета и достоверности Писаний. Истины, необходимые для спасения столь ясно выражены в Писании, что учёные и неучёные читатели могут и должны понимать их. Послание Писания должно быть изложено, поскольку в свете философий и различных мнений есть возражения и оппозиции его предпосылкам. В защите библейской точки зрения от таких оппонентов, ясность смысла Писания достигается не только тщательным сравнением одного библейского текста с другим, но также изучением противоположного смысла.

7. Подходящие методы толкования

Библия есть слово Бога и так должно читаться в скромной покорности и молитве о просвещении Святым Духом. Поскольку оно написано на человеческом языке в особом культурном, социальном и историческом контекстах, его значение должно быть понято через использование общих правил толкования и с помощью смежных отраслей, таких как археология, история, текстологическая критика и изучение оригинальных языков. Все эти методы должны учитывать его божественное происхождение, непогрешимость и человеческих характер.

8. Значение библейского текста

Библейский текст может иметь множество различных практических применений и значений, но его основной смысл обычно определён бережным использованием исторических, грамматических и искупительно-исторических принципов, выраженных в предыдущем параграфе. Аллегорические, духовные и фигуральные толкования не имеют никакого веса, если не имеют особенного подтверждения в самом тексте.

9. Универсальность истины и её применения

Открытая в Писании правда божья – универсальна, вечна и значима для всех культур, веков и народов. Тем не менее может быть несколько и отличных друг от друга применений этой истины. Используя слово божье согласно контексту, Церковь должна различать между библейскими принципами, которые есть вечное и универсальное проявление правды божьей и практическим применением этих принципов, которые могут различаться в разных контекстах. Нужно всегда убеждаться, что его применение есть законное и соответствующее продолжение фундаментальных и неизменных принципов.

10. Стандартный характер самораскрытия Бога в постбиблейские времена

Со времени составления канона Нового Завета, постоянный характер давал Богу говорить к нам через святые Писания с просвещением Святым Духом, который дышит в наших сердцах и открывает нам Отца и Сына. Слышащие голос Духа получают в наследство обещанное нам в Сыне и с Его помощью исполняют волю Отца в своих жизнях. Святой Дух донёс до нас тексты для вдохновения и ободрения нас на нашем пути, чтобы через них мы научились воле божией и её исполнению. Вместе с Ветхим Заветом, тексты содержат откровения, данные последователям Христа, через или посредством утверждения текстов двенадцатью апостолами, которые видели Его после воскресения из мёртвых и которых Он назначил вести и учить Церковь. Тексты были собраны первыми христианами, которые признали в них полный авторитет самого Бога и объединили их в Новый Завет. Никакой христианский проповедник или церковь не имеют права настаивать на вероучениях, которые не содержатся в Писании, или толковать любые из них в противоречии с тем, как Бог открывает себя где-либо ещё в Писании.

VIII. ЦЕРКОВЬ

1. Природа Церкви

Церковь есть невидимое сообщество всех христиан (известное только Богу) с одной стороны, и видимая Церковь на земле во множестве своих сообществ – с другой. Церковь есть духовное и сверхъестественное тело Христа, который есть глава Церкви. Каждый христианин единен со Христом и соединён со всеми другими христианами через Бога, устанавливая таким образом Церковь. В центре духовной жизни одной, святой, вселенской и апостольской Церкви стоят богослужение, братство, Святые Писания, таинства и миссии.

2. Служения Церкви

Писание указывает на несколько служений, которые Бог дал Церкви в разные времена: апостольское, пророческое, старшинство, дьяконское и евангельское. Сегодня в каждой местной церкви должны быть старшие и дьяконы. Старшие должны быть пасторами, попечителями и примером для других; некоторые из них должны посвятить себя проповеди и учительству. Дьяконы должны заботиться о бедных и нуждающихся и следить за практическими, финансовыми и производственными нуждами церкви. Как и старшинство, это духовное призвание требует духовных качеств.

3. Богослужения

Основная ответственность Церкви – богослужения. Природа и содержание этих богослужений определены самим Богом, как раскрыто нам в Писании. Это должно включать песнопения и восхваления Богу, чтение и проповедь Писаний и молитву.

4. Самостоятельность местного собрания

Каждое собрание верующих имеет степень самостоятельности под управлением старших, но есть и более широкое объединение со всеми собраниями. Эта связь выражена различным образом в разные времена в разных частях Церкви.

5. Таинства

Таинство – внешний и видимый знак внутренней и духовной благодати. Оно установлено Христом и представляет дела Христа. Протестантские церкви признают только два: крещение и тайная вечеря (Евхаристия или святое Причастие). Часто их отождествляют с двумя таинствами ветхозаветной церкви: обрезание и пасхальный седер. Крещение есть ритуал инициации в христианскую Церковь. Оно производится водой. Тайная вечеря указывает на смерть Христа на кресте, используя хлеб и вино как символы тела и крови Христа. Это также даёт верующим возможность усилить свою веру, братство во Христе и духовное воспитание, провозглашая смерть Господа до его пришествия.

IX. ТРАДИЦИЯ

1. Существование и обоснованность апостольской традиции

Каждая христианская церковь живёт в соответствии с правилами веры, наследованными с апостольских времён. Святые Писания есть уникально подлинная и нормативная форма этих правил, которой должны поверяться все вероучения и практики. Апостольская Церковь несомненно несла обычаи, которые не записаны в Писании или не предписаны им, но такие традиции не обязательны для поздних поколений христиан. Подобным образом, хотя и возможно, что утерянные апостольские писания могут в один день быть открыты, они не будут считаться Священным Писанием, потому что не были переданы от апостольских времён, как часть нормативного правила.

2. Авторитет символа веры и исповеданий

На протяжении своей истории Церковь принимала символы веры и исповедания, чтобы разъяснять учение Писания. Эти документы и другие похожие решения различных церковных органов предписывают авторитет тем, кто их принял, который должен признаваться и почитаться последующими поколениями. Однако, они не совершенно безошибочны, и где может быть показано, что они не согласуются с учением Писания или что их учение может быть более ясно выражено иным путём, Церковь должна менять их соответствующим образом.

3. Реформаторский ответ о наследованных традициях

В 16 веке реформаторы предприняли тщательную ревизию церковных традиций и отвергли вероучения и практики, которые ясно противоречили учению Писаний. Некоторые пошли дальше и отбросили традиции, которые не имели поддержки в Писании, хотя и не противоречили ему. Пример этого – празднование Рождества 25 декабря, что не имеет библейского основания, но ясно свидетельствует о новозаветной доктрине воплощения Христа. Традиции такого рода могут быть сохранены, преобразованы или отброшены по усмотрению местной церкви при условии, что это не нарушает никакую библейскую доктрину.

4. Примеры богослужения и управления Церковью

Каждая церковь разработала примеры богослужения и управления, которые со временем стали её собственными традициями. В той мере, в какой эти практики не противоречат учению Писания и продолжают исполнять роль, для которой они впервые были задуманы, нет причины не сохранить их. Тем не менее, каждая местная церковь свободна преобразовывать такие традиции, как ей видится это подходящим. В особенности, церкви произошедшие от иностранной миссионерской деятельности могут наследовать практики из этих миссий, которые с трудом внедряются на местах. Церкви такого рода несут особую ответственность проверять библейское основание таких перенятых традиций и должны смело преобразовывать их, если этим могут сделать евангельское свидетельство более эффективным в своих обстоятельствах. Однако, никакая церковь не должна отменять, преобразовывать или усваивать какую-либо традицию или практику без учёта влияния, которое такой ход может оказать на свидетельство христианского сообщества в целом.

5. Надлежащее сохранение определённых традиций

Некоторые традиции столь глубоко и повсеместно укоренились в христианском мире, что их изменение ничего не даёт и может привести к ненужному разделению внутри Церкви. Пример этого – богослужения по воскресеньям, которые хотя и ясно практиковались в ранней Церкви, но не предписаны особым образом в Новом Завете. Есть обстоятельства, в которых отдельные церкви, например в некоторых исламских странах, могут найти более подходящим богослужения в другой день недели, но никакая церковь не должна самостоятельно отвергать воскресные богослужения, лишь потому, что этого не установлено Писанием. В случаях такого рода видимое единство христианского мира должно быть сохранено, если этим не нарушается никакой теологический принцип.

X. МИССИЯ И ЕВАНГЕЛИЕ

1. Наше призвание свидетельствовать о Боге словом и делом

Наша миссия в мире проистекает из нашей страсти по славе божией и из нашей уверенности в наступлении Его Царства. Церковь, как сообщество Христа, есть божий инструмент для благовествования, которое есть проповедь и распространение Евангелия Иисуса Христа через слова и дела о том, что Христос умер за наши грехи и был воскрешён из мёртвых по Писаниям, и что Он, как правящий Господь, сейчас предлагает прощение грехов, вечную жизнь и дары Святого Духа всем, кто уверует и покается. В послушании призыву нашего Бога, мы должны нести два предложения всем народам: 1) предложение, призывающее к покаянию, вере и вечному примирению с Богом через Христа; и 2) предложение, являющее дела милости и сострадания, простирающее благо Царства Божьего на земле в имени Христа. Этот пример дан нам самим Христом, он провозглашает, что мы соотносимся с образом Христа и получили Святой Дух, как первый плод и гарантию нового божьего творения.

2. Уровень миссионерского поручения

Наше провозглашение благой вести имеет социальные последствия, поскольку мы призываем людей к любви и покаянию во всех сферах жизни. Подобным образом, наша общественная деятельность имеет евангельские последствия, поскольку мы несём свидетельство о преображающей милости Иисуса Христа. Если мы игнорируем мир, мы предаём великое поручение, которым Он посылает нас служить миру. Если мы игнорируем это поручение, нам нечего нести в мир. Наше послушание Богу возбуждает нашу ревность к миссионерству в полном доверии Богу. Это делает наше свидетельство смелым и бережным и привлекает внимание неверующих.

3. Сострадание христиан миру

Мы утверждаем великую нужду для христиан облачиться в сострадание во имя Христа, среди бедности, болезней, несправедливости и всех форм человеческих несчастий. Мы беспокоимся, что миллионы людей в этом мире живут в безнадёжной бедности. В облачении в сострадание мы призваны сопровождать бедных и передавать преображающую милость божью с такой духовной жизнью, которая позволяет нам войти в страдающее общество не как спасители, но как слуги Христа Спасителя.

4. Преображение человеческого общества

Мы понимаем преображение человеческого общества, как полный поворот во всей жизни и по всей земле от влияний греха, который отделяет людей от Бога, от себя, от других и от окружения и восстановления божьего порядка в творении. Намерение Бога в том, чтобы все люди были носителями Его образа. Такая задача начинается в этой жизни, но будет завершена только когда Христос вернётся в славе в конце времён. Оно нацелено на преобразование греховной культуры и общества, в которых мы живём и построение новой культуры и нового общества, сообразно природе Царства Божьего, предвозвещённого Христом.

XI. ЗАКОН И ЭТИКА

1. Естественный закон

Закон Божий есть выражение Его любви и раскрывает Его требование праведности ко всем людям. Он был написан в сердцах людей при творении и, несмотря на грехопадение, люди всё ещё осознают его требования через свою совесть. В Эдеме Бог также раскрывал Свою волю относительно людей в словах – в заповеди не есть от дерева познания добра и зла.

2. Закон Моисея

Закон Моисея содержит ритуальные элементы, которые предзнаменуют личность и дела Христа и жизнь Его Церкви, которые уже исполнены. Закон также содержит юридические элементы, формировавшие общественную жизнь Израиля и дающие принципы справедливости, которые должны отразиться в жизни и законах всех народов. Моральные элементы этого закона до сих пор представляют пример праведной жизни. Закон Божий показывает грешникам их грех и указывает им на Христа, как единственного Спасителя. В дополнение, закон даёт меры ограничения проявления греха в обществе. Закон также руководство к жизни для христиан, пока они обновляются в образ Христа, он раскрывает им грех и праведность, как предметы для отвращения и стремления.

3. Христос есть исполнение закона

Христос исполнил требования закона, став проклятым ради своих избранных. Приведённые к вере во Христа выражают свою любовь к Господу послушанием Его заповедям через возможности, даруемые Святым Духом.

4. Брак и интимная мораль

Брак как разнополая моногамия был установлен Богом для мужа и жены, которые оставляют свои семьи и прилепляются друг к другу в отношениях на всю жизнь. Сексуальные желания должны исполняться в рамках этого союза, в котором рождаются дети, получающие христианское наставление и воспитание. По греховности человеческой природы случаются искажения этого примера. Библия запрещает интимные связи вне брачных уз и однополые союзы. Расторжение брака разводом допускается в случае прелюбодеяния или если неверующие бесповоротно бросают своих христианских супругов. Мужчина описан в Писании как глава женщины, также как Христос есть глава мужчины, и Бог есть глава Христа. Это главенство в семье и Церкви показано на примере того, как Христос возлюбил Церковь.

5. Планирование семьи

Планирование семьи приемлемо, однако контрацепция такими путями, как принятие противозачаточных после зачатия или аборт плода ведёт к разрушению новой жизни. Для женатых пар, испытывающих трудность в зачатии, искусственное оплодотворение – возможный вариант, однако использование донорской спермы и суррогатного материнства таким вариантом не являются, потому что эти практики, хоть и доступны в медицине, нарушают брачные отношения. Эксперименты с человеческими эмбрионами деструктивны для человеческой жизни, как и эксперименты со взрослыми людьми, которые могут причинять болезнь, инвалидность или даже смерть. Хотя клонирование людей (пересадка ядер соматических клеток) может быть технологически возможным, однако ни «репродуктивное клонирование», ни «терапевтическое клонирование» не соответствуют библейской модели, в которой секс и воспроизведение входят в заповеданные брачные отношения.

Научные открытия людей, пусть и хорошие сами по себе, могут быть использованы в нарушение божьей морали, возложенной на этот мир. Жизнь и возможность рожать детей должны рассматриваться как дары, ниспосланные Богом.

6. Продление жизни

Человеческие тела подвержены разным заболеваниям и современная медицина способна помочь с соответствующими лечениями, операциями и медицинскими средствами. Пересадка органов есть законное продолжение такого медицинского вмешательства по исцелению болезней и продлению жизни.

7. Эвтаназия

Как творение нового человека принадлежит Богу, Ему принадлежит и решение прекратить человеческую жизнь. И порождение и прекращение жизни подлежат его верховному контролю. Хотя лекарства могут использоваться, чтобы облегчить боль, они не должны использоваться для прекращения человеческой жизни, как и не должны быть использованы для достижения индивидуального удовольствия или вызывания экстрасенсорных состояний. Хотя современные технологии могут искусственно поддерживать в человеке жизнь, тем не менее, когда мозговая активность не очевидна, тогда отключение оборудования жизнеобеспечения не является неправильным.

XII. ЭСХАТОЛОГИЯ

1. Вечный замысел Бога

В начале времён было заложено обещание об исполнении завершения испытания Адама, субботнем отдыхе Бога, и вечной жизни от дерева жизни. Во всех этих деталях предвидится намерение Бога совершенствовать то, что он сотворил «хорошо весьма». В воскресении (или воссоздании) последнего Адама апостол Павел видит план исполнения творения первого Адама, созданного до грехопадения. История искупления является проработанным результатом спасительных замыслов божьих, завершаясь в жизни и смерти Спасителя, принесении спасения народам и эсхатологическом воссоздании неба и земли. Те, кто присоединён ко Христу, уже в наше время испытывают силу будущего мира духом, живущим в них. Хотя они и вкусят смерть, у них уже есть предвкушение будущего воскресения.

2. Состояние мертвых

Сразу после смерти, человеческие души возвращаются к Богу, в то время как тела уничтожаются. Они не впадают в состояние сна. Души спасённых входят в состояние совершенной святости и радости в присутствии Бога, и царствуют со Христом, пока ожидают воскресения мёртвых. Такое счастье ни в чём не омрачено памятью земной жизни, ибо теперь они рассматривают всё в свете совершенной воли и замысла Бога. Их счастье и

спасение – лишь по благодати Божьей. У них нет никакой власти, чтобы ходатайствовать за живых или стать посредниками между ними и Богом. Души потерянных не уничтожаются после смерти, а входят в состояние мучения и темноты, будучи отброшенными от божественного присутствия, пока ожидают страшного суда. Нет никаких посмертных состояний, кроме двух вышеупомянутых. Ни души спасённых, ни души потерянных не могут после смерти вернуться в мир живых. Любой опыт, приписываемый внетелесной деятельности души, должен считаться либо продуктом человеческого воображения, либо действием демонов.

3. Второе пришествие Христа

Воскресение Христа и последующее нисхождение Святого Духа знаменует новую эру, называемую в Священном Писании «последние дни». В настоящее время, христианин живёт в полу-эсхатологической реальности, где работа Христа уже закончена, хотя и ещё ждет своего будущего завершения.

В будущем Христос вернётся в наш мир видимым образом и в прекрасном теле Своего воскресения, чтобы Его увидел весь мир. Он вернётся во власти, со святыми и ангелами, чтобы судить каждого человека и довести Царство Божье до завершения. Писания убедительно призывают нас готовиться к пришествию Христа, хотя и не дают нам ни конкретных сроков, ни знамений о том, когда это случиться. Пришествие Христа остаётся высочайшей христианской надеждой. Церковь призвана молиться о христовом пришествии и ускорять его, проповедуя Евангелие всему миру.

4. Воскресение мёртвых

Мёртвые, принадлежащие Христу, будут воскрешены Его силой, в теле, подобном Его телу, и приготовлены к вечному состоянию радости и общения с Богом. Силой Божьей будут воскрешены и потерянные, но к осуждению и вечному наказанию. Такая судьба должна вызвать в нас трепет и побуждение к проповеди Евангелия и спасительной благодати божьей всем народам. Уникальность личностей спасённых и потерянных будет такая же, как на земле, но их тела будут преображены в своей субстанции и свойствах.

5. День страшного суда

Христос вернётся в наш мир в качестве судьи, потому что Он является и Сыном Человеческим и царём, вечно царствуя над нашим миром. Он будет судить живых и мёртвых в справедливости, без пристрастия и поблажек. Избранные будут объявлены оправданными согласно смерти и воскресению Христа и приглашены в Его вечное царство. Нечестивые и развратники будут осуждены в своих грехах и беззакониях и изгнаны из Его присутствия вместе с Сатаной и демонами. При этом, христианам следует поддерживать все законные меры привнесения справедливости в наш мир, зная, что полная и совершенная справедливость будет исполнена в конце времён. Что касается благ, обещанных Христом своему народу, в Писании о них сказано мало, но достаточно, чтобы служить дополнительной мотивацией к послушанию и верности.

6. Тысячелетнее царство

Промежуток между прославлением Христа и Его вторым пришествием – то есть наше нынешнее время, когда благовестие Евангелия и его благодати возвещаются всем народам – понимается большинством Церкви как тысячелетнее царство, о котором говорит Писание. Однако некоторые до сих пор предполагают буквальный период тысячи лет царствования Христа над землёй после Его второго пришествия. Наше время по-прежнему страдает от последствий человеческого греха, противления Богу и от сил Сатаны. Проявления зла будут

иметь место в нашем мире вместе с проявлениями царства Христа до тех пор, пока Он не вернётся в славе.

7. Новое творение

После возвращения Христа Бог сотворит физическую вселенную заново, и Его воскресшие люди, облечённые бессмертием и совершенством, будут жить под господством Христа, на новом небе и новой земле, во веки веков.

8. Различные эсхатологические толкования

Христиане имеют согласие относительно главных событий последних дней, хотя и расходятся во мнениях о порядке и характере событий. Последние вещи следует обсуждать в духе смирения, не забывая, что часто народ божий постигал суть пророчеств полностью только после их исполнения.

Постулати віри Всесвітньої Реформатської Федерац

TRANSLATED INTO UKRAINIAN

I. ВЧЕННЯ ПРО БОГА

1. Особистість Творця

Ми віримо в одного Бога, який є творцем, утримувачем і правителем усього, що існує. За Його вічними постановами Він улаштував всесвіт і керує ним згідно з Його суверенною волею. Нема більш величної особи ніж Він, і жодна істота не має сили вплинути, змінити або зменшити Його панування над творінням.

2. Творець і Його творіння

Бог сповіщає про Свою присутність та силу усьому Своєму творінню, особливо людському роду, який Він створив за власною подобою, — як чоловіка, так і жінку. Існує основна рівність буття між чоловіком і жінкою, але з відмінностями, так що покликання чоловіків і жінок не є взаємозамінними, але доповнюють одне одного. Хоча у Бозі немає розрізнення статі, Він відкриває Себе нам у чоловічій статі, а Його Син втілився як чоловік.

3. Самооб'явлення Творця всім людям

Бог є особою і виявляє Себе особистісно. У давнину Він промовляв до різних людей різноманітними способами. Божі дії, які є доказом Його сили, супроводжували Його слова та доводили виповнення обітниць.

Звертаючись до людського роду, Він відкрив йому як Себе особисто, так і Свої задуми, очікуючи від людини відгук у послусі всьому, що Він об'явив людині.

Природний порядок свідчить про існування, силу та величність його Творця, так що ніхто не має жодного виправдання для невір'я у Нього. Загальне об'явлення — це термін, використовуваний для опису тих способів, якими Бог відкриває Себе всім людям без винятку, а саме — в природі, історії та свідомості. Загального об'явлення достатньо для того, аби збагнути факт існування та влади Бога, а також нашу відповідальність перед Ним, але воно є недостатнім для отримання спасіння. Потрібно особливе одкровення, оскільки, як полеглі істоти, ми сліпі та мертві духовно. Справжнє знання про Бога приходить тоді, коли Бог нам дає здатність бачити та розуміти істину про Його самооб'явлення.

Оскільки люди створені за образом та подобою особистісного Бога, і Бог, і люди є особистісними. Вони думають, і спілкуватися один з одним способами, які можуть бути виражені людською мовою. Завдяки цьому зв'язку люди можуть прийти до пізнання видимої та невидимої дійсності, і можуть використовувати ідеї, витягнуті з невидимого для розвитку і трансформації видимого. В рамках видимого творіння люди живуть у взаємозалежності з усіма іншими матеріальними створіннями; але оскільки люди створені за образом Бога, вони усвідомлюють свій статус та здатні шукати сенс у решті створеного порядку та панувати над ним.

Людське знання є особистісним і поширюється від можливості набувати та накопичувати фактичні елементи до здатності аналізувати їх, щоб прийти до глибшого розуміння їхнього сенсу та цілей. У силу цього люди несуть відповідальність за творіння, яке було їм довірено, і мають дати звіт перед Богом, про те, як вони з ним поводяться. Об'єктивно людське знання має тварну обмеженість, і суб'єктивною воно обмежено через відмову від Бога, що і привело людину у стан радикальної гріховності. Об'єктивна здатність до набування знань та розуміння перебуває в людині, незважаючи на її гріхопадіння, ефект якого настільки великий, що для будь-якої людини чи спільноти неможливо виконати мандату для творіння, призначеного Богом з самого початку.

4. Самооб'явлення Творця Його народові, якому Він дав Свій заповіт

Бог дає пізнати Себе більш повно Своєму народові, з яким Він уклав заповіт, і з яким Він установив особливі взаємини. Бог відкриває Себе цим людям за допомогою Святого Духа через Своє Слово, яке є живим (в Ісусі Христі), написаним (у Святому Писанні) та проголошеним (у проповіді).

Боже самооб'явлення у Старому та Новому заповітах є точним і достатнім, аби люди могли пізнати Його, любити та служити Йому. Однак таке знання не може бути повним, тому що є речі, які стосуються Бога, і які ми нездатні пізнати, але можемо лише пережити на власному досвіді, оскільки подібні речі неможливо висловити людською мовою. Сам по собі Бог настільки не схожий на будь-яке з Його творінь, що ми можемо лише стверджувати про Нього те, яким Він не є — Він невидимий, Він не є смертним, Його не можна осягнути фізично чи ментально. Тим не менш у Нього є якості, які люди можуть розпізнати та висловити, і Він володіє цими якостями в абсолютній мірі, тому Він всезнаючий, премудрий і всемогутній. Ці характеристики можуть бути ідентифіковані, але вони не можуть бути повністю визначені у межах людського глузду та логіки. Вони можуть бути по-справжньому відомими та зрозумілими лише через особисті стосунки з Богом, що встановлені через віру в Господа Ісуса Христа.

Бог особливим чином розмовляв з Авраамом, якому Він дав обітницю, що той стане батьком великої нації. Йому була дана обіцяна земля, і він мав стати благословенням для всього світу. Ці обітниці були оновлені його синові Ісааку та внукові Якову, котрому було дано ім'я Ізраїль. Нащадки Якова, народ Ізраїль, стали особливою нацією, чиє історичне призначення полягало в отриманні Божого Слова та передачі цього Слова усьому світові, а також у підготовці то приходу Спасителя. Це Слово сповіщено через вибраних Божих слуг і зрештою збережено у письмовій формі, у текстах, які ми називаємо єврейською Біблією або Старим Заповітом. Еу, що було обіцяно та звіщено у Писаннях Старого Заповіту, виповнилось у кінцевому результаті у Христі. Хоча багато з написаного в Старому Заповіті, у тому числі храмове поклоніння та жертвоприношення тварин, уже не є необхідним, та все ж духовне значення написаного не скасовано. Воно залишається в силі для християн, котрі приєдналися до народу Ізраїлю через віру, яку ми поділяємо з Авраамом. Християни утворюють сімейство, Царство Боже, яке простягається до крайніх меж світу, і проповідь християнського Євангелія приносить благословення всім, хто його чує і вірує. Ті, що етнічно є юдеями, але не прийняли Христа, не отримали обіцяні їхнім предкам благословення. Незважаючи на це, ці люди продовжують бути частиною особливих Божих планів, які будуть цілком розкриті в останні часи. Таким чином Церква зобов›язана нести юдеям звістку про Месію Ісуса, Спасителя і Господа. Їхнє приєднання до християнської церкви здійснюється на тій самій основі, що і для тих, хто не є юдеєм.

5. Отець, Син і Святий Дух утворюють Трійцю рівних Осіб

В Ісусі Христі Бог відкриває Себе в якості Трьох Осіб, роблячи таким чином християнство унікальним серед монотеїстичних релігій світу. Бог не є єдиним одновалентним елементом, але Трійцею Отця, Сина і Святого Духа, які вічно перебувають в особистій спільноті. Саме тому люди, створені за образом та подобою Божою, мають відчуття своєї власної індивідуальності та стосунків як з Богом, так і іншими людьми. Особиста відмінність, що притаманна особистісній ідентичності —людської та Божественної, — базується на відмінностях Трьох Божественних осіб, які вічно існують в одному Бозі.

Як Отець, так і Син, а також Святий Дух, є однаково та цілковито Богом у Їхньому власному праві, а не за походженням, передачею чи успадкуванням від Отця чи Будь-кого ще. Вони поділяють спільну Божественну природу, і оскільки існує лише один єдиний Бог, недостатньо знати лише одну Особу без знання усіх Трьох. Божественні Особи пов›язані один з одним шляхами, які є відмітними для кожного з Них і разом з тим характеризуються спільним знаменником любові. Саме тому, що Отець любить Сина, Він дав Йому всю владу на небі та на землі. Саме тому, що Син любить Отця, Він добровільно віддав Себе у жертву за нас, щоб ми могли жити з Ним у небесах, як цього хоче Отець. Саме тому, що Святий Дух любить Отця та Сина, Він прийшов у світ не для того, щоб звіщати передусім про Себе самого, але засвідчити про Них та донести Їхнє спільне життя до нас. Врешті-решт, саме тому, що ми також є особами, створеними за образом Божим, ми можемо отримувати Його любов, мати з Ним стосунки у цій любові та виявляти цю любов у наших особистих відносинах.

6. У Старому Заповіті Бог промовляє в Особі Отця

У Старому Заповіті Бог говорить як одна Особа, яку Новий Заповіт ототожнює з Отцем Ісуса Христа, хоча термін "Отець" зазвичай не використовувався в Ізраїлі по відношенню до Бога. Однак очевидним є той факт, що Бог Старого Заповіту є як суверенним, так і невидимим у такий спосіб, що це цілком узгоджується з особою Отця, якого нам виявив Ісус. Отець — це той, чиїй волі Ісус (як Син) прийшов підкоритися та виконати її, і Він є тією Особою Божества, яка постійно залишається невидимою та трансцендентною у всі часи. Син і Святий Дух описані в Старому Заповіті не надто широко, однак Вони вічно присутні у Бозі та повністю беруть участь у всіх Його діях, особливо у величній справі створення, а також ми знаходимо багато посилань на особу та працю обіцяного Месії і так само на роботу Святого Духа серед Божого народу та, у більш широкому сенсі, у світі.

7. Бог виявив Себе повністю та остаточно в Ісусі Христі

Бог цілковито та остаточно промовляв в Ісусі Христі, який виповнив стародавній заповіт з Ізраїлем та з усіма, кого Він вибрав. Він є Пророком і Словом, Священником і Жертвою, Царем і Царством. Нема потреби у подальшому Божому об'явленні, оскільки Він є Богом у людській плоті. Бог в Ісусі Христі об'явив самого Себе в якості Сина, який визначив Першу Особу Отцем і дав обіцянницю, що після Його відходу Він пошле Третю Особу, іншого "Утішителя", якого Святе Писання називає Святим Духом. Відтак вчення Ісуса Христа містить у собі істину про те, що в Бозі є Три Особи, і це є Один Бог.

8. Бог виявляє Себе нам мовою, яку ми можемо розуміти

Оскільки Бог звертається до нас людською мовою, і Особа Його Сина стала Людиною, ми можемо говорити про Нього з точки зору людських можливостей. Перші учні могли б описати фізичну зовнішність Ісуса, але вони не зробили цього. Новий Заповіт не дає конкретного заохочення для створення зображення чи статуї Ісуса Христа для допомоги у поклонінні чи нагадуванні про Його присутність на землі. Жоден портрет чи драматичне зображення не має у собі повноважень, і подібні речі ніколи не повинні стати об'єктом шанування чи поклоніння, але можуть бути корисними в інших відношеннях.

II. ЗЛО ТА ГРІХ

1. Походження зла

Бог створив увесь всесвіт дуже добрим. Бог не є автором зла, і Його святість не скомпрометована існуванням зла. Зло виникло у повстанні сатани і деяких ангелів. Схоже, що гордість була в корені їхнього падіння. Занепалі ангели називаються демонами на чолі з сатаною. Вони виступають проти роботи Бога і намагаються зірвати Його цілі. Проте Бог володарює над силами зла і використовує їхні дії, направляючи їх у Свій план спасіння. Демонам не можна поклонятися або служили будь-яким чином. Їхня діяльність лежить в основі помилкових релігій, і сатана засліплює людський розум перед істиною.

2. Зло і людство

Зло вторглося в людське життя через гріх перших людей в Едемському саду. Адам — предок всього людства, а отже кожна людина змушена страждати від наслідків його гріха, який передбачає неупорядкований світ і фізичну смерть. Адам і Єва поставили себе на місце Бога і присягнули на вірність сатані. Піддатися спокусі бути як Бог має далекосяжні наслідки. Позбавлення Бога слави призводить до усунення відмінностей, встановлених Ним, і включає в себе злочин у сфері божественного, скасування відмінностей між чоловіком і жінкою, які встановлені Богом, плутанини між людьми і тваринами. Використовування добра з неправильних причин спричинило хаос, напруга та страждання у людському суспільстві.

3. Наслідки гріха у людському житті

Людські істоти об›єднали сили з надприродними агентами, які призвели до таких жахливих злих наслідків, як геноциду, зловживання владою, світових воєн, різних видів тероризму, вбивства, психопатичних убивств, наркоманії та насильства всіх видів. Не розуміючи та підриваючи значимість людини, такі обурливі форми зла поширюються та організовуються демонічними силами, в результаті чого люди стають розділеними, зруйнованиими і зводяться до рівня тварин у своїх думках і поведінці. Зло не тільки спрямоване на знищення творіння та образу Божого у нащадків Адама і Єви, але також для придушення церкви та правди Божої. Хоча демони не розмножуються та не можуть бути знищеними людьми, ми як і раніше покликані протистояти злу, несправедливості, гнобленню та насильству, яке демони використовують для своїх цілей, у той час як ми маємо перебувати у молитві та очікуванні повернення Ісуса Христа, який принесе кінець усім цим речам.

4. Універсальність гріха та його наслідків

У Адамі всі вмирають, і смерть поширилася на всіх, бо всі згрішили. Вся людська раса залучена до гріхопадіння та його наслідків: гріх, відчуження, насильство, війни, хвороби, страждання та смерть. З духовної точки зору, всі людські істоти мертві, тому що вони знаходяться у повстанні проти Бога та відлучені від Його благ. Незважаючи на те, що занепалі людські істоти можуть виявити багато істин, яких їм не вистачає, їм бракує основи, необхідної для розуміння цих істин як аспектів Божої істини. Як грішники вони відмовляються прийняти наслідки цієї істини, що у них є, і натомість придушують її злодіянням. Тілесна смерть також діє у них, доки вони не повернуться у порох, з якого вони були взяті. Якщо Бог милостиво не втрутиться, духовна смерть стане вічною смертю.

III. ОСОБА ТА ПРАЦЯ ІСУСА ХРИСТА

1. Слава Христа

У центрі християнства знаходиться особистість Ісуса Христа. Його слава та велич такі, що поклонятися Йому та звеличувати Його є одночасно обов›язком і бажанням кожного віруючого.

2. Втілений Син Божий має одне божественне обличчя і два єства

Божественна особа Сина Божого є другою особою Трійці. Божий Син надбав цілком людську природу в утробі Діви Марії і був народжений як Людина, Ісус з Назарету. Тепер він має дві природи: одну Божественна та іншу людську, — котрі є одним цілим і різними, але водночас об›єднаними у Його Божественній Особі та через неї. Оскільки Його Божественна природа, яку Він розділяє з Отцем і Святим Духом, не може страждати або померти, Син придбав людську природу для того, аби бути в змозі заплатити ціну людського гріха і примирити нас з Богом. На хресті була Особа Сина у двох Його природах, Який постраждав і помер.

3. Втілений Син Божий є істинною людиною

Як втілений Ісус з Назарету Син Божий став істинною Людиною. Він володів людським розумом і волею та мав звичайний психологічний образ, зберігаючи Свою Божественну природу. Він був спокушуваним таким же чином, як і будь-яка інша людина, але не впав у гріх.

4. Втілений Син Божий здатний примирити нас зі Своїм Отцем

Людина Ісус Христос був у змозі зайняти наше місце на хресті та заплатити за наш гріх не завдяки фізичній або об›єктивній перевазі над нами, а через Його абсолютний послух Отцю, а отже, відсутність гріха. Ставши жертвою за нас, Він може скасувати наш борг перед Богом без будь-якої провини з Його боку, що відокремлювала б Його від Отця. Викупна робота Христа забезпечила спасіння всім вибраним у Ньому перед заснуванням світу.

5. Характер воскресіння тіла Христового

Після двох днів у могилі, Ісус з Назарету воскрес із мертвих у перетвореній, але все ще у пізнаваній людській природі. Його воскресле тіло було здатним подолати природні фізичні закони, але досі зберегло свої фізичні властивості. Під час Його вознесінні це тіло продовжило перетворення у небесний стан, яким воно і досі володіє та набуло від Бога. Людські істоти воскреснуть, але не в подобі Ісуса, коли Він воскрес був на перший ранок Пасхи, але так, як Він є зараз, у його вознесенному стані.

IV. ОСОБА ТА ПРАЦЯ СВЯТОГО ДУХА

1. Святий Дух як особистість Трійці

Святий Дух бере участь у роботі творіння та відкуплення разом з Отцем і Сином. Зокрема, втілений Син був зачатий від Святого Духа, помазаний від Святого Духа та прийняв силу Святого Духа, щоб звершити Своє служіння на землі.

2. Робота Святого Духа у відкупленні

Святий Дух пристосовує відкупительну роботу Сина до окремих віруючих і об›єднує їх як з Христом, який є їхньою Головою, так і один з одним. Він звершує прийняття віруючих в Божу сім›ю і дає їм внутрішню впевненість у їхньому обранні згідно суверенної влади Бога. Він допомагає, вчить, спрямовує та веде віруючих відповідно до виявленої Божої волі та характеру. Він освячує віруючих, виробляючи Свої плоди у них, і постійно заступається за них у молитві до Отця.

3. Зшестя Святого Духа у день П›ятидесятниці

Зшестя Святого Духа у день П›ятидесятниці стало початком нової роботи Бога в житті віруючих, що призвело до створення християнської Церкви. Екстраординарні викривальні дари у той час були унікальними ознаками початку месіанського віку, і вони не можуть бути продемонстрованими автоматично та не служать в якості вирішального доказу Божої сили сьогодні. Тривалі й різноманітні дари Святого Духа слід шукати у смиренності, згідно з Його волею та в цілях прославляння Бога у служінні заради загального блага Церкви.

4. Святий Дух і духовне відродження

Сила Святого Духа продовжує проявлятися особливим чином у часи духовного відродження, які відбуваються періодично в житті Церкви. Ці часи пробудження і духовного освіження спричиняють подальше розширення Царства Божого, змушуючи людей більше усвідомлювати їхню гріховність та перетворюючи їх в образ Христа на новому та більш глибокому рівні. У такі часи віруючі згадують про присутність Святого Духа та стають більш свідомими щодо Його роботи у їхньому житті та Його дарів. Духовне відродження є особливо ефективним у поверненні Божого народу до Нього [Бога] шляхом реформування Церкви, яка постійно знаходиться у небезпеці збитися з істинного шляху. Тим не менше, робота Святого Духа, яка є очевидною за часів духовного відродження, завжди присутня в Церкві, і віруючі мають навпинно та завжди молитися про Його плоди та дари.

5. Святий Дух і духовна війна

Святий Дух активно бореться з сатаною та його демонами і захищає віруючих від них. Святий Дух рятує чоловіків і жінок від демонічного гноблення та панування, і оснащує їх духовною зброєю, з якою вони повинні протистояти владі диявола. Біблія забороняє віруючим втручаються у сили темряви та їхні дії.

V. БОЖА ПРАЦЯ СПАСІННЯ

1. Загальна благодать

Бог виявляє загальну благодать усьому людству, а також особливу благодать, за допомогою якої люди отримують спасіння. За допомогою цієї загальної благодаті стримується гріх, грішні людські істоти отримують благословення від Бога, і вони здатні до добрих речей. Загальна благодать забезпечує основу для людського суспільства і створює можливість для праці у мистецтві та науці. Святий Дух є тим хто робить цю роботу у мистецтві та науці можливою, а отже, культурний прогрес і людська цивілізація є благими Божими дарами, які стали можливими, незважаючи на людське гріхопадіння.

2. Покликання та Боже обрання

Бог закликає людину до покаяння та віри. Ніхто не може відповісти на цей заклик без роботи Святого Духа. Хоча багато хто напевно почує цю звістку чи прочитає її прямо у Біблії або ж у додатковій християнській літературі, не всі обрані. Замість того щоб залишити людський рід у занепалому стані, Бог суверенно та люб‹язно обрав деяких до вічного життя. Тільки ті, чиї серця та розум осяяні Духом Святим, здатні прийняти обіцяні дари прощення гріхів і прийняття Богом.

3. Характер відродження

Через роботу Святого Духа померлий грішник отримує життя від Бога, і насадження цього життя призводить до нової орієнтації по відношенню до Бога та Його праведності. Тільки Святий Дух може призвести до зміни, яка виробляє святість, без якої ніхто не побачить

Бога. Хоча ця відроджувальна робота викликає зміни характеру, кожен християнин — це індивідуум; у той час як всі християни мають Святого Духа, всі вони різні. Спільним між ними є насадження нового життя, що означає, що вони зараз перебувають у нерозривній духовній єдності з Христом. Новий Заповіт виражає це тим, що християни перебувають "у Христі", тобто, вони стають "спадкоємцями Бога та співспадкоємцями з Христом". Оскільки вони настільки єдині з Христом, у Кому приховані всі скарби премудрості та знання, вони сповнені усім у Ньому. Усі християни мають Духа Христового, і бути в союзі з Христом також означає перебувати у живих відносинах один з одним. Вони мають спільне спасіння, спільні цілі та прагнення.

4. Ефекти відродження

Божа робота у відродженні не потребує повторення. Бувши виправданими Богом, християни відображають зміни у статусі завдяки їхнім змінам у духовному стані. Навернення відзначає свідомий початок нового життя, так що віруючі прагнуть жити відповідно до їхньої нової природи, з стремліннями, встановленими на духовних і вічних речах. У центрі нового життя — віра та покаяння, які з'єднані разом, як вираз перетворення.

5. Віра

Благодать віри — це дар Божий. Віра, таким чином, є акт прийому благословення спасіння особистою довірою Христу Спасителю та відданість Йому. Ця віра є інструментом, за допомогою якого людина набуває, отримує та насолоджується божественним одкровенням та всіма обіцяними благословеннями. Це — переконання у тому, що послання Біблії є вірним, і що особисте прийняття заслуг і діла Христа має фундаментальне значення. Справжня віра опирається на її об'єкт, тобто на Ісуса Христа; вона обіймає Його як Спасителя, і через акт посвяти душа покладається для спасіння виключно на Нього.

6. Виправдання

Виправдання є Божим актом, який слідує за дієвим покликанням Святого Духа і подальшою відповіддю грішника через покаяння ута віру: "Кого Він покликав, тих і виправдав". У виправданні, Бог оголошує грішників праведними в Його очах, оголошує їхні гріхи прощеними та зараховує праведність Христа як ту, що належить їм. Виправдання не є імітацією праведності грішників з боку Бога, у той час коли вони насправді винні. Щоб виправдання стало реальним і відповідало святості Бога, воно має бути заслуженим. Повинна існувати реальна праведність, щоб Бог був праведним у Своїй заяві про виправдання. Грішники виправдовуються на підставі праведності, що поставляється іншою праведністю, праведністю Господа Ісуса Христа, яка зараховується їм у якості тієї, що їм належним. Це зараховування праведності Христа лежить в основі християнської віри.

7. Праведність Христа є основою нашого виправдання

Праведність Христа включає у себе Його життя досконалого послуху кожній заповіді закону Божого та Його смерть на хресті, через яку Він поніс покарання святого гніву Божого за гріхи всього Його народу. Ця робота була ухвалена Його тріумфальним воскресінням. Відтак віруючі поділяють один і той самий праведний статус Христа, який задовольняє всі вимоги закону Божого замість них і від їхнього імені. Виправдання грішника базується виключно на досконалій праведності Христа.

8. Гармонія між Павлом і Яковом у їхньому вченні про виправдання

Між вченням Павла та Якова про виправдання немає жодного конфлікту. Павло пише про виправдання як прощення та прийняття перед Богом. Яків стверджує, що, якщо це виправдання є реальним, воно проявляється у житті та послусі.

9. Усиновлення віруючих у Христі

Положення Господа Ісуса Христа як Вічного Нествореного Сина Божого за природою є унікальним. Тим не менш Він не соромиться називати тих, кого Він урятував, Своїми братами та сестрами. Ці усиновлені діти Божі набувають спадок, який Христос забезпечив їм, повну міру благословення відкуплення, і тому вони описані як «спадкоємці ж Божі, та співспадкоємці з Христом».

Як діти Божі, віруючі поділяють всі благословення, передбачені Богом для Його родини, та через внутрішнє свідоцтво Святого Духа вони визнають Бога та звертаються до Нього як до Отця. Вони є об›єктами любові Бога, Його співчуття та Його турботи про їхні потреби. Діти Божі мають привілей частки у стражданнях Христа та Його подальшому прославленні. Наступним привілеєм дітей Божих, що підтверджує їхнє усиновлення, є їхній досвід Божого батьківського покарання. Вони впевнені, що: "Робить Бог вам, як синам. Хіба є такий син, що батько його не карає?" Єдність дітей Божих в одному тілі також є привілеєм, яким потрібно насолоджуватися, маючи відповідальність, що вимагає взаємну любов та служіння.

Неможливо пережити повного благословення усиновлення до славного повернення Господа Ісуса Христа. Усиновлення іожна розглядати не лише у поточному, але й у есхатологічному вимірі, який є елементом християнської надії. Таким чином, "ми самі, маючи зачаток Духа, і ми самі в собі зідхаємо, очікуючи синівства, відкуплення нашого тіла». Усиновлення не буде повним, доки Христос не дасть Своєму народу нові тіла у воскресінні, коли віруючі насолоджуватимуться "свободою слави дітей Божих" разом з оновленим творінням.

10. Робота Святого Духа в освяченні

Святий Дух працює у житті тих, хто були виправдані та прийняті, щоб зробити їх святими та перетворити їх за подобою Христа. Божа робота у віруючих включає в себе прагнення та дії того, що Він вимагає. Активний послух заповідям Господа має важливе значення. Освячення вимагає покладення до смерті усього гріховного в житті людини та розвитку нових благочестивих звичок і шаблонів мислення та життя.

11. Досягнення християнської досконалості

Під час земного життя жоден віруючий не є цілком вільним від гріха, і освячення прогресує різними темпами. Коли Бог карає Своїх улюблених дітей, це також служить їх освяченню. Робота освячення буде завершена завдяки силі та благодаті Божої. Дух повністю освячується при смерті, приєднавшись "до духів удосконалених праведників». Під час воскресіння тіло віруючого матиме частку у цій досконалості, ставши подібним до славного тіла Христового. У кінцевому рахунку кожен віруючий буде повністю "носити образ небесного».

VI. ХРИСТИЯНСЬКЕ ЖИТТЯ

1. Справжня духовність

Християнська духовність — це процес глибокого благоговіння та любові до Бога, що триває усе життя та виявляється у правильних стосунках з іншими людьми. Християнська духовність — це практичне благочестя, що призводить до трансформації у подобу Христа. Вона не спрямована на себе, ні на пошук безособистісної сили, ні на досягнення туманного стану існування або змінених станів свідомості. Вона зростає у союзі заповіту з Триєдиним Богом, і постійно збільшується у спілкуванні з народом Божим у світі. Вона є результатом духовного відродження та підтримується і регулюється за допомогою Святого Духа.

2. Засоби благочестя

Святий Дух виробляє у нас благочестя із застосуванням Слова Божого в наших серцях та умах, вчить нас покори, об'єднуючи нас у спільноті всіх віруючих в істинному поклонінні Богу, в нашому свідоцтві світу, у випробуваннях і стражданнях, та в протистоянні зі злом.

3. Результати благочестя

Результати благочестя включають перетворені уми та серця, слова та дії, молитовну активність і життя, що постійно зростає в образ Христа. Благочестя виробляє довічне зростання у самозреченні, щоденне прийняття "нашої хреста" та слідування за Христом у любові, терпінні, прощенні, лагідності, співчутті та доброзичливості до всіх, особливо до тих, хто належить до християнської родини. Воно включає в себе безперервну власну поступку у повній відданості Богу, відчуття невимовної радості, синівський страх, самовіддане благоговіння, палаючу любов, милосердя та стриману сміливість, збалансовану зі смиренням, повагою, благоговінням, вдоволеністю, дитячою довірою, послухом, безсмертною надією та Божим миром перед випробуваннями, горем і болем.

4. Духовні переживання

Богоцентричне духовне життя включає ці духовні переживання як дар від Святого Духа. Оскільки ми прагнемо наблизитися до Триєдиного Бога, ми повинні пам'ятати, що ми завжди живемо в Його присутності, де б ми знаходилися. Тому ми маємо бути мотивованими на виконання нашого покликання бути інструментами Його перетворюючої благодаті там, де Його провидіння поставило нас. Досвід нашого союзу заповіту з Богом у цьому житті є передчуттям тієї слави спільноти з Богом у прийдешньому віці.

VII. СВЯЩЕННЕ ПИСАННЯ

1. Бог Святий Дух привів в існування Священне Писання

Писання натхненне Богом, бувши написаним людьми, які говорили від Бога, бувши провадженими Святим Духом. Писання є Словом Божим і повністю надійним. В усьому, чого навчає, воно не містить помилок у тому вигляді, в якому було дано. Ця доктрина названа багатьма реформатськими богословами непомильністю Писання. Бог керував його написання таким чином, що воно є саме тим, що Він призначив, щоб воно було. Обравши для цієї цілі людей, Бог не знехтував їхньою людяністю та не продиктував їм Писання. Тому воно відображає особисту історію та літературний стиль кожного учасника і характеристики періоду, в якому воно було написаним, залишаючись у всіх відношеннях Словом Самого Бога.

2. Писання визнається завдяки роботі Бога Святого Духа

Писання відображає багато прекрасних якостей, які варті нашої найвищої оцінки. Однак в кінцевому рахунку наше повне переконання і впевненість у його непорушній істині та Божественному авторитеті походять від Святого Духа, Котрий свідчить нашим серцям, за допомогою і через Слово. Віруючий тому вірить у те, що Писання є справжнім Божим Словом, що у ньому пробуває Святий Дух і переконує Його у цій істині. Саме таким чином християнська церква отримала єврейську Біблію та грецький Новий Заповіт і набула здатність визнати їх авторитетним каноном. Писання не черпає свою владу від церкви або з будь-якого іншого джерела, окрім самого Бога.

3. Писання може бути зрозумілим завдяки роботі Бога Святого Духа

Писання має фундаментальну ясність, але лише християнський віруючий може отримати та збагнути його духовний зміст і значення, маючи доступ до розуму Христа. Людське гріхопадіння позначилося на розумі, а також на волі та емоціях. Таким чином, духовна сліпота, робить людей неспроможними зрозуміти Божі речі без роботи Святого Духа. Коли людина є дієво покликаною та отримує відродження, Святий Дух починає відкривати Писання для їх розуміння. У своїй мудрості, Дух Святий відкриває нам справжнє значення Божого об›явлення.

4. Писання застосовуються через Бога Святого Духа

Бог приводить чоловіків і жінок до Себе через проповідь Його Слова. Святий Дух використовує проповідь, навчання і дослідження Священного Писання, щоб зробити нас мудрими на спасіння вірою в Христа Ісуса і дати нам Його розум. Не має значення чи через проповідь або ж читання, Писання є корисним для навчання, для докору, для виправлення, для виховання в праведності, щоб ми могли бути оснащеними для усякої доброї справи та явити той стиль життя, який шанує Бога. Таким чином, Писання забезпечують фундамент, ствердження та керівництво для нашої віри.

5. Передумови, що визначають тлумачення Писання

Священне Писання є Словом Бога, і тому воно не може суперечити саме собі. Наше читання, тлумачення, розуміння та застосування Писання залежить у різній мірі та на різному рівні від наших попередніх переконань або передумов щодо Бога та Біблії. Для того, щоб правильно зрозуміти його, треба прийняти до уваги наші передумови та вивчити їх у світлі біблійного тексту таким чином, що ми можемо їх реформувати та привести до більшої гармонії зі змістом самого тексту. Оскільки Писання претендують на божественне походження і натхнення, тільки ті методи тлумачення, які серйозно приймають такі заяви, можуть допомогти у розумінні істинного значення Писань.

6. Ясність Писання

Необхідність наукового вивчення Біблії її оригінальними мовами не підривають ясність або божественну владу та достовірність Писання. Істини, які є необхідними для спасіння, настільки ясно виражені в Писанні, що як навчені, так і ненавчені читачі можуть і повинні розуміти їх. Послання Писання повинно бути викладено у світлі філософії та думок, які кидають виклик і протистоять його передумовам. Захищаючи біблійний світогляд проти таких опонентів, ясність сенсу Писання досягається не лише шляхом обережного порівняння одного біблійного тексту з іншим, але також шляхом вивчення значення його протилежності.

7. Адекватні методи тлумачення

Біблія є Божим Словом, і тому потрібно читати її у смиренні та молитві про просвітлення Святим Духом. Оскільки вона була написаною людськими мовами у конкретному культурному, соціальному та часовому контексті, потрібно шукати її значення шляхом використання загальних правил тлумачення і за допомогою відповідних галузей, таких як археологія, історія, текстуальна критика та вивчення оригінальних мов. Всі ці методи повинні враховувати божественне походження Біблії, її непомильність і людський характер.

8. Значення біблійного тексту

Біблійний текст може мати багато різних практичних уроків і значень, але його основний сенс, як правило, визначається шляхом обережного використання історичного, граматичного та відкупительно-історичного принципів, викладених у попередньому пункті. Алегоричні, духовні та образні тлумачення не мають авторитетності, якщо вони окремо не схвалені самим текстом.

9. Універсальність істини та її застосування

Божа істина, що відкрита у Писанні, є універсальною, вічною й актуальною для всіх культур, часів і народів. Тим не менш, може існувати декілька різних застосувань цієї істини. У контекстуалізації Слова Божого, церква повинна розрізняти біблійні принципи, які є вічними й універсальними проявами Божої істини, та практичні висновки цих принципів, які можуть відрізнятися в різних контекстах. Потрібно завжди перевіряти, чи практичне застосування є адекватним і відповідним розширенням фундаментальних і незмінних принципів.

10. Нормативна модель Божого саморозкриття у постбіблійні часи

Після завершення канону Нового Завіту, нормативна модель, встановлена Богом для того, щоб говорити з нами, є через Священне Писання з просвітою Святого Духа, який живе у наших серцях і відкриває нам Отця і Сина. Ті, що чують голос Духа, мають обіцяну нам спадщину через Сина, і з його допомогою вони виконують волю Отця у своєму житті. Писання навчає нас, що це означає, та керує нами, у той час коли ми намагаємося виконувати Божу волю, про яку Дух Святий сповістив нам на письмі, роблячи нам виклик та надихаючи нас на цьому шляху. На додаток до Старого Заповіту, ці тексти є одкровенням, що дано послідовникам Христа або ж зі схвалення дванадцяти учнів, які бачили Христове воскресіння з мертвих і яких Христос призначив керувати та наставляти церкву. Тексти були зібрані першими християнами, котрі визнали їх як ті, що несуть у собі повну владу самого Бога і були згруповані разом у Новому Заповіті. Жоден християнський учитель чи церква не мають права наполягати на віровченнях, які не містяться в Писанні або тлумачити будь-яке з них таким чином, що це суперечить тому, що Бог відкрив про себе в інших місцях Писання.

VIII. ЦЕРКВА

1. Її природа

Церква є як невидимою групою всіх християн (відомих тільки Богу), так і видимою церквою на землі, представленою у численних громадах. Церква є духовним і надприродним Тілом Христа, Котрий є Головою Церкви. Кожен християнин з'єднаний з Христом і приєднаний до інших християн Богом, утворюючи таким чином церкву. У житті однієї, святої, соборної й апостольської церкви — поклоніння Богу, спільнота, Священні Писання, таїнства та місії є центральними.

2. Служіння Церкви

Писання вказує на ряд служінь, які Бог дав церкві у різні часи: апостолів, пророків, пресвітерів, дияконів та євангелістів. Сьогодні у кожній помісній церкві мають бути пресвітери та диякони. Пресвітери мають бути пасторами, наглядачами та прикладом, а деякі з них повинні присвятити себе проповіді та викладанню. Диякони повинні піклуватися про бідних і нужденних та наглядати за практичними, фінансовими й організаційними потребами церкви. Так само як і пресвітерство, це духовна праця, що вимагає духовних якостей.

3. Поклоніння Богу

Основним обов›язком церкви є поклоніння Богові. Характер і зміст цього поклоніння визначається самим Богом, як відкривається нам у Писанні. Це повинно включати в себе спів хвали Богу, читання та проповіді Писання і молитви.

4. Незалежність місцевої громади

Кожна громада віруючих має певний ступінь автономії під владою пресвітерів, але також існує широка єдність між усіма громадами. Цей взаємозв›язок був виражений по-різному в різні часи й у різноманітних частинах церкви. 5. *Таїнства*

Таїнство є зовнішнім і видимим знаком внутрішньої та духовної благодаті. Воно встановлено Христом і представляє роботу Христа. Протестантські церкви визнають лише два таїнства: хрещення та Вечеря Господня (або ж Євхаристія чи Святе Причастя). Вони часто ототожнюються з двома таїнствами церкви Старого Завіту: обрізанням та Пасхою. Хрещення є ритуалом посвячення у християнську церкву. Його слід проводити за допомогою води. Вечеря Господня вказує на смерть Христа на хресті, використовуючи хліб і вино як символи тіла і крові Христа. Вона також забезпечує для віруючих можливість для зміцнення віри, спілкування у Христі та духовного живлення, бувши проголошенням смерті Господньої, аж доки Він прийде.

IX. ТРАДИЦІЯ

1. Існування та дійсність апостольських традицій

Кожна християнська церква живе за правилом віри, успадкованим з апостольського віку. Святі Писання є єдиною дійсною та нормативною формою цього правила, за допомогою якого мають вимірюватися всі інші вірування та практика. Апостольські церкви, безсумнівно, мали звичаї, які не записані та не запропоновані у Писанні, але такі традиції не є обов'язковими для наступних поколінь християн. Подібним чином, не зважаючи на те, що втрачені апостольські рукописи можуть одного дня знову виявитися, вони не будуть розглядатися як Священні Писання, тому що вони з апостольських часів не були передані в якості частини нормативного правила.

2. Авторитет віровизнань та сповідань віри

У ході своєї історії церква прийняла віровчення та сповідання віри для того, щоб прояснити вчення Писання. Ці документи та інші подібні рішення різних церковних органів набули влади тих, хто їх прийняв, а відтак вони заслуговують на відповідне ставлення та повагу з боку наступних поколінь. Не зважаючи на це, вони не є непомильними, і там де може бути доведено, що вони не узгоджуються з вченням Священного Писання або що їхнє вчення може бути більш чітко вираженим по-іншому, церква за своїм розсудом може відповідним чином змінити їх.

3. Відповідь реформаторів щодо успадкованих традицій

Реформатори шістнадцятого століття здійснили ретельний перегляд церковних традицій і відмовилися від тих переконань та практики, які явно суперечать біблійному вченню. Деякі пішли далі та відмовитися і від традицій, які не знайшли своєї підтримки у Писанні, навіть якщо вони не обов'язково у чомусь суперечать йому. Прикладом цього стало святкування Різдва на 25 грудня, що не має біблійного ґрунту, але ясно свідчить про новозавітню доктрину втілення Христа. Традиції цього типу можуть бути збереженими, зміненими або відкинутими на розсуд місцевої церкви за умови, що жодна біблійна доктрина не стане тим самим під загрозу.

4. Моделі поклоніння та церковного управління

Кожна церква розробила моделі поклоніння та управління, які протягом тривалого часу стали їхньою традицією. Доки ці методи не суперечать вченню Священного Писання та продовжують виконувати свою функцію, для якої вони були первісно передбачені, немає жодної причини для їхнього скасування. Однак кожна помісна церква може вільно модифікувати такі традиції, як вона вважає за потрібне. Зокрема цілком можливо, що церкви, які виникли внаслідок зовнішньої місіонерської діяльності, успадкували практику від тих місіонерів, які не легко адаптовуються до місцевих норм. Церкви такого роду несуть особливу відповідальність досліджувати біблійне вчення щодо подібних насаджених звичаїв та бути готовими змінити їх, якщо при цьому вони зможуть стати більш ефективними свідками Євангелія у їхніх умовах. Однак жодна церква не повинна скасовувати, змінювати або приймати будь-яку традицію чи практику без врахування результату такого кроку з погляду на свідоцтво християнської спільноти у цілому.

5. Доцільне збереження певних традицій

Деякі традиції настільки глибоко вкорінилися та стали універсальними у християнському світі, що їхня зміна ні до чого корисного не призведе, а лише призведе до непотрібного розділення у церкві. Прикладом цього є звичай поклонятися Богу в неділю, що у Новому Завіті, хоч і явно практикувалося у ранній церкві, не є прямою вказівкою. Є обставини, коли для окремих християнських груп, наприклад, у деяких мусульманських країнах, інші дні тижня можуть бути більш зручними для поклоніння, але жодна церква не має відмовлятися від поклоніння у неділю лише тому, що це окремо не вимагається у Писанні. У подібних випадках має бути збереженою видима єдність християнського світу, якщо цим самим не порушується богословський принцип.

X. МІСІЯ ТА ЄВАНГЕЛІЗМ

1. Наше покликання бути свідками Бога через слова та справи

Наша місія в світі походить від нашої пристрасті до слави Божої та нашої впевненості у пришесті царства Його. Церква як спільнота Христа є Божим інструментом благовістя, котре полягає у проповіді та свідченні Євангелія Ісуса Христа як на слові, так і вчинками, що Христос помер за наші гріхи та воскрес із мертвих за Писанням, і Він як Господь, що царює, пропонує прощення гріхів, вічне життя та дари Духа всім, хто покається та віритиме. Бувши слухняними нашому Богові, ми повинні представити усім людям дві руки: (1) руку заклику їх до покаяння, віри та вічного примирення з Богом через Христа, і (2) руку діл милосердя та співчуття, розширюючи доброту Божого Царства на землі в ім›я Христа. Це — приклад, даний нам самим Христом, і проголошує, що ми уподібнені до образу Христа та отримали Святого Духа як перші плоди та гарантію нового Божого творіння.

2. Ступінь заклику до місії

Наше проголошення Євангелія має соціальні наслідки, оскільки ми закликаємо людей до любові та покаяння в усіх сферах життя. Так само наша соціальна активність має євангелізаційні наслідки, тому що ми свідчимо про благодать Ісуса Христа, що перетворює. Якщо ми ігноруватимемо світ, ми зрадимо Велике Доручення, згідно якого Бог посилає нас для служіння світові. Якщо ми будемо ігнорувати це доручення, ми не зможемо нічого запропонувати світові. Наша слухняність Богові пробуджує ревність до місії у нас, що змушує нас довіряти йому повністю. Це робить наше свідчення сміливим та лагідним, і привертає увагу невіруючих.

3. Співчуття християн світові

Ми наголошуємо на гострій потребі християн зодягнутися у співчуття в ім›я Христа у розпал злиднів, хвороб, несправедливості та всіх форм людських страждань. Ми стурбовані тим, що мільйони людей у цьому світі живуть у крайній бідності. Закликаючи себе самих зодягнутися у співчуття, ми покликані мати взаємини з бідними та передавати їм

Божу благодать, яка несе перетворення, у якості духовного життя, що дозволяє нам вийти у те середовище, яке страждає, не як рятівники, але як слуги Христа Спасителя.

4. Трансформація людської громади

У нашому розумінні, перетворення суспільства має відбутися через всеосяжне повернення від наслідків гріха, що поширилися на все життя та всю землю, віддалили чоловіків і жінок від Бога, утворюють дистанцію між ними самими, віддаляють їх від інших, від навколишнього середовища та відновлення Божого порядку у створінні. Це Божий намір, щоб усі люди були повними носіями Його образу. Це завдання починається у цьому житті, але буде завершеним лише тоді, коли Христос повернеться у славі в останній час. Воно спрямоване на перетворення гріховної культури та суспільства, в якому ми живемо, і побудуву нової культури та нового суспільства відповідно до характеру Царства Божого, яке відкрито Христом.

XI. ЗАКОН ТА ЕТИКА

1. Природний закон

Закон Божий виражає Його любов і розкриває Його праведні вимоги до людської раси. Він був написаним у людських серцях при створенні і, незважаючи на гріхопадіння людей, вони й досі усвідомлюють його вимоги за рахунок їхнього сумління. У Едемі Бог показав свою волю для людини в усній формі, тобто в наказі не їсти від дерева пізнання добра і зла.

2. Закон Мойсеїв

Мойсеїв закон містить ритуальні елементи, які звістили про особистість та справу Христа, а також життя Його церкви, і які є вже виконаними. Закон також містить судові елементи, які сформували громадське життя Ізраїля та забезпечують принципи справедливості, котрі повинні відображатися у житті та законодавстві всіх народів. Моральні елементи закону продовжують надавати зразок для благочестивого життя. Божий закон показує грішникам їхній гріх і вказує їм на Христа як на єдиного Спасителя. На додаток, закон забезпечує запобіжні міри від гріха у суспільстві. Оскільки християни є відновленими в образ Христа, закон є також керівництвом для їхнього життя, виявляючи гріх, який потрібно ненавидіти, та праведність, якої потрібно триматися.

3. Христос як виконання закону

Христос виконав вимоги закону, ставши прокляттям за Його вибраних людей. Ті, що прийшли до віри в Христа, виражають свою любов до Господа, підкоряючись Його заповідям, на що Дух Святий зробив їх здатними.

4. Шлюб та статева етика

Шлюб як гетеросексуальна моногамія встановлено Богом між чоловіком та дружиною, що залишають свої сім›ї та об›єднуються один з одним для взаємин, що тривають усе їхнє життя. Сексуальні бажання мають реалізовуватися у цьому союзі, і діти, народжені у ньому, повинні виховуватися та зростати у християнській науці та практиці. Через людську гріховність відбувається відхилення від цієї моделі. Біблія забороняє сексуальні стосунки поза шлюбом, так само як і забороняє одностатеві союзи. Розірвання шлюбу допускається лише тоді, коли у ньому стався перелюб, або ж якщо невіруючі безповоротно залишають свої християнські подружжя. Чоловік описується в Писанні як "голова" жінки, так само як і Христос є «головою» чоловіка, а Бог — "головою" Христу. Це верховенство в сім›ї та церкві має доводитися любов›ю, як і Христос полюбив Церкву.

5. Планування сім›ї

Планування сім›ї є прийнятним, хоча контрацепції за допомогою таких засобів, як таблетки після зачаття або аборт плоду, дійсно знищують нове життя. Для подружніх пар, що зазнають труднощі із зачаттям, екстракорпоральне запліднення (ЕКЗ) є одним з можливих варіантів, хоча використання донорської сперми або сурогатної матері, хоч це і відбувається медичним шляхом, а не через особистістну практику, є вторгненням у шлюб. Експерименти з людськими ембріонами є руйнівними для людського життя, так само як і експерименти з дорослими людьми, що може призвести до хвороби, інвалідності або

Постулати віри Всесвітньої реформатської федерац   255

навіть смерті. Хоча клонування людини («ядерна передача соматичної клітини») може бути технологічно можливим, ні «репродуктивне клонування», ні "терапевтичне клонування" відповідають біблійній моделі, в якій інтимні стосунки та дітородження є частиною завіту шлюбних відносин. Людські наукові відкриття, хоч у суті і добрі самі по собі, можуть здійснюватися з порушенням Божого морального порядку для Його світу. Життя та здатність до дітородження повинні розглядатися як Божі дари, і вони видані нам суверенно.

6. Подовження життя

Людські тіла схильні до різних хвороб, і сучасна медицина в змозі допомогти з відповідними процедурами, операціями та лікарськими препаратами. Пересадка органів має право на існування та є частиною такого медичного втручання з метою лікування захворювання або продовження життя.

7. Припинення життя

Так само, як створення нової людини є Божою дією, Бог визначає кінець життя людини. Як виникнення, так і припинення життя, знаходяться під Його суверенним контролем. У той час як ліки можуть бути використаними для полегшення болю, вони не повинні використовуватися для завершення людського життя, і також їхнім призначенням не повинно бути надання індивідуального задоволення або ж досягнення екстрасенсорного стану. Хоча сучасні технології можуть дозволити людині бути штучно живою, однак коли немає доказів мозкової діяльності, у такому випадку вимкнення такого обладнання не є неправильним.

XII. ЕСХАТОЛОГІЯ

1. Відвічний Божий план

З самого початку часу, після створення Адама, існує обітниця звершення Божого суботнього спокою, та обітниця вічного життя від дерева життя. Все це передбачало Божий намір удосконалювати те, що Він зробив дуже добре. Павло бачив воскресіння (або відтворення) останнього Адама як завершення створення першого Адама до гріхопадіння. Історія спасіння — це зовнішня оболонка Божих цілей відкуплення, що досягло кульмінації у житті та смерті Спасителя, здобуття спасіння для народів та есхатологічного відтворення неба і землі. У даний час ті, хто єдиний з Христом, вже переживають силу того світу, що має прийти, через Духа, який живе у них. Навіть якщо вони будуть відчувати смерть, вони вже смакують майбутнє воскресіння.

2. Стан мертвих

Одразу після смерті душі людей повертаються до Бога, а їхні тіла знищуються. Вони не впадають у стан сну. Душі врятованих входять у стан досконалої святості й радості в присутності Бога й царюють із Христом, очікуючи на воскресіння. Цьому щастю не перешкоджає пам'ять про їхнє земне життя, бо тепер вони все дивляться зі світла досконалої волі та плану Божого. Їхнє щастя і порятунок є виключно завдяки Божій благодаті. Вони не мають сили заступитися за живих або стати посередниками між ними та Богом. Душі заблудлих не знищуються після смерті, але входять у стан страждань і темряви, відкинуті від Божої присутності, поки вони очікують на судний день. Після смерті немає інших станів, крім цих двох. Ні душі врятованих, ні душі заблудлих після смерті не можуть повернутися в землю живих. Усі переживання, пов'язані з діями безтілесних душ, повинні бути віднесені або до людської уяви, або до дії демонів.

3. Друге пришестя Христа

Воскресіння Христа, а потім і зшестя Святого Духа, відкрили нову еру, що називається у Писанні останніми днями. У даний час християнин живе у "напів-есхатологічній" реальності "вже" готової роботи Христа та "ще" майбутнього завершення. Настане час, коли Христос повернеться у цей світ видимим чином у славному тілі Його воскресіння, так що увесь світ побачить Його. Він прийде у силі зі святими та Його ангелами, щоб судити всіх людей та привести царство Боже до завершення. Писання рішуче закликають нас бути готовими до пришестя Христа; однак вони не дають нам розкладу чи вказівок, коли це відбудеться. Повернення Христа залишається найвищою християнською надією. Церква покликана молитися про це та прискорити його, проповідуючи Євангеліє всьому світові.

4. Воскресіння мертвих

Померлі, що належать Христу, будуть воскресені Його силою з тілами, схожими на Його тіло, та приведені у вічний стан спілкування з Богом та вічної радості. Що стосується втрачених, вони також будуть воскресені, але для суду та вічного покарання. Цей кінець має змусити нас тремтіти, бути у страху та надихати нас на проповідь Євангелія про спасительну благодать Божу для всіх народів. Особиста ідентичність як спасенних, так і загиблих, буде такою ж як і на землі, але їхні тіла зміняться у складі та властивостях.

5. Останній суд

Христос повернеться у цей світ як його Суддя, бо Він є Сином Людським та Царем, що панує над світом вічно. Він буде судити живих і мертвих справедливо та не проявить жодного фаворитизму або упередженості. Вибрані будуть оголошеними виправданими через заступницьку смерть і воскресіння Христа та запрошеними увійти в Його вічне царство. Нечестивих та відкинутих буде справедливо засуджено у їхніх гріхах і беззаконнях та вигнано з Його присутності разом з сатаною та демонами. У цей час християни повинні демонструвати всі необхідні зусилля, щоб відновлювати справедливість у цьому світі, знаючи, що повний та досконалий суд звершиться у кінці часу. Що стосується нагород, які Христос обіцяв своєму народові, Писання говорить про них дуже мало, але достатньо, щоб дати нам додаткову мотивацію до послуху та вірності.

6. Тисячоліття

Етап між піднесенням Христа та Його другим пришестям, тобто теперішній час, коли Блага Звістка Євангелія та його благословення стали відомі народам, визнаний церквою як Тисячоліття, про яке говориться у Писанні. Однак деякі вважають, що тут мається на увазі період у тисячу років правління Христа на змелі у буквальному сенсі після Його повернення. Теперішній час ще страждає від наслідків людського гріха та супротиву, а також від влади сатани. Прояви зла зустрічатимуться у світі поряд з царюванням Христа, доки Він не повернеться у славі.

7. Нове творіння

Після повернення Христа Бог відтворить фізичний всесвіт, а Його воскреслі люди, наділені безсмертям і досконалістю, житимуть у відповідності з нормами Христа у цьому новому небі та землі назавжди.

8. Різні трактування есхатологічних питань

Християни мають згоду щодо головних подій, які представляють собою останні часи, але не завжди щодо їх послідовності та характеру. Останні часи потрібно обговорювати зі смиренням, пам'ятаючи, що часто лише після того, як пророцтва виповнилися, Божі люди могли зрозуміти їх у повній мірі.

Pengakuan Iman WRF

TRANSLATED INTO INDONESIAN BY DAVID TONG

I. DOKTRIN ALLAH

1. Identitas Allah Pencipta

Kami percaya pada satu Allah, yang adalah pencipta, penopang dan penguasa atas segala sesuatu yang berada. Melalui ketetapan kekal-Nya Dia telah membentuk alam semesta dan mengaturnya sesuai dengan kehendak-Nya yang berdaulat. Tidak ada yang lebih besar dari-Nya, dan tidak ada yang memiliki kuasa untuk menpengaruhi, merubah atau mengurangi kedaulatan-Nya atas ciptaan-Nya.

2. Pencipta dan Ciptaan-Nya

Allah mengomunikasikan kehadiran dan kuasa-Nya atas segala ciptaan-Nya, khususnya atas umat manusia yang telah Dia ciptakan di dalam gambar-Nya, baik laki-laki dan perempuan. Ada kesetaraan mendasar antara laki-laki dan perempuan, tapi dengan perbedaan, sehingga panggilan atas laki-laki dan perempuan tidak dapat ditukarkan tapi saling melengkapi. Walaupun tidak ada perbedaan jenis kelamin di dalam Allah, pada dasarnya Dia menyatakan diri-Nya kepada kita dengan istilah-istilah maskulin dan anak-Nya inkarnasi menjadi seorang laki-laki.

3. Penyataan diri Pencipta kepada semua manusia

Allah adalah makhluk pribadi dan menyatakan diri-Nya secara pribadi. Di zaman kuno, Dia berbicara kepada berbagai macam manusia dengan pelbagai macam cara. Perkataan-perkataan-Nya disertai dan janji-janji-Nya digenapi melalui tindakan-tindakan yang adalah tanda-tanda atas kuasa-Nya. Di dalam berbicara kepada manusia, Dia menyatakan baik diri-Nya dan rencana-Nya kepada mereka dengan hasrat agar mereka menanggapi dengan menaati apapun yang Dia perintahkan mereka untuk lakukan.

Tatanan alam menyaksikan keberadaan, kuasa dan keagungan pencipta ilahinya, sehinga tidak ada satu orangpun yang memiliki dalih untuk tidak percaya kepada-Nya. Wahyu umum adalah istilah yang dipakai untuk menjabarkan cara-cara di mana Allah menyatakan diriNya sendiri kepada semua manusia tanpa pengecualian, di dalam alam, di dalam sejarah dan di dalam hati nurani. Wahyu umum adalah cukup untuk membuat kita sadar atas keberadaan dan kuasa Tuhan dan bahkan untuk tanggung jawab kita di hadapan-Nya, tetapi tidak cukup untuk membawa kepada kita kepada keselamatan. Wahyu khusus diperlukan karena sebagai ciptaan-ciptaan yang sudah jatuh kita buta spiritual dan mati spiritual. Pengetahuan yang benar atas Allah datang kepada kita ketika kita dimungkinkan oleh Allah untuk melihat dan mengerti kebenaran dari penyataan diri-Nya.

Karena manusia diciptakan di dalam gambar Allah yang pribadi, baik Allah maupun manusia adalah pribadi. Mereka berpikir dan berkomunikasi satu dengan lainnya melalui cara-cara yang dapat dijabarkan di dalam bahasa manusia. Karena hubungan ini, manusia dapat datang kepada suatu pengetahuan atas realitas baik yang kelihatan maupun yang tidak kelihatan dan dapat menggunakan konsep-konsep yang berasal dari realitas yang tidak kelihatan untuk mengembangkan dan mentranformasikan realitas yang kelihatan. Sebagai bagian dari ciptaan yang kelihatan, manusia hidup di dalam saling ketergantungan dengan semua ciptaan materi lainnya tetapi karena mereka diciptakaan di dalam gambar Allah, mereka sadar atas status mereka dan dapat mencari makna di dalam, dan menguasai, seluruh dunia ciptaan.

Pengetahuan manusia bersifat pribadi dan lahir dari kemungkinan untuk mendapatkan dan mengatalogkan detail-detail faktual untuk, melalui kapasitas untuk menganalisanya, menghasilkan pengertian atas arti dan tujuan yang lebih mendalam. Oleh karenanya, manusia memiliki kewajiban terhadap ciptaan yang telah dipercayakan kepada mereka dan akan bertanggung jawab kepada Allah perihal bagaimana mereka berhubungan dengan ciptaan. Pengetahuan manusia dibatasi secara objektif oleh keterbatasannya sebagai ciptaan dan secara subjektif oleh penolakannya atas Allah yang membawa kepada suatu keadaan keberdosaan yang radikal. Kemampuan objektif untuk memperoleh pengetahuan dan pengertian tetap tinggal di dalam manusia walaupun manusia telah jatuh di dalam dosa, tetapi dampak dari kejatuhan tersebut demikian besar sehingga tidak mungkin bagi manusia siapapun atau masyarakat untuk memenuhi mandat penciptaan sebagaimana yang dimaksudkan oleh Allah pada awalnya.

4. Penyataan diri Pencipta kepada umat perjanjian-Nya

Allah menyatakan diri-Nya lebih penuh dan lebih menyeluruh kepada umat perjanjian-Nya, yang kepadanya Dia memulai suatu hubungan khusus. Allah menyatakan dirinya kepada mereka oleh Roh melalui Firman-Nya, yang hidup (di dalam Yesus Kristus), tertulis (di dalam Kitab Suci) dan diucapkan (di dalam khotbah).

Penyataan Allah mengenai diriNya di dalam Perjanjian Lama dan Baru adalah tepat dan cukup bagi manusia untuk mengetahui, mengasihi dan melayani Dia. Tetapi, pengetahuan Tuhan ini tidak mungkin menyeluruh karena ada banyak hal mengenai Tuhan yang tidak dapat diketahui oleh kita dan ada hal-hal tertentu yang dapat diketahui melalui pengalaman namun tidak dapat diungkapkan di dalam bahasa manusia. Di dalam diri-Nya, Allah berbeda dengan ciptaan-Nya manapun sehingga kita hanya dapat berbicara mengenai dia dengan mengatakan apa yang tidak benar mengenai Dia—Dia tidak kelihatan, tidak fana, tidak dapat dipahami secara tuntas baik secara fisik maupun secara mental. Namun demikian, dia memiliki sifat-sifat yang manusia dapat kenal dan ungkapkan, dan Dia memiliki sifat-sifat ini secara absolut, sehingga Dia adalah maha tahu, maha bijaksana dan maha kuasa. Sifat-sifat ini dapat diidentifikasikan tetapi tidak dapat didefinisikan secara penuh di dalam batasan akal manusia dan logika. Sifat-sifat ini hanya dapat diketahui secara benar dan dimengerti melalui hubungan pribadi dengan Tuhan oleh iman di dalam Tuhan Yesus Kristus.

Tuhan berbicara secara khusus kepada Abraham, yang kepadanya Dia memberikan janji agar dia dapat menjadi bapa dari satu bangsa yang besar. Abraham akan diberikan tanah dan dia akan membawa berkat kepada seluruh dunia. Janji-janji ini diperbaharui pada anaknya, Isak dan cucunya Yakub, yang kepadanya nama Israel diberikan. Melalui keturunan-keturunan Yakub, Israel, bangsa itu, menjadi umat istimewa yang tujuan historisnya adalah untuk menerima dan meneruskan Firman Tuhan kepada dunia, dan untuk mempersiapkan kedatangan dari Juru Selamat ilahi. Firman ini diberikan melalui hamba-hamba pilihan dan akhirnya dipelihara di dalam teks tertulis yang sekarang kita sebut Alkitab Ibrani, atau Perjanjian Lama. Apa yang dijanjikan dan menjadi bayang-bayang di dalam Perjanjian Lama, termasuk bait suci dan kurban-kurban binatang, tidaklah lagi peril, tanpa menghapuskan prinsip spiritual mereka. Semua ini tetap berlaku untuk orang Kristen, yang telah disatukan kepada umat Israel di atas dasar iman kita bersama dengan Abraham. Umat Kristen membentuk satu keluarga, Kerajaan Allah, yang mencakup sampai ujung dunia, dan pemberitaan injil Kristen membawa berkat kepada mereka yang mendengarnya dan percaya. Mereka yang adalah Yahudi secara etnis, tetapi tidak menerima Kristus, belum menerima berkat yang dijanjikan kepada nenek moyang mereka, meskipun demikian tetap mempertahankan suatu tempat khusus di dalam maksud dan rencana Allah yang akan dinyatakan secara penuh pada akhir jaman. Maka dari itu, gereja memiliki tanggung jawab untuk membagikan berita dari Yesus sebagai Mesias, Juru Selamat dan Tuhan dengan orang Yahudi. Penggabungan mereka ke dalam gereja Kristen adalah atas dasar yang sama dengan mereka yang bukan Yahudi.

5. Bapa, Anak, dan Roh Kudus membentuk Tritunggal yang terdiri dari Pribadi yang sama

Di dalam Yesus Kristus, Allah menyatakan diri-Nya sebagai Trinitas yang terdiri dari pribadi-pribadi, membuat kekristenan unik di antara agama-agama monoteistis di dalam dunia. Allah bukanlah suatu keutuhan tunggal yang berada tersendiri, tetapi Trinitas yang terdiri dari Bapa, Anak, dan Roh Kudus, yang diam di dalam persekutuan pribadi yang kekal. Oleh karena ini maka maka manusia, yang diciptakan di dalam gambar dan rupa Allah, memiliki perasaan atas identitas pribadi mereka dan hubungan baik dengan Allah dan juga orang lain. Perbedaan individu yang menjadi hakikat dari identitas pribadi, baik manusiawi maupun ilahi, didasarkan pada perbedaan di antara ketiga pribadi ilahi, yang secara kekal berada di dalam satu Allah.

Bapa, Anak, dan Roh Kudus adalah setara dan sepenuhnya Tuhan di dalam diri mereka sendiri, bukan karena penurunan, peralihan atau pewarisan dari Bapa atau siapapun lainnya. Mereka berbagi natur ilahi yang sama dan karena hanya ada satu Allah, adalah tidak cukup untuk mengklaim kita mengetahui hanya satu pribadi tanpa mengetahui ketiganya. Setiap pribadi ilahi berelasi satu dengan lainnya secara unik di dalam satu hubungan kasih yang sama. Karena Bapa mengasih Anak maka Dia memberikan kepada Anak semua otoritas di surga dan bumi. Karena Anak mengasihi Bapa maka Dia secara sukarela mengorbankan diri-Nya bagi kita, agar kita dapat hidup bersama dengan Dia di surga seturut keinginan Bapa bagi kita. Karena Roh Kudus mengasihi Bapa dan Anak maka Dia datang ke dalam dunia, bukan secara utama berbicara mengenai diri-Nya sendiri, tetapi untuk menyaksikan mereka dan membawa hidup mereka bersama kepada kita. Akhirnya, karena kita juga adalah pribadi, diciptakan di dalam gambar Allah, maka kita dapat menerima kasih-Nya, berelasi dengan Dia di dalam kasih tersebut dan menyatakan kasih tersebut di dalam relasi-relasi pribadi kita.

6. Di dalam Perjanjian Lama Allah berbicara melalui pribadi Bapa

Di dalam Perjanjian Lama Allah berbicara sebagai satu pribadi, di dalam Perjanjian Baru disamakan sebagai Bapa dari Yesus Kristus, walaupun istilah 'Bapa' tidak biasanya dipakai untuk membicarakan mengenai Allah bagi orang Israel. Tetapi, jelas bahwa penjabaran Allah yang berdaulat dan tidak kelihatan di dalam Perjanjian Lama secara penuh sesuai dengan pribadi Bapa yang dinyatakan kepada kita oleh Yesus. Bapa adalah Dia yang kehendak-Nya Yesus (sebagai Anak) datang untuk menaati dan menggenapkan dan Bapa adalah satu pribadi dari Allah yang tetap selama-lamanya tidak kelihatan dan senantiasa transenden. Anak dan Roh Kudus tidak secara panjang lebar dipaparkan di dalam Perjanjian Lama tetapi mereka berada secara kekal di dalam diri Allah dan ikut serta secara penuh di dalam seluruh tindakan-Nya, khususnya karya besar penciptaan, dan ada banyak referensi kepada pribadi dan karya dari Mesias yang dijanjikan, dan juga karya dari Roh Allah di antara umat Allah dan di dalam dunia yang lebih luas.

7. Allah telah menyatakan diri-Nya secara penuh dan final di dalam Yesus Kristus

Tuhan telah berbicara secara penuh dan final di dalam Yesus Kristus, yang telah menggenapkan perjanjian kuno yang dibuat dengan Israel dan semua kaum pilihan-Nya. Dia adalah nabi dan Firman, imam dan korban, raja dan kerajaan. Pernyataan lebih lanjut lagi dari Allah tidak lagi diperlukan karena Dia sendiri adalah Allah di dalam daging manusia. Di dalam Yesus Kristus Allah menyatakan diri-Nya sebagai Anak yang mengidentifikasikan pribadi pertama sebagai Bapa-Nya dan menjanjikan bahwa setelah kepergian-Nya Dia akan mengirimkan pribadi ketika, "Penghibur" yang lain yang Kitab Suci sebut sebagai Roh Kudus. Oleh karena itu, adalah hal yang hakiki di dalam pengajaran Kristus bahwa ada tiga pribadi di dalam satu Allah tersebut.

8. Allah menyatakan diri-Nya kepada kita melalui bahasa yang dapat kita mengerti

Karena Allah telah merendahkan diri-Nya untuk menggunakan bahasa manusia dan karena pribadi Anak telah menjadi manusia, adalah suatu hal yang mungkin untuk berbicara mengenai Dia di dalam istilah-istilah manusia. Murid-murid pertama dapat saja menjabarkan penampakkan fisik Yesus, tetapi mereka tidak melakukannya. Perjanjian Baru tidak memberikan dorongan tertentu apapun untuk membuat gambar atau patung mengenai Dia, baik sebagai alat bantu untuk ibadah atau sebagai pengingat mengenai kehadiran-Nya di atas dunia. Tidak ada gambar atau penjabaran yang dramatis mengenai Yesus yang memiliki otoritas di dalam diri-Nya sendiri, dan hal-hal ini tidak boleh menjadi objek-objek pemujaan atau ibadah, tetapi dapat menjadi berguna di dalam hal-hal yang lain.

II. KEJAHATAN DAN DOSA

1. Asal mula kejahatan

Tuhan menciptakan seluruh alam semesta sangat baik adanya. Tuhan bukanlah pengarang kejahatan, dan kekudusan-Nya tidak terancam karena keberadaannya. Kejahatan bersumber di dalam pemberontakan Iblis dan sebagian malaikat-malaikat. Tampaknya kesombongan adalah akar daripada kejatuhan mereka. Malaikat-malaikat yang jatuh disebut sebagai setan dan dipimpin oleh Iblis. Mereka menolak pekerjaan Tuhan dan berusaha untuk menggagalkan rencana-Nya. Walaupun demikian Tuhan tetap berdaulat atas kuasa-kuasa kejahatan dan memakai tindakan-tindakan mereka untuk mencapai rencana keselamatan-Nya. Setan tidak boleh disembah atau dilayani dengan cara apapun. Aktifitas mereka adalah alasan di belakang agama-agama yang salah dan Iblis membutakan pikiran manusia atas kebenaran.

2. Kejahatan dan umat manusia

Kejahatan menerobos masuk ke dalam hidup manusia melalui dosa dari manusia pertama di Taman Eden. Adam adalah nenek moyang dari semua umat manusia dan setiap manusia harus menerima konsekuensi dari dosanya, termasuk di dalamnya ketidakteraturan dunia dan kematian jasmani. Adam dan Hawa menaruh diri mereka di posisi Tuhan, dan menyerahkan kesetiaan mereka kepada Iblis. Terjerumus ke dalam pencobaan untuk menjadi seperti Allah memberikan dampak yang besar. Mencuri dari Allah kemuliaan yang adalah hak-Nya membawa kepada penghapusan perbedaan-perbedaan yang telah ditetapkan oleh Dia dan melibatkan pelanggaran-pelanggaran terhadap wilayah ilahi, penghapusan perbedaan antara laki-laki dan perempuan yang telah ditetapkan oleh Tuhan dan terjadinya kebingungan antara manusia dan binatang-binatang. Dengan mengunakan apa yang baik untuk alasan-alasan yang salah, kekacauan, ketegangan, dan penderitaan muncul di tengah-tengah masyarakat manusia.

3. Akibat dari dosa di dalam hidup manusia

Umat manusia bergabung dengan agen-agen supranatural telah mengakibatkan kejahatan-kejahatan yang mengerikan seperti genosida, penyalahgunaan kekuasaan, perang dunia, berbagai bentuk terorisme, pembunuhan psikopat, perdagangan manusia, pemakain obat telarang dan berbagai macam kekerasan. Tanpa meremehkan dan mengurangi signifikansi dari umat manusia, bentuk-bentuk kejahatan yang tidak sepatutnya ini disebarkan dan didalangi oleh kekuatan-kekuatan setan dan sebagai akibatnya umat manusia terpecah belah, dihancurkan dan diturunkan tingkatannya menjadi seperti binatang di dalam pikiran dan tindakan mereka. Kejahatan tidak hanya ditujukan kepada pengrusakan ciptaan dan gambar Allah di dalam keturunan Adam dan Hawa, tetapi juga kepada penindasan atas gereja dan kebenaran Allah. Walaupun setan tidak bertambah banyak, dan juga mereka tidak bisa dihancurkan oleh manusia, kita tetap dipanggil untuk menolak kejahatan, ketidakadilan, penindasan dan kekerasan yang digunakan oleh para setan untuk mencapai tujuan mereka, sambil menunggu dan berdoa untuk kedatangan Yesus Kristus kembali, yang akan mengakhiri semaunya ini.

4. Universalitas dosa dan akibatnya

Di dalam Adam semua mati dan kematian telah menyebar kepada semua orang karena semua telah berdosa. Semua umat manusia dilibatkan di dalam kejatuhan dan akibatnya: dosa, keterasingan, kekerasan, perperangan, sakit penyakit, kesengsaraan dan kematian. Secara spiritual, semua manusia mati karena mereka ada di dalam pemberontakan terhadap Allah dan terputus dari berkat-berkat-Nya. Walaupun manusia yang sudah jatuh tetap dapat menemukan berbagai macam kebenaran, mereka kehilangan kerangka pemikiran yang diperlukan untuk mengerti kebenaran-kebenaran tersebut sebagai aspek dari kebenaran Allah. Sebagai manusia berdosa mereka menolak untuk menerima konsekuensi dari kebenaran yang mereka miliki, dan sebaliknya mereka menekan kebenaran tersebut dengan kefasikan mereka. Kematian jasmani juga sedang bekerja di dalam diri mereka sampai mereka kembali menjadi debu yang dari mana mereka datang. Kecuali Tuhan secara murah hati mengintervensi, kematian spiritual akan menjadi kematian kekal.

III. PRIBADI DAN KARYA KRISTUS

1. Kemuliaan Kristus

Di pusat kekristenan terletak pribadi Yesus Kristus. Kemulian dan keagungan-Nya adalah sedemikian rupa sehingga menyembah dan meninggikan Dia adalah kewajiban dan kerinduan setiap umat percaya.

2. Anak Allah yang berinkarnasi memiliki satu pribadi dan dua natur

Pribadi ilahi dari Anak Allah, pribadi kedua dari Allah Tritunggal, mengambil natur manusia yang utuh di dalam rahim dara Maria dan dilahirkan sebagai manusia Yesus dari Nazaret. Dia sekarang memiliki dua natur, satu ilahi dan satu manusiawi, yang senantiasa utuh dan berbeda satu dengan yang lainnya tetapi juga pada saat yang bersamaan disatukan di dalam dan oleh pribadi ilahi-Nya. Oleh karena natur ilahi-Nya, yang Dia bagikan kepada Bapa dan Roh Kudus, tidak dapat menderita atau mati, Anak mengambil suatu natur manusia dengan tujuan agar dapat membayar harga dosa manusia dan mendamaikan kita kepada Allah. Pribadi Allah Anaklah, di atas kayu salib, di dalam kedua natur-Nya, yang menderita dan mati.

3. Anak Allah yang berinkarnasi adalah manusia sejati

Sebagai Yesus dari Nazaret, Anak Allah menjadi manusia sejati. Dia memiliki pikiran manusia dan kehendak manusia, dan dia memiliki susuan psikologis yang normal, sementara tetap menjaga natur ilahi-Nya. Dia dicobai dengan cara yang sama seperti manusia lainnya, tetapi tidak jatuh ke dalam dosa.

4. Anak Allah yang berinkarnasi mampu secara sempurna mendamaikan kita kepada Bapa

Manusia Yesus Kristus mampu untuk menggantikan kita di atas kayu salib dan membayar harga atas dosa kita, bukan karena Dia secara natur dan objektif lebih unggul daripada kita tetapi karena dia taat secara sempurna kepada Bapa-Nya dan oleh karenanya sepenuhnya tidak berdosa. Dengan menjadi berdosa karena kita, dia dapat membatalkan hutang kita kepada Allah tanpa menyebabkan status bersalah yang akan memisahkan Dia dari Bapa. Karya penebusan Kristus menjamin keselamatan semua yang telah dipilih di dalam Dia sebelum dunia dijadikan.

5. Natur dari tubuh kebangkitan Kristus

Setelah dua hari di dalam kubur, Yesus dari Nazaret bangkit lagi dari kematian dengan natur manusia yang telah dirubahkan tetapi tetap dapat dikenal. Tubuh kebangkitan-Nya sanggup untuk melampaui hukum-hukum fisika alam tanpa kehilangan sifat-sifat fisik-Nya. Di dalam kenaikan-Nya ke surga, tubuh itu lebih lanjut lagi dirubahkan masuk ke dalam keadaan surgawi yang tetap dimilikinya dan telah diangkat kepada Allah. Manusia akan dibangkitkan, tidak seperti Yesus pada Paskah pagi pertama, tetapi sebagaimana dia sekarang, di dalam keadaan-Nya yang telah ditinggikan.

IV. PRIBADI DAN KARYA ROH KUDUS

1. Roh Kudus sebagai pribadi di dalam Allah Tritunggal

Roh Kudus terlibat di dalam karya penciptaan dan penebusan bersama Bapa dan Anak. Secara khusus, Anak yang berinkarnasi dikandung oleh Roh Kudus, diurapi dengan Roh Kudus dan diberi kuasa oleh Roh Kudus untuk melakukan pelayanan publik-Nya di atas bumi.

2. Karya Roh Kudus di dalam penebusan

Roh Kudus mengaplikasikan karya keselamatan Anak kepada setiap individu orang percaya dan menyatukan mereka baik kepada Kristus kepala mereka dan juga kepada satu dengan yang lainnya. Dia adalah agen dari pengadopsian orang-orang percaya ke dalam keluarga Allah dan memberikan mereka jaminan di dalam hati mereka bahwa mereka telah dipilih oleh kuasa Allah yang berdaulat. Dia menolong, mengajar, memandu dan memimpin setiap orang percaya sesuai dengan kehendak Allah yang dinyatakan dan karakter-Nya. Dia menyucikan orang-orang percaya dengan menghasilkan di dalam diri mereka buah-Nya dan Dia senantiasa menjadi pengantara bagi mereka di dalam doa kepada Bapa.

3. Pengiriman Roh Kudus pada hari Pentakosta

Kedatangan Roh Kudus pada hari Pentakosta adalah permulaan pekerjaan baru Allah di dalam diri orang-orang percaya, yang membawa kepada berdirinya gereja Kristen. Karunia-karunia yang adalah pernyataan luar biasa yang diberikan pada saat itu adalah tanda-tanda unik dari permulaan zaman Mesias dan tidak dapat diklaim secara otomatis atau diharuskan sebagai bukti yang pasti bahwa Allah masih bekerja secara berkuasa pada saat ini. Kelanjutan dan karunia-karunia yang berbeda dari Roh Kudus harus dicari di dalam kerendahan hati, sesuai dengan kehendak-Nya dan dengan tujuan untuk memuliakan Allah di dalam pelayanan untuk kebaikan bersama gereja.

4. Roh Kudus dan kebangunan rohani

Kuasa Roh Kudus terus dinyatakan melalu cara-cara yang khusus semasa kebangungan rohani yang terjadi secara periodik di dalam hidup gereja. Masa-masa kebangunan dan penyegaran rohani ini meneruskan lebih lanjut lagi ekspansi kerajaan Allah dengan menjadikan orang semakin sadar atas dosa-dosa mereka dan mengarahkan mereka kepada Kristus dengan cara yang baru dan lebih mendalam. Di dalam hal ini, orang percaya diingatkan atas kehadiran Roh Kudus ketika mereka semakin sadar atas pekerjaan-Nya di dalam hidup mereka dan atas karunia-karunia-Nya kepada mereka. Kebangunan rohani adalah sangat efektif di dalam membawa umat Allah kembali kepada Dia dengan mereformasi gereja, yang selalu di dalam bahaya untuk sesat. Walaupun demikian, pekerjaa Roh Kudus yang nyata pada masa kebangunan rohani selalu hadir di dalam gereja dan orang percaya harus senantiasa secara berhasrat berdoa untuk buah-buah dan karunia-karunia-Nya.

5. Roh Kudus dan perperangan rohani

Roh Kudus secara aktif memerangi Iblis dan setan-setannya dan memelihara orang percaya dari mereka. Roh Kudus membebaskan laki-laki dan perempuan-perempuan dari penindasan dan kerasukan setan dan memperlengkapi mereka dengan senjata-senjata rohani yang mereka perlukan untuk melawan kuasa dari si jahat. Alkitab melarang orang percaya untuk berkecimpung dengan kekuatan-kekuatan kegelapan dan pekerjaan-pekerjaan mereka.

V. KARYA ALLAH ATAS KESELAMATAN

1. Anugerah umum

Allah memberikan anugerah umum kepada semua umat manusia dan juga anugerah khusus yang memungkinkan orang untuk mendapatkan keselamatan. Melalui anugerah umum ini, dosa dibendung, manusia berdosa mendapatkan berkat dari Allah dan mereka dimungkinkan untuk melakukan perbuatan-perbuatan baik. Anugerah umum ini menjadi dasar dari masyarakat dan memungkinkan karya seni dan ilmu. Roh Kudus-lah yang memungkinkan karya seni dan ilmu, sehingga kemajuan budaya dan keberadaban manusia adalah pemberian yang baik dari Allah, yang dimungkinkan meskipun kejatuhan manusia ke dalam dosa.

2. Panggilan dan pemilihan Allah

Panggilan Allah kepada umat manusia adalah untuk bertobat dan percaya. Tidak ada seorangpun yang dapat menanggapi panggilan ini tanpa pekerjaan dari Roh Kudus. Walaupun banyak yang menerima berita ini melalui pendengaran, atau membacanya secara langsung di dalam Alkitab, atau secara tidak langsung di dalam literatur Kristen, tidak semuanya dipilih. Daripada meninggalkan umat manusia di dalam kondisi kejatuhannya, Tuhan secara berdaulat dan murah hati memilih sebagian kepada hidup kekal. Hanya mereka yang hati dan pikirannya diterangi oleh Roh Kudus yang diberdayakan untuk menerima karunia pengampunan dari dosa yang dijanjikan itu dan penerimaan dengan Allah.

3. Natur dari kelahiran baru

Oleh pekerjaan Roh Kudus, seorang yang berdosa menerima hidup dari Allah, dan implantasi dari hidup tersebut menghasilkan orientasi yang baru kepada Allah dan kebenaran-Nya. Hanya Roh Kudus yang dapat menyebabkan perubahan yang menghasilkan kesucian, yang tanpanya tidak ada seorang-pun yang akan melihat Allah. Meskipun pekerjaan kelahiran baru menghasilkan perubahan karakter, orang Kristen adalah pribadi-pribadi yang unik, karena walaupun mereka semua memiliki Roh Kudus, mereka semua berbeda. Apa yang mereka berbagi bersama adalah implantasi dari hidup baru, yang berarti mereka sekarang ada di dalam kesatuan dengan Kristus yang tidak dapat lagi dibatalkan. Perjanjian Baru menyatakan kesatuan ini dengan mengatakan bahwa orang Kristen ada 'dalam Kristus', artinya, mereka menjadi 'ahli-ahli waris dan ahli-waris bersama dengan Kristus.' Karena mereka demikian dipersatukan dengan Kristus yang di dalam-Nya tersembunyi segala harta hikmat dan pengetahuan, mereka adalah sempurna di dalam Dia. Semua orang percaya Kristen memiliki Roh Kristus, dan dipersatukan dengan Kristus juga berarti bahwa mereka berada di dalam hubungan yang vital satu dengan yang lainnya. Mereka berbagi keselamatan yang sama dan memiliki tujuan dan aspirasi yang sama.

4. Efek dari kelahiran baru

Pekerjaan Tuhan di dalam kelahiran baru tidak perlu diulangi. Dibenarkan oleh Tuhan, orang Kristen menunjukkan perubahan status dengan perubahan di dalam kondisi rohani mereka. Pertobatan menandai permulaan hidup baru yang disadari sehingga orang percaya mengusahakan untuk hidup sesuai dengan natur mereka yang baru, dengan afeksi yang ditetapkan pada hal-hal rohani dan kekal. Pusat dari hidup baru adalah pertobatan dan iman, yang disatukan bersama sebagai ekspresi dari konversi.

5. Iman

Kasih karunia untuk percaya adalah anugerah Allah. Oleh karena itu, iman adalah tindakan untuk menerima berkat dari keselamatan oleh kepercayaan pribadi dan komitmen kepada Kristus Sang Juru Selamat. Iman ini adalah alat yang olehnya wahyu ilahi dan semua berkat yang dijanjikan digenggam, diterima dan dinikmati. Iman adalah suatu keyakinan bahwa berita Alkitab adalah benar dan bahwa penerimaan jasa dan pekerjaan Kristus secara pribadi adalah sangat penting. Iman yang benar terletak pada objek iman,

Yesus Kristus, dan Dia diterima sebagai Juru Selamat, dan melalui tindakan komitmen jiwa hanya bersandar pada Dia untuk keselamatan.

6. Pembenaran

Pembenaran adalah tindakan Allah yang menyusul mengikuti panggilan efektif oleh Roh Kudus dan tanggapan berikutnya dari orang berdosa karena pertobatan dan iman: 'siapa yang Dia panggil, mereka pula yang dibenarkan.' Di dalam pembenaran Allah mendeklarasikan orang berdosa sebagai orang benar di dalam padangan-Nya, menganggap dosa-dosa mereka diampuni dan menghitung kebenaran Kristus sebagai milik mereka. Pembenaran bukanlah kepura-puraan di pihak Allah bahwa orang berdosa adalah benar walaupun nyatanya mereka bersalah. Untuk pembenaran menjadi nyata dan selaras dengan kekudusan Allah, pembenaran tersebut harus memiliki dasar yang sepadan. Suatu kebenaran yang nyata harus ada agar Tuhan dapat secara adil di dalam deklarasi pembenaran-Nya. Orang berdosa dibenarkan atas dasar kebenaran yang diberikan oleh pihak lain, yakni kebenaran dari Tuhan Yesus Kristus yang diperhitungkan sebagai milik mereka. Imputasi kebenaran Kristus ini sangat mendasar untuk iman Kristen.

7. Kebenaran Kristus adalah dasar dari pembenaran kita

Kebenaran Kristus mencakup hidup ketaatan-Nya yang sempurna kepada setiap perintah hukum Allah dan kematian-Nya di atas kayu salib yang dimana Dia menanggung amarah kudus Allah atas dosa-dosa semua umat-Nya, suatu pekerjaan yang dimateraikan melalui kemenangan kebangkitan-Nya. Orang percaya sekarang berbagi di dalam status kebenaran yang sama ini sebagaimana Kristus yang telah menuntaskan semua tuntutan hukum Allah menggantikan mereka dan bagi mereka. Dasar dari pembenaran orang berdosa hanyalah kebenaran sempurna Kristus.

8. Harmoni antara Paulus dan Yakobus di dalam pengajaran mereka mengenai pembenaran

Tidak ada konflik antara pengajaran Paulus dan Yakobus mengenai pembenaran. Paulus menuliskan mengenai pembenaran sebagai pengampunan dosa dan penerimaan di hadapan Allah; Yakobus bersikeras bahwa jikalau pembenaran ini nyata, pembenaran ini akan menyatakan dirinya di dalam hidup ketaatan.

9. Adopsi orang percaya di dalam Kristus

Posisi Tuhan Yesus Kristus sebagai Anak Allah kekal yang tidak diciptakan secara natur adalah unik. Walaupun demikian Dia tidaklah malu untuk memanggil mereka yang telah Dia selamatkan sebagai saudara. Anak-anak Allah yang diadopsi ini adalah ahli-ahli waris atas warisan yang telah Kristus raih bagi mereka, keseluruhan dari berkat-berkat penebusan, dan oleh karenanya mereka disebut sebagai 'ahli waris Allah dan sesama ahli waris bersama Kristus.'

Sebagai anak-anak Allah, orang percaya berbagi di dalam semua berkat-berkat yang disediakan oleh Allah untuk keluarga-Nya, dan oleh kesaksian internal dari Roh Kudus mereka mengenal dan memanggil Allah sebagai Bapa. Mereka adalah objek dari cinta kasih Allah, dari belas kasihan-Nya, dan dari kepedulian-Nya atas keperluan mereka. Anak-anak Allah juga mendapatkan hak istimewa untuk berbagi di dalam penderitaan Kristus dan selanjutnya juga kemuliaan-Nya. Hak istimewa selanjutnya sebagai anak-anak Allah, yang menkonfirmasikan adopsi mereka, adalah pengalaman mereka atas didikan Allah sebagai seorang Bapa. Mereka diyakinkan bahwa: 'Allah memperlakukan kamu seperi anak. Di manakah terdapat anak yang tidak dihajar oleh ayahnya?' Persatuan dari anak-anak Allah di dalam satu tubuh juga adalah hak istimewa untuk dinikmati dan suatu kewajiban yang memerlukan kasih dan pelayanan yang timbal balik.

Berkat-berkat sepenuhnya dari adopsi tidak dapat dinikmati sampai Tuhan Yesus Kristus datang kembali secara mulia. Adopsi memiliki dimensi kini tetapi juga dimensi eskatologi, yang adalah unsur dari harapan Kristen. Oleh karena itu, 'kita yang telah menerima karunia sulung Roh, kita juga mengeluh dalam hati kita sambil menantikan pengangkatan sebagai anak, yaitu pembebasan tubuh kita.' Adopsi belum menjadi sempurna sampai Kristus memberikan umat-Nya tubuh yang baru pada saat kebangkitan, ketika orang-orang percaya akan menikmati 'kemerdekaan kemuliaan anak-anak Allah' bersama dengan ciptaan yang diperbaharui.

10. Pekerjaan pengudusan Roh Kudus

Roh Kudus bekerja di dalam hidup mereka yang telah dibenarkan dan diadopsi untuk menjadikan mereka kudus dan mentransformasi mereka kepada rupa Kristus. Pekerjaan Allah di dalam diri orang percaya termasuk baik menginginkan dan melakukan apa yang Dia tentukan. Ketaatan aktif terhadap perintah-perintah Tuhan adalah hal yang penting. Pengudusan mengharuskan semua yang bersifat dosa di dalam hidup manusia dimatikan dan semua kebiasaan-kebiasaan saleh dan pola pemikiran dan hidup dikembangkan.

11. Pencapaian kesempurnaan Kristen

Di dalam hidup masa kini tidak ada seorang percaya yang bebas dari dosa sepenuhnya, dan pengudusan berjalan dengan laju yang berbeda. Didikan Allah terhadap anak-anak-Nya yang dikasihi juga berfungsi sebagai pengudusan. Karya pengudusan akan disempurnakan oleh kuasa dan kasih karunia Allah. Roh dikuduskan sepenuhnya pada saat kematian, bergaung dengan 'roh-roh orang-orang benar yang telah menjadi sempurna.' Pada saat kebangkitan tubuh seorang percaya akan berbagi di dalam kesempurnaan itu, dijadikan seperti tubuh kemuliaan Kristus. Pada akhirnya, setiap orang percaya akan secara penuh 'memakai rupa dari yang sorgawi.'

VI. KEHIDUPAN KRISTEN

1. Spiritualitas yang autentik

Spiritualitas Kristen adalah suatu proses seumur hidup atas hormat yang mendalam dan kasih kepada Allah, yang menghasilkan hubungan yang benar dengan umat manusia lainnya. Spiritualitas Kristen adalah kesalehan praktis, yang membawa ke transformasi kepada rupa Kristus. Hal ini tidaklah ditujukan pada diri, dan juga bukan untuk mencari kekuatan-kekuatan impersonal, dan juga bukan untuk mencapai keadaan keberadaan yang samar-samar atau keadaan kesadaran yang dirubahkan. Spiritualitas Kristen adalah pertumbuhan di dalam hubungan perjanjian dengan Allah Tritunggal, dan di dalam persekutuan yang semakin meningkat dengan umat Allah di dalam dunia. Ini adalah akibat dari pertobatan spiritual yang dipelihara dan diatur oleh Roh Kudus.

2. Sarana-sarana kesalehan

Roh Kudus menghasilkan kesalehan di dalam diri kita dengan mengaplikasikan Firman Allah ke dalam hati dan pikiran kita, mengajarkan kepada kita ketaatan, menyatukan kita di dalam persekutuan bersama semua orang percaya, di dalam ibadah sejati kepada Allah, di dalam kesaksian kita kepada dunia, di dalam ujian dan penderitaan, dan di dalam konfrotasi dengan kejahatan.

3. Hasil dari kesalehan

Hasil dari kesalehan termasuk perubahan akal budi dan hati, perkataan dan tindakan, kerinduan doa, dan hidup yang senantiasa bertumbuh di dalam gambar Kristus. Kesalehan menghasilkan pertumbuhan seumur hidup di dalam penyangkalan-diri, 'memikul salib kita' setiap hari dan mengikuti Kristus dengan mempraktekkan kasih, kesabaran, pengampunan, kelemahlembutan, belas kasih dan kebaikan untuk semua, khususnya kepada mereka yang di dalam keluarga Kristen.

4. Pengalaman spiritual

Hidup spritiual yang berpusatkan kepada Allah menerima semua pengalaman spiritual ini sebagai karunia dari Roh Kudus. Ketika kita mencoba untuk mendekat kepada Allah Tritunggal, kita diingatkan bahwa kita selalu hidup di hadirat-Nya di manapun kita berada. Oleh karena itu kita dimotivasikan untuk menggenapi Panggilan kita untuk menjadi alat bagi anugerah transformasi-Nya di manapun providensi-Nya menempatkan kita. Pengalaman dari kesatuan kita dengan Allah di dalam hidup ini hanyalah suatu cicipan atas kemuliaan dari persekutuan dengan Allah di dalam zaman yang akan datang.

VII. KITAB SUCI

1. Kitab Suci menjadi ada oleh karena Allah Roh Kudus

Kitab Suci, yang ditulis ketika manusia-manusia berbicara atas nama Allah, ketika mereka didorong oleh Roh Kudus, dinafaskan oleh Allah. Kitab Suci adalah Firman Allah dan dapat seluruhnya dipercaya. Sebagaimana awalnya diberikan, Kitab Suci tidak memiliki kesalahan di dalam semua hal yang ditegaskannya, suatu doktrin yang diberikan istilah 'ineransi Alkitab' oleh banyak teolog-teolog Reformed. Allah mengawasi pekerjaan penulisan Kitab Suci sedemikian rupa sehingga Kitab Suci secara tepat menjadi apa yang Dia maksudkan. Setelah memilih untuk menggunakan manusia, Allah tidak mengesampingkan sifat kemanusiaan mereka atau mendiktekan Kitab Suci ini kepada mereka. Maka dari itu Kitab Suci memperlihatkan sejarah pribadi dan gaya sastra setiap penulisnya dan karakteristik-karakteristik dari masa di mana Kitab Suci dituliskan, sementara tetap di dalam segala Firman dari Allah itu sendiri.

2. Kitab Suci dikenal melalui pekerjaan Allah Roh Kudus

Kitab Suci menunjukkan kualitas-kualitas yang indah yang membuat kita menghargainya tetapi pada akhirnya keyakinan dan jaminan kita atas infalibilitas dari kebenaran dan otoritas ilahinya datang dari Roh Kudus sebagaimana Dia menyaksikan di dalam hati kita, oleh dan melalui Firman. Bagi orang percaya yang dimana Roh Kudus diam di dalamnya, Kitab Suci menunjukkan otentisitas mereka sebagai Firman Allah. Gereja Kristen menerima Alkitab Ibrani dan Perjanjian Baru Yunani di dalam pengertian ini dan dimungkinkan untuk mengenal Kitab Suci sebagai normanya yang memiliki otoritas.

3. Kitab Suci dimengerti melalui pekerjaan Allah Roh Kudus

Kitab Suci memiliki kejernihan dasar tetapi hanya orang percaya Kristen, karena memiliki akses kepada pikiran Kristus, yang dapat menerima dan mengerti makanan spiritual dan signifikansinya. Kejatuhan umat manusia ke dalam dosa mempengaruhi akal budi dan juga kehendak dan perasaan. Kebutaan rohani yang terjadi menyebabkan manusia tidak mungkin dapat mengerti perkara-perkara Allah tanpa pekerjaan dari Roh Kudus. Ketika manusia dipanggil secara efektif dan dipertobatkan, Roh Kudus mulai membuka Kitab Suci kepada pengertian mereka. Di dalam bijaksana-Nya, Roh Kudus menyatakan kepada kita arti sebenarnya dari wahyu Allah.

4. Kitab Suci diaplikasikan oleh Allah Roh Kudus

Tuhan membawa laki-laki dan perempuan-perempuan kepada diri-Nya sendiri melalui pemberitaan Firman-Nya. Roh Kudus menggunakan pemberitaan, pengajaran dan pembelajaran atas Kitab Suci untuk membuat kita bijaksana atas keselamatan melalui iman di dalam Kristus Yesus dan memberikan kepada kita pikiran-Nya. Apakah itu diberitakan atau dibaca, Kitab Suci bermanfaat untuk mengajar, untuk menyatakan kesalahan, untuk memperbaiki kelakuan dan untuk mendidik orang dalam kebenaran, sehingga kita dapat diperlengkapi untuk setiap perbuatan baik dan menunjukkan gaya hidup yang menghormati Allah. Kitab Suci menyediakan fondasi, konfirmasi dan regulasi atas iman kita.

5. Presuposisi yang mengatur interpretasi atas Kitab Suci

Kitab Suci adalah Firman Allah dan oleh karenanya tidak mungkin berkontradiksi dengan dirinya sendiri. Pembacaan, interpretasi, pengertian, dan aplikasi kita atas Kitab Suci dipengaruhi di dalam berbagai derajat dan tingkatan melalui keyakinan-keyakinan kita sebelumnya atau presuposisi mengenai Allah dan Alkitab. Agar kita dapat mengerti Alkitab secara benar, adalah suatu hal yang perlu untuk sadar atas presuposisi kita dan mengujinya di bawah terang dari teks Alkitab sehingga kita dapat memperbarui presuposisi kita dan membawanya untuk lebih dekat kepada kesesuaian dengan arti daripada teks itu sendiri. Karena Kitab Suci mengklaim asal dan inspirasi ilahi, hanya metode-metode interpretasi yang menerima klaim-klaim ini secara sungguh-sungguh yang dapat mencapai arti Kitab Suci sebenarnya.

6. Kejelasan dari Kitab Suci

Perlunya penelitian ilmiah atas Alkitab di dalam bahasa-bahasa aslinya tidak menggerogoti kejelasan atau otoritas ilahi dan kepercayaan atas Kitab Suci. Kebenaran-kebenaran yang diperlukan bagi keselamatan adalah demikian jelasnya dinyatakan di dalam Kitab Suci sehingga baik pembaca yang terpelajar atau tidak dapat dan harus mengertinya. Berita dari Kitab Suci harus dapat diuraikan dengan mengingat filsafat-filsafat dan opini-opini yang menantang dan menentang presuposisi Kitab Suci. Di dalam mempertahankan wawasan Alkitab terhadap lawan-lawan ini, kejelasan dari arti Kitab Suci dicapai, bukan hanya secara hati-hati membandingkan satu teks Alkitab dengan yang lainnya, tetapi juga dengan menguji makna yang berlawanan.

7. Metode interpretasi yang sesuai

Alkitab adalah Firman Allah dan oleh karenanya harus dibaca dengan penyerahan diri yang rendah hati dan doa untuk iluminasi dari Roh Kudus. Karena Alkitab ditulis di dalam bahasa manusia di dalam konteks kultur, sosial dan waktu, arti dari Alkitab harus dicari melalui penggunaan aturan-aturan interprestasi umum dan dengan bantuan dari bidang-bidang yang terkait, misalnya arkeologi, sejarah, kritik tekstual, dan pemelajaran bahasa-bahasa asli. Semua metode-metode ini harus memperhitungkan asal usul ilahi, infabilitas, dan karakter manusia.

8. Arti dari teks Alkitab

Suatu teks Alkitab dapat memiliki banyak aplikasi dan signifikan praktis, tetapi arti utamanya biasanya ditentukan oleh penggunaan prinsip-prinsip sejarah, gramatikal, dan penebusan-sejarah yang telah dijabarkan di paragraf sebelumnya. Interpretasi alegoris, spiritual dan figuratif tidak memiliki otoritas kecuali mereka mendapat persetujuan dari teks itu sendiri.

9. Sifat universalitas kebenaran dan aplikasinya

Kebenaran Allah yang dinyatakan di dalam Kitab Suci bersifat universal, kekal dan relevan untuk semua budaya, jaman dan orang. Walaupun demikian, mungkin terdapat berbagai perbedaan aplikasi dari kebenaran tersebut. Di dalam mengkontekstualisasikan Firman Allah, gereja harus membedakan antara prinsip-prinsip Alkitab yang kekal dan merupakan manifestasi universal dari kebenaran Allah, dan implikasi-implikasi praktis dari prinsip-prinsip tersebut, yang mungkin beragam di dalam konteks yang berbeda. Interpretasi harus memastikan bahwa aplikasinya adalah merupakan perpanjangan yang sah dan sesuai atas prinsip-prinsip dasar dan tidak berubah ini.

10. Pola normatif dari pernyataan diri Allah di masa pasca-Alkitab

Sejak diselesaikannya kanonisasi Perjanjian Baru, pola normatif adalah Allah berbicara kepada kita di dalam dan melalui Kitab Suci dengan penerangan dari Roh Kudus, yang diam di dalam hati kita dan menyatakan Bapa dan Anak kepada kita. Mereka yang mendengarkan suara Roh menerima warisan yang dijanjikan kepada kita di dalam Anak, dan dengan pertolongan ini mereka melakukan kehendak Bapa di dalam hidup mereka. Untuk keperluan mengajar kita atas arti hal ini dan memimpin kita ketika kita berusaha untuk mempraktekan kehendak Allah maka Roh Kudus telah memberikan kepada kita teks tertulis untuk memberi tahu, mengajak dan mendorong kita sepanjang jalan. Di samping Perjanjian Lama, tulisan-tulisan ini adalah wahyu yang diberikan kepada pengikut Kristus, oleh atau dengan persetujuan dari kedua belas murid yang melihat Dia setelah Dia bangkit dari kematian dan yang telah Dia tunjuk untuk memimpin dan mengajar gereja. Tulisan-tulisan ini dikumpulkan oleh orang-orang Kristen pertama, yang mengakui mereka sebagai yang memiliki otoritas penuh dari Allah sendiri, dan mereka dikumpulkan bersama sebagai Perjanjian Baru. Tidak ada guru Kristen atau gereja yang memiliki hak untuk memaksakan kepercayaan yang tidak didapati di dalam Kitab Suci atau menginterpretasikan bagian apapun di dalam Kitab Suci yang bertentangan dengan apa yang Allah sudah nyatakan mengenai diri-Nya di bagian lain Kitab Suci.

VIII. GEREJA

1. Naturnya

Gereja adalah baik kumpulan dari semua orang Kristen yang tidak kelihatan (yang hanya diketahui oleh Allah) dan juga gereja di atas bumi yang kelihatan, di dalam berbagai komunitas-nya. Gereja adalah tubuh spiritual dan supranatural dari Kristus, yang adalah Kepala dari gereja. Setiap orang Kristen dipersatukan kepada Kristus dan tergabung dengan orang Kristen lainnya oleh Allah, yang adalah merupakan gereja. Di dalam hidup dari gereja yang satu, kudus, am dan rasuli, pemujaan Allah, persekutuan, Kitab Suci, sakramen dan misi, adalah sentral.

2. Pelayanan dari gereja

Kitab Suci menunjukkan beberapa pelayanan yang Allah berikan kepada gereja di waktu yang berbeda: rasul-rasul, nabi-nabi, penatua-penatua, diaken-diaken, dan pemberita-pemberita Injil. Saat ini, haruslah ada penatua-penatua dan diaken-diaken di setiap gereja lokal. Penatua-penatua seharusnya menjadi gembala, penilik dan contoh dan sebagian dari mereka seharusnya mengkhususkan diri mereka untuk khotbah dan pengajaran. Diaken-diaken ada untuk menjaga mereka yang miskin dan yang membutuhkan, dan untuk menjaga keperluan praktis, finansial dan mendasar dari gereja. Seperti kepenatuaan, ini adalah suatu jabatan spiritual yang memerlukan kualitas-kualitas spiritual.

3. Penyembahan kepada Allah

Tugas utama dari gereja adalah penyembahan kepada Allah. Natur dan isi dari penyembahan ini ditentukan oleh Allah sendiri, sebagaimana yang dinyatakan kepada kita di dalam Kitab Suci. Penyembahan ini harus mencakup nyanyian pujian kepada Allah, pembacaan dan pemberitaan Kitab Suci dan doa.

4. Otonomi dari Jemaat Lokal

Setiap kumpulan orang percaya memiliki otonomi tertentu di bawah pengaturan dari penatua-penatua tetapi ada juga suatu kesatuan yang lebih luas dengan kumpulan jemaat lainnya. Keterkaitkan ini telah dinyatakan di dalam berbagai cara di berbagai waktu, di berbagai bagian dari gereja.

5. Sakramen

Suatu sakramen adalah tanda ke luar dan kelihatan dari anugerah di dalam dan spiritual. Suatu sakramen ditetapkan oleh Kristus dan merupakan wakil dari pekerjaan-pekerjaan Kristus. Gereja-gereja Protestan mengakui hanya dua: Baptisan dan Perjamuan Tuhan (atau Ekaristi atau Perjamuan Kudus). Keduanya ini sering kali diidentifikasikan dua sakramen di dalam Perjanjian Lama: sunat dan paskah. Baptisan adalah suatu upacara inisiasi ke dalam gereja Kristen. Ini harus dilakukan dengan menggunakan air. Perjamuan Tuhan menunjuk kepada kematian Kristus di atas Salib, dengan menggunakan roti dan anggur sebagai simbol dari tubuh dan darah Kristus. Ini juga menyediakan kepada orang percaya suatu kesempatan untuk peneguhan iman, persekutuan di dalam Kristus dan makanan spiritual, sementara memproklamasikan kematian Tuhan sampai Dia datang kembali.

IX. TRADISI

1. Keberadaan dan validitas tradisi rasuli

Setiap gereja Kristen hidup menurut aturan iman yang diturunkan dari zaman rasuli. Kitab Suci adalah satu-satunya normative yang otentik dari aturan ini, yang olehnya semua kepercayaan dan kebiasaan diukur. Tanpa dapat dipungkiri, gereja-gereja rasuli memiliki adat-adat yang tidak dicatat di dalam Kitab Suci atau diperintahkan olehnya, tetapi tradisi-tradisi ini tidaklah mengikat bagi generasi Kristen selanjutnya. Demikian pula, walaupun adalah mungkin bahwa tulisan-tulisan rasul yang pernah hilang diketemukan di suatu hari, tulisan-tulisan ini tidak dapat dianggap sebagai Kitab Suci karena mereka belum diturunkan dari zaman rasuli sebagai suatu bagian dari peraturan normatif.

2. Otoritas dari kredo dan pengakuan iman

Melalui perjalan sejarahnya, gereja telah mengadopsi akidah dan pengakuan iman dengan tujuan untuk memperjelas pengajaran Alkitab. Dokumen-dokumen ini dan keputusan-keputusan lainnya yang serupa dari berbagai badan gerejawi menerima otoritas yang dimiliki oleh mereka yang mengadopsi mereka dan harus diperlakukan demikian dan dihormati oleh generasi selanjutnya. Tetapi, mereka bukanlah tidak mungkin bersalah dan di mana dapat ditunjukkan bahwa mereka sesuai dengan pengajaran Kitab Suci atau bahwa pengajaran mereka dapat dijabarkan lebih jelas dengan cara yang berbeda, gereja dapat dengan bebas merubah mereka.

3. Tanggapan reformis terhadap tradisi yang diturunkan

Reformis abad ke-enam belas melakukan revisi yang menyeluruh atas tradisi-tradisi gereja dan meninggalkan kepercayaan dan kebiasaan yang secara jelas bertentangan dengan pengajaran Kitab Suci. Sebagian mengambil langkah lebih jauh dan membuang tradisi-tradisi yang tidak ditunjang oleh Kitab Suci walaupun tradisi-tradisi tersebut juga tidak juga bertentangan dengan Kitab Suci. Salah satu contoh hal ini adalah perayaan Natal pada tanggal 25 Desember yang tidak memiliki dukungan Alkitabiah tetapi yang secara jelas menyaksikan doktrin Perjanjian Baru mengenai inkarnasi Kristus. Tradisi-tradisi semacam ini dapat diteruskan, diganti atau dibuang sesuai dengan kebijaksanaan dari gereja lokal, selama tidak ada doktrin Alkitab yang dikompromikan.

4. Pola dari ibadah dan pemerintahan gerejawi

Setiap gereja mengembangkan pola-pola dari ibadah dan pemerintahan yang di dalam kurun waktu telah menjadi tradisi bagi mereka sendiri.

Selama kebiasaan-kebiasaan ini tidaklah bertentangan dengan pengajaran Kitab Suci dan terus menggenapi tugas yang untuknya mereka diciptakan maka tidak ada alasan mengapa mereka tidak seharusnya dipelihara. Walaupun demikian, setiap gereja lokal bebas untuk merubah tradisi-tradisi ini sebagaimana dilihatnya sesuai. Secara khusus, gereja-gereja yang muncul dari aktifitas missionaris asing dapat mewarisi kebiasaan-kebiasaan dari para missionaris ini yang tidaklah mudah untuk dipribumikan. Gereja-gereja semacam ini memiliki tugas khusus untuk menguji dukungan Alkitabiah untuk adat-adat yang dicangkokan ini dan harus terus didorong untuk merubah mereka kalau dengan demikian gereja dapat menjadi saksi dari Injil yang lebih efektif di dalam kondisi dan situasi mereka. Walaupun demikian, tidak ada gereja yang seharusnya menghapuskan, merubah atau mengadopsi tradisi atau kebiasaan apapun tanpa menimbang akibat yang dapat ditimbulkan atas kesaksian dari komunitas Kristen secara keseluruhan.

5. Retensi yang bijaksan dari tradisi-tradisi tertentu

Sebagian tradisi-tradisi telah menjadi demikian berakar dan universal di dalam dunia Kristen sehingga merubah mereka tidak akan mencapai apa-apa dan akan membawa kepada perpecahan di dalam gereja yang tidak perlu. Satu contoh hal ini adalah adat untuk menyembah Allah di hari Minggu, walaupun secara jelas dijalankan di dalam gereja mula-mula, tidak secara spesifik diperintahkan di dalam Perjanjian Baru. Ada situasi dan kondisi di mana orang-orang Kristen tertentu, misalnya di negara-negara Muslim terentu, yang mungkin akan merasa lebih nyaman untuk beribadah di hari lain, tetapi tidak ada satu gereja yang seharusnya mengesampingkan ibadah Minggu hanya karena hal ini tidak secara spesifik diharuskan oleh Kitab Suci. Di dalam kasus-kasus semacam ini, keutuhan yang kelihatan dari dunia Kristen harus dipertahankan apabila tidak ada prinsip teologi yang dikompromikan.

X. MISI DAN PENGINJILAN

1. Panggilan kita untuk menjadi saksi Allah melalui perkataan dan kelakukan

Misi kita di dalam dunia mengalir dari hasrat kita untuk kemuliaan Allah dan keyakinan kita atas kedatangan kerajaan-Nya. Gereja sebagai komunitas Kristus adalah alat Tuhan untuk penginjilan, yang adalah pemberitaan dan pembagian Injil Yesus Kristus, baik melalui perkataan dan juga perbuatan, yakni Kristus mati karena dosa-dosa kita dan dibangkitkan dari kematian sesuai dengan Kitab Suci dan bahwa Dia, sebagai Tuhan yang berkuasa, sekarang menawarkan pengampunan dosa, kehidupan kekal dan karunia-karunia Roh bagi semua yang bertobat dan percaya. Di dalam ketaatan kepada amanat dari Allah kita, kita harus menyajikan dua tangan kepada setiap orang: (1) tangan yang memanggil mereka kepada pertobatan, iman dan rekonsiliasi kekal dengan Allah melalui Kristus, dan (2) tangan yang memanifestasikan perbuatan-perbuatan kemurahan hati dan belas kasihan, memperluas kebaikan dari kerajaan Allah di atas bumi di dalam nama Kristus. Hal ini adalah contoh yang diberikan kepada kita oleh Kristus sendiri dan memberitakan bahwa kita adalah serupa dengan gambar dari Kristus dan telah menerima Roh Kudus sebagai buah pertama dan jaminan dari ciptaan baru Allah.

2. Lingkup dari panggilan misi

Pemberitaan kita mengenai Injil memiliki konsekuensi sosial ketika kita memanggil orang untuk mengasihi dan pertobatan di dalam semua area kehidupan. Demikian juga, keterlibatan kita secara sosial memiliki konsekuensi injili ketika kita bersaksi atas anugerah Yesus Kristus yang mentransformasikan. Kalau kita mengabaikan dunia kita mengkhianati amanat agung yang olehnya Allah mengirim kita keluar untuk melayani dunia. Kalau kita mengabaikan amanat ini kita tidak memiliki apapun yang dapat kita tawarkan kepada dunia. Kepatuhan kita kepada Allah membangkitkan semangat kita untuk misi dengan membuat kita percaya kepada Dia secara total. Ini membuat kesaksian kita berani namun lembut, dan menarik perhatian dari mereka yang tidak percaya.

3. Belas kasihan orang-orang Kristen untuk dunia

Kami menegaskan kebutuhan besar bagi orang-orang Kristen untuk mengenakan jubah belas kasihan di dalam nama Kristus, di tengah-tengah kemiskinan, penyakit, ketidakadilan dan berbagai bentuk kesengsaraan manusia. Kami prihatin atas jutaan orang-orang di dalam dunia ini yang hidup di dalam kemiskinan yang sangat menyedihkan. Di dalam memanggil kita untuk mengenakan jubah belas kasihan kita dipanggil untuk berjalan dengan orang miskin dan menyampaikan anugerah transformasi Allah dengan kualitas hidup spiritual yang memungkinkan kita untuk masuk ke dalam komunitas penderitaan bukan sebagai Juru Selamat, tetapi sebagai budak Kristus Sang Juru Selamat.

4. Transformasi dari komunitas umat manusia

Kami mengerti bahwa transformasi dari komunitas sebagai pembalikan akibat dari dosa atas semua kehidupan dan semua bumi yang memutuskan hubungan antara laki-laki dan perempuan dengan Allah, dengan diri, dengan orang lain dan dengan lingkupan hidup dan restorasi dari tatanan Allah di dalam ciptaan. Adalah tujuan dari Allah bahwa umat manusia harus menjadi pembawa sepenuhnya dari gambar-Nya. Tugas ini dimulai di dalam hidup ini tetapi hanya dapat diselesaikan ketika Kristus kembali di dalam kemuliaan pada akhir zaman. Transformasi dari komunitas ini bertujuan untuk mentransformasi budaya dan masyarakat yang berdosa dimana kita hidup dan membangun suatu budaya dan masyarakat baru yang sesuai dengan natur dari Kerajaan Allah yang telah diresmikan oleh Kristus.

XI. HUKUM DAN ETIKA

1. Hukum alam

Hukum alam adalah ekspresi dari kasih-Nya dan menyatakan tuntutan-Nya yang benar kepada umat manusia. Hukum ala mini ditulis di dalam hati manusia pada saat penciptaan dan, meskipun kejatuhan mereka ke dalam dosa, mereka masih memiliki suatu kesadaran akan tuntutan-tuntutan ini melalui suara hati mereka. Di Eden, Allah juga menyatakan kehendak-Nya untuk manusia di dalam bentuk lisan, di dalam perintah untuk tidak makan dari pohon pengetahuan baik dan jahat.

2. Hukum Musa

Hukum Musa mengandung unsur-unsur upacara yang menjadi bayangan dari pribadi dan karya Kristus dan hidup dari gereja-Nya, dan yang sekarang telah digenapi. Hukum ini juga mengandung unsur peradilan yang membentuk kehidupan sipil orang Israel dan yang memberikan prinsip-prinsip keadilan yang harus dicerminkan di dalam hidup and hukum semua bangsa. Unsur moral di dalam hukum ini terus memberikan pola untuk hidup saleh. Hukum Tuhan menyatakan kepada orang berdosa atas dosa mereka dan mengarahkan mereka kepada satu-satunya Juru Selamat. Di samping ini, hukum juga memberikan batasan atas ekspresi dosa di dalam masyarakat. Hukum juga menjadi pendoman untuk hidup bagi orang Kristen yang telah diperbaharui di dalam gambar Kristus, menyatakan baik dosa yang harus dibenci dan kebenaran yang harus dikejar.

3. Kristus sebagai penggenap hukum

Kristus telah menggenapi tuntutan-tuntutan hukum, dengan menjadi terkutuk bagi umat pilihan-Nya. Mereka yang telah dibawa kepada iman di dalam Kristus mengekspresikan cinta mereka bagi Tuhan dengan menaati perintah-perintah-Nya yang dimungkinkan oleh Roh Kudus.

4. Pernikahan dan etika seksual

Pernikahan sebagai hubungan monogami antara lawan jenis ditetapkan oleh Allah, dengan suami dan istri meninggalkan keluarga mereka sendiri dan bersatu dengan lainnya di dalam suatu hubungan seumur hidup. Hasrat sexual harus dipenuhi di dalam persatuan tersebut, dan anak-anak yang dilahirkan di dalamnya harus diperhatikan dan dipelihara di dalam pengetahuan dan hidup Kristen. Karena dosa manusia, pelanggaran dari pola ini terjadi. Alkitab melarang hubungan seksual di luar ikatan pernikahan dan persatuan sesama jenis. Putusnya hubungan pernikahan melalui perceraian diperbolehkan bila perzinahan terjadi, atau jika pasangan yang tidak percaya meninggalkan, tanpa ada kemungkinan untuk kembali, pasangan Kristen mereka. Seorang laki-laki digambarkan di dalam Kitab Suci sebagai 'kepala' dari perempuan, sebagaimana Kristus adalah 'kepala' dari laki-laki dan Allah adalah 'kepala' dari Kristus. Kepemimpinan di dalam keluarga dan di dalam gereja ditunjukkan melalui kasih sebagaimana Kristus mengasihi gereja.

5. Keluarga berencana

Keluarga berencana dapat diterima, meskipun demikian kontrasepsi melalui cara-cara seperti menggunakan obat setelah kehamilan atau melalui aborsi suatu janin adalah penghancuran suatu hidup yang baru. Bagi pasangan yang sudah menikah yang mengalami kesulitan untuk dapat hamil, bayi tabung (in vitro fertilization/IVF) adalah suatu kemungkinan, walaupun penggunaan donor sperma atau ibu pengganti (surrogate mothers) tidak diperbolehkan karena praktek-praktek ini, walaupun secara medis mungkin, menyusupi hubungan pernikahan. Percobaan dengan embrio manusia adalah penghancuran hidup manusia, seperti juga percobaan dengan manusia dewasa yang mungkin menyebabkan sakit penyakit, cacat, atau bahkan kematian. Walaupun kloning manusia ('somatic cell nuclear transfer') mungkin secara teknologi, baik 'kloning reproduksi' ('reproductive cloning') atau 'kloning terapeutik' ('therapeutic cloning') tidak sesuai dengan model Alkitab dimana seks dan penghasilan keturunan adalah bagian dari relasi perjanjian di dalam pernikahan. Penemuan sains manusia, walaupun secara intrinsik baik, dapat dipakai untuk melawan tatanan moral Allah untuk dunia-Nya. Hidup, dan kemungkinan untuk melahirkan anak, harus dilihat sebagai anugerah Allah yang telah diberikan secara berdaulat oleh Allah.

6. Perpanjangan hidup

Tubuh manusia dapat terjangkit berbagai penyakit, dan pengobatan modern mampu untuk membantu dengan penanganan yang tepat, operasi, dan obat. Transplantasi organ adalah perpanjangan yang sah dari intervensi medis ini untuk menyembuhkan penyakin dan memperpanjang hidup.

7. Penghentian hidup

Sebagaimana penciptaan suatu pribadi yang baru adalah tindakan Allah, demikian juga Dia yang menentukan akhir dari hidup manusia. Baik permulaan dan penghentian hidup adalah di dalam kontrol berdaulat-Nya. Meskipun obat-obatan dapat dipakai untuk menghentikan rasa sakit, mereka tidak boleh dipakai untuk menghentikan hidup manusia, dan mereka juga tidak ditunjukkan untuk digunakan demi memberikan kenikmatan pribadi atau untuk menginduksi keadaan ekstrasensor. Walaupun teknologi modern memungkinkan agar seorang untuk dibuat tetap hidup secara artifisial, namun demikian ketika tidak didapati aktifitas otak, mematikan alat-alat bantu bukanlah suatu tindakan yang salah.

XII. ESKATOLOGI

1. Rencana kekal Allah

Pada permulaan waktu ada suatu janji penggenapan di akhir masa ujian Adam, Sabat Allah, dan janji atas hidup kekal dari pohon kehidupan. Semua ini mengantisipasi maksud Allah untuk menyempurnakan apa yang Dia sudah ciptakan sangat baik. Paulus melihat kebangkitan (atau penciptaan kembali) dari Adam terakhir sebagai penggenapan dari penciptaan Adam pertama sebelum kejatuhan. Sejarah keselamatan adalah pelaksanaan dari rencana keselamatan Allah, memuncak pada kehidupan dan kematian Sang Juru Selamat, pemberian keselamatan kepada semua bangsa, dan eskatologi penciptaan kembali langit dan bumi. Pada saat ini, mereka yang dipersatukan dengan Kristus telah merasakan kuasa dari dunia yang akan datang oleh Roh yang hidup di dalam mereka. Walaupun mereka akan merasakan kematian, mereka telah mencicipi kebangkitan di masa depan.

2. Keadaan orang mati

Setelah kematian, jiwa manusia kembali kepada Allah, sedangkan tubuh mereka dihancurkan. Mereka tidaklah masuk ke dalam keadaan tidur. Jiwa mereka yang telah diselamatkan masuk ke dalam keadaan kekudusan dan sukacita yang sempurna, di hadapan Allah, dan memerintah bersama dengan Kristus, sementara mereka menunggu kebangkitan itu. Kebahagiaan ini tidak dihambat oleh ingatan mereka di bumi, karena mereka sekarang memandang segala sesuatu dari cahaya kehendak dan rencana Allah yang sempurna. Kebahagiaan dan keselamatan mereka adalah hanya karena anugerah Allah. Mereka tidak memiliki kuasa untuk bersyafaat bagi mereka yang hidup atau menjadi pengantara antara mereka dan Allah. Jiwa dari mereka yang hilang tidak dihancurkan setelah kematiaan, tetapi masuk ke dalam keadaan kesengsaraan dan kegelapan, dicampakkan dari hadapan Allah, sementara mereka menunggu hari penghakiman. Setelah kematian tidak ada pilihan lain di samping kedua ini. Jiwa mereka yang diselamatkan atau yang hilang tidak dapat kembali kepada wilayah orang hidup setelah kematian. Semua pengalaman terkait dengan perbuatan jiwa tanpa tubuh harus dikaitkan dengan imajinasi manusia atau tindakan para setan.

3. Kedatangan kedua Kristus

Kebangkitan Kristus, disusul dengan pengiriman Roh Kudus, meresmikan suatu zaman yang baru, yang dijuluki hari-hari terakhir di Kitab Suci. Orang Kristen di zaman ini hidup di dalam realita semi-eskatologi dari aspek 'sudah' dari pekerjaan Kristus yang telah diselesaikan, dan juga aspek 'belum' dari kesempurnaan yang akan datang. Suatu hari Kristus akan kembali ke dalam dunia ini secara kelihatan, dengan kemuliaan tubuh kebangkitan-Nya, sehingga seluruh dunia dapat melihat-Nya. Dia akan datang dengan kuasa, beserta dengan semua orang kudus dan para malaikat-Nya, untuk menghakimi semua manusia dan membawa kerajaan Allah kepada penggenapannya. Kitab Suci dengan tegas menasihati kita untuk siap untuk kedatangan Kristus; walaupun demikian, Kitab Suci tidak memberikan kepada kita pola waktu atau tanda-tanda kapan kedatangan tersebut tiba. Kedatangan Kristus tetap menjadi harapan tertinggi orang Kristen. Gereja didorong untuk berdoa atas hal ini dan mempercepatnya melalui pemberitaan injil ke seluruh dunia.

4. Kebangkitan orang mati.

Orang mati yang adalah milik Kristus akan dibangkitkan oleh kuasa-Nya, dengan tubuh yang serupa dengan-Nya, yang dibuat sesuai untuk persekutuan kekal dengan Allah dan suka cita abadi. Sedangkan bagi mereka yang hilang, mereka juga akan dibangkitkan, tetapi untuk penghakiman dan hukuman kekal. Nasib ini seharusnya membuat kita gentar dan takut dan mendorong kita untuk memberitakan injil anugerah keselamatan Allah kepada semua bangsa. Identitas pribadi dari baik mereka yang selamat atau yang hilang akan tetap sama seperti ketika kereka ada di bumi, tetapi tubuh mereka akan ditransformasikan di dalam substansi dan sifatnya.

5. Penghakiman akhir

Kristus akan kembali ke dunia sebagai hakimnya, karena Dia adalah Anak Manusia dan raja yang memerintah atasnya secara kekal. Dia akan menghakimi mereka yang hidup dan yang mati secara adil dan tidak akan menunjukkan sikap pilih kasih atau memihak. Mereka yang dipilih akan dinyatakan dibenarkan karena kematian dan kebangkitan Kristus bagi mereka, dan diundang untuk masuk ke dalam kerajaan-Nya yang kekal. Mereka yang jahat dan dibuang akan secara adil dinyatakan bersalah karena dosa-dosa dan kelaliman mereka dan dicampakkan dari hadapan-Nya, bersama dengan Iblis dan setan-setan. Sementara ini, orang Kristen harus mendukung upaya-upaya hukum untuk membawa keadilan pada dunia ini, mengetahui bahwa penghakiman yang sepenuhnya dan sempurna akan dilakukan pada akhir zaman. Mengenai upah yang Kristus telah janjikan kepada umat-Nya, Kitab Suci tidak berbicara banyak, tetapi cukup untuk memberikan kepada kita motivasi tambahan untuk ketaatan dan kesetiaan.

6. Masa seribu tahun

Interim di antara pemuliaan Kristus dan kedatangan kedua-Nya, yaitu masa sekarang ini dimana kabar baik dari injil dan berkat-berkat-nya diperkenalkan ke seluruh bangsa, telah diakui oleh sebagian besar gereja sebagai masa seribu tahun yang disebutkan di dalam Kitab Suci. Namun sebagian berpegang kepada periode harfiah seribu tahun pemerintahan Kristus atas bumi setelah Kristus datang kembali. Masa sekarang ini tetap mengalami penderitaan akibat dari dosa manusia dan pemberotakan dan kuasa Iblis. Manifestasi kejahatan akan terjadi di dalam dunia, berdampingan dengan ungkapan kerajaan Kristus, sampai Dia kembali di dalam kemuliaan.

7. Ciptaan baru

Setelah Kristus kembali, Tuhan akan menciptakan kembali alam semesta fisik ini, dan umat-Nya yang dibangkitkan, berjubahkan kemuliaan dan kesempurnaan, akan hidup di bawah pemerintahan Kristus di langit dan bumi yang baru ini selama-lamanya.

8. Interpretasi yang berbeda atas perihal eskatologi

Orang-orang Kristen sependapat mengenai peristiwa utama yang membentuk hal-hal terakhir, tetapi tidak selalu sependapat mengenai urutan dan natur mereka. Hal-hal terakhir harus dibicarakan dengan rendah hati, mengingat bahwa seringkali baru setelah nubuatan digenapi maka umat Allah dapat mengerti secara penuh.

세계개혁주의 협의회신앙 선언문

TRANSLATED INTO KOREAN BY IN WHAN KIM

신관

창조자의 정체

우리는 창조자시며 현존하는 모든 것의 보존자시며 통치자이신 한 분
하나님을 믿는다. 그분의 영원한 작정에 의해 그분은 우주를 확립하였고,
자신의 주권적인 의지에 따라 그 우주를 통치하신다. 어떤 존재도 그 분보다
더 큰이는 존재하지 않으며, 그의 창조에 대한 그의 주권에 영향을 주거나
변경하거나 축소할 능력을 가지지 않는다.

창조주와 그의 피조물

하나님은그의 모든 피조물, 특별히 자신의 형상을 따라 만든 남자와 여자로
이루어진 인류에게그의 임재와 그의 능력을 소통하신다. 남자와 여자들의
제반 소명이 서로 바뀌지 않으면서 서로 보완하도록 하기위해 남자들과
여자들 사이에 존재의 근본적인 동등성이 있으나 차이점도 있게 하여였다.

비록 하나님 안에는 성 구별이 없다하더라도 그는 남성 술어로 자신을
본질적으로 계시하였으며, 그의 아들은 남성으로 성육신하였다.

모든 인류에 대한 창조주의 자기계시

하나님은 인격적인 존재이며, 인격적인 술어로자신을계시하신다. 고대에
그는 다른 많은 방법으로 다른 많은 사람들에게 말씀하셨다. 그의 말씀들은
그의 능력의 표적이었던 행위를 동반하였고, 그 행위들에 의해 그의
약속들은 성취되었다. 인간에게 말씀하심에 있어서 그가 인간들에게 무엇을
명령하시든 인간들이 그 명령에 순종 할 것을 기대하면서 하나님은 그들에게
자신과 함께 자신의 목적들도 계시하셨다. 어느 누구도 자신을 믿지 않는 데 따른 변명을 못하도록 하기 위해 자연
질서는 신적 창조자의 존재와 능력과 위엄을 증언한다. 자연계시란 하나님이
예외없이 모든 인간에게 자연속에, 역사속에, 양심속에 자신을 계시하는
방법들을 묘사하는데 사용된 술어이다. 자연계시는 우리들로 하여금
하나님의 존재와 능력 심지어 하나님 앞에서의 우리들의 책임까지도
알게하는데 충분하지만, 우리들을 구원에 이르게하는데는 충분하지 않다.
타락한 피조물로서 우리들은 영적으로 눈어두워졌고, 영적으로 죽은 자들이기
때문에 특별 계시가 요구되어진다. 하나님이 우리들로 하여금 자신의
자기계시의 진리를 보고 알수 있도록 할 때 하나님에 대한 참 지식은 생긴다.
인간은 인격적인 하나님의 형상에 따라 창조되었기 때문에 하나님과 인간은
인격적이다. 그들은 생각하며, 인간의 언어로 표현되는 방법으로 서로

소통한다. 이러한 연관때문에 인간은 눈에 보이는 것과 눈에 보이지 않는
실재에 대한 지식으로 나아 갈 수 있으며, 전자를 개발하고 변화시키기 위해
후자로 부터 파생되는 후자의 개념들을 사용할 수 있다. 눈에 보이는 창조의
일부분으로서 인간은 다른 물질적인 피조물과 상호의존적으로 산다. 그러나
그들은 하나님의 형상으로 피조되었기 때문에 그들은 그들의 신분을 의식하고
있으며, 나머지 창조질서 속에 있는 의미를 찾고 또 그에 대해 통치력을
행사할 수 있다.
인간의 지식은 인격적이며, 사실적인 세부사항들을 습득하고 또 목록으로
분류할 수 있는 능력에서 부터 더 깊은 의미와 목적의 이해에 이르도록
하기위해 그것들을 분석할 수 있는 능력으로 까지 확장한다. 이로 인해
인간은 그들에게 부여된 창조에 대한 책임을 가지며, 그들이 그 책임에
연관된 방식에 따라 하나님께 응답해야만 한다. 인간지식은 객관적으로는
피조물적인 유한성에 의해, 주관적으로는 철저한 범죄의 상태로 인도하였던
하나님을 거부한 것에 의해 제한되었다. 지식과 깨달음을 습득할 수 있는
객관적인 능력은 범죄로 타락하였음에도 불구하고 인간에게 남아 있으나 그
타락의 효과가 너무 지대하므로 어떠한 인간이나 사회도 하나님에 의해
근본적으로 의도된 방식으로 창조명령을 성취할 수 없다.

언약백성에 대한 창조자의 자기 계시

하나님은 특별한 관계를 형성하신 자신의 언약의 백성들에게 더욱 충분하고도
완전하게 자신을 알리신다. 하나님은 성령에 의하여 살아있는
(그리스도안에서), 기록된 (성경안에), 설파되는 (설교로) 자신의 말씀으로
그들에게 자신을 계시하신다.
구약과 신약에 있는 자신에 대한 하나님의 계시는 인간들이 그를 알고
사랑하고 섬기기에 정확하고 충분하다. 그러나 이와 같은 신지식은
우리들에게 알려 질 수 없는 하나님에 관한 더 많은 것이 있고 또 경험에
의해 알려질 수 있는 것들도 있으나 인간의 언어로 충분하게 표현될 수 없기
때문에 완벽할 수 없다. 원래 하나님은 종종 자신의 피조물의 어떤 것과도
같지 않으므로 우리들은 그는 그 무엇이 아니라고—그는 보이지 않고,
육신적이지 않고, 신체적으로나 정신적으로 충분하게 인식될 수 없는 분—
말함으로서 그에 대해 다만 말할 수 밖에 없다. 그러나 그는 인간들이
인지하고 표현할 수 있는 특성들을 가지고 있으며, 그는 모든 것을 알며 모든
것에 지혜롭고, 모든 것에 능력있는 절대적인 정도에 이르기까지의 특성들을
가지고 있다. 이들 특성들은 밝혀질 수 있으나 인간의 이성과 논리의
범위속에서 충분하게 정의될 수 없다. 그것들은 주 예수 그리스도에 대한
믿음으로 확립된 하나님과의 인격적인 관계를 통하여 진정으로 알려지고
이해될 수 있다.
하나님은 큰 민족의 아버지가 될 것이며, 땅을 받게 될 것이며, 전 세계에

세계개혁주의 협의회신앙 선언문

축복을 가져다 줄 것이라는 약속을 주신 아브라함에게 특별한 방법으로
말씀하였다. 이러한 약속들은 그의 아들 이삭과 이스라엘이라는 이름을 받은
그의 손자 야곱에게로 갱신되었다. 야곱의 자손들을 통해 이스라엘이라는 그
민족은 하나님의 말씀을 받아 세계에 전달하며 신적인 구세주의 오심을
준비해야 하는 역사적 운명을 가진 특별한 백성이 되었다. 이 말씀은 선택된
종들을 통하여 주어졌고, 결국에는 소위 히브리어 성경 혹은 구약이라는
기록된 문서로 보존되었다. 구약 성경에 약속되었고, 그림자로 알려진 것은 결국 그리스도안에서 성취되었다. 성전 예배와 동물 희생제사를 포함한
구약에 미리 지정된 많은 것들은 더 이상 필요없게 된 반면, 그것들의 영적인
원칙들은 폐지되지 않았다. 우리들이 아브라함과 나누고 있는 믿음에
근거해서 이스라엘 백성과 연합된 성도들을 위해 이러한 것들은 여전히
유효하다. 기독 신자들은 한 가정 곧 세상 땅 끝까지 확장되어야 할
하나님의 나라를 구성하며, 기독교의 복음 전파는 그것을 듣고 믿는 모든
자들에게 축복을 가져다 준다. 인종적으로 유대인이지만, 그리스도를
영접하지 않는 자들은 그들의 조상에게 약속된 축복을 받지 않았다. 그러나
그럼에도 불구하고 그들은 마지막 때에 충분하게 들어나게 되어질 하나님의
계획과 목적안에서 특별한 위치를 유지한다. 그러므로 교회는 메시야이고
구원자이시며 주님이신 그리스도의 메세지를 유대인들과 나누어야 할 의무를
가지고 있다. 그들이 비 유대인들과 같은 근거로 기독교 교회로 일원화된다.

성부 성자 성령은 동일한 위격의 삼위일체를 형성함

그리스도안에서 하나님은 삼위일체로 자신을 계시하시면서 기독교를 세계
단일신 종교들 가운데 특징있는 종교가 되게 하였다. 하나님은 단일한
개체가 아니라 영원토록 인격적인 교제중에 거하시는 성부와 성자와 성령의
삼위일체이시다. 하나님의 형상과 모양에 따라 피조된 인간들이 그들
스스로의 인격적인 정체성과 하나님 및 다른 인간들과 관계에 대한 인식을
갖는 것은 바로 이 때문이다. 인간적이든 신적이든 인격적 정체성 속에
내재한 개별적 구별성은 한 하나님안에 영원토록 존속한 신적인 세 위격(person)들의 구별에 근거를 두고 있다.
성부와 성자와 성령은 성부나 그 이외의 누구로 부터 파생되었거나 전이되었거나 상속된 것이 아니라 그들의 고유한 권리 속에서 모두 동등하고도 완전히 하나님이시다. 그들은 공통적인 신적 본성을 공유한다.
그리고 한 분 하나님만이 계시기 때문에 삼위 모두를 모르면서 삼위중 일위를
안다고 주장하는 것은 적절하지 못하다. 신적 위격들은 각 위격들에 대해
구별되지만, 모두 사랑이라는 공통분모에 의해 특징지어지는 방식에 따라 각 각 서로에게 연결되어 있다. 성부가 성자에게 하늘과 땅에 있는 모든
권위를 주신것은 성부가 성자를 사랑하기 때문이다. 성부가 원하시는데로
우리들이 성자와 함께 하늘에 살도록 하기 위해 성자가 자발적으로 우리들을
위해 자신을 희생하신 것은 성자가 성부를 사랑하기 때문이다. 성령이
세상에 오셔서 자기 자신에 대해 주로 말씀하시는 것이 아니라 성부와 성자에

대해 증언을 하고 그들의 공통의 생명을 우리들에게 가져다 주신 것은 성령이
성부와 성자를 사랑하기 때문이다. 끝으로 우리들이 그들의 사랑을 받을 수
있고, 그 사랑속에서 그에게 연결이 되고 또 우리들의 인격적인 관계속에서
그 사랑을 나타낼수 있는 것은 우리들 역시 하나님의 형상으로 지음 받은
인격적인 존재들이기 때문이다.

구약에서 하나님은 성부로 말씀하신다.

구약에서 비록 성부라는 어휘가 이스라엘의 하나님에 대해 말씀하는데
통상적으로 사용하지 않는다 하더라도 하나님은 신약이 예수 그리스도의
아버지와 동일시 하는 한 위격으로 말씀하신다. 그러나 구약의 하나님은
예수님에 의해 우리들에게 계시된 성부라는 위격과 완전히 일치하는 방식으로
주권적이며 눈에 보이지 않으신다. 성부는 예수님(성자로서)이 그 뜻을
순종하고 성취하기 위해 오신 바로 그분이이며, 그분은 영원토록 눈에 보이지
않으시면서도 모든 시대를 초월하시는 하나님의 한 위격이시다. 성자와
성령은 구약에서 매우 광범위하게 묘사되어 있지 않으나 그들은 영원토록
하나님안에 임재하시며 하나님의 모든 행위 특별히 창조라는 위대한 일에
충만하게 참여하시며, 약속된 메시야의 위격과 사역 및 하나님의 백성들과 더
광범위한 세상속에서 역사하시는 하나님의 영의 사역에 대한 많은 언급들이
있다.

하나님은 예수 그리스도안에서 충분하면서도 최종적으로 자신을 계시하셨다.

하나님은 이스라엘 및 그의 모든 택한 백성들과 맺은 옛 언약을 성취하신
예수 그리스도안에서 충분하면서도 최종적으로 말씀하셨다. 예수님은
선지자시며 말씀이고, 제사장이시며 제사이고, 왕이시며 왕국이시다. 그는
인간의 육체속에 있는 하나님 자신이기 때문에 하나님에 대한 더 이상의 계시가 필요하지 않다. 그리스도안에서 하나님은 첫 위격을 그의 아버지라고
밝히고 그가 떠난 다음 셋째 위격 즉, 성경이 성령이라 부르는 다른 보혜사를
보낼 것을 약속한 아들로 자신을 계시하셨다. 그러므로 한 하나님 안에 삼
위격이 있다는 것은 예수님의 가르침의 본질적인 내용이다.

하나님은 우리들이 이해할 수 있는 언어로 우리들에게 자신을 계시하신다.

하나님은 몸소 낮추어 인간의 언어를 사용하시었고, 또 성자는 인간이 되셨기
때문에 인간의 술어로 하나님에 대해 말하는 것은 가능하다. 첫 제자들은
예수님의 신체적 모습을 묘사할 수 있었지만, 그렇게 하지 않았다. 신약은
예배를 보조하거나 예수님의 지상에서의 임재를 상기시키는 것으로서
예수님의 그림이나 조형을 만들도록 어떤 특별한 격려도 하지 않는다.
예수님에 대한 어떠한 그림이나 극적인 초상화도 그것 자체로서 권위를
가지지 않으며, 그와 같은 것들은 존경이나 예배의 대상이 결코 될 수 없으나
다만 다른 방식으로만 유용 할 뿐이다.

악과 죄

악의 기원

하나님은 모든 우주를 아주 좋게 만드셨다. 하나님은 악의 저작자가 아니시며 그의 거룩성도 악의 존재와 타협되어지지 않는다. 악은 사탄과 몇
몇 천사들의 반항으로 기원되었다. 교만이 그들의 타락의 뿌리였던 것으로
나타난다. 타락한 천사들을 마귀라 부르며 사탄에 의해 이끌려 진다. 그들은 하나님의 일을 반대하고 그의 목적을 좌절시키려고 한다. 그럼에도
불구하고 하나님은 악의 능력들에 대해 언제나 주권적이시며, 그들의 모든
행함들을 사용하여 그의 구원계획을 이루어 가신다. 어떤 방식으로도
마귀들을 예배하거나 섬겨서는 안된다. 그들의 행함은 거짓 종교뒤에 숨어
있으며, 사탄은 인간의 마음을 눈 멀게 하여 진리를 못 보게 한다.

악과 인간

악은 에덴 동산에 있는 첫 인간들의 죄를 통하여 인간의 생활에 침입해
들어왔다. 아담은 전 인류의 조상이며, 그래서 모든 인간은 누구나 무질서해진 세상과 육체적 죽음을 포함하여 그의 범죄의 결과의 고통을
당하지 않을 수 없다. 아담과 하와는 자신들을 하나님의 위치에 두었으며
또한 사탄에게 충성하였다. 하나님과 같아진다는 유혹에 빠짐으로 광범위한
결과를 가져왔다. 하나님에게 돌려져야 할 영광을 그에게서 훔친 것은
하나님에 의해 확립된 구별들의 제거로 이어졌고, 신적인 영역으로의 침범과,

하나님에 의해 규정된 남자와 여자의 구별의 파기와 인간들과 동물들 사이의
혼란에 휩쓸린다. 잘못된 이유들을 위해 선한 것을 사용하므로 혼란과
긴장과 고통이 인간 사회 가운데에 나타났다.

인간의 삶속의 죄의 결과

인간들은 어린이 학살, 권력남용, 세계전쟁, 여러 형태의 테러, 정신질환 살인,
인신매매, 약물남용, 모든 종류의 폭력등과 같은 경악할 악들을 일으켜 오고
있는 초자연적인 자들과 함께 세력을 합친다. 인간의 의의(意義)에 대한
과소평가와 손상을 하지 않으면서 이와같은 악의 포악한 형태들은 마귀의
세력에 의해 더욱 파급되고 또 자행되어진 결과 인간들은 그들의 사상과
행동에 있어서 분열되고 파괴되어 동물의 수준 이하로 떨어질 수 있다. 악은
창조와 아담과 하와의 후손들속에 있는 하나님의 형상의 파괴 뿐만 아니라
하나님의 교회와 진리의 억압을 지향 한다. 마귀들은 증식하거나 인간에
의해 파괴될 수 없다 하더라도, 이 모든 것의 종국을 가져다 줄 예수
그리스도의 재림을 고대하고 기도하면서 우리들은 마귀들이 자신들의 목적을
위해 사용하는 악, 불의, 억압과 폭력을 저항하도록 여전히 부름을 받았다.

죄와 그 결과의 보편성

아담안에서 모두 죽는다. 그리고 모두가 범죄하였기 때문에 죽음은 모두에게
파급되었다. 전 인류는 타락과 그 결과 즉 죄, 소외, 폭력, 전쟁, 질병, 고통과

죽음에 모두 연관되어져 있다. 영적으로 말하자면, 모든 인간은 하나님에게
반항하고 그의 축복으로 부터 단절되었기 때문에 죽은 자들이다. 비록 타락한 인간들이 많은 진리를 발견하더라도 그들은 하나님의 진리의 측면으로
그들을 이해하는 데 필요한 틀이 결여되어 있다. 죄인으로서 그들은 자신들이 가지고 있는 진리의 결과를 거부하고 대신 그들의 사악함으로
그것을 억압한다. 신체적 죽음은 그들이 만들어진 흙으로 돌아가기까지
그들속에 역시 역사한다. 만약 하나님이 은총으로 간섭하지 않으신다면,
영적인 죽음은 영원한 죽음이 될 것이다.

그리스도의 인물과 사역

그리스도의 영광

기독교의 중심에는 예수 그리스도라는 인물이 존재한다. 그의 영광과
위대함은 그를 예배하고 높이는 것은 각 신자의 의무이자 열망일 정도이다.

하나님의 성육하신 아들은 하나의 신적인 인물이며 두 가지 본성을 지닌다.

삼위일체의 두번째 위격인 하나님의 아들이라는 신적인 인물은 처녀 마리아의
자궁속에서 완전한 인간의 본성을 지녔으며, 나사렛 예수라는 사람으로
태어났다. 그는 두 가지 본성들 즉 신적 본성과 인간적 본성을 가지고
있는데 그 본성들은 그 자체로 전체적이면서도 구별 되지만, 동시에 그의
신적 인물안에 그리고 그 신적 인물에 의하여 통일되어 있다. 성부와 성령과

함께 공유하는 그의 신적인 본성은 고통을 당하거나 죽을 수 없기 때문이다.
성자는 인간의 범죄의 값을 지불하고 우리들을 하나님과 화해 시킬 수 있도록
하기 위해 인간의 본성을 취하였다. 십자가위에서 고통당하시고 죽으신 것은
두 본성 중에 있는 성자이다.

성육하신 하나님의 아들은 참 인간이다.

성육신하신 나사렛 예수로서 하나님의 아들은 참 인간이 되셨다. 그는
신적인 본성을 유지하면서 인간의 마음과 인간의 의지를 소유하였으며,
정상적인 심리적 구조를 가졌다. 그는 다른 인간들과 꼭 같이 유혹을
받았으나 타락하여 범죄하지 않으셨다.

성육하신 하나님의 아들은 우리들을 그의 아버지와 완전하게 화목하게 할 수

있다.

인간 예수 그리스도는 우리들 보다 자연적으로나 객관적으로 우수하기 때문이
아니라 그의 아버지에게 완전하게 순종하여 전적으로 죄가 없었기 때문에
십자가위에서 우리들을 대신할 수 있있고, 우리들의 죄값을 치루 실 수
있었다. 우리를 위해 죄가 되시므로 그는 자신의 아버지로 부터 자신을
분리할 수 있는 어떠한 범죄를 야기하지 않고도 하나님에게 진 우리들의 빚을
청산할 수 있었다. 그리스도의 구속사역은 창세전에 그 안에서 선택된 모든
자들의 구원을 확보하였다.

그리스도의 부활한 몸의 본질

무덤에서 이틀을 지난 다음 나사렛 예수는 변화되었으나 여전히 알아 볼 수
있는 인간의 본성을 가지고 죽은자들로 부터 다시 일어났다. 그의 부활한
몸은 자연적인 물리적 법칙들을 초월할 수 있게 되었으나 여전히 신체적
속성들을 그대로 유지하였다. 승천하였을 때, 그 몸은 현재 여전히 소유하고
있는 천성적인 상태로 더욱 변화되었으며 하나님에게로 올리워졌다. 인간도
예수님이 첫 부활의 아침에 부활했던 대로가 아니라 그가 승천하신 상태에서
지금 계신 그대로 부활될 것이다.

성령의 위격과 사역

삼위일체의 한 위격으로서 성령

성령은 성부와 성자와 더불어 창조와 구원 사역에 관여하였다. 특별히
성육하신 성자는 성령에 의해 잉태되었고, 성령으로 기름부음 받았고,
지상에서 공개적인 사역을 이행하기 위해 성령으로 권능을 받았다.

구원에서 성령의 사역

성령은 성자의 구원사역을 신자들 개인에게 적용하여 그들을 그들의 머리이신
그리스도와, 또한 신자들 서로서로에게도 연합하게 하신다. 그는 신자들을
하나님의 가정으로 입양시키는 담당자이며, 하나님의 주권적인 능력에 의해
선택되었다는 내적 확신을 그들에게 갖게하신다. 그는 하나님의 계시된 뜻과 특성에 맞추어 신자들을 도우며, 가르치며, 인도하며 이끌어가신다. 그는

신자들 속에 그의 열매를 맺도록 하면서 그들을 성화시키고, 그들을 위해
성부에게 끊임없이 중보기도 드린다.

오순절에 성령을 보내심

오순절 성령 강림은 신자들의 생활속에 하나님의 새로운 사역의 시작, 곧
기독교 교회의 창립으로 이끌었다. 그때에 주어진 특별한 계시적 은사들은
메시야 시대의 시작에 대한 독특한 표적들이었다. 따라서 하나님의 능력에
대한 결정적인 증명으로 오늘 날도 활동중인 것으로 자동적으로 주장되거나
요구되어져서는 안된다. 교회의 공익을 위한 봉사에서 하나님의 뜻에 따라
또한 하나님을 영광스럽게 하기 위해 성령의 지속적이면서도 다양한 은사들은
겸손하게 간구되어야 한다.

성령과 영적 부흥

성령의 능력은 교회의 삶속에서 주기적으로 일어나는 영적 부흥시기 동안에
특별한 방법으로 계속해서 나타난다. 이러한 각성과 영적 갱신의 시기들은
백성들로 하여금 그들의 범죄를 더욱 의식하게 만들며 새롭고도 더욱 깊은
방법으로 그들을 그리스도에게로 돌아오게 하면서 하나님의 나라를 더욱
확장시킨다. 이와 같은 시기에 신자들은 성령이 그들의 삶속에서 역사하고
계심과 그들에게 주신 은사들을 더 많이 인식하게 되므로 성령의 임재를 다시
깨닫게 된다. 영적 부흥은 잘못될 수 있는 위험에 항상 처해 있는 교회를

개혁하므로서 하나님의 백성들을 하나님에게로 돌아오게 하는데 특별히
효과적이다. 그럼에도 불구하고 영적 부흥의 시기 중에 확실하게 나타나는
성령의 역사는 항상 교회에 현존하며 신자들은 성령의 열매들과 은사들을
위해 언제든지 열심히 기도해야 한다.

성령과 영적 전쟁

성령께서는 사탄과 그의 마귀들과 활발하게 싸우며 그들로 부터 신자들을
보호하신다. 성령은 남자들과 여자들을 마귀의 억압과 사로잡힘으로 부터
구원하고 그들이 악마의 능력을 저항하는데 필요한 영적 무기들로 그들을 무장 시키신다. 성경은 신자들이 흑암의 세력들 및 그들의 사역들과
잠시라도 손잡는 것을 금지한다.

하나님의 구원 사역

일반은총

하나님은 사람들이 구원에 들어 가게 할 특별한 은총 뿐만 아니라 모든
인류에게 일반은총을 시행하신다. 이 일반은총에 의하여 죄가 억제되며,
범죄한 인간들이 하나님으로 부터 축복을 받으며 선한일들을 행할 수 있게
된다. 이러한 일반은총은 인간사회의 기초를 제공하고, 예술과 과학 분야에서 일을 가능하도록 한다. 죄악에 이르게 한 인류의 타락에도 불구하고 가능하게 하셨으므로 예술과 과학 분야에서도 이러한 일을 하게
하신 분은 성령이시며 그래서 문화의 발전과 인류의 문명이 하나님의 선한
선물들이다.

하나님의 소명과 선택

인간에 대한 하나님의 소명은 회개하고 믿는 것이다. 어느 누구도 성령의
사역 없이 이러한 소명에 응답할 수 없다. 비록 많은 사람들이 귀로
메세지를 받거나 직접적으로 성경이나 혹은 간접적으로 기독교적인 문헌을
읽더라도 그들이 모두 선택받은 것은 아니다. 타락한 상태대로 인류를
버려두시기 보다는 하나님은 주권적으로 또 은혜롭게도 인류의 일부를
선택하여 영생에 이르게 하신다. 성령에 의해 조명되어진 심정과 마음을
가진 자들만이 죄의 용서함과 하나님에게 받아들여지는 약속된 은사들을 받을
수 있는 능력을 갖게 된다.

중생의 본질

죽은 상태에 있는 죄인들은 성령의 사역에 의하여 하나님으로 부터 생명을
받으며, 그 생명의 접붙임은 하나님과 그의 의로움을 향한 새로운
오리엔테이션을 초래하게 된다. 오직 성령만이 거룩함—이 거룩함이 없이는
어느 누구도 하나님을 볼 수 없음—을 가져오는 변화를 야기할 수 있다.
이러한 중생의 사역은 성격의 변화를 가져오므로 기독교인들은 독특한사람들이 된다. 왜냐하면 그들 모두가 성령을 소유하므로 그들은 모두
달라지기 때문이다. 그들이 공통으로 공유하고 있는 것은 새 생명에
접붙여진다는 것 즉, 그들은 이제 그리스도와 분리할 수 없는 영적 연합을
갖게 되었다는 것이다. 신약은 기독교인들은 '그리스도 안'에 있다는 것 즉,
그들은 '하나님의 상속인과 그리스도와 공통 상속인'이되었다고 말함으로서 이

사실을 표현한다. 그들은 모든 지혜와 지식의 부요함이 감추어져 있는
그리스도와 연합되었으므로 그들은 그분 안에서 완전하다. 모든 기독교
신자들은 그리스도의 영을 소유하고 있으며, 그리스도와 연합되어 있다는
것은 또한 신자들끼리 서로 서로 활발한 관계를 갖고 있다는 것을 의미한다.
그들은 공통의 구원과 공통의 목표 및 열망을 공유한다.

중생의 결과

하나님의 중생 사역은 반복할 필요가 없다. 하나님에 의해 의롭다 칭함을
받았으므로 기독교인들은 그들의 영적인 상태에 일어난 변화에 의해 신분상의
변화를 나타낸다. 회심은 새 생활의 뚜렷한 시작을 표시하므로 신자들은
그들의 새로운 본성과 영적이면서도 영원한 문제들을 향한 열정과 일치해서
살아갈 것을 추구한다. 새 생활의 심장에는 회심의 표현으로 함께 결속되어
있는 회개와 믿음이 자리잡고 있다.

믿음

믿는 은총은 하나님의 선물이다. 그러므로 믿음은 구세주 그리스도에 대한
개인적인 믿음과 헌신에 의하여 구원의 축복을 받는 행위이다. 이 믿음은
하나님의 계시와 모든 약속된 축복들을 붙잡게 되고, 받게 되고, 누리게 되는
도구이다. 믿음은 성경의 메시지가 참이라는 것과 그리스도의 제반 공적들과
사역을 자기 것으로 삼는 것이 필수적이라는 확신이다. 참 믿음은 그

믿음의 대상 예수 그리스도를 믿으며, 그는 구세주로 맞이되어지고, 서약의
행위에 의해 영혼은 구원을 위해 그분만을 홀로 믿는다.

칭의

칭의는 성령에 의한 효과적인 소명과 그결과로 일어나는 죄인의 회개와
믿음의 반응--"그들을 또한 부르시고, 부르신 그들을 또한 의롭다 하신"—을 일으키는 하나님의 행위이다. 칭의에 있어서 하나님은 죄인들의 죄를 용서함 받은 것으로 간주하시고, 또 그리스도의 의가 그들에게 속한 것으로
여기시면서, 그가 보실 때 죄인들이 의롭다고 선언하신다. 칭의는 실제로는
죄인들이 죄가운데 있는데도 하나님 편에서 그들이 의롭다고 여기는체 하는
것이 아니다. 칭의가 참이며 하나님의 거룩성과 일치하기 위해 칭의는
공적(功績)적인 근거를 가져야만 한다. 하나님이 그의 칭의의 선언에서
의롭기 때문에 참된 의는존재해야 만 한다. 죄인들은 다른 이에 의해 공급된
의, 즉 그들에게 속한 것으로 여겨지는 주 예수 그리스도의 의에 근거해서
의롭다고 칭해진다. 이러한 그리스도의 의 (義)의 전가(轉嫁)는 기독교 신앙에
근본이다.

그리스도의 의는 우리들의 칭의의 근거

그리스도의 의는 하나님의 율법의 모든 계명에 대한 그의 완전한 순종의 삶과
그의 모든 백성들의 범죄로 야기된 하나님의 거룩한 진노의 형벌을 짊어지신
십자가에서의 그의 죽음 즉, 그의 승리의 부활로 인봉된 사역으로 이루어진다.

신자들은 자신들 대신에 그리고 자신들을 위해 하나님의 율법의 모든 요구를
충족시키신 그리스도와 꼭 같은 의로운 신분을 지금 공유한다. 죄인의
칭의의 근거는 오로지 그리스도의 완전한 의로움 뿐이다.

바울과 야곱의 칭의에 대한 가르침의 조화

칭의에 대한 바울과 야곱의 가르침에 아무런 충돌이 없다. 바울은 칭의를
하나님 앞에서 용서함 받고 수용되는 것으로 기록한 반면, 야곱은 이러한
칭의가 진실된 것이라면 그 칭의는 순종의 삶속에서 그것을 보여야 함을
주장한다.

그리스도안에서 신자들의 양자됨

본질상 영원 전부터 피조되지 않은 하나님의 아들이신 주 예수 그리스도의
위치는 독특하다. 그럼에도 불구하고 그는 자신이 구원한 자들을 그의
형제와 자매로 부르는 것을 부끄러워 하지 않는다. 이러한 하나님의 입양된
자녀들은 그리스도가 그들을 위해 획득해 놓은 기업, 즉 완전한 정도의구원의 축복들의 상속자들이며, 그래서 그들은 '하나님의 후사요 그리스도와
함께 한 후사'로 묘사된다.
하나님의 자녀들로서 신자들은 자신의 가정을 위해 하나님이 준비해 놓으신
모든 축복들을 함께 나누어 가지며, 성령의 내적 증언에 따라 그들은
하나님을 아버지로 인식하고 하나님에게 말씀 드린다. 그들은 하나님의
사랑과 동정과 그들의 모든 필요에 대한 하나님의 보살핌의 대상들이다.

하나님의 자녀들은 또한 그리스도의 고통과 그 결과로 따라오는 그의 영광을
함께 나누는 특권을 가진다. 하나님의 자녀들의 더 큰 특권--그들의 양자됨을
확인해 주는 것--은 그들이 하나님의 부성애적 채찍을 경험하는 것이다.
'하나님은 그들을 아들로 다루신다. 그의 아버지가 훈육하지 않는 아들이
어디에 있으리요?' 하나님의 자녀들이 한 몸으로 통일되어 있다는 것은
누려져야 할 특권이며, 서로 사랑하고 섬겨야 할 책임이다.
양자됨의 충만한 축복은 주 예수 그리스도의 영광스러운 재림때 까지 누려질
수 없을 것이다. 양자됨은 현재적인 것이지만, 기독교의 소망의 한 요소인
종말론적인 것이기도 하다. 그래서 '우리 곧 성령의 처음 익은 열매를 받은
것은 우리 까지도 속으로 탄식하며 양자될 것 곧 우리 몸의 구속을
기다리느니라.' 양자됨은 그리스도가 그의 백성들에게 부활의 새로운 몸을
주실 때 즉, 신자들이 새로워진 창조와 함께 하나님의 자녀들의 영광의
자유를 누릴 때 까지, 완전하지 않을 것이다.

성령의 성화의 사역

성령은 의롭다 칭함을 받았고 또 양자가 되어 거룩하게 되었고 그리스도의
모양으로 변화되어진 자들의 삶 속에서 역사하신다. 신자들속에 일어나는
하나님의 역사는 하나님이 요구하시는 바를 의지(意志)하는 것과 행동하는 것
모두를 포함한다. 주님의 모든 계명들에 대한 능동적인 순종은 필수적인
것이다. 성화는 인간의 삶속에 있는 죄스러운 모든 것들을 죽이고 새롭고도

경건한 습관들과 생각하고 살아가는 방식들을 개발할 것을 요구한다.

기독교인의 완전함에 달성

이러한 현재 생활기간 동안에는 어떤 신자도 죄로 부터 완전히 자유로울 수
없으며, 성화는 다양한 진도로 진전한다. 성화의 사역은 하나님의 능력과
은총에 의해 완전해 진다. 영혼은 죽을 때 완전히 성화되어 완전하게 된
의로운 자들의 영들과 합류하게 된다. 부활 때에 신자의 몸은 그 완전함을
공유하면서 그리스도의 영광스러운 몸과 같이 될 것이다. 궁극적으로 각
신자는 하늘의 사람의 형상을 충만하게 갖게 될 것이다.

기독교인의 생활

진정한 영성

기독교의 영성은 하나님에 대한 깊은 경외와 사랑의 평생에 걸친 과정이며,
다른 동료 인간들과 함께 올바른 관계로 표현한다. 기독교의 영성은
실천적인 경건으로서 그리스도의 형상으로 변화되어 가도록 하는 것이다.
그것은 자아나, 비인격적인 힘의 추구나, 존재의 애매모호한 상태나 양심의
변경된상태들의 경지의 도달로 지향되지 않는다. 그것은 삼위일체의
하나님과의 언약적 연합속에서 그리고 세상속에 있는 하나님의 백성들과
지속적으로 발전하는 친교속에서 성장하고 있다. 그것은 성령에 의해서
유지되고 지배되는 영적인 중생의 결과이다.

경건의 수단

성령은 하나님의 말씀을 우리들의 심정과 마음에 적용하고, 우리들에게
순종을가르치고, 모든 신자들의 단체적인 교제와, 하나님에 대한 참예배와,
세상에 대한 증언과, 시험과 고난과, 악과의 대결에 우리들을 연합하면서 우리
속에서 경건을 생산한다.

경건의 결과

경건의 결과들은변화된 마음과 심정, 말과 행함, 충만한 기도와 그리스도의
형상으로 계속해서 성장하는생활을 포함한다. 경건은 자기 부정과 날마다
'자기의 십자가를 지고,' 모든 사람 특별히 그리스도인의 가정에 속한
자들에게 사랑, 인내, 용서, 부드러움, 온정과 친절을 실천하므로 그리스도를 따르면서 평생동안 성장하도록 한다. 그것은 하나님에 대한 전체적인
헌신속에서 우리 자신을 계속적으로 복종시키는 일과 연관하면서, 형언 할 수
없는 기쁨, 효성스러운 두려움, 사심없는 경의, 빛나는 사랑, 온정, 절제된
담대함, 균형잡힌 겸손, 존경심, 경외, 만족, 아이같은 신뢰, 순종, 죽지 않는
소망, 시험과 슬픔과 고통의 직면에서 갖는 하나님의 평화등을 경험한다.

영적 체험

하나님 중심의 영적 생활은 성령으로 부터 오는 한 은사로서 이러한 영적
체험들을 한다. 우리들이 성 삼위 하나님에게로 가까이 나아가고자 할 때

세계개혁주의 협의회신앙 선언문　　　　　311

우리들은 우리가 어디에 있든지 우리들은 항상 하나님의 존전에서 생활하고
있음을 생각하게 된다. 그러므로 하나님의 섭리가 우리들을 어디에 놓아
두시든지 우리들은 그의 변화시키는 은총의 도구가 되어야 한다는 우리들의
소명을 성취하려는 동기를 부여 받는다. 이러한 생활속에서 하나님과 갖는
우리들의 언약적 연합의 경험은 다만 오는 세대에서 하나님과 갖는 교제의
영광을 미리 맛 보는 것이다.

성경

성경은 성령 하나님에 의해 존재하게 되었다.

성경은 하나님의 호흡으로 된것으로 사람들이 성령에 의해 이끌려 져 가면서
하나님으로 부터 나오는 말씀을 하였을 때 기록되어졌다. 성경은 하나님의
말씀이며 따라서 완전하게 신뢰할 수 있다. 성경은 원래 주어졌을 때 성경이
주장하는 모든 부분에 있어서 오류가 없다. 곧 많은 개혁신학자들에 의해
성경 무오성이라고 서술된 교리이다. 하나님은 성경을 기록하는 작업을
감독하였으므로 성경은 하나님이 의도하시는 바 꼭 그대로 이다. 인간들을
사용하도록 선택하였으므로 하나님은 그들의 인간성을 무시하지 않으셨고,
그들에게 성경을 그대로 받아 쓰도록 하지도 않으셨다. 그러므로 성경은
모든 면에 있어서 하나님 자신의 말씀으로 그대로 유지하면서도 각 저작자의
인간적인 역사와 문체의 형태와 성경이 기록되었던 시대의 특성들을 그대로

나타낸다.

성경은 성령 하나님의 사역을 통하여 인정되어진다.

성경은 우리 마음에 들게 할 많은 훌륭한 질을 나타내지만, 성경의 무오한
진리와 신적인 권위에 대한 충분한 설득과 확신은 궁극적으로 성령을 통해서
이루어진다. 왜냐하면 성령이 말씀에 의해 말씀을 통해 우리 마음에
증언하기 때문이다. 성경이 하나님의 말씀으로 그 진정성을 나타내는 것은
성령이 내주하는 신자들에게 이다. 기독교 교회는 이러한 방법으로
히브리어 성경과 헬라어 성경을 받았으며, 교회의 권위있는 정경으로 그
성경을 인정할 수 있게 되었다. 성경은 교회나, 하나님 자신 이외의 어떤
다른 근원으로 부터 그 권위를 끌어오지 않는다.

성경은 성령 하나님의 사역을 통하여 이해된다.

성경은 근본적인 명백성을 가지고 있으나 기독교 신자들만이 그리스도의
마음에 접근하고 있으므로 성경의 영적 의미와 의의를 받을 수 있고 이해 할
수 있다. 죄에 빠지게 한 인간의 타락은 의지와 감정 뿐만 아니라 마음
까지도 영향을 미쳤다. 이렇게 생겨진 영적 문맹은 인간으로 하여금 성령의
사역없이는 하나님의 일들을 이해할 수 없도록 하였다. 인간들이 효과적으로
부르심을 받고 중생하게 되었을 때 성령은 성경을 열기 시작하여 그들로
하여금 이해하도록 하신다. 그의 지혜로 성령은 우리들에게 하나님의 계시의
참된 의미를 드러내신다.

성경은 성령 하나님에 의해 적용된다.

하나님은 그의 말씀의 설교를 통하여 남자들과 여자들을 자신에게로 불러
들이신다. 성령은 우리들로 하여금 예수 그리스도를 믿는 믿음을 통하여
구원에 대해 지혜롭게 하고 그리고 그의 마음을 우리들에게 주시기 위해
성경에 대한 설교와 가르침과 연구를 이용하신다. 우리들이 모든 선한 일을
위해 무장되어 하나님을 경외하는 생활 양식을 보이게 하기 위해, 설교로
하거나 독서로 하거나 성경은 교훈과 책망과 바르게 함과 의로 교육하기에
유익하다. 이와 같이 성경은 우리들의 믿음의 근거, 확인 및 규칙을
제공한다.

성경강해를 지배하는 전제들

성경은 하나님의 말씀이다. 그러므로 성경은 자기 모순적일 수 없다.
성경을 읽고, 강해하고, 이해하고 적용하는 것은 하나님과 성경에 대한
우리들의 이전 확신들 혹은 전제들에 의하여 다양한 정도와 수준으로 영향을
받는다. 성경을 올바르게 이해하기 위해, 우리들이 전제들을 개정하고 또
그것들을 본문 자체의 의미와 더욱 가깝게 일치하도록 하기 위해 그
전제들을 인식하고 성경 본문의 빛에 따라 검증을 해야 할 필요가
있다. 성경이 신적 기원과 영감을 주장하고 있으므로 매우 진지하게 이와 같은
주장을 하는 성경 강해의 방법들만이 성경의 참된 의미에 도달 할
수 있다.

성경의 명료성

원어 성경에 대한 학술적 연구의 필요성은 성경의 명료성 혹은 신적 권위 및
신뢰성을 손상하지 않는다. 구원에 필요한 진리들은 성경에 매우 명백하게
표현되었기 때문에 배웠거나 배우지 못한 독자들 모두가 진리들을 이해할 수
있고 또 이해해야 한다. 성경의 메세지는 그 전제들을 도전하거나 반대하는
철학들과 견해들의 빛에 비추어 해설되어야 한다. 이와 같은 반대들을
대항하는 성경적 세계관을 변호함에 있어서 성경의 의미의 명료성은 성경의
한 본문을 다른 본문과 주의깊게 비교할 뿐만 아니라 그 반대의 의미를
검토하므로 얻어진다.

강해의 적절한 방법들

성경은 하나님의 말씀이며 따라서 겸손한 복종과 성령의 조명을 위해
기도하면서 읽어져야 한다. 성경이 특수한 문화적, 사회적, 시간적
맥락속에서 인간의 언어들로 기록되었기 때문에 그 의미는 강해의 일반적
규칙을 사용하고 고고학, 역사, 본문 비평 및 원어의 연구와 같은 관련된
분야의 도움을 통하여 찾아져야 한다. 이러한 모든 방법들은 성경의 신적
기원, 무오성 및 인간적 특성을 고려해야 한다.

성경본문의 의미

성경 본문은 여러 다른 실천적 의미 적용들과 의의들을 가지고 있으나 그

세계개혁주의 협의회신앙 선언문   315

기본적 의미는 일반적으로 앞에서 요약한 역사적, 문법적, 그리고 구
속역사적원칙들을 주의 깊게 사용하여 결정한다. 풍유적, 영적, 비
유적 강해들은 본문
자체에 의해 구체적으로 인정되지 않는 한 아무런 권위를 갖지 않
는다.

진리와 그 적용의 보편성

성경에 계시된 하나님의 진리는 모든 문화와 시대와 민족들을 위해
보편적이며 영원하고 타당하다. 그럼에도 불구하고 그 진리에 대해
몇 가지
그리고 뚜렷한 적용들이 있을 수 있다. 하나님의 말씀을 상황화함
에 있어서
교회는 하나님의 진리의 영원하고도 보편적인 표현인 성경의 원칙
들과 다른
맥락에 따라 다양해 질 수 있는 그 원칙들의 실천적 함축들을 구별
해야 만
한다. 진리의 적용들은 근본적이면서도 불변의 원칙들을 합법적이
면서도
적절하게 연장한 것들이란 사실을 항상 확실하게 해야 한다.

성경 이후 시대 하나님의 자기 계시에 대한 규범적인 형태

신약 정경이 완성된 이후로 규범적인 형태는 우리의 마음에 내주하
시며
성부와 성자를 우리들에게 계시하시는 성령의 계몽과 함께 하나님은
성경안에서 성경을 통해 우리들에게 말씀하시는 것이었다. 성령의
음성을
듣는 자들은 아들 안에서 우리들에게 약속된 기업을 받으며 그의 도
우심으로
그들은 그들의 삶속에서 성부의 뜻을 행한다. 성령이 그 도중에 우
리들에게
지식을 주시고 도전하며 격려하기 위해 우리들에게 기록된 본문들
을 주신

것은 우리들이 하나님의 뜻을 실천에 옮기려고 노력할 때 이것이 무엇을
의미하는 지 우리들을 가르치며 우리들을 인도하기 위함이다. 구약에
더하여 이들 본문들은 그리스도가 죽은 자들 가운데서 일어난 이후 그를
보았고 또 그가 교회를 인도하고 가르치도록 임명한 12 사도들의 승인에
의하거나 그 승인과 더불어 그리스도를 따르는 자들에게 주어진 계시들이다.
이 본문들은 하나님 자신의 충만한 권위를 갖고 있음을 인정한 첫
기독교인들에 의해 수집되고 신약으로 분류되었다. 어떤 기독교 선생이나
교회도 성경에 포함되지 않는 믿음들을 주장하거나 하나님이 성경 다른 곳에
자신을 계시한 것과 모순되는 방식으로 그 본문 중 단 한 곳이라도 해석할
권리를 갖지 않는다.

교회

본질

교회는 모든 기독교인들의 보이지 않는 단체(하나님에게만 알려진)이면서도
많은 공동체를 가진 지상의 보이는 교회이다. 교회는 교회의 머리가 되시는
그리스도의 영적이면서도 초자연적인 몸이다. 모든 기독교인은 하나님에
의해서 그리스도에게로 연합되었고, 다른 각 기독교인과도 결합되어 교회를
구성한다. 하나의, 거룩한, 보편적이며 사도적 교회의 삶속에서 하나님에
대한 예배, 친교, 성경, 성례 및 선교가 중심이다.

교회의 직임자

성경은 하나님이 각 다른 시대에 교회에 주셨던 많은 수의 직임자들 즉 사도,
선지자, 장로, 집사, 전도자들을 가리킨다. 오늘 날 각 지역 교회에는
장로들과 집사들이 있다. 장로들은 목회자들, 감독자들 모범자들이며 그들
중 어떤 이들은 전파와 가르침에 전념하게 되어 있다. 집사들은 가난한
자들과 결핍한 자들을 돌보는 것과 교회의 실천적이며, 재정적이며, 구조적
필요성들을 보살피는 것이다. 장로직과 마찬가지로 이것도 영적 자질을
요구하는 영적 직무이다.

하나님에 대한 예배

교회의 기본적 책임은 하나님에 대한 예배이다. 이 예배의 본질과 내용은
성경에서 우리들에게 계시하는 바에 따라 하나님 자신에 의해 결정된다.
이것은 하나님을 찬양하는 노래와 성경을 읽고 설교하는 것과 기도를
포함해야 한다.

지역 회중의 자율성

신자들의 각 회중은 장로들의 규칙아래에서 일정한 정도의 자율성을 가지지만,
다른 모든 회중들과 함께 갖는 더 넓은 통일성이 있다. 이러한 연관성은
교회의 여러 다른 방식으로, 다른 시대에, 다른 부분들로 표현되어 왔다.

성례

성례는 내적이면서도 영적인 은총의 외적이면서 보이는 표적이다. 성례는
그리스도에 의해 제정되었으며 그리스도의 사역을 대표한다. 개신교회는
오직 두 종류 즉 세례와 주님의 만찬(혹은 성찬)만 인정한다. 이들은 흔히
구약 교회의 두 성례, 즉 할례와 유월절과 동일시 되곤한다. 세례는 기독교
교회로 입교하는 의식이다. 세례는 물로 시행된다. 주님의 만찬은
십자가위에서 죽으신 그리스도의 죽음을 가리키며, 그리스도의 몸과 피의
상징으로 빵과 포도주를 사용한다. 주님의 만찬은, 그가 오실 때까지 주님의
죽음을 선언하면서, 신자들을 위하여 믿음의 강화와, 그리스도안에서의
친교와 영적인 영양 공급 기회를 제공한다.

전통

사도적 전통의 존재와 유효성

모든 기독교 교회는 사도시대로 부터 유산으로 받은 믿음의 규칙에 따라
생활한다. 성경은 이 규칙의 유일하게 인증되고 규범적인 형태이며, 모든
다른 믿음들과 그 실행은 이 형태에 의하여 측정되어져야 만 한다. 사도적
교회들이 성경에 기록되지 않았거나 성경에 의해 명령되지 않은 습관들을
가지고 있었다는 것은 의심의 여지가 없으나 이와 같은 전통들이 후기 기독교
세대들을 구속하지는 않는다. 이와 마찬가지로 잃어진 사도들의 저작품들이
어느 날 재발견되는 것이 가능 하더라도 그들은 규범적인 규칙의 일부로

사도시대 부터 전수되어오지 않았기 때문에 성경으로 간주되지 않을 것이다.

신조와 신앙고백서의 권위

교회 역사의 과정에서 교회는 성경의 가르침을 명백히 하기 위해 신조와 신앙
고백서들을 채택해 왔다. 이 문서들과 다양한 교회 단체들의 다른 유사한
결정들은 그것들을 채택했던 자들이 소유했던 권위를 가지고 있으며, 후
세대들에 의해 그렇게 간주되고 또 존중되어져야만 한다. 그러나 그것들은
오류가 없는 것이 아니며 성경의 가르침과 일치하지 않거나 그것들의 가르침이 다른 방식으로 더욱 분명하게 표현될 수 있는 것이 보여질 때는
교회는 그에 따라 그것들을 자유롭게 변경할 수 있다.

유산으로 내려온 전통들에 대한 개혁자들의 반응

16 세기 개혁자들은 교회의 전통들을 철저하게 수정하였고, 성경의 가르침과
분명하게 반대되는 믿음들과 실행들을 버렸다. 어떤 개혁자들은 그 이상으로
나아가면서 비록 성경에 꼭 반대되는 것이 아니라 할지라도 성경에 의해
지원받을 수 없는 전통들을 폐기해 버렸다. 성경적인 근거가 없지만, 그리스도의 성육신에 대한 신약의 교리를 분명히 증언하는 12 월 25 일의
크리스마스 축하행사는 그 한 예이다. 만약 어떠한 성경적인 교리도 손상되지 않는 다면, 지역 교회의 분별에 따라 이러한 종류의 전통들은
유지되어 질 수 있고, 변경될 수도 있고, 또 폐기 될 수도 있다.

예배의 형태와 교회 정치

각 교회마다 그들 자신의 전통이 되어온 예배와 정치의 형태를 개발해 왔다.
이러한 것들이 성경의 가르침에 어긋나지 않고, 처음 개발되었을 때의 목적을
계속해서 성취할 수 있는 한 그것들을 유지하지 못할 이유는 없다. 그럼에도
불구하고 각 지역교회는 그 교회에 잘 맞도록 이와 같은 전통들을 자유롭게
변경할 수 있다. 특별히 외국 선교사 활동으로 부터 생겨진
교회들은선교사들로 부터 전해 내려온 쉽게 토착화되지 않는실행들을 계승해
왔을 것이다. 이러한 종류의 교회들은 이렇게 전수받은 전통들에 대한
성경적 증거를 검토해야 할 특별한 책임이 있으며 그들의 상황속에서 복음의
증거를 더욱 효과있게 할 수 있다면 얼마든지 그 전통들을 변경할 수 있다.
그럼에도 불구하고 이와 같은 움직임이 기독교 공동체 전체의 증거에 미칠
효과를 고려함이 없이 어떠한 교회도 어떠한 전통이나 실행을 폐지, 변경
혹은 채택해서는 안된다.

어떤 전통들에 대한 정략적인 유지

몇 몇 전통들은 기독교 세계에 너무 깊이 뿌리를 내리고 또 보편화되어
왔으므로 그것들을 변경한다는 것이 아무것도 성취 못하고 오히려 교회내의
불필요한 분열을 가져 올 수 있다. 비록 초대 교회에서 분명하게 시행해 왔으나 신약에서 구체적으로 요구되지 않는 일요일 날 하나님을 예배하는
습관이 한 예이다. 어떤 특정한 기독교 단체들이, 예를 들면 무스림

국가에서 주 중 다른 날 예배드리는 것이 더욱 편리할 수 있다. 그러나
어떠한 교회도 단순하게 성경에 의해 특별히 요구되지 않는다고 해서 일요일
예배를 포기하는 것을 스스로 결정해서는 안된다. 신학적 원칙이 손상되지
않는 다면, 이러한 경우에도 기독교 세계의 가시적 통일성이 유지되어져야
한다.

선교와 복음전파

말씀과 행위로 하나님의 증인이 되어야 하는 우리들의 소명

세상에 대한 우리들의 사명은 하나님의 영광을 위한 열정과 그의 나라의
오심에 대한 확신에서 솟아난다. 그리스도의 공동체로서 교회는 그리스도가
우리들의 죄를 위하여 죽으셨다가 성경에 따라 죽은 자들로 부터 일어나셨고,
이제는 통치하는 주님으로서 그는 회개하고 믿는 모든 자들에게 죄의 용서와
영생과 성령의 은사들을 주신다는 예수 그리스도의 복음을 말씀과 행함으로
전파하며 나누는 하나님의 복음전파 도구이다. 우리 하나님의 임무를
순종함에 있어서 우리들은 모든 사람들에게 두 손을 제시해야 만 한다:
(1)그들에게 회개와 믿음과 그리스도를 통한 하나님과의 영원한 화해를
부르는 손 (2)그리스도의 이름으로 이 땅에 하나님 나라의 선(善)을
확장하면서 자비와 온정의 행함들을 나타내는 손. 이것은 그리스도 자신이
우리들에게 주신 모범이며 우리들이 그리스도의 형상으로 일치되어간다는

것과, 하나님의 새 창조의 첫 열매와 보증으로 성령을 받았다는 것을 선포하는 것이다.

선교의 소명의 범위

우리들이 삶의 모든 영역에서 사람들에게 사랑하고 회개해야 한다고 할 때에
우리들의 복음 선포는 사회적 결과들을 가져온다. 이와 마찬가지로 우리들이
예수 그리스도의 변화시키는 은총을 증언할 때 우리들의 사회적인 참여도
복음적인 결과들을 가져온다. 만약 우리들이 세상을 무시한다면, 우리들은 하나님이 세상을 섬기도록 우리들을 세상에 보내신 대 임무를 배반하는
것이다. 만약 우리들이 이 임무를 무시한다면, 우리들은 세상에 아무것도
가져다 줄 수 없다. 하나님에 대한 우리들의 순종은 우리들로 하여금 그를
전체적으로 신뢰하게 하므로 선교를 향한 우리들의 열정을 자극한다. 이것은
우리들의 증언을 대담하면서도 부드럽게 해 주며, 불신자들의 관심을 끈다.

세상을 향한 기독교인들의 온정

우리들은 기독교인들이 가난, 질병, 불의, 인간 불행의 모든 형태들 가운데서
그리스도의 이름으로 온정으로 옷 입어야 할 큰 필요성을 확인한다.
우리들은 수 백만의 사람들이 이 세상에서 절망적인 가난속에 살고 있다는
것과 관계가 있다. 온정으로 옷 입도록 우리들을 부르심에는 우리들이
가난한 자들과 함께 걸으며, 구세주가 아니라 구세주 그리스도의 종들로서
고난받는 공동체로 들어가게 하는 영적인 생활의 자질을 가지고 하나님의

변화시키는 은총을 전하도록 부르심을 받는다.

인간 공동체의 변화

우리들은 공동체의 변화란 모든 삶과 모든 땅의 죄의 결과 즉 남자들과
여자들을 하나님, 자기자신, 다른 사람들, 환경들로 부터 소외시킨 죄의
결과들을 포괄적으로 반전시키는 것과 창조속에 있는 하나님의 질서를
회복시키는 것으로 이해한다. 모든 인간들이 하나님의 형상을 충만하게
지니고 있는 자들이 되어야 한다는 것은 하나님의 의도이다. 이러한 임무는
이 세상의 삶속에서 시작되지만, 다만 그리스도가 마지막 시간에 영광으로
돌아오실 때 완전하게 이루어 질 것이다. 그것은 우리들이 살고 있는 죄로
물든 문화와 사회를 변화시키며 그리스도에 의해 시작된 하나님 나라의
본질과 일치해서 새로운 문화와 사회를 건설하는 것을 목표 한다.

율법과 윤리

자연법

하나님의 율법은 그의 사랑의 표현이며, 인류를 향한 그의 의로운 요구들을
계시한다. 그것은 창조때에 인간의 마음에 기록되었으며, 범죄에 이른 타락에도 불구하고 인간들은 그들의 양심을 통하여 그 요구들을 여전히
인식한다. 에덴에서 하나님은 또한 말씀의 형태 즉 선악을 알게하는 나무의
실과를 먹지 말라는 명령으로 인간들을 향한 그의 뜻을 계시하였다.

모세의 율법

모세의 율법은 그리스도의 인물과 사역 및 그의 교회의 삶을 미리 예시한
의식적 요소들을 포함하였으며, 그 요소들은 지금 이미 성취되어졌다. 그
법은 또한 이스라엘의 시민생활을 형성하는 요소들과 모든 민족들의 생활과
율법들속에서 반영되어야 할 정의의 원칙들을 제공해주는 사법적 요소들도
포함하였다. 그 율법의 도덕적 요소들은 경건한 생활을 위한 형태를 계속
제공해 준다. 하나님의 율법은 죄인들에게 그들의 죄를 보여주고, 유일한
구세주이신 그리스도를 그들에게 가리켜 준다. 이에 첨가하여 율법은
사회속에서 죄의 표현을 억제할 수단도 제공해 준다. 그리스도인들이
그리스도의 형상에 따라 새로워질 때 그 율법은그들의 생활을 위한 인도자가
되어 미워해야 할 죄와 추구해야 할 의를 계시한다.

율법의 성취로서 그리스도

그리스도는 그의 택한 백성을 위한 저주가 되면서 율법의 요구들을
성취하였다. 그리스도를 믿는 믿음에 이르게된 자들은 성령의 인도하심에
따라 그의 명령들을 순종하므로 주님을 향한 그들의 사랑을 표현한다.

결혼과 성 윤리

이성간의 일부일처 결혼은 하나님에 의해 제정되었으며, 남편과 아내는그들의
가정을 떠나 그들의 일생을 통한 관계를 맺어 서로 연합한다. 성적 욕구들은
이러한 연합속에서 성취되어져야 하며, 이 연합속에서 태어난 아이들은

기독교적 지식과 실행속에서 돌보아져야 하며 양육되어져야 한다. 인간의
범죄로 이러한 방식에서 의 탈선들이 일어난다. 성경은 결혼의 약정
밖앝에서 일어나는 성적 관계를 금지하는데 동성간의 성적연합도 그러하다.
만약 음행이 저질러졌거나 불신자들이 회복될 수 없을 정도로 기독교
배우자들을 버렸을 경우 이혼에 의한 결혼의 해소는 가능하다. 그리스도가
남자의 "머리"이며, 하나님이 그리스도의 "머리"이듯이, 남자는 여자의 "머리"로 성경에서 묘사된다. 가정과 교회에서의 이러한 머리됨은
그리스도가 교회를 사랑하였든 대로 사랑으로 표현되어야 한다.

가족계획

비록 임신 후 약을 먹거나 낙태와 같은 피임은 진정으로 새 생명을 파괴하는
것이라 할지라도 가족계획은 용인된다. 임신의 어려움을 갖는 결혼한
부부들을 위해, 정자 제공자나 대리모를 사용하는것은, 비록 의학적으로
가능하다 할지라도, 결혼관계로 침투해 들어오는 것이기 때문에, 가능한
선택이 아니지만, 인공수정은 하나의 가능한 선택이다. 질병, 장애 혹은
심지어 죽음까지도 야기할 수 있는 성인들을 통한 실험이 그러하듯이
인간배아를 통한 실험 역시 인간생명을 파괴한다. 인간복제(체세포이전)가
기술적으로는 가능하다 할지라도, 재생 복제나 치료용복제 모두 성(性)과
출산이 결혼의 언약관계의 부분인 성경적 모델에 부합하지 않는다. 인간의
과학적 발견이, 비록 그 자체로서는 본질적으로 선하다 할지라도, 하나님의

세계를 위한 그의 도덕적 질서를 무시하는데 사용될 수 있다. 삶과 자식을
낳는 능력은 하나님의 선물들로 인식되어져야 하며, 그것들은 모두 주권적으로 주어진 것이다.

생명의 연장

인간의 몸은 다양한 질병에 걸리기 쉬우며 현대 의학은 적절한 치료와 수술,
치료용 약물로 도움을 줄 수 있다. 이식은 질병을 고치거나 생명을 연장하기
위한 의학적 개입의 합법적 연장(延長)이다.

생명의 종료

새 사람의 창조가 하나님의 행위이듯이, 사람의 생명의 종국을 결정하는 분은
하나님이시다. 생명의 기원과 종료는 모두 하나님의 주권적 통치속에 있다.
약품들은 고통을 해소하기 위해 사용될 수 있지만, 인간의 생명을 종료하는데
사용될 수 없으며, 개인적 즐거움을 주거나 환각의 상태를 유도하기 위해
사용되어서도 안된다. 비록 현대 기술이 사람을 인위적으로 생존하게 할 수
있더라도 뇌의 활동에 대한 증거가 없을 때에는 그와 같은 기계를 잠그는
것은 잘못이 없다.

종말론

하나님의 영원한 계획

태초에 아담의 시험의 끝과, 하나님의 안식, 그리고 생명나무로 부터 오는

영생의 약속에 대한 성취의 약속이 있었다. 이 모든 것들은 하나님의 의도가
그가 보시기에 매우 좋도록 만드신 것을 완성 할 것을 기대하였다. 바울은
마지막 아담의 부활(혹은 재창조)을 타락 전의 첫 아담의 창조의 성취로
보았다. 구속의 역사는 구속주의 삶과 죽음에서 절정에 이르는 하나님의
구속 목적들을 이루어내는 것과, 모든 민족들에게 구원을 주시며, 하늘과 땅의
종말론적 재 창조를 이루시는 일이다. 현재 그리스도에게로 연합된 자들은
그들속에서 살아계시는 성령에 의해서 오는 세상의 능력을 이미 경험하고
있다. 그들은 비록 죽음을 경험할지라도, 그들은 이미 미래의 부활을 맛보고
있다.

죽은자의 상태

죽음 이후 즉시 인간의 영혼은 하나님에게 돌아가며 반면에 그들의 육체는
파괴 되어진다. 그들은 잠 자는 상태로 떨어지는 것이 아니다. 구원 받은
자들의 영혼은 하나님의 존전에서 완전한 거룩과 기쁨의 상태로 들어가며,
부활을 기다리면서 그리스도와 함께 왕 노릇 한다. 그들은 이제 하나님의
완전한 뜻과 계획의 빛에 따라 모든 것을 생각하기 때문에 그들의 행복은
그들의 지상세계에서의 삶에 대한 기억으로 방해 받지 않는다. 그들의
행복과 구원은 오직 하나님의 은총에 의한 것이다. 그들은 살아 있는 자들을
위해 중보 기도를 하거나 살아있는 자들과 하나님 사이의 중보자가 될수 있는

능력을 갖지 않는다. 유기된 자들의 영혼은 죽음 이후 파괴되지 않지만,
하나님의 존전에서 쫓겨나 고통과 흑암의 상태에 들어가서 심판의 날을
기다린다. 죽음 이후에는 이러한 두가지 이외에 어떤 다른 상태는 없다.
구원받은 자나 유기된 자의 영혼은 죽음 이후 살아있는 자들의 땅에 돌아올
수 없다. 육체에서 이탈된 영혼의 활동으로 여겨지는 모든 경험들은 인간의
상상이거나 마귀들의 행동으로 여겨져야만 한다.

그리스도의 재림

그리스도의 부활은 성령의 보내심으로 이어지면서 성경에서 마지막 시대라
불려진 새로운 시대를 시작하였다. 현재의 그리스도인은 그리스도의 완결된
사역의 '이미'와 미래의 극치의 '아직'의 반(半) 종말론적 실제에 살고 있다.
어느 날 그리스도는 모든 세상이 그를 볼 수 있도록 하기 위해 그의 부활의
영광스러운 몸을 입고서 가시적으로 이 세상에 돌아 오실 것이다. 그는
모든 성도들과 그의 모든 천사들과 함께 능력으로 오셔서 모든 인간을
심판하시며 하나님의 나라를 완전하게 임하게 하실 것이다. 성경은
그리스도의 오심을 준비하도록 아주 강력하게 권고하신다. 그럼에도
불구하고 그것이 언제 일 것인지에 대한 시간표나 표적을 우리들에게 주시지
않는다. 그리스도의 오심은 그리스도인의 가장 높은 소망이다. 교회는
그것을 위해 기도하고 또 온 세상에 복음을 전파하므로 그날을 앞당기도록
격려를 받고 있다.

죽은 자의 부활

그리스도에게 속한 죽은 자들은 그리스도의 몸과 비슷한 몸을입고서 그의
능력에 의해 부활하게 되며, 하나님과 교제하고 영원토록 즐거움을 누릴
영적 상태에 적합하게 갖추어진다. 유기된 자들도 부활하게 되지만, 심판과
영원한 형벌을 위할 뿐이다. 이러한 운명은 우리들을 떨게 하고 두렵게 하며
모든 민족들에게 하나님의 구원의 은총의 복음을 전하도록 인도한다.
구원받은 자와 유기된 자들의 인격적 정체성은 그들이 땅에 있을 때와 꼭
같지만, 그들의 신체는 그들의 본질과 속성에 따라 변화되어 질 것이다.

최후 심판

그리스도는 인자이며 세상을 영원토록 다스리는 왕이시기 때문에 세상의
심판자로 이 세상에 다시 오실 것이다. 그는 산 자들과 죽은 자들을 의롭게
심판할 것이며, 어떠한 편애나 편파를 나타내지 않을 것이다. 택함 받은
자들은 그들을 위한 그리스도의 죽음과 부활 때문에 의롭다고 선언될 것이며,
그의 영원한 왕국으로 들어가도록 초대 받을 것이다. 악한 자들과 유기된
자들은 사탄과 마귀들과 함께 그들의 범죄와 사악함에 대해 정당하게 유죄를선고받게 될 것이며, 그의 존전에서 쫓겨나게 될 것이다. 그동안
기독교인들은 끝날에 충분하고도 완전한 심판이 이루어 질 것임을 알고서 이
세상에 정의를 이루도록 모든 합법적인 노력을 지원해야 한다. 그리스도가

그의 백성들에게 약속하였던 보상에 대해 성경은 별로 언급하지 않
지만,
우리들에게 순종과 성실을 위해 더 많은 동기를 부여하는 것으로도
충분하다.

천년왕국

그리스도의 승귀와 그의 재림 사이의 중간 기간, 즉 복음의 복된 소
식과 그
축복들이 민족들에게 알려지게 되는 현재의 시간은 대부분의 교회
에 의해
성경에서 말하는 천년왕국으로 인식되고 있다. 그러나 어떤이는 그
리스도가
재림하신 이후 그리스도가 땅을 통치하는 천년의 문자적 기간으로
주장한다.
현재는 인간의 범죄와 사탄의 반항과 능력의 결과들로 여전히 고통
을 당한다.
그리스도가 영광중에 돌아오시기 까지 그리스도의 왕국의 표현과
함께 악의
많은 모습도 여전히 이 세상에 나타난다.

새 창조

그리스도가 돌아오신 다음, 하나님은 물질적인 우주를 재 창조 하
실 것이며,
영생과 완전성으로 옷 입혀진 그의 부활한 백성들은 이 새로운 하
늘과 땅에서
영원토록 그리스도의 통치 아래 살것이다.

종말론 문제들에 대한 다른 해석들

기독교인들은 마지막 일들을 이루는 주요 사건들에 대해 의견의 일
치를 보고
있지만, 그들의 차례나 본질에 대해 항상 일치하지 않는다. 하나님의
백성들이 마지막 일들을 완전히 이해 할 수 있었든 것은 흔히 다만
예언들이

성취된 다음이었다는 사실을 기억하면서 마지막 일들이 겸손하게 토론 되어야
만

The World Reformed Fellowship Statement of Faith
(世界改革宗團契信仰宣言)

TRANSLATED INTO CHINESE BY AMY LO

世界改革宗團契信仰宣言

一、上帝
二、邪惡與罪
三、基督的位格和職事
四、聖靈的位格和職事
五、神救恩的職事
六、基督徒生命
七、聖經
八、教會
九、傳統
十、宣教和傳福音
十一、法律與倫理
十二、末世論

一、 上帝

1. 創造者的身分

我們相信一位上帝，他是萬物的創造者、維護者和統治者。他以永恆的旨意建立宇宙，以完美主權的意志治理一切。沒有比祂更偉大的存在，也沒有任何存有可以影響、修改或削弱上帝對自己創造的世界所具有的主權。

2. 創造者與受造物

上帝向所有受造物傳達他的同在和權能，特別是向人類—按照祂自己形象所創造的男和女。男女基本是平等的，同時有差異，所以男人和女人的呼召不能互換，卻能互補。雖然神沒有性別，但祂主要以男性詞彙啟示自己，祂的兒子也是以男性身分道成肉身。

3. 造物主對全人類的啟示

上帝是有位格的，並以位格的特徵啟示自己。古時祂以多種方式與眾人說話。祂語出必行，祂的應許都必實現，這些行動都是是祂權能的表徵。當上帝與人說話，祂向人彰顯祂自己和祂對人的心意，同時期待人會遵從祂的一切吩咐。

大自然的秩序見證創造主的存在、權能和威嚴，因此沒有人有藉口不相信祂。普遍啟示是指上帝無差別地以大自然、歷史和良知向人啟示自己。普遍啟示足以讓我們意識到神的存在和權能，甚至知道我們在神面前的責任；然而，普遍啟示卻不足以令我們得救。人需要特殊啟示才能得救，因為墮落的人在靈裡是瞎眼的，是已經死亡的。只有當上帝給人能力察看和明白祂自我啟示的真理時，人才對上帝有真正的認識。

由於人是按有位格的上帝的形象創造的，所以上帝和人都有位格，上帝和人的思想和溝通都可以用人的語言表達。基於這種聯繫，人能夠理解可見和不可見的現實，也能夠以不可見的現實衍生的概念去締造和轉化可見的現實。作為可見的受造世界的一部分，人與所有其它物質被造物相互依存；但由於人是按照上帝的形象創造的，人意識到自己的地位，能夠管理萬物，並在創造秩序中尋找意義。

人的知識是個人化的，人有能力獲取和編排事實性知識的細節，也有能力透過分析這些知識，從而理解更深層的意義和目的。因此，上帝委託受造世界給人類，而人們必須向上帝負責任，交待他們與受造物之間的關係。客觀上，人類的知識有受造物的有限性；主觀上，人因拒絕上帝而跌入徹底的罪性中，知識受到限制。儘管人類陷在罪中，但獲取知識和理解的客觀能力仍然存在；可是，罪的巨大影響力，使任何個人或社會都不可能以上帝的原先設計的途徑去完成創造使命。

4. 造物主向其聖約子民的自我啟示

神與祂的聖約子民建立特殊的關係，更充分地、完全地向他們彰顯自己。神以祂的靈，通過祂的話語彰顯自己，這話語或是活著的（在耶穌基督裡），或是寫下的（在《聖經》中），或是說出來的（在講道中）。

上帝在舊約和新約中準確地啟示自己，足以使人認識祂、愛祂和服侍祂。然而，人不可能完全認識上帝，因為很多關於上帝的事情，是人類無法知道；有些事情可以通過經驗去理解，卻不能用人的語言充分表達。上帝本身與祂的受造物截然不同，因此，我們只能以祂並非什麼去談論祂——祂是不可見的、不死的、在物質層面或意念上都是無法理解的。然而，祂有人可以認知和表達的屬性，而且祂完全地擁有這些屬性─祂是全知、全智、和全能的。人能夠識別這些屬性，卻不能以人類的理性和邏輯去完全定義這些屬性。人只能透過信主耶穌基督而與上帝建立了個人關係，才能真正認識和理解這些屬性。

神以特殊的方式跟亞伯拉罕說話，應許亞伯拉罕會成為大國之父，並得地土，成為萬國的祝福。神向祂的兒子以撒和孫子雅各重申應許，並賜下以色列之名。雅各的後裔─以色列國─成為獨特的民族，其歷史使命是領受上帝的話語，向萬國宣講，並為神聖救主的來臨做準備。這話語臨到被揀選的僕人，後來被保存在現稱為希伯來聖經或舊約的文本中。舊約聖經所應許和預示的，最終在基督裡成就。舊約中許多規定（包括聖殿敬拜和獻動物的祭）現在不再有需要，但其屬靈原則並沒有被廢除；基於跟亞伯拉罕相同的信仰，我們與以色列民合而為一，這些原則對基督徒仍然有效。基督信徒是一家，即神的國度，並延伸至地極，福音的傳講為所有聽到和相信的人帶來祝福。尚未接受基督的猶太人，沒有領受上帝給他們祖先應許過的祝福，然而，在上帝的計劃和目的中存有特殊的位份，將在末世充份顯明出來。　因此，教會有義務與猶太人分享耶穌是彌賽亞、救主和主的訊息。他們加入基督教會的基礎，與非猶太人相同。

5. 聖父、聖子、聖靈是三位格組成的三一神

上帝在耶穌基督裡以三位一體的位格彰顯自己，致使基督教在世界一神宗教中獨一無二。神並非是孤獨單一的，而是聖父、聖子、聖靈的三一神，永恆地存在於位格的團契中。因此，按照神形象和樣式所造的人，也能認知他的自我身份，與及他與神和別人的關係。位格身分中固有的個人獨特性─無論是人性或神性─都植根於上帝的三個位格的區別，這些區別永遠存在於一位上帝中。

聖父、聖子、聖靈本身都是平等和完全的神，並非從聖父或任何位格衍生、轉移、繼承。因只有一神，父、子、靈有共同的神性，聲稱認識其中一位卻不認識三位是不足夠的。神性的位格各以獨特的方式互相關連，但都有一共同特徵，那就是是愛。父愛子，賜給祂天地間所有權柄。子愛父，自願為我們犧牲自己，叫我們能如父神所願，與祂一起住在天上。聖靈既愛聖父又愛來到世上的聖子，祂

不是以見證自己為己任,而是為父和子作見證,把父與子的生命給我們。最後,因為我們也是按照神的形象創造的,我們才能領受祂的愛,在愛中與祂建立關係,並在所有人際關係中彰顯此愛。

6. 在舊約中,上帝以父的位格說話

在舊約中,神以一個位格說話,新約將此位格等同耶穌基督的父,儘管在以色列不常以「父」這個詞來談論上帝。然而,舊約中那位既至高無上、又不可見的神,與耶穌向我們啟示的父的位格完全一致。父的旨意是耶穌(子)所順服和成全的,父是上帝的位格中唯一同時永遠是看不見和超越性的。舊約中沒有詳細描述子和聖靈,但祂們恆常在神裡面,事事一起與父作工,特別是創造這偉大的工作。舊約中多次提到應許中彌賽亞的位格和工作,以及神的靈在神子民和全世界中的工作。

7. 上帝在耶穌基督裡完全和終極地自我彰顯

上帝在耶穌基督裡完全地、終極地說話,耶穌基督滿足了神與以色列和所有選民所訂立的古老盟約。祂既是先知也是道,既是祭司也是祭物,既是君王也是王的國度。因為耶穌本身就是成為肉身的神,再沒有需要有關上帝的進深啟示。在耶穌基督身上,上帝以子的身份彰顯自己,又確認第一位格為父,並應許在祂離開後差派第三位格,即聖經稱為聖靈的「另一位保惠師」。因此,三位一體的神是基督的核心教導。

8. 上帝用我們能理解的語言向我們啟示自己

神既然謙卑俯就地使用人的語言,子又成為了人,人就能夠用人的語言來談論祂。第一批門徒本可以描述耶穌的外表,但並沒有這樣做。無論是作為敬拜的輔助工具,還是作為祂在地上存在過的提醒,新約聖經沒有特別鼓勵信徒製作耶穌的肖像或雕像。任何肖像或激動人心的繪畫本身都沒有權柄,它們絕不能作為尊崇或敬拜的對象,但可以在其它用途。

二、 邪惡與罪

1. 邪惡的起源

上帝創造的宇宙非常好。上帝沒有創造邪惡,邪惡的存在亦不能損害上帝的聖潔。邪惡起源於撒旦和部份天使的反叛,驕傲似是墮落的根源。墮落的天使被稱為魔鬼,由撒旦領導。他們與神的工作對抗,試圖挫敗祂的旨意。然而,神對邪惡的權勢仍有主權,並藉魔鬼的惡行來推展祂的救贖計劃。不得以任何形式崇拜或服侍魔鬼。魔鬼的惡行隱藏在假宗教背後,撒旦蒙蔽人的心思,叫人看不見真理。

2. 邪惡與人性

始祖在伊甸園犯罪,罪惡因此進入人的生命。亞當是人類的祖先,所以,人人都必須承受他犯罪的後果,包括失序的世界和肉體的死亡。亞當和夏娃自以與神同等,並效忠撒旦。屈服於與神同等的誘惑,後果深遠;當人剝奪本屬於神的榮耀,人開始否定神所確立的疆界,把罪惡帶進神聖的範疇中,廢除了神命定的男女之別,混淆人與動物之間的區別。誤用美善,致使混亂、張力和痛苦出現於社會中。

3. 罪對人生活的影響

人與邪靈聯手,帶來種族滅絕、濫用權力、世界大戰、各種恐怖主義、變態謀殺、販賣人口、吸毒和各種暴力等可怕罪惡。令人髮指的罪惡是由邪魔勢力鼓催和策劃的(這並不是要減輕或低估人的重要性),帶來人與人之間被分化,人性被摧毀,在思想行為上比動物的更愚昧。邪惡不僅旨於毀滅亞當夏娃後代所具有的神的形象和被造世界,更旨於壓逼教會和上帝的真理。鬼魔不會繁殖,不能被人摧毀,但我們仍然被喚召去抵擋邪惡、不公、壓迫、暴力等,敗壞魔鬼的目的,並等待和祈禱耶穌基督的再來,結束這一切。

4. 罪的普遍性及後果

在亞當裡所有人都會死亡,死亡蔓延到每個人身上,因為世人都犯了罪。墮落及其後果牽連全人類:罪惡、疏離、暴力、戰爭、疾病、痛苦、死亡。在靈裡所有的人都死了,因為他們悖逆上帝,與上帝的祝福隔絕。雖然墮落的人能夠認識不少真理,但缺乏思維框架將真理了解為上帝的真理。有罪的人拒絕接受他們己知的真理的結論,反用自己的邪惡來壓制它。 他們的身體本為塵土,每天朝向死亡,直至回歸塵土。除非上帝仁慈地介入,否則屬靈的死亡將變成永恆的死亡。

三、 基督的位格和職份

1. 基督的榮耀

基督教的中心是神人耶穌基督。祂的榮耀和偉大至高無尚,所以敬拜祂、高舉祂既是每個信徒的責任,也是他們的期望。

2. 神的兒子道成肉身，有一個神性的位格和兩個本性

神聖的神子是三位一體神中的第二位格，在童女瑪利亞腹中取了完整的人性，誕生成為拿撒勒人耶穌。 祂有兩種本性，既有神人也有人性。兩種本性完整而不混淆，但同時又結合而成為一位神人。 祂與聖父和聖靈有相同的神性，不會受苦，不會死亡；因此子取了人性，代人付出罪的代價，使我們與神和好。在十字架上受苦和死亡的，是具有神和人兩性的神子。

3. 道成肉身的神的兒子是實在的人

道成肉身的拿撒勒人耶穌，神的兒子，成了實在的人。祂有人的思想和意志，有正常的心理構造，同時保留了神性。祂跟任何人一樣受到試探，卻沒有落入罪中。

4. 道成肉身的兒子完全能夠讓我們與父和好

耶穌基督這人能夠在十字架上代替我們，為我們的罪付出代價，不是因為祂有本質上或客觀條件上較我們優越，而是因為祂完全順服他的父，完全無罪。他成為我們的罪，還清我們對上帝負的債，自己卻沒有招致與父分離的內疚。基督的救贖確保了所有在創世以先在祂裡面被揀選的人的救恩。

5. 基督復活身體的本質

拿撒勒人耶穌在墳墓裡兩天後，從死裡復活了，他的人性轉化了，卻仍可確認為人。祂復活的身體超越自然的物理定律，但仍然保留其物理屬性。在升天的過程中，祂身體進一步轉變為祂仍有的屬天本質，並已進入神裡面。人將會復活，卻不會像第一個復活節早晨般的身體，而是像祂現升天後的狀態。

四、 聖靈的位格和工作

1. 聖靈是三位一體神中的一位位格

聖靈與聖父和聖子一起參與創造和救贖。尤其在道成肉身的事上，子藉聖靈成胚，受聖靈的恩膏，並被聖靈賦予能力，在地上進行祂的事工。

2. 聖靈在救贖中的工作

聖靈將子的救贖應用於個別信徒身上，使他們與作為頭的基督聯合，也叫他們彼此聯合。祂是信徒進入神家成為後裔的中保，並給予內心的確認，叫他們知道神用權能揀選了他們。聖靈依據上帝啟示的旨意和性情去幫助、教導、指引信徒。祂使信徒成聖，叫他們能結聖靈的果子，並不斷為他們在天父前祈求。

3. 五旬節差遣聖靈

聖靈在五旬節到來，是神在信徒生命中新工作的開始，是基督教會的基礎。當時賜下這非凡啟示式的恩賜，是彌賽亞時代開始的獨特象徵。這恩賜不會自動取得，也不應被視為上帝現今大能的必需確證。我們必須謙卑地、按照神的旨意尋求聖靈持續和多樣的恩賜，目的服事教會的共同好處以榮耀神。

4. 聖靈和屬靈復興

教會生命中不時會出現屬靈復興，聖靈的大能繼續以特殊的方式彰顯。覺醒和屬靈更新進一步擴大神的國度，使人更加意識到自己的罪性，讓他們以嶄新的、深刻的方式轉向基督；信徒會更加感受到聖靈的恩賜和在他們生命中的工作，常會記住聖靈與他們同在。神的子民常有跌倒的危險，屬靈復興有效地改革教會，把人重新帶回上帝身邊。聖靈的工作在屬靈復興中顯而易見，聖靈總是教會中，信徒們必須時刻熱切地為祂的果子和恩賜祈求。

5. 聖靈和屬靈爭戰

聖靈積極地與撒旦和鬼魔爭鬥，保護信徒免受傷害。聖靈拯救人脫離魔鬼的壓迫和附身，並以裝備他們所需要的屬靈武器，抵抗魔鬼。《聖經》禁止信徒涉足黑暗勢力及其作為。

五、 神救恩的工作

1. 普遍恩典

神給全人類普遍恩典，也給人特殊恩典，讓人進入救恩中。普遍恩典能綑綁罪惡，有罪的人也得到上帝賜的祝福，有能力行善。普遍恩典為人類社會奠定基礎，帶來藝術和科學的活動。聖靈使藝術和科學的成就變得可能,因此,文化進步和人類文明是上帝的美好恩賜,儘管人墮落入罪中,這一切仍能發生。

2. 神的呼召和揀選

神對呼召人悔改和相信祂,沒有聖靈的工作,沒有人能回應呼召。雖然許多人可能會回應呼召,或者直接從聖經中看到呼召,又可能在基督教文獻中讀到呼召,但是,不是所有人都被揀選。上帝沒有拋棄墮落的人,而是以至高無上的恩典揀選了部份人進入永生。只有心靈和思想被聖靈照亮的人,才有能力接受應許的恩賜,罪得赦免,納上帝悅納。

3. 重生的本質

藉著聖靈的工作,死在在中的人從神那裡得生命,重生的生命叫人對神和祂的義有新的取向。只有聖靈才能帶來改變,叫人聖潔;若不聖潔,沒有人能看見神。重生能改變個性,但各個基督徒仍是獨特的個體,雖然都同有一個聖靈,卻各有不同性情。基督徒的共同點是擁有新生命,與基督處於不可分割的屬靈合一中。新約聖經以基督徒「在基督裡」來表達此合一,也就是說,基督徒是「神的子嗣,與基督同為嗣」。基督徒與基督是如此合一,在基督裡藏著各種智慧和知識的寶藏,所以,基督徒在祂裡面是完全的。所有基督徒都有基督的靈,與基督合一,也意味著他們彼此之間的關係重要,有同一的救贖,同一的目標和盼望。

4. 重生的效果

重生是神的工作,不需要重複。神稱基督徒為義人;基督徒身份的改變,展現在屬靈狀況的改變上。皈依標誌著新生命意識的開始,信徒追求按照新的本性去生活,熱愛屬靈和永恆的課題。新生命的核心是悔改和信心,兩者連在一起是信仰神的表達。

5. 信心

信心的恩典是上帝的恩賜。對救主基督的個人信仰和委身,接受救贖恩賜,這些就是信心。藉著信心,信徒能掌握、領受、享受神聖的啟示和應許的所有祝福。信心是確信聖經訊息的真實,和親身擁抱基督的功德和工作。真正的信心依賴信心的對象─基督耶穌,擁抱祂為救主,向祂委身,心靈中唯獨依靠基督得救。

6. 稱義

稱義是神的工作，透過聖靈有效的呼召，及罪人悔改和信心的回應：「祂呼召的，祂也稱義。」　稱義就是神宣告罪人在祂眼中是義人，罪被赦免了，並把基督的義算為他們的義。神沒有假裝有罪的人為義，稱義若要是真實和與神的聖潔一致，就必須有一個有合情合理的根基。神的真正公義必須存在，神才能按公義宣告人的稱義。罪人是按著他者的公義被稱義，因為基督的公義已歸入得救的罪人。基督的義的歸義給罪人，是基督教信仰的基礎。

7. 基督的義是稱義的基礎

基督的義包括祂完全順服上帝律法每條誡命的生命，祂背上所有子民的罪，死在十字架上，承受上帝聖潔忿怒的懲罰，並以祂得勝的復活的表徵完滿的成就。信徒與基督有相同的公義位置，基督代替了他們，代表他們滿足了上帝律法的所有要求。罪人稱義的基礎是基督完全的義。

8. 保羅和雅各在稱義教導上的和諧

關於稱義的教導，保羅和雅各之間並沒有衝突。保羅所寫稱義是在神面前被赦免和被接受。雅各堅持如果稱義是真實的話，就會在順服的生命中顯現出來。

9. 在基督內成為神的兒女

主耶穌基督作為神永恆的、非受造的兒子，地位獨一無二。然而，祂並不恥於稱祂拯救的人為弟兄姐妹。被神歸納為兒女的人繼承基督為他們留存的基業，就是一切救贖的祝福，因此被稱為是「上帝的後嗣和與基督同為後嗣」。

神的兒女分享神為祂家人預備的所有祝福，通過聖靈的內在見證，神的兒女承認上帝是父，稱上帝為父，神的兒女是祂的愛、憐憫和照顧的對象。神的兒女也有特權分擔基督的苦難和隨後而來的榮耀。另一個證實被上帝接納為兒女的特權，就是經歷上帝父親般的管教。「神待你們如同待兒子。焉有兒子不被父親管教的呢？」上帝兒女作為合一的肢體，也是一種特權，也有彼此相愛，互相服事的責任。

主耶穌基督榮耀再來之前，基督徒將不會享受被接納為後嗣的全部祝福。被接納為後嗣有當下的維度，也有末世論的維度，這是基督徒所存的盼望之一。「我們這有聖靈初結果子的，也是自己心裏歎息，等候得着兒子的名分，乃是我們的身體得贖。」兒女福祉的全部實現，要等到末世時基督給他的子民新的軀體，信徒與嶄新的創造一起「得享上帝兒女榮耀的自由。」

10. 聖靈在成聖的工作

聖靈在已被稱義的神的兒女生命中作工，使他們成聖，轉化他們成為基督的樣式。上帝在信徒中的作工叫他們能立志遵行和實行上帝的要求。積極遵上帝的誡命是必需的。若要成聖，就要治死生命中所有的罪惡，並培育新的聖潔習性，和聖潔的思想和生活模式。

11. 基督徒達致完全

沒有信徒此生能達至完全無罪，成聖的進度也不一。上帝管教祂所愛的子女，幫助他們成聖。成聖要靠神的能力和恩典來完成。人死亡時，靈魂完全成聖，加入「被成全之義人的靈魂」。復活時，信徒的身體將分享這完全，身體得榮耀，就像基督榮耀的身體一般。最終，每個信徒都會有完全「屬天的形狀」。

六、 基督徒生命

1. 真實的屬靈生命

基督徒的屬靈生命，就是一生對上帝深深的敬畏和敬愛的過程，再轉化為人與人彼此之間的正確關係。基督徒的屬靈生命是切實的敬虔，帶來生命轉化為基督的樣式。成聖不指向自我，不是為了追求客觀的能力，也不是為了達到漂渺若仙的心境，或是另類的意識狀態。成聖是與三一神的契約聯合，並與神的子民在越來越密切的團契中成長。成聖是由聖靈維持和掌管的靈裡更生的結果。

2. 敬虔的途徑

聖靈將上帝的話語應用到我們的心靈和思想上，叫我們聖潔，教導我們順服，把信徒連結在合一的團契中，讓我們能真誠敬拜上帝，教我們在在世界中作見證，在考驗和苦難中持守，與邪惡對抗。

3. 敬虔的果子

敬虔的果子，包括思想心靈和言語行為的轉化，祈禱的生活，和不斷長成為基督的樣式。敬虔使人終生在自我否定中成長，每天「背起我們的十字架」，並通過實踐愛、忍耐、寬恕、溫柔、同情和仁慈來跟隨基督，在基督徒大家庭中更是如此。敬虔是不斷對上帝的完全自我奉獻，經歷難以形容的喜樂、對父親般的敬重、無私的敬畏、亮熱的愛、同情心和自制的勇氣；同時又以謙遜、尊重、敬畏、滿足、小孩子般的信任、順服、不朽的希望和上帝的平安，面對考驗、悲傷和痛苦。

4. 屬靈體驗

以神為中心的屬靈生活，會接受屬靈經歷是聖靈所賜的禮物。當我們尋求親近三一神時，聖靈會提醒，無論我們身在何處，我們總活在祂的同在中。因此，無論祂的祝福把我們放在哪裡，我們都有動力去成有轉化的恩典工具，完成我們的呼召。我們今生與神立約的合一經歷，不過是將來與神榮耀相交的預表。

七、 聖經

1. 聖經由聖靈而生

聖經由神所默示，是人從神領受話語後寫成的文字，寫作時都是聖靈驅動的。聖經是神的話，完全可信。最初賜下就無誤，改革宗神學家將這一教義稱為「聖經無誤」。上帝監督聖經編寫的工作，使聖經完全符合祂的心意。上帝選擇了使用人默示聖經，沒有凌駕人性，也沒有口述聖經。因此，聖經展示了每位作者的個人歷史和文學風格，以及寫作時期的特式，同時在各方面都保留了上帝自己的話語。

2. 確認聖經是聖靈的工作

聖經向我們展示了許多優良特質，吸引我們；但最終是聖靈透過聖經在在我們心中作證，使我們完全被說服和確相聖經無誤的真理和神聖的權威。對聖靈內住的信徒來說，聖經顯示了上帝話語應有的真實性。基督教會領受了希伯來文聖經和希臘文新約聖經，並承認為權威正典。聖經的權威不是來自教會，也不是來自任何上帝以外的來源。

3. 理解聖經是聖靈的工作

聖經基本上是清晰的，但只有基督信徒才能進入基督的心思中，才能接受和理解經文的屬靈意義和重要性。人的墮落影響了思想、意志和情感，造成屬靈的瞎眼；若沒有聖靈的作工，人無法明白神的事。當人被呼召和重生後，聖靈開始開啟聖經，讓人明白。聖靈以祂的智慧向我們揭示神啟示的真正意義。

4. 聖靈應用聖經在信徒身上

上帝通過祂的話語的宣講，將男女老幼帶到自己身邊。聖靈使用聖經的宣講、教導和研究，使我們因信基督耶穌而有得救的智慧，並賜我們祂的心思。無論是宣講還是閱讀，聖經對於教導、督責、糾正和學義都是有益的，叫我們得以裝備行各樣的善事，並活出榮耀上帝的生命。因此，聖經為我們的信仰提供了基礎、確認和規範。

5. 解釋聖經的前提

聖經是上帝的話語，不能自相矛盾。對聖經的閱讀、解釋、理解和應用，在不同程度和層次上受到我們對上帝和聖經的信念或預設影響。要正確地理解聖經，就必定要了解我們的預設，並根據聖經文本來查證，以便修正我們的預設，使之更接近文本的含義。既然聖經自稱神聖的起源和啟示，只有使用認真對待這些聲稱的解釋方法，才能得到其真正的含義。

6. 聖經的清晰性

以原文進行聖經的學術研究的需要，並不否定聖經的清晰、神聖權威和可信度。聖經清楚地表達救恩中必備的真理，以致有學識和無學識的讀者都可以明白聖經。宣講聖經的訊息時，需要回應一些挑戰和反對聖經的預設的哲學和觀點；當我們用聖經的世界觀反駁抗拒的思維時，聖經的含義就更形清晰性了；理解聖經不但是通過仔細比較一個聖經文本與另一個文本，也可通過檢查對立的思維。

7. 適當的釋經方法

聖經是上帝的話語，必須以謙卑順服的方式閱讀，祈求聖靈的光照。由於聖經是在特定的文化、社會、時間背景下，用人的語言寫成。聖經的意義，必須通過一般解釋規則和相關領域的幫助來尋找，例如考古學、歷史學、文本批判和原文研究。這些方法都必須考慮到聖經的神聖起源、無誤性和人性。

8. 聖經經文的意義

聖經文本可以有許多不同的實際應用和時代意義，但其主要含義，通常是通過小心地使用前面提及過的歷史、語法和救贖歷史原則來確定的。除非文本本身有指明認可，經文的寓意、靈意和比喻的解釋都沒有權威。

9. 真理的普遍性及其應用

上帝在聖經中所揭示的真理具普遍性和永恆性，適用於所有文化、年代和民族；然而，此真理可以有幾種截然不同的應用。將上帝的話語情處化時，教會應該區分那些是聖經的原則，是上帝永恆和普遍的真理的展示；又分辨那些是聖經原則的實際應用，這些應用在不同的場景也有不同。必須確保信徒的應用，是適當地和合理地伸展基礎性和不變原則。

10. 後聖經時代上帝自我啟示的規範模式

新約正典完成以來，規範模式一直是上帝透過聖靈的啟示，通過聖經對我們說話，聖靈住在我們心裡，啟示父和子。聽到聖靈聲音的人，會在子裡得到應許的產業，並靠祂的幫助在生命中遵行父的旨意。這是為了教導我們生命的意義，帶領我們尋求聖靈透過文本彰顯的上帝的旨意，教導我們依其旨意而活，並在過程中教導、挑戰和鼓勵我們。在舊約之外，這些經文是上帝向追隨基督的人的啟示，或是目睹祂從死裡復活的十二門徒所寫，或是他們認可的人所寫，他們都被基督指派帶領和教導教會。這些文本由最早期的基督徒收集成為新約，上帝確認他們有祂賦予的完全權威。任何基督教教師或教會都無權堅持聖經中未包含的信仰；解說信仰時。也不能與上帝在聖經中對祂自己的啟示有矛盾之處。

八、 教會

一、教會的性質

教會既是所有基督徒的無形群體（只有上帝知道基督徒有多少），又是地上許多社區中可見的實體教會。教會的元首是基督，是基督屬靈和超自然的身體。每個基督徒都與基督聯合，並通過上帝與其他基督徒聯合，成了教會。對上帝敬拜、團契、聖經、聖禮和大使命等，都是唯一、聖潔、大公和使徒性教會生活的核心。

2. 教會的事工

聖經指出了神在不同時期賦予教會的各種事工：使徒、先知、長老、執事和傳道者。今天，在地方教會中也有長老和執事。長老要成為牧師、監督和榜樣，其中也有要委身於講道和教導的。執事要照顧貧窮和有需要的人，並照顧教會的實際的、財務上的和結構上的需要。像長老職分一樣，都是需要屬靈品質的屬靈職務。

3. 敬拜神

教會的首要責任是敬拜上帝。敬拜的性質和內容由上帝自己決定，並在就聖經中啟示，應該包括讚美上帝、閱讀和宣講聖經以及祈禱。

4. 地方教會的自治

每個信徒群體在長老的管治下都有一定程度的自治，但與其他信徒群體都有廣泛的團契。這種連合主義在不同時期、在教會的不同部分以不同的方式表達出來。

5. 聖禮

聖禮是內在屬靈恩典的外在可見標誌。聖禮由基督設立，代表基督的工作。新教教會只確認兩種聖禮：洗禮和主餐（或聖體聖事、或聖餐）。通常會被視為與舊約教會的兩個聖禮相一致：割禮和逾越節。洗禮是加入基督教會的儀式，用水施洗。聖餐指向基督在十字架上的死，用餅和酒像徵基督的身體和寶血。聖餐也加強信徒的信心，讓信徒在基督裡相交，提供餵養靈命的機會，宣告主的死，直到祂來到。

九、傳統

1. 使徒傳統的存在和有效性

基督教會都按照使徒時代繼承下來的信仰規範生活。聖經是獨一真確和基準性的信仰規範，其它信條和實踐都必須以聖經來衡量。使徒教會無疑有聖經中沒有記載或禁止的習俗，此類傳統對後世的基督徒並沒有約束力。同樣地，雖然丟失的使徒著作可能有一天會被重新發現，卻不會被視為聖經，因為這些並不是使徒時代流傳下來的規範的一部分。

2、信條和宣言的權威

歷史上，教會採用過各﹝信條和信仰宣言來闡明聖經的教導。這些文件和教會群體其它類似的決定，具有採用這些文件的群體的權威，應該為後人重視和尊敬。然而，這些信條和宣言並非無誤，如果與聖經的教導不一致，或者能以不同方式更清楚地表達出來，教會可以自由地作出相應的更改。

3. 改教家對繼承傳統的回應

十六世紀的改革者對教會的傳統進行了徹底的修改，摒棄了明顯違背聖經教導的信仰和習俗。有些人更多走一步，即使有些傳統不一定與聖經相反，但因為沒有聖經支持，也被摒棄。一個例子是12月25日的聖誕節慶祝活動，聖誕節沒有聖經依據，但清楚地見證了新約關於基督道成肉身的教義。地方教會可以酌情保留、修改或丟棄此類傳統，前提是不會因此損害聖經教義。

4. 敬拜模式和教會治理

每個教會都發展出敬拜和治理的模式，隨著時間的推移，這些模式會成為教會的傳統。只要這些做法不違背聖經的教導，並繼續完成最初設計的任務，就沒有理由不保留此等傳統。然而，每個地方教會都可以自由修改教會認為合適的傳統。特別是從海外宣教士建立的教會，可能繼承了宣教士的做法，不容易本土化。這類教會有特別的責任去審查這種移植習俗的聖經依據，如果能更有效地見證福音，就應該鼓勵他們作適當的修改。然而，任何教會都在廢除、修改或採納任何傳統或習俗時，都不能忽略這些做法可能對整體基督教社群的見證產生的影響。

5. 合宜地保留傳統

某些傳統在基督教世界中根深蒂固，被普遍接納，作出改變毫無作用，卻會導致教會內部不必要的分裂。一個例子是星期天敬拜上帝的習慣，雖然在早期教會中明確實行，但在新約中沒有明確規定。在某些情況下，特定的基督教團體，例如在某些穆斯林國家，可能會發現在一週中的另一天敬拜更方便；但任何教會都不應該僅僅因為聖經沒有特別要求，就放棄週日敬拜。類似的普遍性習俗，如果不侵犯神學原則，就應該維持這種基督教世界可見的合一。

十、 宣教與佈道

1. 上帝呼召我們以話語和行為作上帝的見證

我們在世上的使命，源於我們對上帝榮耀的熱心，以及對祂國度降臨的確信。教會作為基督的群體，是神傳福音的工具，就是通過言和行傳揚和分享耶穌基督的福音：基督為我們的罪而死，並按聖經所說的，從死裡復活，現在祂是掌權的主，祂賜罪的赦免、永生和聖靈的恩賜給所有悔改和相信祂的人。為著順服上帝的託付，我們必須向所有人伸出兩隻手：（1）呼召他們悔改、相信和通過基督與上帝永遠和好的手；（2）彰顯憐憫和同情的手，奉基督的名在地上擴展神的國度。這是基督親自給我們的榜樣，宣告我們效法基督的形像，接受聖靈，成為神的新創造中初熟的果子和保證。

2. 宣教的範圍

福音的宣講對社會產生影響，因為我們呼召人在生命的每個層面去實踐愛和悔改。同樣地，社會參與也會產生傳福音的效果，因為我們在見證耶穌基督轉化的恩典。 如果我們忽視世界，就是違背了上帝叫我們去服侍世界的大使命。如果忽視使命，我們並沒甚麼可以給這世界。對上帝的順服使我們完全信任祂，激發我們對宣教的熱誠。這叫我們的見證既大膽又溫和，吸引非信徒的注意。

3. 基督徒對世界的憐憫

在充滿貧困、疾病、不公和形形式式的苦難中，我們肯定基督徒極需要奉基督的名，披戴憐憫之心去面對。我們關心世界上有數百萬人生活在極度貧困中。當我們呼召要披戴憐憫之心，是呼召信徒與窮苦的人同行和傳達上帝的轉化恩典，同時具有一份**屬靈質素**，讓我們能夠基督的僕人的心景進入受苦的社群中，而不是以救世主自居。

4. 人類社群的轉化

我們將社群的轉變理解為罪對社群的全面逆轉，這影響著一切生命和全地，這些影響使男和女與上帝、自我、他人和環境疏離，也跟上帝恢復了的創造秩序分隔。上帝的旨意是讓所有人都完全有祂的形象。這項工作從今生開始，但只有在基督末日榮耀再來時才能完成。旨在改變我們所生活的罪惡文化和社群，並根據基督開啟的天國的性質，構建新的文化和新的社群。

十一、 法律與倫理

1. 自然法則

上帝的律法是祂愛的表達，揭示祂對人的公義要求。律法在創造之初就寫在人心中，儘管人陷入了罪惡中，但因為良心，人仍然明白神的要求。上帝在伊甸園也以口述形式向人揭示了祂對人的旨意，命令人不要吃分別善惡樹的果子。

2. 摩西律法

摩西律法包含禮儀的元素，這些元素預示了基督的位格和工作，與及祂的教會的生活樣式，現在這些預示都實現了。該律法也包含塑造以色列公民生活的司法要素，這些要素都是正義的原則，應反映在各國的生活和法律中。律法中的道德元素繼續提供敬虔生活的模式。上帝的律法顯明了罪人的罪，並指出基督是唯一的救主，此外，律法還對社會中的罪惡有一定程度的限制。當信徒按照基督的形像而生命更新時，律法也提供了生活的指南，讓信徒知道甚麼是要恨惡的罪，甚麼是要追求的義。

3. 基督成全律法

基督滿足了律法的要求，代替選民成為咒詛。信靠基督的人，藉著聖靈的能力，以遵守祂的誡命來表達對主的愛。

4. 婚姻與性倫理

一夫一妻的異性婚姻是上帝設立的，夫妻雙方離開自己的家庭，進入終生相互依靠的關係。性慾要在這種結合中得到滿足，父母有責任照顧和按基督教的道理和行為培育婚姻關係中出生的孩子。由於人的罪惡性，他們會偏離這種模式的。聖經不允許婚姻關係之外的性關係，也不允許同性結合。如果發生姦淫事件，或者如果非信徒拋棄基督徒配偶，不可挽回，則可以通過離婚解除婚約。男人在聖經中被描述為女人的「頭」，因為基督是男人的「頭」，而上帝是基督的「頭」；家庭和教會中，應以基督愛教會的那份愛心表彰領導的角色。

5. 家庭計劃

計劃生育是可以的；然而，以服用孕後避孕藥或流產等方式避孕，實際上是毀滅新生命。對於難以受孕的已婚夫婦，體外受精 (IVF)是可能的選擇；可是，捐精或代母等做法雖然在醫學上可行，但卻會侵蝕婚姻關係，不應該做。胚胎的實驗是在破壞人的生命，對成年人可能導致疾病、殘疾甚至死亡的實驗同樣不可接受。雖然複製人（體細胞核移植）在技術上是可行的，但是「繁殖性複製」和「治療性複製」都不符合聖經模式，因為性和生育是婚姻契約關係的一部分。人類的科學發現，雖然本質上是好的，但卻可以被濫用為蔑視上帝為世界制定的道德秩序。生命與及生育孩子的能力，必須被視為上帝的禮物，是神的主權賦予的。

6. 延長生命

人體會出現各種疾病，現代醫學能夠以適當的醫療、手術和藥物等幫助康復。器官移植是這種醫療方法的合法延伸，以治癒疾病或延長生命。

7. 生命的終結

創造新生命是上帝的作為，生命的終結也是由祂決定。生命的開始和終止都在祂的主權控制之中。雖然藥物可用於緩解疼痛，但卻不能用於終止生命，也不應用於令人興奮或誘發超感官狀態。儘管現代技術可用機器保持心跳呼吸，但當有證據證明沒有大腦活動時，關閉持續性命的機器不應被算為錯。

十二、 末世論

1. 上帝永恆的計劃

在創造之始,神應許在亞當的考驗期通過後,人類可以進入上帝完美的安息日,和來自生命樹的永生。這些都預示著上帝定意去完善化祂美好的創造。保羅將末後亞當的復活(或再造),視為第一個亞當墮落前的被造世界的目的的體現。救贖歷史是上帝拯救目的的實現,高潮是救主的生與死、救恩被傳播至萬國的、和末世天和地的再造。現今,與基督合一的人,已經藉聖靈體驗到將要來的世代的力量。儘管他們仍要經歷死亡,但他們已先嘗到將來復活生命的滋味。

2.死亡的狀態

人死後靈魂會立即歸回上帝那裡,身體則被毀滅,並不是進入睡眠狀態。得救的靈魂進入上帝面前的完全聖潔和喜樂的狀態,與基督一起作王,等待復活。在地上生活的記憶不會阻礙此喜樂,因為他們會以上帝完美的旨意和計劃了解萬事,他們的喜樂和得贖唯獨源於上帝的恩典。亡者沒有能力為生者代求,或成為他們與上帝之間的中保。失喪者的靈魂死後並沒有被毀滅,而是進入痛苦和黑暗中,與上帝隔絕,等待審判日。死後除了這兩種狀態外,再無其它狀態。得救者和失喪者的靈魂在死後都不能返回人間,那些與沒有肉體的魂交往的經驗,都是出於人的想像或惡魔的行為。

3. 基督再來

基督復活後,聖靈被差遣,開啟新世代,聖經稱之為末世。現世的基督徒生活在「半末世」的現實中,也是說他們活在基督完成了的工作的「已經」和將來的終局的「仍未」中。有一天基督將以可見的方式回到世界,帶著復活的榮耀身體,讓全世界看到。祂將與聖徒和天使一起掌權,審判全人類並成全上帝的國度。

聖經竭力勸告要為基督的來臨做好準備。然而,卻沒有時間表或預兆。基督再來仍然是基督徒最大的期望。鼓勵教會為主再來禱告,向全世界傳福音,加速主的再來。

4.死人復活

屬基督的人死後,將因祂的大能復活,擁有與祂相似的身體,永恆地與上帝相交,擁有恆常的喜樂。失喪的人也會復活,接受審判和永遠的懲罰。此終局該令人戰慄恐懼,驅使我們向萬民傳講神救恩的福音。得救者和失喪者在今世和末世的個人身份都一樣，但死後的身體，將發生實質和屬性上的變化。

5. 最後審判

基督要回到世界作審判者，因為祂是人子，是永遠統管世界的君王。祂會按公義審判活人和死人，不偏不袒。因基督為他們死和復活，選民將被宣告為義，被邀進入祂永恆的國度。邪惡和被棄絕的人將因罪和不義，被公正地宣判，與撒旦和惡魔一起被趕離神面前。基督徒應該支持所有以合法途徑為世界伸張正義的行動，因為基督徒知道末世時會有完全和完美的審判。至於基督應許給祂子民的獎賞，聖經說得很少，但足以給我們額外動力去順服和效忠於祂。

6. 千禧年

我們現在居於基督得榮耀和第二次降臨之間的過渡期，也是福音及其祝福在萬國傳揚的時間，大多數教會承認這就是聖經中提到的千禧年。然而，也有信徒堅持基督再來後，他會實際地統治全球一千年。現今世界仍然受著人的罪、叛逆和撒但權勢的影響，邪惡將表彰在世上，基督的國度也同時在彰顯，直到祂榮耀歸來。

7. 新天新地

基督再來後，上帝將重新創造物質的宇宙，神賜永生和完全美善給復活了的子民，他們將永遠住在基督的統管下在新天新地。

8. 對末世的不同解釋

基督徒同意末後最主要的事件，但並不盡同意事件的順序和性質。應該謙卑地討論末後的事，謹記往往只有在預言應驗之後，上帝的子民才能完全理解。

www.ingramcontent.com/pod-product-compliance
Lightning Source LLC
Chambersburg PA
CBHW071150300426
44113CB00009B/1151